语言理论

语言的描述功能

〔德〕卡尔·比勒 著

温仁百 译

Karl Bühler
SPRACHTHEORIE
die Darstellungsfunktion der Sprache
Gustav Fischer Verlag
Jena
根据德国古斯塔夫菲舍尔出版社 1934 年版译出

目 录

前言 ·· 1

第一章 导论：语言理论的历史与现状 ························ 13
  1.1 历史文献综述 ·· 13
  1.2 保罗之《语言史原理》以及笛卡尔、自然科学、
     历史学 ··· 14
  1.3 索绪尔之《普通语言学教程》以及19世纪物质论 ··· 21
  1.4 胡塞尔之《逻辑研究》 ····································· 24

第二章 语言研究的原理 ·· 28
  2.1 原理的思想及提纲 ·· 28
    2.1.1 观察与研究思路 ······································ 28
    2.1.2 理解的三重性 ··· 28
    2.1.3 语言研究的基本对象和语言学家的概念
         体系 ·· 32
    2.1.4 语言研究的原理 ······································ 37
    2.1.5 四条原理 ·· 39
  2.2 语言的工具模式（A） ····································· 41
    2.2.1 言语事件的表现形式 ································ 41
    2.2.2 物理因果观的缺陷 ··································· 43
    2.2.3 新模式：语言现象意义功能的三重性 ·········· 46

2.2.4　表达、感召与描述：论语言的三本书 ……… 49
2.3　语言的符号属性（B）………………………………… 52
　　2.3.1　语言的结构模式 ………………………… 52
　　2.3.2　"符号"的词源 …………………………… 56
　　2.3.3　符号概念的语言分析，比较心理学，普遍
　　　　　 模式 ……………………………………… 58
　　2.3.4　一物代替一物：二重确定 ………………… 60
　　2.3.5　抽象相关性原理 …………………………… 62
　　2.3.6　抽象问题 …………………………………… 65
　　2.3.7　偷换概念的两种形式 ……………………… 67
2.4　言语行为和言语产品；语言行为和语言产品（C）… 69
　　2.4.1　四场理论 …………………………………… 69
　　2.4.2　言语行为和言语产品：语用学 …………… 73
　　2.4.3　语言工艺品：言语行为理论 ……………… 76
　　2.4.4　语言产品，语言结构 ……………………… 80
　　2.4.5　言语行为论：施坦塔尔和胡塞尔 ………… 86
2.5　词汇和句子。语言的S-F体系（D）………………… 94
　　2.5.1　语言的概念特征 …………………………… 94
　　2.5.2　单级交际系统 ……………………………… 95
　　2.5.3　语言的二级系统 …………………………… 98
　　2.5.4　场域系统的能产性 ………………………… 101
　　2.5.5　逻辑学与语言学 …………………………… 103

第三章　语言的指示场与指示词 ……………………………… 104
3.1　导论 ……………………………………………………… 104
3.2　印度日耳曼语方位指示的心理学基础 ……………… 108
　　3.2.1　布鲁格曼论指示方式 ……………………… 108
　　3.2.2　语言的指示起源 …………………………… 112

	3.2.3	指向指示和"那个"指示 ………………………114
	3.2.4	指示的第二种和第三种方式 ………………117
	3.2.5	指示的自然辅助手段 ………………………119
	3.2.6	语音作为指示的辅助手段：来源质量和个体特征 …………………………………121
	3.2.7	"你"指示和"那里"指示的导引性 ………124
	3.2.8	"那个"指示 …………………………………129
	3.2.9	普遍性问题 …………………………………131
3.3	指示场的坐标系及其标记 ………………………………132	
	3.3.1	主观定位的"这里现在我"系统 ……………132
	3.3.2	指示词意义的逻辑学视角 …………………134
	3.3.3	"这里"和"我"的相似性 ……………………138
	3.3.4	指示辅助手段的必要性 ……………………143
	3.3.5	"我"和"你" …………………………………146
	3.3.6	代词的分类 …………………………………149
	3.3.7	指示的必要性 ………………………………152
3.4	虚拟指示和指示词的回指用法 …………………………156	
	3.4.1	指示的第二种和第三种方式 ………………156
	3.4.2	视觉指示和虚拟指示心理学 ………………160
	3.4.3	主观定位及其构成 …………………………162
	3.4.4	空间定位与指示性言说 ……………………163
	3.4.5	身体定位坐标的可变性 ……………………165
	3.4.6	时间定位 ……………………………………168
	3.4.7	虚拟指示的三种主要形式 …………………169
	3.4.8	心理叠加 ……………………………………172
	3.4.9	穿越：戏剧与叙事 …………………………174
3.5	语言的自我中心指示和拓扑指示 ………………………178	
	3.5.1	指示场 ………………………………………178

3.5.2　包含与不包含的"我们"……………………179
　　3.5.3　指示小品词与介词的融合……………………182
　　3.5.4　自我中心指示和拓扑指示：以日语和
　　　　　印第安语言为例……………………………183

第四章　语言的象征场和称谓词……………………………189
4.1　纲领……………………………………………………189
4.2　语言符号的语用环境、物理环境和语义环境………195
　　4.2.1　"环境"概念……………………………………195
　　4.2.2　语用话语…………………………………………196
　　4.2.3　物理称谓…………………………………………199
　　4.2.4　徽章象征…………………………………………202
　　4.2.5　绘画象征…………………………………………206
　　4.2.6　省略问题…………………………………………208
4.3　上下文和具体场域元素………………………………210
　　4.3.1　外部句法…………………………………………210
　　4.3.2　物质辅助与词类…………………………………212
　　4.3.3　保罗论上下文因素………………………………217
　　4.3.4　外部句法辩护……………………………………221
4.4　非语言描述机制的象征场……………………………223
　　4.4.1　跨域比较法………………………………………223
　　4.4.2　非语言描述机制的词汇符号和描述场………224
　　4.4.3　场域价值：绘画场域和表演场域………………226
　　4.4.4　象征概念定义……………………………………228
　　4.4.5　象征概念的历史，图画与象征，现象忠实
　　　　　与关系忠实………………………………………233
　　4.4.6　语言描述的特点…………………………………236
4.5　拟声语言………………………………………………241

  4.5.1 语言的"模仿场" ····················· 241
  4.5.2 模仿论之争 ························· 243
  4.5.3 语音模仿的潜能 ····················· 245
  4.5.4 语言结构规则对模仿的限定性 ·········· 249
  4.5.5 韦尔纳实验 ························· 251
  4.5.6 拟声词的两种类型 ··················· 253
  4.5.7 近代拟声论 ························· 256
  4.5.8 厄尔的研究 ························· 258
 4.6 语言的概念性符号 ··························· 268
  4.6.1 前科学概念和科学概念 ··············· 268
  4.6.2 起源,神秘称谓,思维心理学 ·········· 270
  4.6.3 概念的综合观 ······················· 274
  4.6.4 极端唯名论与音位学的矛盾 ··········· 276
  4.6.5 密尔论类名和专名 ··················· 278
  4.6.6 胡塞尔的行为论 ····················· 283
  4.6.7 语言研究客观分析法:胡塞尔单子建构论 ··· 286
  4.6.8 词源的活性和影响 ··················· 291
 4.7 场域机制;以印度日耳曼语言的格系统为例 ······· 294
  4.7.1 空间的与逻辑的,外在限定格与内在
     限定格 ····························· 294
  4.7.2 印度日耳曼语言的混合系统 ··········· 295
  4.7.3 诸语言格系统比较 ··················· 299
  4.7.4 冯特理论批判,动词的内涵 ··········· 301
  4.7.5 宾格和主格 ························· 306
  4.7.6 内在语言形式的行为范畴 ············· 309
 4.8 建设性回顾 ································· 312

6　语言理论——语言的描述功能

第五章　人类话语的构成：元素与组合 ································· 317
5.1　导论 ·· 317
5.2　话语语音流的物理因素 ··· 321
　　5.2.1　发音规则 ·· 321
　　5.2.2　物理因素和语法结构 ·· 322
　　5.2.3　声学音节理论 ·· 324
　　5.2.4　运动机能音节论 ·· 328
　　5.2.5　混合视角 ·· 332
　　5.2.6　总结 ·· 337
5.3　词的语音形象和音位学相貌 ·· 337
　　5.3.1　音位作为语音特征 ··· 337
　　5.3.2　音位学元素与化学元素比较 ······························ 338
　　5.3.3　词形的声音形象与相貌特征 ······························ 341
　　5.3.4　语音特征和物性特征：特鲁别茨柯依与
　　　　　 门捷列夫 ··· 344
　　5.3.5　德语意义音节的数量 ·· 350
　　5.3.6　音位学思想精髓 ·· 353
　　5.3.7　一种新的恒等定理 ·· 356
5.4　简单词和复杂词，词的概念特征 ·································· 358
　　5.4.1　纯粹词典学 ·· 358
　　5.4.2　胡塞尔论简单意义，布鲁格曼论可分
　　　　　 复合词 ··· 360
　　5.4.3　形式化的词与复合词 ·· 363
　　5.4.4　词的概念特征 ·· 366
　　5.4.5　词类问题 ·· 370
5.5　冠词的功能 ··· 375
　　5.5.1　格标记与性标记：词的象征值与场域值 ··· 375
　　5.5.2　冠词的历史和构词研究 ···································· 379

- 5.5.3 名词黏着语素的语言理论意义 ... 384
- 5.5.4 "如此"指示的类比性 ... 387
- 5.6 "和"组合 ... 390
  - 5.6.1 格式塔视角 ... 390
  - 5.6.2 合取之"和",以数词为例 ... 391
  - 5.6.3 对照复合词 ... 396
- 5.7 复合词的语言理论意义 ... 398
  - 5.7.1 象征值复合词,布鲁格曼与保罗之争 ... 398
  - 5.7.2 语言历史观 ... 402
  - 5.7.3 前置与后置 ... 406
  - 5.7.4 定语组合与谓语组合之别 ... 413
  - 5.7.5 名词复合词与动词复合词之别 ... 415
  - 5.7.6 音调变化和音位变化对语序的影响 ... 420
  - 5.7.7 复合词的概念特征 ... 422
- 5.8 语言隐喻 ... 425
  - 5.8.1 隐喻研究的符号学核心 ... 425
  - 5.8.2 隐喻心理学 ... 426
  - 5.8.3 隐喻面相学 ... 430
  - 5.8.4 双滤模式 ... 432
  - 5.8.5 维尔纳的禁忌假设批判 ... 436
  - 5.8.6 一般性结论 ... 442
- 5.9 句子问题 ... 443
  - 5.9.1 语文学句子观和语法 ... 443
  - 5.9.2 里斯的定义 ... 445
  - 5.9.3 里斯三特征的视角之差 ... 449
  - 5.9.4 古老定义新议 ... 454
- 5.10 独立于指示场的句子 ... 456
  - 5.10.1 语言表达何以独立于语境 ... 456

5.10.2 关联句（名词句）·················458
　　5.10.3 句子意义的自足性：与绘画比较·········460
　　5.10.4 补充说明和主语···················465
　　5.10.5 无人称句························467
　　5.10.6 第三人称························471
　　5.10.7 逻辑句的绝对自由··················475
5.11 回指·································477
　　5.11.1 话语的关节······················477
　　5.11.2 回指的本质······················479
　　5.11.3 话语的词汇序列与电影的画面序列·······484
　　5.11.4 梦幻电影与理性话语················490
　　5.11.5 回指指示的丰富与贫乏··············492
5.12 复杂句的形式世界（概论）··················493
　　5.12.1 形式多样性起源问题················493
　　5.12.2 凝练话语和繁复话语················495
　　5.12.3 保罗的类型······················499
　　5.12.4 克雷奇默的类型···················503
　　5.12.5 保罗与克雷奇默相比较··············507
　　5.12.6 主从关系························510
　　5.12.7 类型新论························515

人名索引····································519
主题索引····································529
参考文献····································546

前　言

自古以来，工具和语言属于最能体现人类属性的东西：智人使用选定的、制作成形的东西为工具，同时，群居生物在与同类的交往中也使用语言。现在，上述朴素真理可以从人类学的物理和心理视角做出新的阐释，并且正被重新阐释。查尔斯·贝尔（Charles Bell）是一位比较解剖学天才，是现代中枢神经系统理论的奠基者，他第一个提出完整的比较器官学理论，其中的桂冠便是关于人类表达的生物学理论。从整个身体构造来看，人应该依赖于工具和语言，并且因为工具和语言而体现出组织性。贝尔的创作期虽为19世纪上半叶，但他关于人类学的核心思想绝未过时。在拙著《表达理论》（1933）中，我重新阐释了贝尔的思想。今天，结合贝尔的理论，细读奥赛尼奥·阿贝尔（Othenio Abel）那本关于人体特点的详细论述[1]，会感觉重又回到上述那条古老的真理。根据阿贝尔所描述的人类动物祖先的生活图景，心理学家无需多少想象力，就可以撰写出一篇动物因工具和语言而进化成为人类的现代版神话，其中对人类语言本质关键点的把握应该比德·拉古娜（de Laguna）那本颇具教益的《言语的功能和发展》（1927）更为贴切。不

---

[1] 阿贝尔《人类在脊椎动物中的地位》（1931）。

过，这不是我们现在要讨论的问题。我曾经在心理学杂志上专门讲述过那篇现代版神话。现在呈现给读者的这本书针对语言所提出的问题，不是"你从哪里来？"而是"你是谁？"

语言与工具具有相似性，都是服务于生活的器具；作为工具（Organon），物质性器具是存在于身外的物理性中间物，语言与工具一样是一种形制化的媒介，只不过，对语言媒介做出反应的不是物理性的东西，而是我们与之交往的活生生的生命体。对语言工具媒介特点的全面界定，必须首先求教于专门的领域，必须借助于最熟悉语言工具的专家们的手段。对人类语言了解最深的是语文学家和语言学家。下面，我们就去语言学家的作坊里仔细考察语言的结构规律。我们首先回应一下比较语言研究的一种蓬勃发展的新浪潮。那是对人类语言全面比较的时代，是在更高的平台上实践威廉·冯·洪堡特（Wilhelm von Humboldt）及其同辈的思想火花。

全面观察之后的第一个结论是，所有已知和被研究的人类语言具有本质相同的结构；单数"语言"的提法很有意义，也是可以证明的。我们提出适用于一切人类语言的四条原理。我认为，它们应该不仅很全面，而且非常准确，可以构成一个稳定的共性框架，系统性地将所有现实的特殊性融入其中。这是我写作本书的信念和信心。

我必须承认，所有要说的观点都已经在伟大学者们的著作中准备就绪。我们先看语言"指示场"的问题。最早一批古希腊先哲就深知之，后来，韦格纳（Philipp Wegener）、布鲁格曼（Brugmann）、加德纳（Gardiner）等近现代学者又深入至"象征场"的一切细节中重新探掘。后者（指象征场）一直是语法分析的核心问题,现代语言历史学家在关于印度日耳曼所有语支的著述中都有透彻的论述。相比较而言,《塔索》①中的那句话对于我这本书最为重要:"我一切都得自于你们。"其实,原则问题一定都在许多地方得到了普遍而简单的表述,很少属于全新发现。这是我给本书提出的要求,也是本书存在的理据。本书提出的"场域"概念是现代心理学的一个成果。在心理学中阅读和理解此概念,就会发现它起源于颜色理论,起源于对颜色反差现象的研究。那里,黑林(E. v. Hering)的学生提出"内场"(Infeld)和"环境"(Umfeld)的区别。我们将完全沿着他们开辟的道路,系统性地界定语言符号的各种环境,从语言使用的一切方面和影响语言意义的一切因素,彻底揭示语言指示场和象征场的本质。语言不只有一个场,而是有两个场,这是一种新的理论。我认为,这其实与哲学家们提出的一种古老认识完全一致。它在语言领域证明了康德(Immanuel Kant)的一个原则:缺乏直观的概念是空洞的,缺乏概念的直观是盲目的。它说明,一个完整的认识包含上述两种元素,而言语思维则以非常奇特而又清晰的方式将它们相互交融,调度使用,从而完成认识。卡西雷尔(至少在其描述中)描写了人类语言发展的两个阶段。那是一种由诸多因素构成的二元结构,必然存在于任何一种语言现象之中,而且亦然完全属于语言,至少适用于自然言语的主要方面。他还认为,纯粹逻辑学的句子,以及人为抽掉直观性的"纯粹的"象征语言,属于极端情况,不属于正常情况。对此,我们还会论及。双场理论认为,语言的

---

① 《塔索》为歌德的戏剧作品。——译者

本质是对世界的抽象和概念把握，同样，直观指示及其各种表现也属于自然语言的本质。这是本书所提出的语言理论的精髓。

语言理论的适用性蕴含着哲学问题，同时语言理论又引发新的哲学问题。它们就是我们围绕语言所要追问的。我知道，认识论中的析取问题也可以有别的提法，另外，经院派也经常试图通过语言现象来解决何为本体的问题。我们的职责不是对此展开讨论，但我们要对语言现象进行朴素的描写，因此，无论攻击来自何方，无论何人不顾事实强求从语言现象自身给出回答，都要求语言理论为自己辩护。对于我所关注的问题，最简单、历史上最著名的解释可见于极端唯名论。他们犯了偷换概念的错误，对此，语言理论可以毫不犹豫给予系统性反对，而且也必须给予反对。我们在多处通过语言现象批驳了极端唯名论。但那并不是多么重要的事情。我认为，真正重要的是要认真对待胡塞尔（Edmund Husserl）著作中所论述的语言理论。在关于句子的论文[①]中，我批判了胡塞尔《逻辑研究》中的相关观点。那是1919年，也就是胡塞尔在《形式逻辑和先验逻辑——逻辑理性批判》中对自己理论补充完善之前。[②] 胡塞尔后来出版的那本书吸收了他其间所著中关于单子世界的思想。我承认那是一个进步，但仍然坚信，语言工具模式还需要更多的内容。两千年以来建立起来的语法学以语言的某种主体间性为前提，而那是坐在酒桶中的第欧根尼（Diogenes）和任何单子生命所无法达及的。同时，语法学又毫无理由偏离问题本身

[①] 系指卡尔·比勒《近代句子理论批判》，1918。——译者
[②] 胡塞尔《逻辑研究》出版于1900—1901年，《形式逻辑和先验逻辑——逻辑理性批判》出版于1929年。——译者

所规定给它的道路。在此问题上，柏拉图（Plato）、密尔（John Stuart Mill）和现代逻辑学所采取的是常见的语言分析。我认为他们所为是正确的、必要的，为什么呢？且容本书详述。

"两位先知尊左右，凡夫俗子居其间。"[①]语言理论一定是凡夫俗子，也就是语言学实证研究普通的前敌尖兵。哲学是语言学右侧所要面对的那位先知，而认识论却盛气凌人地将语言视为自己的一种基础，同样，左侧那位先知也想剥夺语言理论的独立性。此神就是心理学。按照心理学的"新规"，语言学和心理学必须相互借鉴。对此，我在拙著《心理学的危机》（1927）中给予了专门的论述，在此"前言"应该予以简短重申。人类和动物的符号交往已经成为比较心理学的核心话题，对之进行切合实际的研究远远超出了语言这一最具人性的范畴。因为，任何群居动物的生活都离不开社会成员社会性行为的控制手段，任何社会都离不开符号交往，而且与物物交往一样，在动物王国自古有之。我们可以准确观察这种控制手段，并且据此推论史前人类的语言。我注意到昆虫高度发达的社会生活所清楚展现给我们的东西。这里仅举两本极具启发性的著作，出自不同的研究领域。一本是惠勒（William Wheeler）的《昆虫的社会生活》（1923），另一本是弗里施（Karl von Frisch）的《蜜蜂的语言——动物心理学研究》（1923）。第一本书的核心议题是物物交往和交哺现象，即相互饲喂所借助的辅助性手段；第二

---

① 出自歌德的诗作《科布伦茨的午餐》（*Diner zu Coblenz*）。1774年夏，歌德与哲学家巴泽多（Johann Bernhard Basedow, 1724—1790）和拉瓦特尔（Johann Kaspar Lavater, 1741—1801）在莱茵河上共进午餐，聆听二人高谈阔论。——译者

本书的核心议题是符号交往。如果没有符号交往,具备高度组织性的物物交往根本无法想象,因此,必须首先讨论语言理论的生物学基础,并在此基础上开拓视野。

每一种名副其实的动物和人类行为都受制于信号。这是比较心理学得出的一个新认识,大大拓展了我们的视野。詹宁斯(Jennings)有一个发现非常值得关注。他发现,即使是纤毛虫,其行为系统的微小环节也可以准确界定。它们经过短时间的习得,就会辨认不同的障碍,并会像对应信号那样做出相应反应,同时,无需新的试探就可以卓有成效地实施"行为"。这不是一句空洞的话语,而是一个最为言简意赅的宣告。这是我们所知之最原始形态的信号。社会交往活动中的信号也包括人类语言的语音,对此,我们将详细论述。

所以,我们必须仔细观察,才能发现动物符号交往的生物学根源。对于我们而言,动物群居生活所生产的信号不再像是一种令人惊讶的不明产物,而是诸种潜能的最高级和最丰富的表现和发展,可以证明存在于每一种生命所实施行为的心理生理系统之中。"心理生理系统"的概念必需"对信号的反应"的特征才可定义。

认识到这一点,就不能对之视而不见,而应该以此关注人类语言的特殊性,例如,应该思考发生于我们人类和狗这种我们所熟悉的家养动物之间的符号交往的情形。那是语言吗?家犬"理解"人类伙伴传达给它的辅助性引导符号,它自己引导其主人也使用符号,它们毫无疑问都属于我们从动物身上看到的最高级和最特殊的东西。专业人士从来不怀疑家犬的叫声和常见交往动作包含着非常丰富细腻的内容,但是,狗的心理生理系统所接受的绝非完全意义上的人类语言，它呈现给人的也不完全等同于狗的语言。

我们在本书提出人类语言的四条原理，没有一条在狗的"语言"得到充分实现。为什么呢？因为狗以及我们所熟悉的其他动物的交往动作不具备人类语言的主要功能，即描述功能。至于这是一种绝对缺陷或者只是肉眼可见的明显的程度差别，还有待准确研究结果来揭晓。关于动物非常奇特的叫声，整个动物心理学还没有准确的研究能满足现代之需。其实，关于人类语言的结构规律迄今为止也没有清楚而明确的解释，以至于动物实验无据可依、无标准可参考。因此，如果能够摒弃主观判断，比较研究人类和动物的符号交往，进而阐释人类语言的特殊性，无疑是会推动整个比较心理学新的发展。

现在，关于人类语言极其复杂的机制，没有哪个动物心理学家掌握充分的专业知识。可以推荐的最好的课堂不在普通心理学的实验室，而在神经病学家和精神病科医生的案头，人们要向人类语言障碍和语言中枢神经障碍方面的专家学习。我自己做过医生，曾经借鉴过该领域的成果。那还是在海德（Head）、格尔布（Gelb）、和戈尔德施泰因（Kurt Goldstein）、伊瑟林（Isserlin）、珀泽尔（Poetzl）等专家给失语症研究带来决定性转折之前。现在，我希望，语言学家的语言分析需要有效地结合另一种分析，即病理学家对人类语言障碍症的研究及其现实的解决方案。我当时分析的目的是寻找一种纯粹的方法，另外也想将现代失语症的研究成果选择性地借鉴在本书中。出于同样的原因，我们关于语言结构的理论对儿童研究成果的借鉴也不够系统。我参与过儿童研究，知道略读过去的研究就可以有所收获，可以获取儿童语言发展关键时期清晰、可复制的录音。

现在，语言理论的研究十分活跃。在本书收尾之际，我的案头摆放着不少过去数月见世的重要的语言理论论著，对此，我将另文细述。其中值得一提的是尤里乌斯·施滕策尔（Julius Stenzel）的《语言哲学》，内容丰富，刊于新出版的《哲学手册》（1934）。我会在《人类学》期刊另文论述之。还有路德维希·魏斯格贝尔（Ludwig Weisgerber）那篇卓越论著《语言在文化建构中的地位》（1934）的草稿。对此著，《康德研究》希望我写个书评。埃米尔·温克勒（Emil Winkler）的《语言理论研究》（1933）见世已经一年。还要提及的是路德维希·兰格雷博（Ludwig Landgrebe）的《称谓功能和词汇意义——马蒂语言哲学研究》（1934）中对马蒂（A. Marty）思想新的阐释、批评和补充。我认为那是一本好书。值得注意的是，其中不仅以实事求是的态度承认了我们所提出的原理D，即语言具备二级系统的特点，而且给予了好评。我第一次提出词汇原则和句法原则是在汉堡语言学大会（Hamburger Sprachtag）上（《第12届心理学大会报告》，1931）。据我所知，它已经得到普遍认可。我批驳了威廉·冯特（Wilhelm Wundt）和布鲁格曼及其同辈们认为句子是语言唯一基本单位的单子论，希望人们重新认识到古老的语言观的价值。对此，本书将会详细论述。我还想顺带提及两本集刊，来说明当今语言理论研究欣欣向荣和丰富多彩的景象。第一本是出版于1930年的《德国哲学论丛》第4辑，第二本是1933年在巴黎刊印的《心理学期刊》。这两本论集收录了不同领域专家们的成果，与汉堡心理学大会一样给我留下深刻的印象。那些论文清楚地预告了语言理论研究即将形成体系。语言理论以符号学为家园,将围绕"语言"这一极其复杂的符号发展成为一种具备普遍意义的符号理论。本书的宗旨即是要阐明这一点。

  从本书的完成回想到它的发端。我1907年提出言语思维的句法模式(详见4.8"建设性回顾"),1908年在关于理解过程的报告(第3届心理学大会报告)中阐述了语言的描述功能,我认为,《语言理论》的体系由此已然建立,但当时还缺乏对指示的认识(由于与当时感觉论心理学家们的对立)。我在慕尼黑与施特赖特贝格(Wilhelm August Streitberg)多有接触,曾经向他详细讲述我对语言学家们所持句子观的思考。他以造诣深厚的专业观察领悟到其中的要害,并约请我给他所主编的印度日耳曼学年鉴写一篇论文。于是,1918年"近代句子理论批判"和完全版的语言工具模式得以完成。我所有关于语言的论文都得益于这样的机会。又如纪念卡尔·福斯勒(Karl Vossler)的论文集(《唯心主义新语文学》)收录了《论句法的本质》(1922),其中第一次论述了原理D,即"语言的二级系统";被录入克里斯(Johannes von Kries)纪念论文集(《心理学研究》)的论文[①]第一次尝试提出"抽象相关性原理";还有上面已经提到的《心理学的危机》和汉堡语言学大会。赫尔穆特·登佩(Hellmuth Dempe)的《什么是语言?——一项针对卡尔·比勒语言理论的语言哲学研究》(1930)构思清晰,对及至当时的研究状况综述详尽。现在,我想这样回答他书名所提出

[①] 系指卡尔·比勒《论语言描述的概念》,1923。——译者

的问题：语言就是对上述四条原理的满足。我新近发表的批判性文章应该能够充分回应登佩对胡塞尔的辩护。我 1933 年出版的《语言学原理》(《康德研究》第 37 辑)完成了对语言四原理的全面论述。在这本书中，我对语言四原理有所修改，重新组织，使其前瞻性更加凸显，也就是说，充分考虑到即将实施的计划。另外，"言语行为和语言产品"这对概念也被扩展为内涵更加丰富的原理 C，即"四场理论"。以上是对本书形成历史的回顾。总之，自从我具备了科学思考的能力，我的兴趣就始终聚焦于语言现象。

  在科学界，作者最要感谢的一般是那些已经不能活着感受致谢的人们。科学经常提出"谁是你的近邻？"，但在此方面很少能与当今的语言理论研究比肩。这个问题的追问需要跨越数百年之久。现代语言理论尚在孕育之中，有必要从多个视角入手追溯那个以语言现象为世界观之核心的哲学时代。我坚信，语言理论的普遍性问题可以用现代方法重新发掘，而且可从经院派败笔之处着手（就像面对那些没有完工的大教堂）。"象征"这个概念的形成要求我们追溯更加久远的历史，它告诉我们史前思想包含着两种思想非常复杂的重合："象征"既是秩序符号，又是表征符号。那其实是一口气说出来的语音，只不过作为秩序符号对于所描述的世界并非像古希腊罗马时期认识论所想象的那样是反映。在亚里士多德（Aristotle）的象征理论中（详见 4.4.5 "象征概念的历史"），语言符号的表达功能和描述功能的重合太过简单。根据我的理解，经院派没有能够把作为指示性语言符号基础的连接成分（connexio rerum）和称谓性语言符号的秩序成分（ordo rerum）适当而又清晰地区分开来。从另一个视角，同时就纯粹语言理论而言：语法学形成之初古希腊学人对指示、称谓和概念进行了完全正确的区分，但后来在哲学家们的思想中却消失了。现代语言理论必须纠正这两种错误，并且重新认识语言工具的媒介特点及其复杂性，指示场必须重新获得自己并列于象征场的地位，同时，语言符号的表达功能必须因其特殊的结构而有别于语言符号的描述功能。我希望在本书实现第一点，而第二点还需要一本关于"声音表达和语言表达"的新书。

我要对同事们表达发自内心的感谢。因为本书涉猎广泛，以许多语言学研究为基础，没有专业造诣深厚的同事们万不能完成。我的助手布鲁诺·索内克（Bruno Sonneck）博士在本书完成的所有环节都伸手相助，他的许多朋友都是年轻的比较语言学家，也慷慨相助，例如洛克尔（Locker）博士就与他一起为我提出的一个新的词类，即代指示词，提供了证明。1932年夏季，库里洛维奇（Kurylowicz）教授在我研究所访学一个学期，其间在我们学院开展了许多极具教益的讨论，令人感佩。克特·沃尔夫（Käthe Wolf）博士主持了我们研究所新一轮的胡塞尔研究，论题范围较前扩大，使得几年以来所开展的表达理论研究获益匪浅。其中，卡尔·布伦纳（Karl Brenner）博士的一项完全独立的研究使我获得了日常语言音节的一个示波图。这项研究开辟了一种类似于葛麦里（Gemelli）和帕斯托里（Pastori）获得巨大成功所使用的方法（"语言的电子分析"Ⅱ，《心理学研究》18，1933）。除了词汇和句子的语音构成，葛麦里和帕斯托里还分析了它们的"语音个性"（参看原书194及以下诸页）。在此方面，不伦瑞克（Egon Brunswik）的表达理论研究最值得关注。

在我的学术圈子中不乏语言逻辑学家。我的同事埃贡·不伦瑞克（Egon Brunswik）先生、埃尔泽·弗伦克尔（Else Frenkel）博士和诺伊曼（Neumann）教授对于本书所述原理的最终表述抱有极大兴趣，给予了很多帮助。另外，同行凯拉（Eino Kaila）先生两次长达一个学期在我处访学，对我的《语言理论》极有兴趣，参加了我在小范围对其中所提诸原理的报告和讨论。爱德华·托尔曼（Edward Tolman）教授去年向我们介绍了他的动物心理学实验，那些实验的基本结论与我在《危机》和本书所提出的观点相吻合。我对他也是谢意永存于心。佩鲁茨（L. Perutz）博士是一位年轻的英国语言文学学者，在我写作第四章的时候帮我查阅了大量语言学文献，并在最后与沃尔夫和索内克一起帮我完成了本书的索引，不厌其烦而又专业到位。我对所有帮助永远心存感激。

第一章　导论：语言理论的历史与现状

1.1　历史文献综述

人类思考人性问题伊始，就思考语言的本质。在西方，与其他科学分支一样，语言理论的科学思考历史悠久。细究之下，本书的基本思想应该追溯至柏拉图和古希腊语法学家，同时也明显带有冯特著作的烙印，同样不可或缺的还有威廉·冯·洪堡特、卡西雷尔、海因里希·贡珀兹（Heinrich Gomperz）、迈农（Alexius Meinong）学派、马蒂等。我认为，近代学者长期热衷于语言研究的主观性，大有补充的必要，这一认识促使我回归古典的客观语言观察。这是本书构思的一大特点。为此，比较便捷的做法是突出历史，并将之视为当前之必须，从而获得一个基本的立场定位。我们所谓的历史就是19世纪。

19世纪的语言研究取得了惊人的成就，如果要树碑立传，碑文里一定有两个词：比较和历史。从弗兰茨·葆朴（Franz Bopp）和威廉·冯·洪堡特到赫尔曼·保罗（Hermann Paul），这一时期最成熟的原理性著作所提出的问题和给出的答案为语言学研究奠定了特定的前提基础。这些基础就包含于比较和历史的研究之中。这里，我选择保罗的《语言史原理》，并将之与现代转型时期的另外两部著作相提并论，以说明本书研究的出发点。它们是费迪南·德·索绪尔（F. de Saussure）的《普通语言学教程》和埃德蒙德·胡塞尔出版于1900年和1901年的《逻辑研究》。胡塞尔并未就此止步不前，而是新近于1931年又写出了《笛卡尔沉思》，以更加广阔的视野提出一种"语言"思考的模式。在胡塞尔的著作中，我听到了对事物本质的呼唤。上述胡塞尔的第二部著作所展示的模式还不完全是我们所提出的语言工具模式，但已经显露出雏形，步入了相应的轨道。另外，我们提出的这个工具模式也可见于柏拉图的《克拉底鲁篇》。该模式在19世纪凋零枯萎，必须予以重新建立，以获得新的认可。关于该模式，我自己1918年的论述不是引证柏拉图，而是重新遵循事物本质，并将之与胡塞尔的《逻辑研究》相对照。客观语言观要求如此，并且，"人类语言的功能是三重性的：表达、引发和描述"①，容不得丝毫的遗漏。因此，我们要通过历史上三项非常突出的语言理论研究来阐明主观性语言分析陷入死胡同的必然性。本书的任务就是要阐明如何避免死胡同。

1.2 保罗之《语言史原理》以及笛卡尔、自然科学、历史学

赫尔曼·保罗是一位历经考验的实证研究者，其《语言史

---

① 在《语言理论》中，比勒将之前著述中的"表达、引发、描述"改为"表达、感召和描述"。——译者

原理》的哲学基础就是从实证所得之可靠常识。他在原理研究中关于必然性的阐述并非初学而来，也非模仿，而是体验的结晶。他写道：

"但是，从原理性问题的阐述中可以获得某种方法论认识，最不容轻视。有人认为，无需推理的辅助，人们便可以说明最简单的历史事实，这其实是一种自我幻觉。实际上，人们无意识地进行着推理，正确的认识往往归功于本能的幸运相助。我们大概可以说，即使迄今为止历史研究的可行方法也更多得自于本能，而非对事物内在本质的全面思考。当然，后果也在所难免：任意性普遍存在，并引发观点和流派的无尽纷争。出路只有一个：必须严肃地将所有相关方法还原为最基本的原理，排除其中一切不符合基本原理的内容。但是，这些原理并非具备纯粹的逻辑性，所以只能得自于对历史发展本质的研究。"（保罗，1909：5，着重符为笔者所加）

赫尔曼·保罗坚持将语言研究归为科学世界的一分子。他认为语言研究首先属于一个科学集群，它独享一个自己的称谓，即"文化科学"，同时，语言研究也必须接受该科学集群的命运，即笛卡尔（René Descartes）所谓"二元实体交集"贯穿其对象的始终。如同在其他所有文化科学一样，物理学和心理学也交汇于语言学。交集已然存在，人们别无他途（毫无侥幸可言），语言学家必须老老实实地考虑如何在自己的领域解决笛卡尔以降人们孜孜以求的二元相适的问题。众所周知，现代

3　学者们创造了独特的复合法，提出"心理物理学"概念，以解决普遍归类的问题。心理物理学通常被归入心理学，但在保罗看来，其间的关系更为自由。他写道：

"（除了纯粹的心理学）还有自然科学和数学也是文化科学的必要基础。我们通常对此没有意识，那是因为我们满足于对日常生活非科学的观察，同样，我们通常对历史的理解也不如人意。"

"因此，文化科学原理研究的一个主要任务便是，阐明心理因素和物理因素在自身规律的引导下，协同服务于一个共同目标的普遍性条件。"（保罗，1909：7）

保罗认为，这样的协同属于语言现象。他的心理物理学思想的萌芽应该就是他以往所摒弃的互动思想。是否果真如此，我不得而知，对本书也无关紧要。

第二种观点是把语言学划归"社会科学"。保罗对这个新的范畴有非常好的体悟，他在上述所引著作的另一段落里写道："从下面的视角看，原理研究的任务有所不同。"在我看来，在原理问题上需要转换视角，这时，人们不能认为这样的转换也必然发生于相邻科学而因此沾沾自喜。事实正如保罗所言："文化科学永远都是社会科学，只有社会才使得文化成为可能，只有社会才使得人成为一种历史产物。"因此，人们应该颠覆自己的逻辑意识，深入思考个体优先于集体的观点："社会成就了人……"粗略地问，你们在分析中采用个体优先于集体的方法从何得来？当然得自于笛卡尔或者得自于近现代哲学关于个体主义的一般思想。

与其同时代的人一样，保罗是一个坚定的个体主义者，同时也如同所有的单子论一样，在原理研究中致力于发挥桥梁贯通的作用。人们的生活存在于个体领域，而一切社会性都必须"有根有据"，这样，社会性才不至于销匿于个体之中。作为语言学家，保罗以德国老一辈民族心理学家拉撒路（Lazarus）和施坦塔尔（Heymann Steinthal）为榜样，并在原理研究中与他们展开讨论。他发现他们的观点存在缺陷，需要以某种方式予以补充。他所做的附注就非常独到，不无意义，但我们这里略过不论，只原封不动地重申其中所提出的要求，在现代语言学原理研究中重新提出"个体和集体"这一话题，并且不同于保罗时代德国同仁的做法，摒弃成见。费迪南·德·索绪尔是与他们同时代的法语同仁，（得益于法国社会学传统）对这个问题本质的理解比保罗深刻许多。

明确了这一点，就应该聚焦"历史性"这一特征。这是保罗首先从语言科学的对象发现并提出的特征，似乎是一个"不可磨灭的特征"。他自己坚信这一点，并说：

"对任何具体事实的界定都需要遵循一定的方法，为此，揭示历史发展的条件不仅仅能说明普遍性逻辑，同时也提供方法论基础。"（保罗，1909：3）

因此，保罗的《语言史原理》虽然没有自始至终遵循历史阶段性的规律，但其中有少数几章与其他章节显然不同，例如，书中第六章一般性地论述"基本句法关系"，还有第十八章对"表达经济性"的阐述。读者从中根本无法得知，在印欧语系已经科学阐明的历史中，基本句法关系或者经济性因素的形成、变化和发展及其特点，相反，将赫拉克利特（Herakleitus）视为爱利亚派哲学家①；所述内容不仅仅包括人们不能两次踏进的河流，而且还包括其他内容，这完全符合实际；描写了"变化的现象中恒定不变的东西"（保罗，1909：2）。上述章节的论述对象是单数的"人类语言"。

我们上文最后引用的那个词出自上下文，并非保罗自己所言，也并非为了说明他那迄今为止无人超越的第六章和第十八章，而是为了说明他参照物理学所言之"规律科学"的内涵，而且应该是这种科学专属的内涵，与语言历史研究毫不相干。我对此持反对态度，因为，没有事件变化之中的恒定因素为基础，仅仅在流动不居之中就无法获得一种科学。毫无疑问，对人类语言句法结构关系的恒定值不能狭义理解，不仅在保罗看来如此，我们现在也认为如此。我们所言及的是正常的研究者，在他们的理论中看不到赫拉克利特的哲学思想，反倒是相反的思想纲领贯彻其中。保罗的那些例子只是说明个中原因，而且很充分。他在其句子理论中提出了一个句法手段列表，是实事求是对人类语言的模式进行分析的结果，其中所运用的方法与书中所普遍使用并积极推广的方法完全不同。另外，经济

---

① 爱利亚学派是早期希腊哲学的重要流派，产生于公元前6世纪意大利南部爱利亚城邦，以巴门尼德为学派领袖，认为世界的本原是不变的一。与此不同，伊奥尼亚学派主张变化乃万物之本。赫拉克利特（约公元前544年—公元前483年）是古希腊哲学朴素辩证法的奠基人之一，伊奥尼亚派哲学家，认为万物变化不止，而且有一定的尺度和规律，提出逻各斯学说和"人不能两次踏进同一条河流"这一著名命题。——译者

性原则也要求研究者超越历史性,必须对言语语境进行普遍性观察。但凡两个人相遇,言语语境的逻辑模式就会重复出现。

抛开我们所选择例证的偶然性不说,保罗的理论中凸显出一种对立:一方面是规律科学,另一方面是历史学。保罗(应该早在他那本书的第一版,即在文德尔班[Wilhelm Windelband]之前)的目的是强调语言科学具体描写的特点。他说:

> "无论人们对此持怎样的观点,历史研究要面对各不相同的元素,将之视为必要的基础研究,如果不能独立完成,就应该学习借鉴他人的成果。但是,如果认为将不同科学的碎片简单组合就可以获得我们自己科学的样态,那就大错特错了。因为,我们的科学虽然借助规律科学,但有许多自己专属的任务。诸种规律科学比较研究各种具体的过程,不论相互之间的时间关系,只聚焦于对共性和殊性的揭示,进而发现各种不断变化的现象中恒定不变的东西。对于规律科学而言,'发展'是一个完全陌生的概念,也就是说,与它们的原理格格不入,因此,它们与历史科学完全不同。"(保罗,1909:2)

这就是文德尔班和李凯尔特(Heinrich Rickert)之间的对立。我们自己将根据李凯尔特逻辑研究所提出的思想,摆脱语言学具体描写的局限。如果语言研究的视角固定和局限于一次性历史现象,那它追求语音变化"规律"的权利何在?语言研究者又有什么权利将我们今天所说的一个词与路德(Luther)

所说的一个词,与原始印度日耳曼语言中有据可查的某个词干的派生词视为相同?保罗是一位实证研究者,绝对不会受制于这样的局限。

其实,"语音规律"从来都不是诸如自由落体之类简单的自然规律,也永远不会是。今天,这方面的研究者面对具体事实必须首先说明自己究竟是语音学家还是音位学家。语音变化规律的实体所涉及的是音位学现象。音位是区别性特征,也就是说是符号产品,如果此论正确,那么,语音变化本质上就不会遵循简单的自然规律。它们是集体现象,并且因此而被置于集体研究的视角和方法之下。人们从集体现象所能发现的其实主要是统计学意义上的规律,但有一种"道德统计学",可以给出非常值得注意的结果。这里,我们就此中断对这一问题的思考,只要能够抛砖引玉,启发人们继续挖掘保罗原理思想的意义就足够了。如果承认具体描写性科学群的存在,则语言学毫无疑问属于此列,但这样的划分尚不令人满意,需要予以修正。

人们从保罗还可以获得第二点认识,而且具有更为重要的意义。那就是,将语言研究"简化"为物理学和心理学无异于将语言学置于某种"无家可归"的境地。那是一种错误的做法。其罪魁祸首乃是语言研究者将原理研究(不是实证性研究)毫无必要地卷入了关于笛卡尔二元实体交汇论的讨论之中,因此在当下陷入了心理物理之争。这一祸根必须予以消除。对于我所关注的问题,下文将要论及的下一本原理性著作也有讨论,而且更为深刻、更为全面。该著的重要性迟至今日才为人所充分认识。

1.3 索绪尔之《普通语言学教程》以及19世纪物质论

保罗的《语言史原理》是一本卓越的教材，非常详细而有序地展示了19世纪语言研究的成果。与之不同，费迪南·德·索绪尔的《普通语言学教程》则不是一本成果性著作[①]。但是，该著充分反映了一个学者在方法论方面的焦虑。与其他人一样，他对相关工艺和结果理解深刻，但却不愿束之高阁，而要以自己的方式，通过语言学家们的发现，对笛卡尔沉思的纯粹性重新进行检验。德·索绪尔的研究令人振奋，他所推崇的都是最明显的、似乎也是最浅显的认识。例如，威廉·冯·洪堡特从语言出发理解各民族不同的世界观，而在索绪尔的书中何处发展了这些观点？其实，德·索绪尔继承了洪堡特"产品"和"创造"的思想，并根据自己独特的研究经验，前瞻性地提出一种"语言语言学"，并将之与"言语语言学"清晰地区分开来。他指出了"言语语言学"成立所需的真正条件。

但这只是一点，只是这位先生丰富思想中的一个画面。他的讲座在其逝后被整理成书，但那其实只是一些尚不十分成熟的构想，更宏大的构思尚未完成。我坚信，我们对德·索绪尔著作历史影响的认识才冰山一角，才看到他所描绘的语言理论宏图的端倪。至少对于我而言，每次阅读都会有新的发现。遗

[①] 参看索绪尔《普通语言学教程》。我引用自成功的德语译本（柏林，1931）。

憾的是，人们必须提出批评，因为德·索绪尔只是他所处时代的产儿，虽然展现出回顾历史和展望未来的最佳视角，但还没有摆脱19世纪思维方式纠结于具体材料的片面性。

费迪南·德·索绪尔专心致志于对语言科学的推动，不在意自己的理论在那场热闹的争论中处于怎样的位置和级别，而是以专业的态度，通过具体实例满腔热情、事无巨细地讲述着语言科学的方法论。"什么是它的对象——我们应该怎样全面而具体地界定之？这个问题非常棘手，我们下面将会看到困难何在。我们在这里聚焦于阐释这一困难。"（索绪尔，1931：9）他开出一个长长的列表，其中记着："语言现象始终表现出两面性，它们相互对应，一个只能以另一个为存在前提。"（索绪尔，1931：9）事实当然如此，而且，对于行家而言，语音和功能不言而喻属于一个具体语言现象的整体。这位方法学家是如何苦思冥想才脱离了"困境"，我们且读且思。

德·索绪尔遵循二元论，且程度超出人们起初的想象。他认识到语言现象至少呈现出四种雅努斯面孔[①]：面对音节，你会看到它必须同时被解读为声学单位和生理运动单位；你采用分析的方法继续深入到语音，这时你必定认识到"它并非为自己而存在"（如你所见的样态），而是"与认识一起构成一个关联的整体，既是生理的又是精神的（心灵的＝心理的）"；你将话语视为整体，既有个体的一面又有社会的一面；最后，语言时时刻刻都是"一个现时的机构"，既是一个"成形的系统"，又是一个历史的产品，即"一种发展"。这意味着什么呢？德·索

---

① 雅努斯（Janus）为罗马神话中的两面神，一面朝前，一面朝后，象征对立统一。——译者

绪尔说，语言学家始终面临同一种两难困境：或者陷于片面性，或者一味追求对两种视角观察结果的整体性把握，即陷于整体观。因为，在第二种情况下，"语言科学的对象于我们似乎是各种各样东西的无序堆积，其间没有任何纽带相互联系。如此，人们就踏入了多种科学的领域"。（索绪尔，1931：10）

　　这反映了德·索绪尔对方法论现状不满的主导思想：我手里掌握着源自于完全不同科学的各种现象，我要从中发现某种均质的东西，来支撑起某一种科学的名称，以称谓我所从事的科学。如果允许我们自己说句话，就只能在形式上用两个答案来回应索绪尔对方法论现状的不满：或者承认分散的知识碎片这一事实，但仍然不能说明不满从何而来，因为语言学家实际上具备超强的组织能力，能够将各种各样的知识碎片组成一种统一的科学；或者否认语言学家首先和主要是借鉴其他科学的眼光看待自己的研究对象，不能假定语言学时而用物理学家和生理学家的眼光，时而用体验哲学家的眼光，时而又用社会学家的眼光，等等。①

　　如果任意一个人提出上述方法论的不满，那可能没有意义，因为他自己都不知道出路何在，但是，德·索绪尔不是任意的一个人。首先，他不仅深谙那个时代语言理论学家之所以陷入迷途的根源所在：纠结于具体材料的具象思维，歪曲那些优秀专家们细致的方法和结果。其次，他在自己的鼎盛期认识到并且指出了走出迷途的出路。他知道语言科学是一种普通符号学的核心，符号学是语言学的家园，也就是说，语言学由此

---

　　① 逻辑上还存在第三种观点，即语言学根本就不是一门独特而统一的科学或者科学群，但我们对此不予考虑。

才可以独立于其他科学。只不过，他还未能从这一开拓性思想获取足够的力量，来清楚地说明语言学自始所面对的根本就不是物理学、生理学、心理学或其他任何方面的事实，而是语言学的事实。在这个问题上，语音学和音位学之分野就给人一种"恍然大悟的体验"（Aha-Erlebnis），使人彻底摆脱具象世界观，不再纠结于具体材料的魔圈。而德·索绪尔还没有获得诸如此类恍然大悟的体验，虽然他比任何人都更接近这样的认识。

原理性研究在19世纪末是否掌握了某种更好的纲领？对此问题的论证决定接下来对语言理论论述的成败。因此，我们有必要转移讨论的基础。我们循着苏格拉底柏拉图的思想脉络，回归"实践派"的本分，以获得对"语言"这一对象最为深刻的认识。对于真正的实证性语言研究而言，手工方法不仅卓有成效，而且是显见的前提基础。我们应该重新认识这一前提，并且形成尽可能准确的概念。这是语言科学原理研究的任务。以此为基础，其余问题都会迎刃而解。

1.4 胡塞尔之《逻辑研究》

30年前，胡塞尔在一个专家论坛上提出反对意见：

"人们相信现代语法只需要建立在心理学和其他实证科学的基础上，相反，我们在这里提出的观点是，早前人们提出了普遍甚至先验语法的思想，我们要证明先验的、可能的意义形式的规律，如此，早前的普遍语法思想就获

得了一个毫无疑义的基础,同时也必然获得一个无限的效度。"(胡塞尔,1901:287)

这一批评针对的是心理主义的方向性错误,文献资料证明它适用于理论学家,但基本不适用于19世纪的实证研究者们。实际上,在施坦塔尔至冯特时期,只有少数语法学家支持语言心理学的复兴,认识到其光明的前景,积极响应其召唤,结果,对语法问题的错误认识在所难免。在我看来,施坦塔尔是经验主义者,不应该被简单地划归于上述语法学家之列,更遑论赫尔曼·保罗,因为,人们比较容易剔除他们二人身上的心理主义意味,发现一种符合本能的、真实的语法思维的内核。

无论如何,胡塞尔对施坦塔尔、保罗和冯特等理论学家的思维方式的批评都是正确的。那么,他自己又提出怎样的思维方式呢?在上述所引段落(后补的三条附注中的第二条)的末尾有一句听起来令人十分沮丧的话,是说给想象中的实证语言研究者的。他们读过这一"纯粹语法"新纲领之后定然失望之极,并且会对之进行批判,要使之"信誉扫地","因为它狭隘、自负、毫无实际意义"(胡塞尔,1901:321)。针对这种虚拟的怀疑论者,胡塞尔提出如下忠告:

"迄今为止,还没有一种哪怕是十分粗糙的形式理论,准确地说,一方面是原始的意义元素,另一方面是对其复杂的衍生形式的相互联系和变化予以科学概论。迄今还没有任何人能够对二者进行严谨的科学分割和明晰的现象学阐释,也就是说,那绝非一项轻松的任务。"(1901:

321，着重符为笔者所加）

这样，这位可敬的作者把自己及其对纯粹语法问题的阐述也归入那种他自己认定为失败的方案，未能解决我们"真正的最终任务"，至少听起来如此。人们的终极目标是在一种普通科学理论意义上对语法学的真正内涵进行界定和解释，但在我看来，即使在《逻辑研究》出版30年之后的今天，胡塞尔当年所思仍然合理，用他的方法应该能够实现目标。今天看来，他对那种令人沮丧的局面的论述仍然显得有理有据。他的基本论述，他关于"纯粹语法"的思想完全无懈可击，粗略地说就是：一切真正意义上的复合词必然遵循复合规律，也会在其领域体现出结构规律。他提出一些值得注意的论点，并且在其中明确了上述规律性。他说：

"一切联系都遵循规律，尤其是那些物质性的、局限于某个统一领域的联系，这时，相互联系的成分和结果都必然属于这个领域。我们永远不能将一切单位和每一个具体单位统一于任意单位和任意形式之中，相反，诸多具体单位的领域限制了可能形式的数量，决定了具体单位获得满足的规律性。但是，这种普遍性事实并不能免除我们的义务，我们仍然需要证明这一普遍性对每一个特定领域的适用性，仍然需要研究实现这一普遍性的各种特殊规律。"（1901：307）

这一点毋庸置疑，同样，下面一点也值得注意："每一位语言学家无论对事态清楚与否",都要运用适用于语言象征符号领域的结构规律。(胡塞尔,1901:319)问题只有一个,需要至少给定多少条件才能够认识那些结构规律。在这一点上,我必须对胡塞尔提出批评,准确地说,是对胡塞尔的《逻辑研究》提出批评。我们将会两次详细讨论胡塞尔的思想,一次是在论述(语言)概念符号的章节,涉及他的抽象理论,另一次是在关于纯粹语言学复合理论的论述中,其基本思想这里已经论及。仅从《逻辑研究》来看,上述两点似乎未能在语言理论开花结果。但是,胡塞尔的思想经历了转变,这尤其在1931年《笛卡尔沉思》中表现最为清楚。如果正确运用其新的思想,则上述两点就会结出硕果。有人无视后期胡塞尔思想的变化,而只是将早期胡塞尔运用于语言理论,那是一种异常的做法。早期胡塞尔的语言观只包含有限的基本关系,只能勉强对单子论话语做出逻辑解释,而那是第欧根尼在木桶里说出的最为抽象的话语;相反,他关于人类语言所提出的新模式则接受了《笛卡尔沉思》的思想,更加丰富,能够满足语言理论的需要,而且实际上在柏拉图之后一直广为使用。那就是语言的工具模式。下面,我们就围绕该模式展开自己关于语言科学原理的论述。

第二章 语言研究的原理

2.1 原理的思想及提纲

2.1.1 观察与研究思路

毫无疑问，对于语言理论的建构而言，有两个任务始终没有得到解决，几近空白。我们对第一个任务只略作论述，留给后人处理，而重点解决第二个任务。第一个任务在于明确语言学观察的内容及其属性的特殊性，第二个任务在于提出高度规则性的研究思想，这种思想是特殊的语言学归纳法的指导方针和灵魂，需要系统阐述。

2.1.2 理解的三重性

显然，语言学完全建立在观察的基础之上，其缜密的科学性很大程度上取决于认识方法的可靠性和精确性。或者通过文字资料，或者通过现实观察获得补充证明，科学研究都会毫不犹豫地直接挖掘真正的源点，例如，当前人们会毫不犹豫地对方言进行现场录音，掌握生活中的语音，或将少见且难于观察的具体言语事件录制到唱片上，以供反复分析之用。不过，固化到唱片上的仅仅是具体言语事件中可被听觉感知的，这只是第一步，但对于方法论的讨论至关重要。因为，完全的言语事件，即"理性的"或"有意义的"的言语事件，其蕴涵远远不止于听觉所感知到的。但是，其他元素又是怎样被把握并得以准确观察的呢？无论如何，语言学家都不能像物理学家那样去"理解"耳朵和眼睛所感知到的东西（无论所谓内在的或外在的）。与此理解相同，对声息（Flatus vocis），即声波、语音形象进行录制，在方法上也有严格的要求。

如果以为诸多语言学任务即将或易于完成，以为一切都基于"感受"和自我的言说，那么目光就太短浅了，就背离了问题及其方法的复杂性。事实远非如此。当今的动物心理学和儿童心理学建构了另一种方法，并以此在自己的领域取得了非凡的成绩。象形文字的研究与时俱进，独辟蹊径，也提出自己行之有效的方法，成就显著，值得称道。在语言研究中，"理解"本质上至少涉及三个不同的方面。

最初的象形文字研究者面对神秘的图形，认为那是一些人类语言的象征符号，乍看与我们的文字别无二致。他们认为那些整体形象就是篇章。事实上人们是逐步完成这些篇章的解码的，并以此破解了古老民族的语言。与我们自己的语言一样，这种语言也拥有词汇和句子。事实证明，那些古老的神秘图形其实就是事物的象征符号。无论具体通过怎样的方法，人们对于那些象征符号的意义已经有了初步的理解。作为对比，我们要列举不同研究条件下的另一种情况。有些文献存在于石头和莎草纸上，但还有那些对于我们而言陌生生命的社会生活中特定的现象和过程。可以想象，它们具有与我们人类交通信号一样的功能。这些陌生生命可能是蚂蚁、蜜蜂、白蚁,也可能是鸟类或其他群居动物,甚至可能是以"信号"为语言的人类。我听到命令,会根据接收者的行为对其意义,准确地说是对命令的符号价值产生初步的预测性理解,因此,与上述篇章的解码有本质不同。如果将所感知到的视为表达,则情形又有不同。人的表情和体姿也是表达方式,表达还存在于声音和语言之中。由此,人们又获得了另一种理解的钥匙。

　　语言学前辈运用这些理解钥匙的方法,散记在他们的报告中。但在深入研究某种语言的过程中如何运用这些钥匙,对此还缺乏系统和充分的描述。在语言科学的建构中如何对基本资料进行逻辑论证,如何将语言学原理与具体言语事件的观察相联系,是一项极其复杂的任务。无论如何,效仿物理学的理想方法来进行语言学研究是完全错误的。文字是对语音产品的视觉重构和固化,其中包含着一种先期分析,我很难想象一种宏伟的语言学理论可以无视文字的存在。我认为,古典和现代的语言研究正是以先期分析的文字语篇为出发点,所获得认识的深刻性和重要性,远远超出了我们时代某些人的想象。人们应该重新摆脱字母,这个要求合情合理,同样,也要对那些已有结论进行补充和细化。只是不应该忘记,人们必须首先通过字母学习游泳,而且事实上人们也的确是通过字母才学会游泳的。

　　前不久,我们自己将儿童生活中最初的话语录制到唱片上,并期望根据语言学分析的规则去理解这些人类言语行为的初始现象。那时,我和同事们意识到一个问题,分析性理解在文字产生之前该是怎样进行的?因为,相比较理解和解释而言，那些产品的语音学形态变动不居才是分析所要面临的最大挑战。与其说舵依赖于船，不如说船依赖于舵。如果允许这种矛盾说法，那么，我想谨慎地断言，就科学实践而言，音位学依赖于语音学，同样，语音学也依赖于音位学。关于儿童初始话语的问题，我们将另文细说。

但是，无论如何语言学科学理论亟待解决的问题，仍然是对语言学归纳法的逻辑路径进行初步的解释。因为，对于物理学和语言学而言，《纯粹理性批判》开首的那句话都是合适的："毫无疑问，我们所有的认识都始于经验：因为，如果不是通过我们的感官接触到对象，认识能力何以被唤起……。"触及语言学家感官的，他所能感知到的，是我们所称之具体的言语事件。如同闪电和雷鸣以及恺撒跨越卢比孔河一样，它们都是一次性的，是此时此地的事件，在地理空间和格里历中有其特定位置。具体的言语事件是语言学家基本观察及其基本科学结论的根据，在这方面，一切经验科学概莫能外。只是物理学和语言学的观察对象的客观性具有根本不同的特点（此乃语言符号原理的启发性之所在），与此客观性相对应，观察的方式和基本科学原理的逻辑内涵也本质不同。

"理解"这个话题蕴含着语言学的方法论问题。实际上，语言学的基本认识离不开语文学家的特殊技能。在没有文本、无法回答真假问题的情况下，或者面对生活中具体的言语事件，人们所能做的仍然是对文本的语文学（阐释学）解读，这类似于医生的临床诊断。就分析（阐释活动）的准确性和可靠性而言，在前者可能更多地取决于历史知识和观察，在后者则可能更多取决于对当前生活场景的理解，但二者在心理学上并无大的区别。不过，这一切只是附带论及，各种语言学观察的独特性最终只有根据语言学研究对象的独特性才能得到把握。

在之后的章节中，例如在关于音位的章节，时不时地还会反复出现新的内容，需要语言学家以独特的观察视角，亦即根据生活中独特的原始语言现象或固化的文本，不断提出新的基本判断。迄今为止，还没有人成功地对俯拾皆是的确证事实进行某种程度的整理，从而使人们了解语言学归纳法的概貌。德·索绪尔等人对逻辑学现状的忧虑已经说明，语言学界的密尔实际上尚未诞生。

2.1.3 语言研究的基本对象和语言学家的概念体系

为了恰当地称谓，人们可以将语言学家所能感知到的一切都称为语言学的基本对象。当然，在所能观察到的对象中，真正为语言研究所关注，并进入语言学实验报告之中的，只是微不足道的一小部分。因为，一切经验科学都具有一个共性，即它们各自的基本对象都具有无比丰富、具体而确定的数据，而从中取样并用于细致的科学界定和分析的，如同用勺子从浩瀚的大海中舀取的样品。系统的植物学研究并非跟踪每一棵植物，物理学验证万有引力定律并非观察从树上落下的每一只苹果（传说中是下落的苹果引发人们发现了万有引力定律）。同理，语言学也要完全根据自身科学的要求，对观察对象做出自己独特的选择。

无论何时何地，前提都是能够以少知多，通过取样而获得对整体的科学认知。科学学从所有其他经验科学获得认知，同样，语言学以此为出发点提出自己的终极问题以及涉及终极目标的纲领性问题，正如李凯尔特在其《自然科学概念构成的界限》(1896)中针对自然科学和历史科学所言：对于科学学而言，凡是通过概念建构使材料中未知的、无法估计的复杂性在理论上变得可知和明了，都产生一项特殊的任务，简而言之就是，要探究成功建构概念的途径及其原理。"途径"始终蕴含着成功建构的"最大限度"和内在"界限"，这是李凯尔特着重强调的问题，也是其书名的由来。我们并非要根据李凯尔特的结论来提出狭隘而幼稚的问题，追问语言学在他所划分的两类科学中的归属，在"制定规律的"和"描述特征的"科学之间选边站队。[①]那是一种视而不见的态度。相反，我们要毫无成见地返回到李凯尔特研究的原点，从语言学的视角重新提出并解答他提出并予以逻辑证明的基本问题。

可见，语言学概念体系的最终目标是，在方法和原理上将一个明确的、但又包含无限确定性的事实领域，即具体言语事件的领域，建构为一个科学认知的宇宙，如同物理材料之于物理学，如同每一种自成体系的经验科学或经验科学群那样，提出适应不同基本对象的概念体系。

[①] 在哲学史上，弗莱堡学派提出价值哲学，以为"自然科学"和"文化科学"之分野。海因里希·李凯尔特是弗莱堡学派后期的主要代表，也是卡尔·比勒的老师。价值哲学以价值概念为指导，认为自然科学研究的是事实世界，而文化科学则研究价值世界，强调自然科学和文化科学不同的方法论性质，自然科学采用普遍化的方法，目的在于发现自然界的"规律"，因此被称之为"制定规律的"科学；文化科学采取价值选择和个别化的方法，对特殊的、具体的事件进行描述，因此被称为"描述特征的"科学。——译者

这与李凯尔特提出的基本问题不谋而合，这样的答案都是对科学学的贡献。如同文德尔班和李凯尔特的类型划分及其论证以及许多类似的研究所言，语言理论也是科学学的组成部分。我们并未在一开始就提出类型问题，而是暂时搁置起来，那样做是基于如下认识：所谓必要的"视角差异"其实远不止于文德尔班和李凯尔特所理解的那两种。对此，保罗已有洞见。后来，**施通普夫**（Carl Stumpf）在其十分全面的柏林科学院论文《论科学的分类》（1907）中，根据各门科学不断发展的事实进行的阐述，贝歇尔（Erich Becher）在《人文科学和自然科学》（1921）对其提出尖锐而周全的批评。

这里，不宜对施通普夫和贝歇尔详加评论，但还是应该顺带说明我对于他们的科学学研究的看法。他们缺乏对一组科学整体的深刻理解，无论选择笛卡尔、斯宾诺莎（Spinoza）、莱布尼茨（Leibniz）或者洛策（Hermann Lotze）[①]的世界观为基础，那些科学都应该是各不相同的。因此，施通普夫在其喜爱的研究领域和他那本最成熟的著作《论语音》（1926）中，都未能发现通往音位学及其特殊任务的路径。对此，我在《语音学与音位学》中通过具体实例进行了补证。我的观点很明确，对他针对同一组科学而提出的重要的"产品观"以及关于"中性科学"（现象学、逻辑学、普通关系学）的论述表示赞赏。我认为，他的某些论述十分必要，而且高屋建瓴。——贝歇尔在书中提出许多中肯的见解，但他不是李

[①] 赫尔曼·洛策（1817—1881），德国哲学家，心理学家，对19世纪和20世纪整个西方哲学产生深刻而广泛的影响，文德尔班和李凯尔特、胡塞尔和舍勒、弗雷格以及英美分析哲学等都深受其益。——译者

凯尔特眼中的历史学家，例如不是传记作家。贝歇尔的批驳澄清了李凯尔特关于科学"特征描写"的思想，使其生命力和重要性得以凸显，甚至超出他自己的想象，这应该不难理解。贝歇尔在其著作283—296页两章中试图建立语言学以及心理学的基础，我认为，该基础产生于外部，并非产生于内部，而这关涉到语言学在科学世界中的地位。内部和外部都拥有巨大的施展空间，但当今的语言学家没有人能从中发现自己的领域。另外，语言学家可以借鉴他人的视角来观察自己的对象，但这同样也不能消解德·索绪尔针对方法论现状的不满。

值得注意的是，李凯尔特书中只有很少几处举例探讨了（广义上的）语言学的相关问题，但并非专门针对语言学的任务，而是专门针对语文学的任务。因此，有人根据从语言领域获取的证据，采用专门的语言学方法，对李凯尔特提出的科学世界二分法表示反对，我认为这完全可以理解。因为，显而易见，语文学在许多方面清楚地体现出特征描写的主导性，而同样清楚的是，许多语言学现象不能满足特征描写的科学模式，例如语音迁移以及语义变迁的所谓"规则"即是如此。如果把李凯尔特意义上的非特征描写性不分青红皂白地归为自然科学的"制定规律"则非常草率。因为，迄今为止，无人能证明排中律，甚至没有人做过认真证明的尝试。对此，我赞同施通普夫和贝歇尔的观点。描写性语法在语言学范围内十分必要，能成为科学的一个经典例证，其存在价值毋庸置疑，但它既非特征描写，也不具备自然科学制定规律的属性。迄今还没有任何一种科学的语言观能脱离结构分析。我这里不是指声名狼藉的"教学语法"①（顺便说一下，我很愿意为它说些公道话），而是指古希腊以降人们从特定语言所获得的朴素的结构认识。关于这一认识的科学意义我们将在原理C（2.4.4）进行阐述。

　　语言学家针对各自研究的那种语言或者一组语言发表了许多见解，下面，我们不妨就以此入手，考察德·索绪尔关于语言科学的基本概念。那里讨论了印度日耳曼语言的名词、动词和代词等类别。它们究竟是什么呢？我们应该重温古希腊先哲们的思想，他们对自己语言的观察所得总结出来的称谓大部分沿用至今。当时提出的见解不乏令人称奇之处，至今在语言学术语体系中占一席之地。对于我们而言，有些术语难免有僵化和狭隘之嫌，但不必太过在意。对先辈们的才干，我们应该能够针对一切科学的所有基本概念进行实事求是的评价，以顺应我们时代的要求。必须强调，这样的考察不能忽略语言科学中任何看似平常的论断。

　　语言理论的总体目标是科学学的一部分，但是据我所知，从未有人如此理解，从未有人系统考察过语言学的概念体系，将特殊的语言学概念体系与其他概念体系进行比较。如上所述，最近的、最鼓舞人心的现代楷模当数李凯尔特，最遥远者则是希腊先哲，他们都认识到概念的理论意义。其间，人们还取得了许多科学成就，其中首推来自古典和现代语言学本身的惊世之作，否则，科学学对语言学概念体系的意义及其根源的认识便无从谈起。

---

　　① 系指贝克尔（K. F. Becker）所著《德语教学语法》（*Schulgrammatik der deutschen Sprache*, 1831），受到施坦塔尔等人的猛烈批判。——译者

2.1.4 语言研究的原理

同一问题的另一个方面即是基本原理的问题。为此，人们可以尝试继续引证《纯粹理性批判》中那段著名的话："尽管我们的一切知识都以经验开始，它们却并不因此就都产生自经验。"这足以使我们陷入毫无必要的问题之中。一种经验科学的尊严绝不是源于先验的证明，这在自然科学上体现得最为明显。人们认为对自然过程可以持续量化（数学）分析，并习惯于把这一思想称为现代物理学的基础，伽利略（Galilei）的论点和开普勒（Kepler）所谓"物质所在，几何所在"，都在普遍意义上提出了一条纲领，为人们所遵循，奠定了物理学成就的基础。同样，牛顿（Newton）的自然哲学与纯粹理性批判或者密尔的归纳法都试图把大量不确定的"物质所在，几何所在"纳入到某个原理系统之中。这些都堪称古典的努力。物理学在数学思想的指导下对自然过程进行分析，可以说是认识到了正确的研究方法，并且不断通过具体的研究完善已经明晰表述的原理。

在原理的现代表述中，在其（简单说是逻辑的）发展中，关于其中哪些是先验的、哪些是经验的之类的问题，并非自始有之，而这正是我们在语言学领域所追求的。我们提出原理研究的一种方法，我认为是一种纯粹的现象学阐释，或者是从认识论（和本体论）对基本原理进行中性确定。这些原理可以通过还原语言研究的成果而获得，希尔伯特（David Hilbert）称这样的方法为原理性思考。在我们看来，这也是对所有科学提出的要求。他和他的朋友们在数学领域卓有成效地开展了不断

21　　"深入基础"的工作,① 这对所有科学都是可能的和必要的。细究之下,这些早已包含在柏拉图和苏格拉底的方法之中,是所谓苏格拉底式的"归纳法":向专家们和成功的"工匠们"虚心请教,在与他们的讨论中你会发现他们的实践知识中包含着原理。

　　语言研究的基本原理又是如何呢?下面,我们罗列一些原理,它们或许本身已经可以被视为语言研究的原理,或者起码可以为进一步的理论研究提供支撑和基础,以完善这些原理的体系。这样的努力在形式上是新的,但其中的原理思想并无新意,而且本质上讲也不可能是新的,因为,承认这些原理意味着,人们面对语言这一研究对象所采取的立场,其主体始终是语言学家自己,起码自从语言科学产生之日起即是如此。以此立场为出发点的问题已被提出,并得以回答,还有一些问题未被提出,因为人们以此为出发点认为那些问题毫无意义。人们有充分理由断言,语言学尤其在其最近100多年的历史中对于正确的研究方法有清醒的意识。科学学家认为其中有些理论影响深远,堪比对自然过程进行数学分析所

---

①　参看希尔伯特《原理性思考》(1918)。"细究一种理论,会发现概念的架构都以该知识领域中少量而充分卓越的原理为基础,根据逻辑原理足以从中建构整个框架"(406页)。希尔伯特的《原理性思考》在历史上引发了争论,其中最引人注目的当数密尔在其归纳理论中对惠威尔(William Whewell)观点的批判。惠威尔的《发现的哲学》(其前言著于1856年,而我眼下所用则是1860年版)受康德的启发,因此,争论根本上是密尔与康德之争。我们可以说,密尔承认惠威尔理论的核心内容,那是他们双方都不反对的,都主张开展某种经验科学的原理研究。人们应该注意密尔的如下观点:"对于后者(即必须对一个事实做出判断的是法官),困难不在于他必须做出一个归纳,而在于他必须做出选择。"具体科学的原理可以说就是从丰富的基本思想中进行初步的选择,至于它们源自于哪种认识,这个问题超出了具体科学原理的范畴。

得之结论，而且基本上主导了研究的进程，尽管其表述有时不很充分。而这正是原理对于具体经验科学研究的意义，且不论它们还有什么其他意义。原理乃是根本性的立论，决定研究的领域，其中所归纳出的一些思想可以应用于每一个研究领域。

2.1.5 四条原理

下面有四条原理，需要向读者列举、解释和推荐。如果有人提出批评，认为它们不过是"旧话重提"（借用康德的一个词），关于人类语言应该还有更多类似的原理或近似原理的表述，对此，我们完全赞同。实际上，这些原理不过是从卓有成效的语言研究的理念中提取出来的，而且并不排斥其他原理。康德并没有自满，而是对于自然科学的数学原理提出更高的目标，对此，人们从他自己的表白和理性批判的产生过程可见一斑。今天，人们还知道另一个问题，即康德对范畴和基本原理的12层设计在历史上只是昙花一现。语言科学原理的类似研究也可能面临同样的命运，也会成为昙花一现。人们现在的方法已与康德不同，现代类似研究的一般性结论也许蕴藏着终极智慧。罗素（Russell）和希尔伯特等人提出实证科学领域的原理研究，认为"原理性思维"的第一步是借鉴现有的结论和理论进行逻辑归结。人们不仅仅是迈出这一步，然后把理念的落实束之高阁，相反，要做出认真思考，这才是我所期待的转折。"旧话重提"自古有之，今天要以更大规模展开，公之于众，经受检验，不过，我们率先"旧话重提"，希望获得同壕战友的关注和援手，如此，或可揭示原理的内在组织性。

四条基本原理中的第一和第二两条紧密相连,所以,可以考虑用一句话来涵盖它们的内容。我自己也是后来才明白为什么仍然需要两条。语言工具模式是对古老语法的补充,并为韦格纳、布鲁格曼、加德纳等学者,以及此前的保罗等人所称道。工具模式指出基本特征的复杂性,这些特征只有通过对具体言语事件的考察才得显现。我们首先强调语言产品三维意义的指导性原则,这方面最有成效的研究当数加德纳的《言语和语言理论》(1932)。① 加德纳的分析导向语言的语境论。

那么,是否应该明确提出,对古老语法进行革新必须毫不动摇地在语言语境论的意义上进行? 我的回答是,一切革新都必须遵守一种内在的底线。因为,具体的言语场景固然不可否认,同样,另一个事实也不可否认,即存在基本上与语境无关的话语,世界上有整本整本的书籍充满了与语境无关的话语。如果刚刚听完坚定的语境论者的学术报告,然后毫无保留地对基本上与语境无关的话语事实进行认真研究,就有理由在哲学上对这种事实的可能性感到惊讶,继而,摒弃此前顽固的教条,承认因果分析的不足,开始实事求是地考察"罗马建在七座丘陵之上"或者"2×2=4"之类的非语境句子,这样,人们就会立场坚定地回到可敬的描写性语法的轨道上来。在关于语言象征场的理论中,我们阐述了其逻辑合理性,所提出的理论无疑具备原理性基础,要求我们同时承认原理 B 和 D。

---

① 这本著作内涵丰富,我只是促成了它的出版,但与其构想无关(那完全属于其可敬的作者)。人们劝说加德纳将不断成熟的思想付梓出版,我有幸成人之美。他向我口头报告过书稿的内容,成书又增加了许多内容。我们还会经常涉及加德纳这本书,从中汲取许多养分。

对语言学研究任务的划分由来已久，对此，原理C的启发意义十分明显。语文学和语言学、心理学和文学对语言有各自特殊的关注点，这在概念上清楚地体现在我们的四场理论中。当然，各门科学最终都会整体把握：文学史家必须也是语法学家。原理C告诉我们，语法学家的产品理论在逻辑上处于优先地位，且理由充分，对此，语言心理学家也肩负大任。原理D也许可以自给自足。纵观上述原理，关于人类语言的四条基本原理的意义就在于其重要的启发性。对这种启发性进行"推论"十分必要，可以使我们认识语言研究的特定秩序，或者反过来说：这样的启发在逻辑和本质上论证了就对象开展研究的架构。

2.2 语言的工具模式（A）

2.2.1 言语事件的表现形式

言语事件在人的生活中有许多原因（或动机）和环境，但哑然不语的情况也时有发生。且不论荒漠之中的独居者和睡眠之中的梦游者，即使在独自内省和默默创作之时，突然间的沉寂也经常规律地发生于你我之间、社团内部，无论在无关紧要或生命攸关的时刻，皆是如此。学究们对像天气一样变幻莫测的人类言语活动开展研究，所提出的笼统常规与饱含真理的原理相去甚远。人们常说"灵魂有声，灵魂亦无声"，还有人说"沉默是发自良知最深处的回答"。与之不同，也有人声称言说与做人异曲同工，或者，外部世界和内心世界之所以存在和可知,根源仅仅在于媒介,在于对语言(准确地说是母语)的理解。至少,思维和言语应该是同一的,即逻各斯(Logos),静默的思想不过是无声的言说而已。

　　说到底,我们与学究们之间并没有冲突,我们所需要的是认识具体言语事件及其规律性生活场景的模式。柏拉图在《克拉底鲁篇》中指出,语言是一种工具,以便于一个人向另一个人传达关于事物的信息。我认为,这是一个很好的切入点。此类信息传达行为的存在毫无疑问。以它们为出发点的优势在于,人们可以通过归结法从某种基本情况获得对所有或绝大部分其他情况的认知,因为,信息传达是具体言语事件中最富基本特征的表现形式。"一个人、另一个人、关于事物"这一序列至少指出3种关系元素。在一张纸上画一幅图,三个点组成一个三角形,第四个点居中,需要思考的问题是,这幅图具有什么象征性。居中的第四个点象征可感知的现象,通常为声学现象,与三个角上的元素都明显发生某种直接或间接的关系。我们用虚线将中心与各角连接起来,问题是,这些虚线象征着什么。

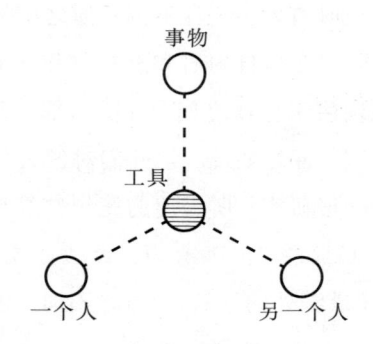

事物

工具

一个人　　　另一个人

2.2.2 物理因果观的缺陷

这幅点线图首先引发一种直接的因果观察。"一个人"发出的声音，对于"另一个人"而言产生刺激，如此构成果与因。而第三条虚线则会有多种解读，其中最为简单的解读，是视其为围绕诸多言语事件的复杂的、经由中间元素联系而形成的因果关系。假设，某个音的生成起于说者，诱发于此前从感知场中某物获得的一个感官刺激，而听到该音则刺激听者将目光投向同一物体。例如，两个人在房间里——其中一个人注意到唰唰的雨声，看着窗外，说："下雨啦"——另一个人也看着那里，或者因为听到那句话，或者因为看到说者的目光所向。①如此，事情形成一个圆满的循环。如果愿意，可以继续演进，如同在一根螺杆上画圈，永无止境。如果某物或某事产生足够的新刺激，被其中一个或另一个人交替感知，事件就会充分地吸引他们双方（人们习惯这样怪异的表达），那么，在一段时间里，他们会不厌其烦地针对该物或该事以试探和协商的形式展开对话。

我们从直观的例子再回到前面提出的模式。原始的、依赖于感知的信息传达以语音形式得以实现，其中的因果链如下图所示。

---

① 关于下雨这个例子，阿兰·加德纳的大作《言语理论和语言理论》（1932）已有论述。我向这位可敬的作者确证，我1931年在伦敦大学的黑板上演示过该三角模式，但并不知道他10年前就已经做过，举例相同也许要怪伦敦的天气。其实该三角图形也不是我们提出的，而是已经清楚地包含在柏拉图的思想中，任何一位逻辑学家都能够总结得出来。对此，1918年我在《近代句子理论批判》有过详细论述。当时我并没有想到柏拉图，而是如同加德纳一样，只从问题本身出发考察眼前这个模式。我在伦敦大学学院做过两个报告，题目分别是《语言的结构》和《言语心理学》。之后，我与加德纳进行了他所言及的那些深入讨论，证实了我们各自从德语和埃及语出发对人类"语言"的认识是一致的。

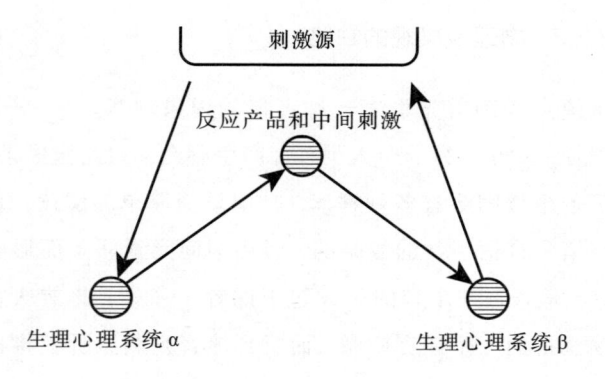

```
              刺激源
        ┌─────────────┐
              ↓
         反应产品和中间刺激
              ○
           ↗     ↘
          ↙       ↘
         ○         ○
   生理心理系统 α    生理心理系统 β
```

这对于语言理论而言有什么意义呢？为了复原某一犯罪行为，必须进行某种因果观察，同样，在对具体言语过程进行语言学分析的整个框架中，因果观察也必不可少。在刑事诉讼中，法官不仅仅要将某行为认定为犯罪，同时也要将被告认定为罪犯，才能对他进行判决。如果没有某种形式的（纯粹逻辑的）因果思维，对行为的认定就是毫无意义的妄为。众所周知，在法律界要穷尽因果关系有很大困难。我断言，古老的心理生理学对"言语的循环"（德·索绪尔，1931：13）的蒙昧想象也遭遇过同样的困难。这里重现了心理学核心内容所普遍反映的问题。我们现在开始意识到计算错误之所在：α 和 β 这两个系统处于循环的不同位置，基本上独立发挥各自的功能。在极端简化的情况下，对刺激的感知类似于看到一份极度简单的"报告"，而报告的发送则永远是一个"行为"。

坚定的行为主义者满怀青春般的热情试图通过动物和儿童来证明一种研究方法，其中也包含着古老的模式。他们试图通过反映法来解释事件的整个过程。然而，整个情形正在发生巨变。这里，我只指出一点，就足以证明我们如此揭示事物真实面目的正当性。以我之见，詹宁斯和桑代克（Thorndike）的著述堪称美国行为主义最优秀的经典著作，伊贺朗斯基（Ichlonski）对巴甫洛夫（Iwan Petrowitsch Pawlow）和白赫铁列夫（Wladimir Michailowitsch Bechterew）等俄国学者的研究成果做了最新的综述，女哲学家德·拉古娜提出了详尽的行为主义语言理论。打开这些论著来看问题的本质，人们会注意到，学者们自始至终都难免囿于纲领性离题之困。

他们过去和现在都寸步难行，因为他们缺乏对符号学基本概念的思考，即缺乏对"信号"这个概念的思考。对于这个概念，詹宁斯以"典型刺激"的形式（即我们所谓"一物代替一物"，详见原理B）引入其理论，而伊贺朗斯基则采取一种"似乎"的观察，德·拉古娜更提出原创性论述。"信号"是一个真正的符号概念，在行为主义纲领中占据一席之地，而且绝非附属，而是处于核心地位，位列动物习得现象所有研究者的列表之中，也理应位列其中。因为，它的缺位会产生一种不应该的缺失。行为主义关于学习过程的解释莫衷一是，五花八门的见解充斥着美国心理学的书籍和杂志，理论发展裹足不前。从符号学全面考察，这样的乱象其实不难预见。无论如何，我们事后总结不仅轻易可为，而且，对学习过程的不同见解进行彻底的逻辑梳理也很可行。这里，我的观点暂时无需详细证明，留待语言理论专设一章来论述语言的符号功能，那里再详细论述。那里还将说明，针对生物学领域的机械行为主义，于克斯屈尔（Jakob von Uexküll）以黑格尔式反命题的形式提出了自己的理论。他的基本概念"特征符号"和"功能符号"就是从符号学视角提出的。无独有偶，我所言及的转折也出现于托尔曼的佳作

《动物和人类的目的性行为》(1932)之中。

显而易见,以上两段对于欧洲的语言学家而言了无新意,因此大可删去,但是,在系统性的论述中,应该提及当代具象思维的先驱性意义及其面临的困难。物理学行为主义以现代形式重提中古早期的声息唯名论(flatus-vocis-Nominalismus)。相比其纲领,具象思维19世纪末在心理学和语言学方面的尝试只能算是一个前后矛盾、结结巴巴的孩子。对此,音位学研究提出了最为简单而极具力量的论据予以反驳。实际上,言语交际伙伴的心理系统生成和处理声息的方式与古老模式的预设完全不同,后者过于简单。接收者的心理生理系统就像是个分拣器,以抽象相关性原理(das Prinzip der abstraktiven Relevanz)为工作准则,这是原理B的启发性所在。而发送者的心理生理系统则是建构过程的一个驿站。二者都属于信号交际的机制。

2.2.3 新模式:语言现象意义功能的三重性

我们尊重这一事实,将语言的工具模式重新图示如下。

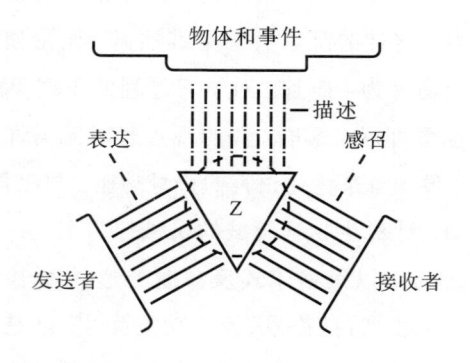

居中的圆象征具体的语音现象，有 3 个变量，表示一个符号在三个不同层面上的表现，具体用三角形的边来象征。在某种程度上，三角形的范围小于圆（根据抽象相关性原理），但在另一个方面却大于圆，这意味着，感知对象永远需要统觉的补充。线条束象征（复杂的）语言符号的语义功能。其象征性基于符号与事物的对应关系，而表征性（亦即 Sympton, Anzeichen, Indicium）则基于符号相对于其发送者的依赖性，表达他的内心，信号性基于符号指向听者的召唤，犹如其他交通信号一样，控制他的外在或内在行为。

必须指出，该工具模式的三个意义维度基本上相互独立。该模式第一次完整地出现于我那篇关于句子的论文（1918）。那篇论文开宗明义道："人类语言的功能是三重的，即 Kundgabe（表达）、Auslösung（引发）和 Darstellungh（描述）。"现在，我更喜欢用术语 Ausdruck（表达）、Appell（感召）和 Darstellung（描述），因为，Ausdruck 在语言学界越来越获得我们所要求的精确含义，拉丁语 appellare（英语为 appeal，大致相当于德语的 ansprechen "招呼"）与第二种功能也很贴切，众所周知，还有 sex appeal（性吸引力）这样的表述，同样，speech appeal（言语感召力）也不难想象。

然而，认识到语言的符号属性，就一定要追求概念的一致性，所有三个基本概念必须都是语义概念。为什么以及怎样避免概念的混乱，可以从语音研究中获得启示。借鉴音位学的成果，今后必须根据上下文或其定语来判断"音"这一简单术语的意涵，其具体所指或者为一个语音符号，即一个语音特征，亦即特定语言音位系统的一个特定单位，或者为语音学的一个现象。因为我们现在知道,一个具体的音位出现在同一语言的两个地方是不同的语音学"表现",而一个具体的语音单位在两种不同的语言中则具备不同的音位学"价值"。也就是说(重申一遍),前者属于同一语言,后者属于不同语言。概念的混乱,时而为(物理学的)因果思维,时而为符号思维,必然导致我们三重模式象征性的根本性混乱,会令人不知所措,致使伪问题丛生。我们要在一个关系模式之中整体把握那些概念,在"分头前进!"的基础上再辅之以"整合出击!",这是保证概念一致性的必然条件。后者在科学上必须以另一种方式予以满足,即完全根据清晰可解的逻辑规则进行。关于这些规则,同样可以通过语音学与音位学的关系获得初步的认识。

那么,工具模式中的线条束象征什么呢?柏拉图仅仅解释过其中之一,即语音与事物的关系。在《克拉底鲁篇》中,他过分强调"法则"与"现象"的析取,致使人们提出新的质疑。因为,按照现代数学的说法,那个图中存在着语音符号与事物之间的对应,而当前的言说者对这一对应的历史轨迹却浑然不知。语言研究对这种对应关系的追溯和重构经常可以达到惊人的程度,但是最终却总是线索寸断。语言使用者和语言研究者都承认,如果我们"当今"对比语音和事物,结果发现它们之间并不存在"相似性",而且在大多数情况下,我们也不知道是否曾经存在过某种相似性,以及该对应关系是否原本就因为该相似性而产生。这些问题已经超出我们目前之所需。因为,严格按照概念而言,无论其理据何在,对应关系的"存在"总是基于某种规约(纯粹逻辑意义上的"约定"),并因规约各方而存在。① 简而言之，还以《克拉底鲁篇》中的选择为题：一种语言的语音形象与事物相对应，而克拉底鲁的回答给语言科学词典最先提出的任务，是对该语言的称谓词（如那里所说）与"事物"之间的对应关系进行系统的描述。在语言描述手段的二维系统中，词汇对应还包含句法规约，这仅仅是我们所发现的对应关系的又一个方面。因此，在图中"事物"的位置上，我们现在要使用双重称谓，即"物体和事件"。

2.2.4 表达、感召与描述：论语言的三本书

我们承认语言描述功能的主导地位，下面，应该对此予以限定。语音作为一种说者与听者之间的媒介现象，并非永远都实施对"事物"（或更准确地说对"物体和事件"）的指称，相反，在建构言语场景的过程中，不仅发送者是言语事件的行为者，是言语行为的主体，而且接收者作为受话者是言语行为的受体，他们都占据各自的位置。他们并非仅仅是信息传达的组成部分，而是交往的伙伴，从而，语音这个媒介产品与二者之间呈现出各不相同的符号关系。

因此，可感知语音与说者之间的特殊关系，与其他表达现象中的情形无异。那么，第三种关系又是怎样的呢？它只是在

---

① 德语名词 Kuckuck（布谷鸟）也许与我们在林中听到的那种熟悉的叫声基本"相似"，但这种相似性本身已经不再是语音与事物相对应、并使该称谓成立的理据，它不是对那种叫声的称谓，而是对那种鸟的称谓（至少是那种规约双方在林中随着那叫声而活生生感受到的鸟），距离"相似性＝对应性"这一等式还相差很远，完全不具备逻辑性。有一点是明确的，每一位语言同伴都可能以不同和更为简单的方式参与新称谓词的创造，而且实际上的确如此，只要将某种相似性约定为对应关系的理据即可。无论如何，必须严格区分对应和对应的理据。

我们的序列里被列为第三，因为，本质上，也就是说在人类和动物的符号交际中，对感召的分析首先而且最为准确的在于接收者的行为。如果我们眼前不是人，而是蜜蜂、蚂蚁、白蚁，关于它们的交际手段，研究者需要关注的首先和主要为接收者的反应。作为动物心理学家，我使用"信号"这个概念，认为它们的交际价值在于接受并进行心理生理消化的主体的行为。作为人类语言的理论学家，我们也不应该忽略问题的这一方面。韦格纳和布鲁格曼等人研究指示词的功能，虽然没有使用我们的术语，但实际上使用了上位概念意义上的"信号"。事实表明，他们分析指示符号的方法是正确的。因为，事实上极端状态的指示词（纯粹的指示词）作为无变格形式的小品词不仅仅出现在原始印度日耳曼语之中，而且保留在我们当今的语言里，与人类和动物的其他交往信号完全一样，最为清楚地体现于其语用使用之中。语言学家应该选用最纯粹的实例，才能定义语言语音信号的概念。用这样定义的概念去审视整个语言，会发现分析并非只针对单个对象，而是以新的视角进行整体性考察。

必须指出，整体性考察适用于上述所有三种视角。人们应该从生活中选取具体的言语事件。它们告诉我们，一切首先适合于语言符号的描述功能，这尤其在科学语言上表现得最为明显，并在现代逻辑学的表述体系中达到顶峰。假设纯粹的逻辑学家用粉笔在黑板上画出符号，他怎样才能实现逻辑符号的表达价值？其实他根本无需为此操心。一个训练有素的笔相学家可能会对黑板上的笔画或书法饶有兴趣，施展解读的艺术，且不会徒劳无获，因为，即使逻辑学家或数学家画在黑板上的线条本身也蕴含着某种表达。如此，发现表达功能首先不是诗人的专利，只不过诗人的表达更为丰富。相比一位十分霸气的诗人对自家小门的描写，逻辑学家望尘莫及。这是另外一种夸大，无需在意。对于第三种功能，亦即准确的感召功能，一切皆有意义，例如指令性语言即是如此。而亲昵词语和谩骂词语，则感召和表达功能同时并重。它们的确经常表示可爱和可憎的意思，但至少那些最私密的亲昵词语有时却也明显地表示其他意思，用"您真是正人君子！"这样感召性的话语也可能实施一个伤害行为。据说，曾经有一位波恩大学的学生在论战中令最能骂的泼妇哑口无言，痛哭流涕，而其绝招仅仅是使用了希腊语字母和希伯来语字母（"Sie Alpha! Sie Beta!……"）。①从心理学角度看，这个故事非常可信，因为骂人与音乐一样，关键是"声调"。

不过，需要强调的是，这只是一些典型现象，说明语音的三种不同属性在其中交替发挥主导性作用。要在科学上证明我们的模式，即语言的工具模式，关键在于说明所有这三种关系，即语言符号的所有三种意义功能，都各自构成语言学现象的不同领域，各自提出不同的问题。事实的确如此，因为，"语言表达"和"语言感召"是整个语言研究的不同对象，相比语言描述而言，具有各自独特的结构。简单地说，诗歌和修辞特点各异，从而形成它们相互之间，以及与同一范畴的小说和戏剧之间的区别，而它们的结构规则与科学表达的结构规则之间的差异更大。这就是语言三功能理论的内

---

① alpha（α）和 beta（β）是希腊字母，例中的表达并不是德语的固定说法，字面意思是"你是α，你是β"。——译者

容概要。对语言工具模式进行阐释需要写三本书,那时,整个论证才算完成。①

2.3 语言的符号属性(B)

2.3.1 语言的结构模式

语言现象完全是符号性的。词汇的语音构成本身即为符号,并以符号为目的。德语单词 Tische(桌子)作为语音现象包含4个基本特征,我们可以据此把该词与其他语音近似的产品区别开来。这些特征,即词汇中的音位,具备标记的功能,构成语音形象的区别性特征。另外,Tische 作为语音形象整体,在有意义的话语中为客体指称符号,表示一个事物或一个事物种类。Tische 这个单词也可以在词尾增加一个音位 s,并在上下文中获得一个位值,我们一般称之为场值。那也是一个单词在语义环境下可能获得的价值。原则上,这点也适用于"这里""现在"和"我"等单词。它们在音位学方面与 Tische 相同,但与客体指称又略有不同,它们实施指示,在上下文中的场值也与语言的概念符号略有不同。然而,它们也

---

① 比勒要建立自己的普通符号学理论体系,建立一种"人文科学逻辑学"。经过长期的实验研究和资料积累,比勒的理论构思臻于成熟,1922年将研究重心由实验室转向书斋,潜心于语言理论三部曲的创作:语言的描述理论、表达理论和感召理论。《表达理论——从历史揭示系统性》和《语言理论——语言的描述功能》相继于1933年和1934年出版,但"感召理论"因二战等原因终成遗憾。——译者

是符号。

这点明确之后，人们不要忘记原理 A 一章的相关结论：就词汇而言，有些是通过单词独特的音位特征（如命令式 veni, komm），更多是通过特殊的声调变化或干脆是通过特定的言语场景，而转变为命令、呼唤或表达符号的角色因素。在某种程度上，词汇总是具备这种特点，因此，人们可以断言，根据工具模式，作为符号性产品的语言现象具有多面性，而根据上述新的思考则还具有多重性。

值得注意的是，这种复杂性体现于人类话语的同一现象！对于这两种区别性视点，人们必须在概念上认真地把握，深刻地思考。关于多重性的问题，将在第 4 条原理中论及，并在第五章关于"语言产品的构成"中详述。这里，我想略作铺垫，对复杂的问题提出简单的思考。我们注意到语音材料，纯粹的语音分析从物质观察过渡到音节和多音节语音产品，从中发现复杂性具有明显的层级性。人类发音器官生成的语音和其他声音具有多维和连续的复杂性，由此，现代德语可切分出大约 40 个语音标记（音位），在各处发挥区别性功能，双音节产品 Tische 就包含其中 4 个。德语中有意义的音节的数量肯定超过 2000 个，我所使用的正字法字典，即《杜登》小字典，收录了大约 34000 个单词，有约计 30000 个视觉成词，这样，数差为 40、2000、30000。

这些数字不求精确，究竟是 40 或 45 个音位，无关紧要。我们统计了歌德《亲和力》前 30 页具有独立语义（autosemantisch）或附属语义的（synsemantisch）音节的数量，得出 1200 这个数字，将之绘制成一个特殊的统计学曲线进行预测，得知《亲和力》可能有超过 2000 个单位，或者接近 4000 个。《杜登》没有收录所有语音相异的词汇形式，没有在列出 Tisch 的同时列出 Tisches，也没有在列出 lieben 的同时列出 liebt 和 liebte，因此，估计德语中语音相异的词汇形态的数量绝不止 30000，这个估值不是过高，而是过低，我们只为获得一个概貌。①

我们能够准确生成和理解数以万计各不相同的产品，面对这样的复杂性而基本上不出差错，这在心理学上并非理所当然，并非我们的一般能力所及。但是，复杂性的层级性使得人们的实践活动在语音上变得可以理解。谨慎地说，要对多重复杂性的解释提出批评并取而代之，为时尚早。语音产品构造层级（生成层级）的多重性并非我们所指的那么简单，不可与砖砌建筑相类比。相反，诸多方面的特征在这里相互交融，具备心理生理属性，非常细腻复杂。对此，我们将在关于音节的章节里详细论述。

面对同一个对象，符号学观察发现三种符号功能（并非完全平行）：单词语音形象的客体意义（对应性），单词语音形象本身的音位学体貌特征，以及上下文之中的场域符号。我们要理解和区别不同的单词，为此，语音形象的语音标记（音位）就是预先确定的识别标记，其区别性功能是给定的，可从语音形象中解读出来。一个人的识别特征也是如此，通常被（警察）概括为他的体貌特征。相反，音节在音位和语音形象的客体指称符号之间没有区别性符号功能。毫无疑问，

---

① 本段举例中，Tisches 为名词 Tisch（桌子）的第二格形式；liebt 和 liebte 分别为动词 lieben（爱）的现在时第三人称单数和过去时第三人称单数形式。——译者

一个词的音节，无论单音节或双音节，体现该语音形象的特点，一个结构复杂的单词的音节划分可能与其意义节奏相对应，但是这并非必然，因为，liebt 为单音节，包含两个语法元素，①而 Wolle（羊毛）为双音节，根据我们的语感却不能进行语义切分。词汇研究对 Wolle 这个单词的历史考证没有什么现象学意义。

为从概念上澄清这些现象，首先要提出一个问题：是否可以将音位的功能和词汇的象征意义这样不同的东西置于同一个上位概念"符号"之下？如果证明可行，而且术语适当，那么，工具模式的多面性又是怎样的呢？同一个具体的客体指称符号具备一定的表达价值，但相对于受体而言具备效果不一的感召价值，时而这样，时而那样。是否应该将象征符号、表征符号和信号统归于上位概念"符号"之下？这里的复杂性真真切切，毫无疑义，如果统而言之，上位概念"符号"是否会沦为空洞的躯壳（如许多未予科学界定的日常语言词语那样）？有些人认为象征性为统一的上位概念，可以在精确的逻辑分析中代表一切。这样的思考符合现代逻辑学的科学秉性。我对逻辑学的敏锐性折服不已，然而需要指出，针对语言事实，在"精确的"逻辑学界出现了一种认识论基本态度（但愿那是暂时的），在我看来是自古以来对自然语言最不可思议的错误认识。根据我自己的理解，一般表达性表征符号和具体的语言表达符号，都呈现出事物之间某种内在的关联。动物和人类社会生活中的有效信号包含着某种控制性元素，且可以在

---

① liebt 包含动词"爱"和第三人称单数现在时两个元素。——译者

科学上予以把握。语言现象本身置身于"现实"之中，这是问题的关键，它们与物理学现象不同，不是推理的、非真实的现象。如果物理主义世界观反对这一原则，那只会自作自受，而于事实则毫发无损。

本书有两个地方涉及是与否的讨论。其一，在关于指示符号那一章，我们指出，与任何语言一样，逻辑学人工语言离开指示符号也是寸步难行，无法构筑其"逻辑大厦"。其二，在关于语言概念符号的章节，我们指出，现代物理主义固守极端的声息唯名论，无异于科学自杀。人们可能会对我们的符号学展开批评，我们应该有所准备。我们的口号是：这里就是罗德岛，要跳就在这里跳吧！（hic Rhodus, hic salta!）因此，我们还是先把涉及各种符号功能的论述都摆放于此，至于最终究竟需要一个还是多个上位概念，暂且不必考虑。

2.3.2 "符号"的词源

照理说，一部关于语言理论的著作至少应该论及日常所言之"符号"的词源，例如 Zeichen、σῆμα、δεῖξις、signum、seign 等等，这些单词是什么意思呢？在印度日耳曼语言，尤其是希腊语、拉丁语和德语，这些词有两种主要含义，词源都体现出可视性特点，原本包含两种因素，其一为"亮度、可视性"或者"使明亮和可视"，其二为"置于眼前"。"照亮"将注意力引向自己，使"被置于眼前者"进入感知范围，（用德语简短表述）大致是将事物显露于观察者的眼前，或者相反，将观察者（观察的目光）引向事物。印欧语符号词汇中的多词干词族即是如此。①

　　这可能就是印度日耳曼语中最广为使用的符号词汇所独有的原始意义的核心。果真如此，我必须说，该意义与我们拥有的指示小品词的功能最相吻合。另外，感知具备决定性和解释性，而感知的两种可能性，我是指将事物显露于眼前或将观察者的注意力引向事物（我不再这样逆向解释），与词源常识十分吻合。对于语言创造者而言，在指示实践还主要依靠手和指的阶段（词源可以证明这一点），手和指的功能可能主要是抓和拿。希腊语 deixis 及其拉丁语对应词 demonstratio 蕴含着逻辑证明之意，因此可与词源所验证的视觉指示（demonstratio ad oculos）处于同一阶段。这也符合我们的语感：被引导者应该获得感性的或逻辑的"认知"。然而，拉丁语单词 demonstratio 寓意深刻，蕴含着 monstra（怪异，亦即异常现象）的某种"标志性"和"警示性"，显示了早期人类面对符号现象的惊愕和思考以及一切皆符号的态度，蕴含着所谓神秘的精神态度。对此，维尔纳（H. Werner）等人颇有研究，我们将在适当的时候展开讨论。另外，需要强调的是，罗马的预言家和逻辑学家在各自的实践中都使用了 demonstratio 这个词。

---

　　① 此为布鲁诺·索内克《符号理论的语言研究》（尚未发表）的研究结果，其基础为巩达（Jan Gonda）《印度日耳曼语指示词汇的语义研究》（1929），以及瓦尔德-波科尼尼（Walde-Pokorny）、瓦尔德（Walde）、克卢格（Kluge）和保罗等人在词源词典中的相关文章，不过，他们的结论与巩达的一般性陈述相去甚远。我认为，将符号概念与词源问题联系起来十分重要，可以说，索内克先生在当时条件下使问题获得了有限的解决。

2.3.3 符号概念的语言分析，比较心理学，普遍模式

在论述了"符号"的词源（很遗憾，语言学这方面的研究亟待进行）之后，人们可以根据不同兴趣从两个方向来对行为主义所理解的语义现象进行客观的分析，一是在动物的群体生活中，另一是在人类社会生活的机制中。孤立地选择其中任何一个方向都是片面的，都隐藏着使符号学扭曲变形的危险。1927年，我在《心理学的危机》中简单阐述了行为主义视角下语义现象描写的问题，之后，很高兴地看到在美国出现了一位最富创造性的实验学者，也取得了本质上同样的成就，那就是托尔曼的《动物和人类的目的性行为》(1932)。根据他和我的观点，从纤毛虫到人类，学习活动之中都毫无例外地包含着对信号的反应，并可得以客观证实。这正好印证和说明了动物的心理生理系统的特点，无论低级或高级动物都是信号接收者和信号使用者。我们再进一步考察社会交往，那里，信号不仅被同类所使用，而且经常精雕细琢地为陌生的接收者所准备和生成，例如，在昆虫的符号交往中就存在完全的机制，即发送者和接收者。事实证明，较高级动物的社会生活是信号生成的生理学根源，而且是唯一的根源。那里，社会场景要求参与者不断扩展自己的共同感知的水平，如果参与协作的某一个体拥有更多的场景感知数据或场景记忆数据，就构成了信息传达行为的基础。

人类用词语描述了什么样的情形呢？人们可以发挥想象，从简单原始的动物生活到细致复杂的人类社会生活，都充分说明了比较心理学关于动物符号性交往手段的研究结果，也应验

了那些对起源问题极具启发性的现象,亦即对新符号初生态的考察结论。现代人类为了在繁忙的街道上驾驶汽车,几年前发明并引入了著名的交通信号系统,那恰好适合于我们的模式所描写的场景,而且仅仅适用于这一场景。在道路交通中,只要相互之间必要的互让可以在事件的感知范围内直接确定,则驾驶汽车无需信号指示。但是,如果其中有人突然要停车或转弯,这时,而且只有这时,他必须发出信号。为什么呢?因为交通伙伴的行为需要根据将要发生的情形来提前决定。未来的、对于伙伴而言不可感知、但却可以预知的行为因素,必被置于共同感知之中。

再举一个动物的例子:群居动物中,有一只因其特殊的位置或较高的警惕性,接收到危险来临的气味或表情,此刻,它除了自己逃跑之外,还做出"惊叫"的反应,这时,我们观察到其他同伴接下来的所作所为,似乎它们都获得了同一个危险信号,"似乎"它们的感知水平都得到了提高。这里,那一声惊叫进入到它们的感知场景之中,构成了额外的刺激,发挥了性命攸关的信号功能。①

在人类的协作活动中,如果创造性行为的一方完全理解了他者的行为,举止得体,则无需言语。否则,就会出现一种我们的模式所描述的状况,某个伙伴就要开口说话。有时只需一个词,任意一个语言符号,如"右"、"直行"或"这"、或"第6排至第9排的座位",即可达成对接收者行为的必要控制。我

---

① 参看卡尔·比勒《儿童心理发展概论》(1918年第一版116及下页,1929年第5版224及以下诸页),以及《心理学的危机》(51及以下诸页)关于蚂蚁和蜜蜂信号与象征符号差异的讨论。关于手指动作详见后文。

们称这样的话语为"语用性"话语，并纳入后文所述体系之中。形象地说，这些词语的出现就类似于人行小道上规则放置的指路牌。如果只有唯一一条清晰可辨的路径，便无需路牌。但是，在交叉路口，情形出现歧义，路牌就大有用场。对此，我们将在第三章指示词分析中深入论述。这种社会场景普遍存在于动物世界，但是，类似于人类的词语还未见于动物，它们连类似于人类肢体和手指动作的东西都不能生成，而那对于我们而言只是使用指示词的伴随品。

2.3.4 一物代替一物：二重确定

我们还要说明符号概念的特征，为此，应该考察人类文明社会生活中的符号性产品和符号性事件。经院派通过语言思考哲学问题，提出著名的公式"一物代替一物"（aliquid stat pro aliquo），[1]突出了符号概念的上位概念。贡珀兹在其语义学理论中对该公式进行了现代化改造，挖掘了其中的概念意义。实际上，从纯粹关系理论看，代替的一般模式中蕴藏着不无意义的认识。凡是代替出现的地方，就存在一切关系的两个基本元素，即某物与另外某物，在观察中必须区别对待。如果某具体之物此时此地为代替者，这就产生了一个问题，即它凭借什么特征而获得代替功能，并实施代替。因此，对该具体之物永远需要双重确定。其中之一是忽略其代替主体的代替功能，以确

---

[1] 冯·奥克汉姆（Wilhelm von Ockham）偏爱写作 supponere。根据图洛特（Charles Thurot）的考证，奥克汉姆对 supponere pro aliquo 的使用至少符合自 1200 年以来的习惯，在非及物的意义上与 stare pro aliquo 同义。参看鲍姆加特纳（Mathias Baumgartner）对于贝韦格（Friedrich Überweg）《哲学史概论》卷 2 第 10 版 602 页（1915）中的论述。

定其本身所是或可能所是,①其二则相反,要在该具体之物身上寻找并发现与代替功能相关联的特定特征。成就其具备符号功能的只能是抽象的元素,具体之物借此才"成其为"符号。我将这一语言理论的基本原理称之为"抽象相关性原理",并在语音学与音位学的区别中进行了阐述。②

在对前述内容展开讨论之前,还要明确两个问题,但无需在此详论。"代替"在生活的所有例子中都体现出不可逆的关系。使者是其国家的代表,反之则不然。律师在法庭上代表他的当事人,反之则不然。这也适用于符号,需要补充的是,由于特定的原因,这里结构中的代表成分永远属于可感知范围,相反,另一个成分则不能这样。符号始终普遍被视为主体间的媒介(社会媒介产品),因此,对于后者无需赘言,一切都已然蕴含于定义之中。问题还可以得到更具普遍性的阐述,但那不是我们关注的焦点,因为这里关于语言的论断无需证明,对于行家而言,语言现象中可感知的对象(语音)与它所代表对象之间的区别,不言而喻。③

代替关系中第一个成分的双重理解和界定无处不在,对此,贡珀兹(刻意收集了大量各式各样的例子并)进行了形象而又准确的概念性阐释,无人能及。例如,我们观察演员(贡珀兹如此设想),此刻,站在我们面前舞台上的是瓦伦斯坦

---

① 我们用"本身",不用"本质",意在忽略"代替"功能。
② 参看卡尔·比勒《语音学与音位学》。
③ 表面上无法听到的所谓"内在"言语并不能推翻这一规则,因为,即使对于孤独者,那样的言语也是"语音"或者语音某种形式的替代品(听觉的、运动机能的、视觉的),因此也是可感知的,否则就不存在真正的言语事件。

（Wallenstein），却又不是瓦伦斯坦本人，而是扮演他的演员巴塞曼（Bassenmann）先生。这是一场表演、一个场景，人们可以从中对许多问题进行观察并发表见解。但是，我们还是顺着贡珀兹的思路，集中讨论"是他却又非他"这句话所蕴含的奇特的双重性。为此，使用以上表述方式很有意义：演员巴塞曼表现出某些可感知的"临时标记"，那是为另一个陌生的"实体"，即作家笔下的瓦伦斯坦这个人物而特别设计的内在属性。通过个体巴塞曼的扮相和肢体动作、话语和行为，观众可以感受作家笔下的瓦伦斯坦，或者换一个角度：巴塞曼将相关内容提供给作家笔下的瓦伦斯坦，使得作家的人物得以表现。贡珀兹为了满足简便的初步描述，从表述中抽去了"实体和临时标记"这对经院派概念的本体意义。[1] 这种思维模式也可以谨慎地应用于针对物体和事件的语言象征。不过，此处不作详述。

2.3.5 抽象相关性原理

自贡珀兹以来，语言学在"音位学"方面取得了积极的进步，对此，我想结合抽象相关性原理多说几句。这个原理适用于一切符号性的对象，甚至更为广泛。但是，正因为它也涵盖其他领域，所以还未能揭示符号概念的特殊性。为了方便对音位学现象的讨论，我在《语音学与音位学》（1931）中特意假设了一个约定，这里可以借用为出发点：假设两个人要通过旗语进行交流，他们约定不在乎信号旗的形式和大小，重要的只是

---

[1] 参看贡珀兹《语义学》（1908：278），另见刊载于《汇报》增刊160和161期（1905年7月14和15日）的论文《论自然主义艺术的若干哲学前提》。

它的颜色。具体商定有3个色彩饱和度具备意义相关性（特意针对某种特定的元音系统），第一，完全不饱和的黑白系列颜色统一具备意义A，具体为黑色、灰色或白色，且都无关紧要；第二，中度饱和度的旗子统一具备意义B，具体为天蓝、玫瑰红或烟灰色，且都不具区别性意义，没有意义相关性；第三，完全饱和色的旗子统一具备意义C，具体为饱和的红色、蓝色、绿色或黄色等，且都不具区别性意义，没有意义相关性。我想，这样的约定无疑可以畅行无阻。当然，对于该约定，每一个参与者都必须了解、牢记，并在具体情况下能够将当前所使用的颜色正确地划归3种饱和度之一，这样，他才能准确无误地参与到信号发送和信号接收的活动中来。

  这里有必要对假设的信号交际流程稍作改变，以使其更具理论意义，更便于和话语语音流中的单个音进行比较。我们可以设想，在任何具体情况下，信号交际中某一饱和度范围内色差的自由选择都规则性地取决于场景。假设，约定发生于私密的新娘和新郎之间，或者其他两个人之间，双方都希望信号交际在特定的语境中顺畅进行。例如，妻子通过衣着的颜色传递信号，这时，有黑、灰、白3件不饱和颜色的衣服可供挑选，她在镜前试穿，看哪一件与她今天的脸色最相配，或者，她根据天气和其他具体的场景因素来决定穿灰色、白色或黑色衣服。原则上，在话语的语音流中周围环境的影响与这里的情形毫无二致，也是存在并作用于一个不具相关性的变量区间，这一点在《语音学与音位学》中通过适当的语言学事实已得到证实。那里讨论了一种西高加索语言（阿迪格语 Adygisch）的情况。乍看起来，它的元音与德语一样丰富，例如也出现u、ü

和 i 等音，但是，那里从来没有我们语言里 Tusche（墨水）和 Tische（桌子）两个词由于元音 u 和 i 而产生的区别，u、ü 和 i 的差别在那种语言里不具备"区别性"价值。同样，o、ö、e 和 a、ä 也是如此，虽然都出现，而且规则性地受制于语境，但却不具备区别性意义。为了从概念上准确地把握这一音位学基本事实，我假设了那套旗语信号。有一点已经十分清楚，即抽象相关性原理也适用于语言中的所谓单个语音。

如上所述，观察人类语音有两种方式。作为科学分析的对象，第一是它们本身的物理特征，第二是那些赋予它们符号功能的属性。关于这两种方式之间的相互关系，可以从我们假设的比较模式，即旗语交际系统，获得我们所需的基本认识。我们将该模式刻意设计得十分简单，以便于非常清楚地理解抽象相关性原理。毫无疑问，黑色、灰色和白色为不同的颜色，但是，（正如在假设的约定里那样）它们可以表示同样的意思，可以同义，因为，相对于它们作为符号的功能而言，重要的仅仅是它们所共享的最低饱和度这一抽象元素。

这是一个妇孺皆知的事实。此事实一旦确定，就只有哲学家和心理学家会表示惊讶，并进行合理的追问。哲学家会深沉地说：符号具有意义，但是，作为感官之物，即可感知的东西，此时此地的符号并非以其具体特征的全部发挥语义功能，更多的情形是，相对于其符号功能而言，只有这个或那个抽象元素具备相关性，简而言之，这就是所谓抽象相关性原理。以上是我们在"语音学与音位学"中所阐述的观点。

做一点历史说明：关于语言符号，我在自己的语言理论研究中讨论了音位学问题，在此之前，我发现从许多事实得出的结论都越来越清楚地说明语言的符号属性，说明语言科学的对象毫无保留地属于符号学，如同物理学的对象属于数学一样，只是整个语音学界似乎对此缺乏认识。开普勒之"物质所在，几何所在"（ubi materia ibi geometria）完全指引和决定着物理学的进程和结果，相反，语言学视角下的语音学却似乎呈现出与其他语法领域不同的特点。事实证明，哲学（科学论）对此提出的质疑很有意义，而特鲁别茨柯依（Nikolay Trubetzkoy）的纲领性论著《音位学元音系统概论》（1929）也释解了这一疑惑。一时之间，这一论证充分的语音学论著以一种全新的视角展现出一个成形的语言学领域，其特性与语音学完全不同，而与我所孜孜以求的目标相吻合，因此，人们能够而且必须严格按照逻辑要求来分解对语音的科学研究，一方面视之为其"本身"，另一方面考察其行使符号功能的属性，语音学司职其一，音位学司职其二。"语音元素"这一概念通常涵盖元音和辅音，但只有运用音位学的思想才可有效地予以定义，从而使人们认识到：每一种语言只具备有限的复杂性，拥有一个一目了然的区别性语音符号系统（元音的、辅音的，及其他类似的）。按照我所提出的音位学术语，它们的语义功能就是在我们称之为单词的复杂现象中发挥区别性功能。音位是自然的"特征"（标记），据此，话语语音流之中的语义单位得以确认和切分。

2.3.6　抽象问题

"抽象"在符号学中占据着关键位置，我们一定还会反复强调，例如在针对隐喻和称谓词的分析中还要论及。如前所述，抽象相关性原理是专门为了揭示现代音位学的意义而设。

欧洲语言学家录制了高加索语言的语音，他们认真细听，领会这些陌生语音产品的区别性何在，同样，词汇学家也要如此深入到陌生的词典之中，句法学家也要深入到陌生的象征场域之中。他们之所以能够如此，应该归功于他们所接受的语言学专业训练，最终也归功于他们更为普遍的能力，如同我们的信号交际伙伴一样，作为语言使用者，参与语言规约的建构。这其中蕴含着进行抽象的能力，对此，我们可以效仿胡塞尔借鉴经院派的方法，从外部入手，依靠语言学家的聆听和深思所取得的成果，最终完成抽象。通过录制和（尽可能的）跟读，学者们会逐步完善对高加索语言的抽象性规则的了解，并从中获得正确的语言学认知，取得自己的研究成果。

经院派关于抽象性问题的研究止步不前，有待进一步发展。为此，必须同时借鉴密尔和胡塞尔的逻辑学思想，以形成相互修正和相互补充。关于这一点，我将在关于称谓的章节展开论述。密尔的"客观"方法也是逻辑学的方法。这里，我们在建构原理的时候，需要说明抽象相关性原理能够澄清语言工具模式中的哪些问题，或者已经澄清了哪些问题。显而易见，同一种具体的语言现象是发送者和接收者之间的媒介，具有多面性，或者为多方面所用。人类个体"一仆不侍二主"，那么，该具体之物是否具备兼顾的能力？抽象相关性原理不仅说明该语音现象无需特殊条件即可实施多面性交际功能，而且说明其实施多面功能的程度：在一个表达中，某些语音元素与描述行为无涉，反之亦然，此刻，且以此程度，功能的多面性得以实现。

"es regnet"（下雨了）这句德语在任何具体场景中都涉及

那种我们很熟悉的气象事件,所凭借的是其音位学特性,而声调变化则无关紧要。相反,说者可以通过声调变化纵情表露心声,愤怒或快乐,欢庆或绝望,而且丝毫无损于该话语纯粹的描述意义。当细心的夫人对要出门的教授说 es regnet,可以将其表示提醒的感召性语调渗透其中,从而对心不在焉的丈夫的行为实施成功的控制,使他带上本已忘记的雨伞。"曲调成就音乐"(C'est le ton qui fait la musique.),这基本符合印度日耳曼语言的情况(虽然并非绝对如此)。语调属于表达和感召,而与描述无涉。另外,假如其句子语序如拉丁语那样自由,则西塞罗定会充分利用,大秀其修辞艺术。

不言而喻,我们这里所论及的是变量而非其他,观察视角的迷失永远都没有一定的范式。对语言表述进行调节应该呈现出怎样的情形呢?整体上应如恩格尔(Engel)所言:

"在精神中,对客体的想象和因客体而发的感触形影不离,因此,人类将这些想象也融化于内心,整合于内心,也如此体现于其称谓之中。一个符号同时完全满足两个目的,那么,更应该说,那是多个符号的积淀,多个符号是那一个符号的碎片和切割,对此,他在自己的精神里未予归类,甚至没有归类的意识。"(卡尔·比勒,1933:40)

2.3.7 偷换概念的两种形式

现在,关于语言的符号性原理还需要以较为随意的方式做几点说明。众所周知，基本原理不仅能确定正确的路线，而且可以预防迷途和绝路。那么，我们的原理能预防语言研究什么问题呢？一方面预防偷换概念，另一方面预防神秘论。假设，一位文明开化的欧洲人来到一个印第安部落，感觉那里所崇拜的图腾并没有什么研究价值，不过是木制的器物而已。就此，一个受过人文科学训练的朋友可能与他进行讨论，开场大致如下：朋友用粉笔在黑板上画一些符号，并提问这"是"什么，那"是"什么。面对下图（第69页图）所示的图形，那人固执地回答说，这是粉笔画，仅此而已。对此，我赞同贡珀兹的观点，视其为典型的偷换概念。相反，据我们所知，印第安人和具有类似想法的人对于图腾的一般寓意和功能的解读则是神秘论的表现。本来，这些极端开化人士的思维并非表面那样总是天马行空，因为，无论具体表现怎样，每一种神秘论面对符号体的符号性原理都会手忙脚乱，以（广义上的）物理学的因果观回答符号学或与符号学相关的产品论的问题。我认为，这是对我们所理解的神秘论最为精确的解释。这样的神秘论在特定语言（也包括我们所使用的那些语言）里如何表现，这是一个非常有趣和重要的问题，用"内在语言形式"这个标题来概括最为言简意赅。当然，如何将这样的思想态度本身纳入到语言理论的思考之中则另当别论。另外，在神秘生活以外的日常活动中，语言也是交际工具，必然存在非神秘性思维。我有一种印象，相对于非神秘性，人们似乎过高地估计了这些神秘性特征在这种或那种人类语言中的重要性。对此，我已经发现了一些证据，将在适当的时候公诸于众。

本质上，世界上理解和使用符号的生命体都具有符号性，因此，从物理角度看，人们必须在客观过程中使用适当的心理生理系统，像探测器一样发现具备符号功能的东西。发挥符号功能的具体之物为行为生命体所生成或安排，而这些具体之物与那些生命体之间的关系就是产品与其创造者，或（换一个角度）行为与其行为者之间的关系，这里，他们可谓是信号发送者。信号发送者和信号接收者普遍存在于动物世界，其场景在我们 2.3.3 所述模式中已有描述。人类语言属于"工具"，即柏拉图所谓的 organon，这必然意味着，要把它置于与其使用者、行为者的关系之中进行考察。所以，在语言的符号性原理中，语言学所遇到的是智人的思维模式，即工具创造者和使用者的思维模式。我们将坚持这一模式，并通过每一个新的原理进一步揭示它的特点，不过，这里暂且可以将主体间交往的符号性视为指导社会生活的机制。

2.4 言语行为和言语产品；语言行为和语言产品（C）

2.4.1 四场理论

语言学的对象不是两个方面，而是四个方面，可以称为四条线，对此，原理 C 必须予以揭示和说明。之所以是四个，乃事实如此，而且其中两个方面很难清晰定义。威廉·冯·洪堡特使用"创造"和"产品",语言学家德·索绪尔则借用法语中一对活跃的词 la parole 和 la langue(英语为 speech 和 language),相对于传统的以语言为对象的语言学(linguistique de la langue),并行提出以言语为对象的语言学(linguistique de la parole)。自洪堡特以来,基本上没有哪个重要的专家没有领会到"创造"和"产品"非常重要的蕴涵,在德·索绪尔之后,没有谁不思考 la parole 和 la langue 的问题。然而,无论古老的还是现代的,两对概念都没有真正在语言学的基本概念中开花结果。当今,人们不断试图在"创造"和"产品"二者之间做出优先性选择,一会儿是心理学的,一会儿是认识论的。语言理论必须认识到这些研究的超验性和实证性,并接受这种四叶草在自己领域存在的现实。语言研究成果本身已经证明,研究者已经敏锐地认识到它的存在,仅仅期待在概念上予以澄清。

问题的关键既是每一个概念的定义,也涉及四个概念之间的关系,因此,我们暂且用线条来象征,从纯粹形式上说明在 H、W、A、G 四组要素中不多不少存在六种基本关系。至于在空间上用四面体还是四角形表示,都无所谓,我建议用四角形把高度形式化的内容转变为可理解的现实,这是确定对象的关键一步,如下图:①

```
H ——— W
| ╳ |
A ——— G
```

---

① H=言语行为,W=言语产品,A=语言行为,G=语言产品。——译者

这里，排列还很随意，但是，我们从中得到一个四场图，以便解释对角的两组，如下图：

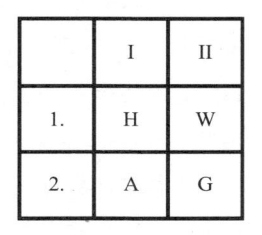

	I	II
1.	H	W
2.	A	G

以怎样的视角，可以将言语行为和语言行为划归I，将言语产品和语言产品划归II？又怎样借助第二种视角，将言语行为和言语产品划归1，将语言行为和语言产品划归2？最终，可将语言现象确定为：

I. 相对于主体的现象。

II. 脱离主体且固化为主体间性的现象。

二者皆为可能，且都十分必要。对此，我们将在关于语言概念符号，即称谓词一节，通过对比讨论胡塞尔行为理论和密尔逻辑学予以举例证明。

至于另外一组对角概念的问题，语言学家可以凭借"感官接触"作如下确定：

1. 在较低级的形式化层面，为言语行为和言语产品。

2. 在较高级的形式化层面，为语言行为和语言产品。

我们首先来看语言产品。拉丁语法中关于（单数）宾格不定式（accusativus cum infinitive）的论述，涉及到某种逻辑形式化的内容，即较高层面的某种东西，如 Carthaginem esse delendam（迦太基必须予以消灭）这个例子所示。例子中所引用的"话语"（=Parole）首次被加图在市政会议上使用，之后在市政会议上一再出现，对此，每一位语法学家都十分清楚，但却没有一部语法有所论及。语法对它不感兴趣，不屑一顾。

同样，高级算术和低级算术的老师在算术课上也从不屑于用一双鞋和一双袜子、或者某个人头上的一双眼睛和一双耳朵来帮助学生直观地得出"所谓"结果4，因为，人们认为算术不是关于眼睛、耳朵、树木和计数球的学问，而是关于数字的科学。人们需要根据事物类型的特点来定义对象，而不是根据事物类型本身。至于这样的界定是否充分，那是数学家的事情，但我自己认为不够充分。不过，我不能否认，它突出了数字概念中对应用数学而言意义重大的一个重要因素。我们将数字和语言产品进行类比可知，对"类型的类型"（Klassen von Klassen）的确定可以类推应用于后者。不过，我们应该从词典中选取一个例子，来取代关于宾格不定式的那个特殊的语法例子，详见后文。

简便起见，我们在比较中运用了唯名论的表述方式，而且，在（经院派和）胡塞尔逻辑学的意义上，把每一个语言产品都视为一个真正的种类，这样，确定对象关键的第一步就不会走样。概念性对象（类型）俯拾即是，但是，将物理学的数字和语言学的语言产品都视为类型的类型，这是一个非常值得注意的现象，它反过来说明语言现象的符号属性。无论如何，关于具体言语事件的观点没有涉及纯粹的音位学、词汇学（形态学）和句法学，关于树木和苹果的观点也没有涉及纯粹的算术，同理，思维心理学实验报告也未被纳入经院派和胡塞尔的行为理论，但对于语言理论体系的完善却十分必要，对此，有待进行系统的阐述。但是，在上述概论之后，我们要开始讨论 H、W、A 和 G 的问题。

2.4.2 言语行为和言语产品：语用学

首先讨论言语行为和言语产品的问题。恺撒是否真的在一个特定的时刻说过"骰子已经掷出"（alea jacta est），路德是否最后在沃尔姆说过"我站在这里，我别无选择"，我不得而知，但是，这些话却是模仿那两个男人典型的言语特点而说出的。从传记学的角度看，这大致类似于用地球仪来推论美洲发现者。至于恺撒的话语，普鲁塔克（Plutarch）讲述了下面的故事：恺撒在卢比孔河岸边停下，内心犹豫，然后，"他喊出那句在结果未卜和冒险行动之时习惯的话：骰子已经掷出——说完，随即渡河，以最快的行军速度，在拂晓之前抵达亚里米伦，旋即占领之。"看来，恺撒并非想象力超人，而只是喊出了一句"平常的话"。不过，从此以后，所有拉丁语学生再也无法把这句话与卢比孔河和恺撒式的勇敢分离开来。如果断定，恺撒和路德的言语出现在语言系统的某个位置，那么，以言语为对象的语言学应该是一种怎样的语言理论？

比希曼（August Büchmann）应该记录了这两段话语，并进行了科学的传记学（历史学）解释。而且，在图书馆的目录中，比希曼属于语言学。然而，我们从外围再深入到核心，在普遍意义上仔细追究如下问题：词语在人类生活中的地位如何，它们如何有时会意味着决定，怎样决定说者和其他人的命运，怎样给外交家带来荣誉，又怎样使笨蛋蒙受耻辱，臭名远扬。流行语具备言语属性，无论它是一个单词或者一个句子，还是一句流行的俗语（习语）或者谚语。由此，我们只需要将重心稍微偏移，从人的命运转向词语本身，即可达及目标。任何一个词语，无论流行与否，都可以被视为人类行为的一种形式。因为，每一个具体的言说都与一个人生活中的其他理性行为相联系，发生于行为之中，本身就是一个行为。我们发现，在具体的场景中，一个人时而用手去抓和处理所触及的具体物品，从事相关的活动，时而又张开嘴巴说话。在这两种情况下，我们都可以观察到一个以所追求的目标为导向的事件。而这恰恰是心理学家所谓的"行为"。德语日常语言为此准备了 Handlung（行为）这一科学术语。我们将之普遍化于日常生活之中，不仅把实际上动手实施的操控视为行为，而且把一个人所有以目标为导向的劳作都视为行为。比较心理学甚至将此术语用于动物，不过，我们对此暂无兴趣。

我觉得，坚定地把言说定义为行为（这完全是亚里士多德意义上的实践），就好像是发现了阿里阿德涅线团，但问题仍然是一个半解的谜团。展望后文，这里要指出，言语被纳入其他理性行为之列，应有自己的称谓。我们将看到，有些语用性话语似乎不够完整，是所谓省略的主要形式。我们将以此为出发点来彻底澄清所有关于省略的问题。当人们真正注意到言语的行为属性，就应该对语言符号可能而多变的相关语境进行系统的梳理，这将是我们 4.2 一节的内容。这里要讨论的是"言语即行为"的问题。古典思维将语言与逻各斯完全或者几乎完全等同起来，但却恰恰忽略了我们这一观点的意义，只有斯多葛学派著名的"赞同说"有少许例外。不过，我们暂且不谈历史问题。

可以依据亚里士多德的范畴论和孩子们游戏时的表现，在概念上严格区分言语行为和言语产品。亚里士多德首先为我们设计了一系列重要的概念，把人类行为区分为理论和实践，继而把诗歌从狭义的实践中分离出来。我们所需要的就是这第二步区分。2—4岁及以上儿童的游戏向我们展示的首先是实践，然后是诗歌。儿童缓慢地、一步一步地、分层分级地接触不同的物质并进行制作活动，这就是夏洛特·比勒（Charlotte Bühler）所谓的"产品能力"发展成熟的过程。儿童初始的游戏属于幻想型，涉及成人的劳作行为，其后为产品游戏，涉及人类的制造行为。劳作游戏和产品游戏之间存在着明显的区别，因为，前者只是临时性、象征性地展示那些物质材料本身及其用途。但是儿童随后继续游戏，并且学习（这并非理所当然）将自己的行为所得视为产品。儿童面对自己的游戏产品呈现出显见的观察、惊叹和令人惊叹（的能力），这是表明产品阶段将至的第一个信号。此时，儿童（当然与其发展阶段相对应）采取席勒（Schiller）《钟之歌》的节日态度："坏男人必遭鄙弃，他从不忌惮己之所为。"儿童似乎觉得不如此行事就算不得男人或者创造之人。对产品，即偶尔完成的产品进行回望，在嬉戏的儿童意味着冲动，预示着一个关键阶段的到来。那里，行为的结果中蕴藏着概念，表示儿童对物质材料的处理开始有了预见性和控制性，随之，行为便一发不可收，直至产品制作完成。

原则上，创作言语产品之时的言说方式与实际行为之时的言说方式有所不同。我们都经历过许多场景，其中，我们通过言语来解决当下的问题，即生活中的任务，这就是"言语行为"。而在其他情况下，我们针对给定的语言材料组织适当的语言表达，从而完成一种言语产品。因此，"言语行为"概念强调当下实际任务的完成，必然携带"产地标记"（如实际生活中的葡萄庄园），它是其中不可分割的组成部分。相反，言语产品的情形与此不同。

言语产品可以与个体的生活处所及其生成体验相分离，人类的产品总是摆脱其产地而获得自主性。相信人们能够理解我们的观点：一个人张口言说就有其产品，同样，儿童纯粹的游戏也有其产品。但是，我们要仔细观察这些产品。一般情况下，在劳作游戏中充斥游戏场所的是零散的碎片，只有在诗性游戏中那些类似于"建筑物"的东西才是产品。同样，省略、错格等纯粹语用性话语所呈现的话语碎片也是如此，都非常出色地服务于各自的目标。想要抹杀这种话语的想法着实愚蠢，因为它们在每一段名副其实的戏剧性话语中都能寓意深刻。但是，如果这些产品要脱离其个体实践的原产地，情形就会发生变化（又与儿童游戏相同）。这正是我们句法理论的出发点，它说明人们是怎样从言语语境中获得句子的意义的。

2.4.3 语言工艺品：言语行为理论

如此，我们根据劳作和诗性的最高组织原则对问题进行了区分，显而易见，在训练有素、文明儒雅的言语中实际上交错存在着诸多主导思想。这是一个独立的问题和话题。在富有成效的实践中，进行敏锐而准确的把握和组织有其技巧。然而，为了深刻认识产品视角和言语行为分析在语言理论中的广阔前景，我们不妨适当保持科学的抽象和片面。

与人类其他创造活动一样，如第九交响乐、布鲁克林大桥、瓦尔兴湖水电站等，卓越的言语产品也具备独特的属性，对科学研究具有重大意义。通过产品，人们可以研究其创造及其创造者的特点，还可以研究其他许多方面的内容。当一个儿童在内心极度紧张之中第一次成功地完成了关于某事物的语言表述，讲述过去某个印象深刻的事件，比如"士兵唱歌"，①这时，研究儿童发展的学者会将此"言语产品"视为一个巨大的成就。有一位诗人对某种题材作如下处理：

> 森林之中
> 我茫然漫步，
> 了无目标，
> 乃我意识。②

无论该题材是一个外在事件、一次经历，或者其他什么，无论如何，语言的产品视角在所有情况下都以文本为目标，往往是对一次性文本及其架构本身的细致考察。但是，具体的分析应该属于适当的范畴，因为，每一门科学都以"原理"为基础，一种全面的语言理论也必须在其系统中包含语言研究的这一方面。依我之见，相比19世纪，当今语言产品研究的新动向更应该继承古人早已开始、成就卓然的研究。我认为这样做师出有名。瓦尔策尔（Oskar Walzel）在其专著《诗歌的内容与结构》（1923：190）中提及维拉莫维茨（Wilamowitz），后者早在1905年就发出赞叹："古希腊语风及其先驱的修辞学研究无

---

① 参看卡尔·比勒《儿童心理发展概论》中的研究报告（1918：309及下页）。

② 出自歌德的诗作《觅得》（*Gefunden*）。——译者

疑取得了巨大的成就，影响深远。""在那本关于语言表达的著作里，狄奥弗拉斯图（Theophrast）借鉴亚里士多德无比卓越的理论，即我们目前看到的第3本修辞学佳作，认识到叙事风格的不同类型，建构了自己牢固的体系。"这些虽不是我们的任务，但是，我想预先指出的是，那些古老的"各种类型的演讲"不断在新的领域以新的方式出现，这些文本就是我们对描述性语言进行分析的天然场所。人们首先要认识的，区别不在于狭义的诗歌和修辞，而在于戏剧语言与叙事语言。在每一段形象的话语中都体现出精心设计的戏剧性元素，例如，戏剧学家和叙事学家都善于各种形式的"虚拟指示"（Deixis am Phantasma），即是很好的诠释。这里，对言语产品的论述可暂告一段落。

语言行为理论的建设需要不同的路径。现代心理学在这方面开展了一些研究，但尚未完成，我们不妨简要地概括一下。最新的心理学研究设计了一整套全面而缜密构思的问题、视角和可能性，用全新的视角重新考察动物和人类的行为。因为，原本各自为政的现代心理学各流派现在都共同聚焦于行为问题，已经以各自的方式对问题进行了阐释。我刊载于《康德研究》的文章论及原理问题，已经为这一立论提出了几点证明，在此，我不想重复，只想强调其中的一点：无论人们在科学上做何理解，"行为"都是一个历史性的概念，在心理学里也不能例外。每一个行为都有其场域，早在几年前我就提出"行为场"的概念，并在刊于《康德研究》的系列论文中重申了"需求"和"机会"对于每一个行为的决定性意义。对这两种因素，亚里士多德和歌德早已有所认识，歌德在其面相学研究中有非常生动的论述。① 我认为这一"二元"观点十分重要。但是，除了将行为场细分为两个在场的决定性因素（内在语境和外在语境）之外，还需要对行为者本身有一个充分的历史认识，这样才能准确地预言将要发生什么，或者在事后科学地理解发生了什么。行为场的二重性以及行为基础或反应基础的历史形成，这两个认识极为重要，是批驳原理一元论的利器。这里，柏林格式塔心理学派的理论最值得关注。

如果行为是言语行为，那么，行家一眼就能明白，个体知识在此情况下意味着什么：当然是人们期待中个体在行为瞬间高超的（或低劣的）言语能力。对其中的蕴涵可以运用排除法做出最好的说明，因此，可以将后一种情形排除在外，它属于（历史）说明的内容。每一种人类行为（仔细观察，可能也包括另一种发展水平的动物行为）都蕴含着特殊意义上的"行为史"，或漫长而丰富，或短暂而贫乏。从思想萌芽到行为，拉斯柯尼科夫（Raskolnikow）需要数周，这是一种漫长而动因丰富的行为历史，而刑事档案、小说和戏剧则充满其他形式。理论如果要涵盖能够想象的最短的行为历史，就不能忽略秒甚或秒的片段。在流畅的话语中，无论是以秒的片段为计量单位，还是在其他情况下以较长的时间为单位，行为历史都是一个事实，思维心理学家都必须尽量精确地记录在案，并进行科学的解释。在心理学之前，语言学的想象非常固化，例如关于一个句子的行为历史。人们根据本能的日常经验来对这一固化的知识进行表述，冯特和保罗即是如此。关于该过程究竟是一个分

---

① 参看卡尔·比勒《表达理论——从历史揭示系统性》23 及以下诸页。

析或一个综合,二人有过讨论。究其根源,乃是对具体行为历史的复杂性认识不足。

2.4.4 语言产品,语言结构

第三点要讨论语言科学最古老的产品论。现代语言学家中,没有人像德·索绪尔那样,直接通过自己的研究中肯地描写语言产品的逻辑性,不过,他也仅仅停留于"描写",并没有从中得出概念性的结论。关于语言语言学的对象(Gegenstand der Linguistique de la langue),德·索绪尔给出如下概括。第一,在方法论方面认识到语言语言学"客体"的"独立性","关于语言(la langue)的科学不仅可以独立于人类言语的其他成分,而且必须排除这些成分才可成功。"(索绪尔,1931:17)这里,这位成功的实证研究者多有洞见,只是还需要一个逻辑缜密的解释,才能消除其中可能存在的矛盾假象。这就要认识到,必须将语言产品(根据其功能价值)从纷繁的具体言语场景中解脱出来。第二是对语言符号属性这一基本原理的运用:"语言(la langue)是一个符号系统,其唯一本质是意义与语音符号的结合。"(索绪尔,1931:18,着重符为笔者所加)这里将"结合"理解为联想似欠妥当,我们要用更好的解释取而代之,如此,就可以摆脱看似无解的伪问题的纠结和无尽缺陷的烦恼,从而,"语言"实际上是由语义关系所构成,这一认识便得以凸显。第三,将该规则性基本原理贯彻于所有语言产品。德·索绪尔是时代的先驱,距离音位学理论仅一步之遥,只差说明音位学与语音学的关系。为什么语音学必须与音位学并列存在,为什么说语音学在当时就已经迈上了精确的自然科学之路，对此，德·索绪尔浑然不知。但是，第四，他非常清楚，甚至过于清楚地认识到语言产品的主体间性特点，及其与此相关相对于语言社团个体的独立性。语言"独立于个体，个体既不能创造它也不能改变它，它只因语言社团成员之间的某种规约而存在"。（索绪尔，1931：17）这一点在某种程度上具有普遍意义，但是，当语言符号在自由的范围内被真正地"赋予意义"之时，当说者的创造性引发语言更新，并为社会所接受，此论便不再有效。对此，我们将在后文关于语言行为的章节展开论述。我们还是首先讨论语言产品的问题。

德·索绪尔的纲要和四点说明足以对语言产品的逻辑性做出令人满意的解答。此处没有论及德·索绪尔无法克服的屠夫切割法。他认为语言是"具体的对象"，可以"被定位"于"循环中从语音形象到其想象（客体想象）的联想环节"。（17页）这样的观点极为离题，我们提出坚决反对。我们认为，第一，正如语言学通常所理解和处理的那样，"语言"这个对象是"观念性的"，第二，必须指出德·索绪尔的原则性错误，他实际上重蹈了古典联想理论的覆辙，将我们想象实践中确证无疑的组合链和过程链与意义的体验混为一谈。

必须马上指出的是，如果意义体验（A 意指 B）与 α 和 β 两个想象之间达到某种密切度（固定度）的同一性，那么，对于所有我们习以为常，甚至能在半睡眠状态倒背如流的联想链，如上帝、字母和数列等，应该都可以随意进行逻辑可逆性求证，而这种求证在定义等式中经常被忽略。关系密切的联想的确存在，例如字母联想链，但是，是否其中每一个前置成分都"凭借于此"而"意味着"紧随其后的另一个成分？是想象

α意味着紧随其后的β，还是α的对象就意味着β的对象，等等。如果不是，则上述同一性就只能是无稽之谈。毫不奇怪，古典联想理论的基本原理其实非常简单，但即使如密尔一样的思想家也深陷其中不能自拔，他对"S即P"之类的判断中σ与π（即对S与P的想象）之间所存在的联想链进行了长期的讨论，最后只能承认：该联想链虽然包含着特殊的判断体验，但整体而言仍十分令人费解，犹如"人性最深的奥秘"。①

做了上述批评之后，下面要指出德·索绪尔理论的优点。语言学家简单分析了拉丁语或某些班图语言的结构，盘点其语音，汇总其词汇，编写其语法，这些最终都涉及语言产品的系统性。无论所要确定的内容及其相关的一切多么重要，甚至不可或缺，如语音学所示，产品论都是核心。德·索绪尔断言，该核心可以从此时此地的具体言语事件中浩瀚的非相关性成分中解脱出来，对此，语言学家无言以驳。例如，希腊语言学家或拉丁语言学家就经常说，荷马时代的希腊人或西塞罗们具体发出的语音不是他们研究的焦点，因为，希腊语和拉丁语语言科学的真正内容必须源自对书面文献的研究，然而，这本质上并无碍大局。对此，埃及学家有时也许会根据自己领域的特点提出适度反驳。因此，德·索绪尔进一步提出推测，认为如此确定的内容具备某种超个体的特性，那是说明特定语言社团现在或过去怎样言说这个问题的要害。对于这一断言，同样也

---

① 作为一个年轻的心理学者，我在1907年第一次发表自己的见解，对这百年一遇的理论错误提出批驳，但却为业界所不屑。今天，心理学已经认识到并克服了这一错误。但是，还是应该为古老联想理论适当辩护，抵御那种相反的趋势，即以反命题形式出现的原理一元论。参看E. 弗伦克尔《联想心理学中的原子论和机械论》（1931）。

不会有行家提出反对。总之,用柏拉图的话说,语言产品是观念性对象,从逻辑学看,是类别的类别,如同数字或科学思维的某种较高形式化的内容。

只不过,如果选择柏拉图式的描述方式,就必须重新思考或者摒弃所谓观念永恒不变的观点;而如果选择逻辑的话语方式,就必须与数字进行比较,才能避免与具体事实发生冲突。但是,柏拉图以来的每一种客观性语言分析,以及我们时代的逻辑性语言分析,都强调主体间性交往中语言产品的适用性。我们要通过比较来仔细考察其中的寓意。

与符号交往相对应的是商品交换,我们可以通过形象的比较来认识交往中的三种元素:品牌商品、货币、词语。工厂给香烟、巧克力、香皂等贴上特定的商标,并保证"赫笛夫就是赫笛夫",其中每一块的品质都一样。消费者会说:"在一定的误差内没错,但仔细考察则不然。"因为,最终一支香烟被吸掉、一块巧克力被吃掉、一块香皂被用掉,人们很在意它们的材料性能,以及单件商品之间的差异。美元在流通,贸易中的伙伴对之充满信任,他们不吃它、不吸它,信任的基础基本上是"美元就是美元"这样的约定。在言语交往中,词语一方面比美元更加不依赖于材料的质量(更去材料化,更具抽象性),另一方面材料的质量又因具体情况而不断变化,并体现出与交往的相关性,会引起交往伙伴的敏感。这里所关注的是词语的表达价值和感召价值。不过,我们还是首先集中考察它们的象征价值。硬币有其印纹,得自于造币厂,人们可以无忧无虑地消费,无需长时间检查,只需一眼辨认即可放心,但是,如果对其真假产生了怀疑,则还是要检查或者拒绝使用。在无忧无虑的言语交往中，一般没有后续损失的风险，我只需根据说者的意图判断清楚一个音位形象欠佳的词语硬币"应该"表示什么，即可接受，必要时，为了预防误解或者达到教育说者的目的，我可以如所有语文教师面对学生那样，以我的方式对其实施矫正。

与流通中商品的商标和硬币的印纹相类似，一个单词的音响形象的音位学特征也具备规约意义。这一（纯粹逻辑的）规约性确定了该词的象征价值，对于一个语言社团而言，与所有场景中"美元就是美元"这句话同质。上述初步类比的可能性和必要性真真切切，有助于我们完全理解语言交往符号的特点，值得我们研究。首先（为了最终超越上述比较），具体的词语为一个符号体，而美元无论其纸张形式与符号体多么近似，永远都受制于商品，因为，货币即使不能吃，人们在购买行为中得到的却是与货币对等的东西，而"语言硬币"一般情况下不是如此。

符号学没有责任与货币专家对话，不过，如果要将货币简单地归为人类的符号性产品，就有责任提出自己的思考。一张美钞放在我眼前的桌子上，它有个体识别标记，有一个专享的编号。这种（刑侦的）体貌特征有何功用？就是为了必要时鉴别这张纸钞的真伪。在物质上，这张纸币和这枚硬币必须经过正规的印刷和铸造程序，并成为由此而产出的那一张和那一枚。而对于纯粹的符号而言，只有在特定情形下才会如此，例如，或者在面相学中被用作表征符号，或者珀伽索斯（Pegasus）"象征性地"被驯服，或者作为象征或真伪鉴别符号（财产徽记、产地标记等）附着在载体之上。否则，象征符号无需正规的、特有的铸造场所。具备货币价值的纸张（即狭义上的符号货币），哪怕是次级和再次级货币，都必然依赖于商品领域，这是货币概念的定义特征。我认为，这一点的符号学理论意义十分明显。不过，这些都只需附带提及。

看来，我们的认识无论如何可以成立，即语言学词汇单位在逻辑上与"美元"或者"商品种类赫笛夫"等单位处于相同的形式化水平。当语言学家说 Vater（父亲）这个单词，并且使用单数，那么，他所指的是其感知范围内的一类现象，这并未排除语言历史研究的成果，而是包含其中。因为，无论"父亲"这个单词在印度日耳曼语系经过怎样的事情，我们在写它的时候，它的音位学特征和象征意义都不会发生跳跃性和无序的变化。"父亲"这个单位就是因为具有这一"基因一致性"而在语言历史中形成的，并且在过去和现代德语及其方言的词汇中占有一席之地，最终，"父亲"成为语言学家眼里的一个单词。而相对于语言学家的感知而言，这样的词汇单位便构成了自然的类型。但是，语法学家也有自己的见解，从"父亲"及其他许多词汇单位得出词汇类型"名词"，并纳入自身的领域，即语言学产品理论。人们需要考察的是，从纯粹逻辑上看，数学家把一对可感知的物体形式化为数字"2"，与这里所描述的语法学家的形式化步骤有何异同。首先，人们必须发现并承认这一步骤。我们将在原理 D 中把语言产品分为词汇和句子，并在第五章研究它们的构成。

关于"语言产品"这一术语还需要补充一点。考虑到日常语言，我们也许需要对这个词进行定义。因为人们也可以把"产品"松散地理解为个体（如用专名指称），但这绝不是规则，相反，"产品"即使在常规言语使用中也突出意义体的某种结构要素。我们应该认识到符号体的语言学结构性，那是语言语言学的对象。"正三角形"属于基础几何学的"产品"，同理，动词、冠词和第四格宾格属于语言学产品，之间没有本质不同。

2.4.5 言语行为论：施坦塔尔和胡塞尔

相对于我们"四场理论"的要求，语言行为理论的建构最为薄弱，颇多争议，远没有达到缜密定义的水平。不过，胡塞尔的《逻辑研究》认为行为赋予意义，并进行了细致的解释，我们可以从中汲取营养。如果不借鉴胡塞尔的重要区分，人们就无法在理论上充分理解实施称谓功能的词汇硬币在言语交际中的运用，对此，我们在关于语言概念符号的章节里还会更详细地阐述。"马"这个单词在语篇中指涉动物学的个体还是物种，当然关系重大，而且，无论在无冠词的拉丁语中还是在有冠词的印度日耳曼语言中，都没有形态学的标记，人们必须从上下文或者言语场景中侦探判断，究竟说者所感知和意指的是前者还是后者。这有何意味呢？对于我们话语接收者而言，要能够窥探说者的内心意图，而对于说者而言，他赋予他所使用的词汇硬币以意义，这个意义至少在某种程度上较之于该语言的顶尖专家对孤立单词"马"的理解更为准确、更为确定。没有一本词典包含了胡塞尔意义上的行为特点，除非该词在语言中只被用作专名，如"苏格拉底"。

对于专家而言，上述内容并不新奇，皆为常识。但是，这一常识在许多方面值得非常仔细认真地思考。上述"侦探"过程所需的标记何在？如果要学生把一篇德语文章翻译为拉丁语，而且他也理解了其中的内容及其德语文本，那么，针对他译文中的一个表"言说"的动词，我会要求在其后"补充"虚拟式的 ut，或者给它一个"不合拉丁语规则"的批语。学生赋予所用语言材料的意义与古典拉丁语的规则相左，他所实施的某个言语行为不符合拉丁语产品规约的基本框架。施坦塔尔的《语法、逻辑和心理学——原理及相互关系》(1855) 对19世纪语言学具有历史意义，对以贝克尔（K. F. Becker）为首的狭隘而保守的语言逻辑学提出大胆驳斥。这里引证书中记载的一个场景。书中写道：

"某君走到长桌前说：这张圆桌是四边形。对此，语法学家心满意足，默不作声，但逻辑学家却暴跳如雷道：胡说八道！那位又说：这张长桌是圆的，或者说，这张桌子是圆的（hic tabulam sunt rotundum）。逻辑学家本人既不懂德语，也不懂拉丁语，只能沉默无语，而语法学家却提出了批评。逻辑学家如果在其一般逻辑规则之外还掌握语法一致性的规则，他也会提出批评。但不巧，既掌握逻辑学规则又掌握语法规则的恰恰是语法学家，因为，这位在其语法学家的身份之外也是逻辑学家，也就是说，能够根据逻辑规则进行思维和判断，但是，逻辑学家却并非同时又是语法学家。如果把上述句子改为：这张桌子是一个圆（hoc tabulum est rotundum），那么，掌握了一致性知识的逻辑学家固然会心满意足，但是语法学家却还具备语言知识，于是做出修正：应该是 tabula，不是 tabulum。这样，逻辑学家就能完成剩余的修正，亦即，现在轮到语法学家被迫在逻辑学意义上运用一致性规则。因为，一致性规则和 tabula 这个单词的词性都只是语法关系，它们及其他类似的内容构成语法学的对象，即语言。在形式上，把语言规则运用于语言材料的过程必然会出现逻辑学问题。"（施坦塔尔，1855：220 及下页）

我们面临的问题是什么呢？我们面对的是一个特殊的问题，其根本实际上是语言行为和语言产品的区分。我们不要怕走弯路。那么，怎么理解施坦塔尔提出的语法学家和逻辑学家工作的不同呢？它们真的是挥向那篇错误百出的文章的不同的墨水吗？为了避免草率判断，我们需要借鉴胡塞尔《逻辑研究》中的观点。他指出，语法审查对诸如"四角形的圆"（viereckiger Kreis）和"木质的铁"（hölzernes Eisen）之类语言结构的意义悖谬缺乏敏感性，相反，对互不相容的词汇堆砌所导致的错误极其敏感，因为，这些词根本不能生成意义，甚至不能生成悖谬的意义，所以，语法正确优先于逻辑正确，而语法学整体而言是逻辑学的基础。

"我们可以作如下结论：孤立地看，在纯粹逻辑学范围内突出存在一个基本的部分，即意义的形式理论，这种理论涉及纯粹的意义范畴，预设了相关组合或变异的规则，揭示每一种现实语言的理想架构，其中，依据普遍人性的动机或者某种偶然变化的实验动机，充满了不同方式的实验性材料。有多少语言历史的实际内容及其语法形式能够以此方式获得确定,都取决于该理想构架,因此,对其进行理论研究最终构成了对一切语言进行科学阐释的基础之一。同时要注意,这里不包含逻辑在较低层面上所提出的真值、实在性、客观可能性等问题,而且,如上所述,该领域具有解释一切语言的观念性本质的功能。有鉴于此,人们可以把纯粹逻辑学这一基础性领域称为'纯粹语法学'"。(胡塞尔,1901:319及下页)

问题是,将语法置于大厦的底层,将逻辑置于较高层次,这样的分层安排是否也可以反向处置。组合规则被胡塞尔称为"纯粹语法"的核心,它一定也存在于我们将要讨论的复合词和隐喻之中。不过,我们真正将要发现的东西却具备完全不同的特性。事实证明,对语言结构的理解永远都需要使用者的相关知识,诸如 Backstein(砖)、Backofen(烤炉)、Schlangenfraß(猪狗食)等结构,最终都只能依赖于相关知识才得以理解,这是德语对其复合词使用者所提出的要求。另外,语言中的隐喻将会告诉我们,每一种意义的建构是怎样深刻和直接地受制于相关的具体情况。对于情景中控制因素的考察,我们可以首先进行,也可以根据胡塞尔的观点最后处置。后文关于上下文因素的分析将表明,这一倒置十分必要。另外,胡塞尔自己有一段论述令我们茅塞顿开,促使我们最终做出否定的选择。他指出,"意义在保持本质核心的同时可能演变出新的意义"(胡塞尔,1901:311),而且,"某些意义演变甚至属于每一种语言的语法常态"(胡塞尔,1901:309),所以,"意义的变化"也是需要研究的现象。不过,他的这番解释仅仅以经院派的假设

为例:"半人马是诗人的虚构"。关于这一联言判断他仅以如下结论草草了事:

"在话语环境中,意义的变化总是易于理解,而变化的动机具备广泛的普遍性,因为它植根于相关表达的普遍特征之中,甚或属于该意义的本质范畴,如此,相关类型的非正常表现可以反复出现,而逻辑反常现象则为语法所不容。"(胡塞尔,1901:309及下页)

这里,我们再次重申和细化我们的否定态度。逻辑学家感到诧异的东西正是自然语言的基本机制。的确,上述"倒置"的想法植根于"相关表达的普遍特征",但绝不是第欧根尼坐在木桶里所见的情形,因为,我们所要承认的事实一目了然:在"客观可能性"之中,事实上是在每一个人类话语之中。语言描述为意义的不确定性留有充分的余地,这是事实,否则,词典编纂便轻而易举,自然语言也会因此而失去其最令人称奇的特点和最大的实际价值,失去适应具体语境中无比丰富的内容的奇特能力。另一方面,这也使得意义分配具有一定的自由度,从而也说明胡塞尔行为论对于尚处于萌芽状态的"客观性"语言分析的必要性。

语言对悖谬不敏感,但对胡言却很敏感,这是施坦塔尔提出的观点,并为胡塞尔所接受。以我之见,这一原理颇具操作性。施坦塔尔开场写道:"某君走到圆桌前,开始讲话。"这样,他描述了一个言语场景,对此,作为语言出位的审查者,我们始终充满优越感。再者,在该语境和其他所有语境中,这个正确的拉丁语句子拥有丰富的，甚至非常丰富的上下文辅助元素，而这正是每一种自然语言最值得关注的机制之一，从而以各种方式和多重保护，确保语言表述免受误解。语言基本上都在运用多义的象征符号，这些意义本质上都需要予以界定或者修正，所以，从另一方面看，语言必须为纠错预设多重辅助性手段。对于非语境话语而言，这样的辅助性手段就蕴含于语言象征场的各种元素之中。对此，我们将在语言象征场理论中系统研究。场景中的即席话语蕴含着各种"客观辅助元素"，它们有时被忽略，而有时却主导着话语的意义，因此，要在语法和逻辑之间普适性地画一条分界线是不可能的，因为，地球上的语言总是对其使用者提出这样那样变幻莫测的要求。如果以语言敏感性和（表面上的）不敏感性为标准，则每一种语言中的分界线都各不相同。

另外，在关于语言产品的论述中，我们描述了德·索绪尔等人以及自古以来整个语法研究在"客观性"语言分析方面所面临的困难。我认为胡塞尔的现象学实际上可以提供很好的补充，从而化解这一困难。胡塞尔未能彻底解决该问题，其根源在于他将整个意义世界建构在主体之上。正如我们的四场理论所要求的那样，所谓主体，并不是每一个具体经历的、心理学意义上的和只有通过指示而可及的主体或我，不是我们在第三章所论及的那个我，而是第二形式化等级上的主体（即逻辑的或者超验的我），亦即"被意指对象"的对极。这是胡塞尔提出的两个基本概念。因为，为了获得行为的本质特征或者（可选术语）类型标记（genera significandi），一切个体的偶然性都被"置于括号之中"。胡塞尔认为，在现实的言语思维中，我并非时而意指一个个体，时而又意指一个种类（这毫无意义），相反，此行为特征和彼行为特征都属于意义世界，此乃明智之见解。这些行为特征的系统被完全揭示之日，就是语言理论的基础得以建构之时。那时，普遍的类型标记王国不仅储藏了那些在已知语言中实证确证的专名和类名及其不断变换的使用，而且还包含许多其他内容。抽象性的一切问题、意义构成自由度的一切问题，都在胡塞尔的现象学中得到澄清和决定性的论述。

因此，人们应该采取《逻辑研究》现象学的基本态度，学习将某些内容置于括号之中，这样，包含了一切触点的单子论就会在笛卡尔"思之活动"（Cogitatio）的语境下逐步明白意义的结构规则。这样做的根据何在？当然是根据那位坐在木桶里的第欧根尼从自幼习得和使用的语言所获得的那些模式。他理解那些模式，而且他还有感官（眼睛和耳朵）和记忆，整体而言，他拥有足够的经验材料，来解决"置入括号"和模式认知的问题。人们误以为"思之活动"的回归抽去了模式认知中的"所思"（Cogitatum）和"你"（即语言符号的接收者，往昔的我），其实不然，胡塞尔《笛卡尔沉思》，特别"第五思"（die fünfte Meditation）告诉我们，它们就蕴涵在令人称奇的思想过程之中，在主体意义封闭的单子空间之中获得完美的逻辑地位。笔者对现象学方法的可能性和意义深信不疑，坚信由此可以促进"纯粹的"符号学的发展。人们要像对待纯粹数学那样创造性地建构纯粹的符号学，为此，要完整而系统地阐释行为的特征或者（以符号为出发点的）意指模式（modi genera significandi），即符号使用的可能方式。

不过，我们需要由此再回归到一个系统，比如"德语"或者"拉丁语"。首先，必须在置入括号之后重新解除括号，摒弃单子论及其意向（想象）世界，第二，为了使客观性语言分析和语言工具模式成为可能，需要一个坐标系。总之，行为理论需要以产品理论为补充，其建构也只能依照历史上一切语法的建构方法。

我们再问计于希腊先哲们。他们透过浩瀚的具体知识，以坚定不移的视角直逼本质，毫不动摇地为西方科学提出无比卓越的思维模式。柏拉图在《克拉底鲁篇》中解释道，人们唯有向纺织匠求教纺织原理，唯有向制作走梭板的木匠求教"走梭板"这个工具的"原理"。那么，想要发现语言学原理，难道只需要纺织工的培训，而可以省去木工的培训吗？我不以为然。与木工培训正确的类比是对主体间性语言规约的学习。也许，与其他遗传所得一样，"语言"是被接受的，并在说者的单子空间获得重生。接受和自创（获取和使用）是两回事。包括胡塞尔也认为行为赋予意义具备一定的自由度，那么，使用也拥有这样的自由，同理，获取时所受的约束就是该自由度的界限。使用时的自由与接受时的约束互为关系。以语言共同体中所有成员共享的方式，在主体间交往中使用语言产品，或者在一次性语言产品的建构中使用语言产品，这是一方面；而在具体情况下将语言结构中预设的意义赋予语言产品，以及在此基础上的一次性的意义修正，则是另一方面。正因为它们是两个方面，所以，人们就不能如逻辑研究那样，从行为出发来解决意义理论的全部问题，即使人们一再宣称，具体语言的实证特征之所以如此，要归因于"历史的偶然"。"历史的偶然"这个概念有待"澄清",但是,我不想对该概念提出反驳,我所要反驳的是一种观点,即一切不属于行为理论的都缺乏原理性。

从真正的语言工具论以及以此为基础的古老的客观性语言分析,我们提出语言的产品理论,进而认识到语言的社会性。但是,人们如果反过来以为这样的理论相对于主体性行为理论而言具备逻辑优先性,或者至少具备逻辑同等性,那就错了。那是极端的个体主义和主体主义,会成为单子建构论或者普遍主体论,面对语言则苍白无力。这样的观点也许可以(也许不会)在哲学论述的最高层面得到证明,但是,一旦遭遇到语言理论所关注的形而下现象,就必败无疑。这一点在语言概念符号的理论中非常明显,详见后文。

2.5 词汇和句子。语言的 S-F 体系(D)

2.5.1 语言的概念特征

现代逻辑学为人类视觉创造了一个人工符号系统,并称之为"语言"。表达理论学家是研究表情和哑剧艺术的专家,他们早就知道这样的系统是"语言",而且是人类和高级动物最一般的语言。除此之外,自恩格尔和贝尔之后,再没有人提出更有价值的认识,或如他们所说,更为贴切的认识。请允许我们或者通过简单比较,或者伴以严肃的哲学论证,来历数语言的同类。为了在某个方面与真正的语言相类比,人们的词汇里总需要一个共同的"分母"。所谓"真正的"就是没有修饰语和附加语。问题是,在比较和类比之后,没有修饰语和附加语的语言的本来面目又是什么呢？关于它作为"工具"的多面性和作为符号机制的多重性，以及在我们实践和诗性活动中的表现，已有论述。需要确定的还有第四点，它自古为问题之首，也是本书着墨最多的一个方面：词汇和句子就是语言产品。并非只有其中之一可以上升为范畴，相反，二者密不可分，必须相互观照才可定义。

根据上述最后一个标准，现代逻辑学有资格创造一种人工"语言"，但是根据其他标准则不然。相反，认为在人类有声语言之前和同时，表情和体姿即是一种自然"语言"，这种观点又恰恰不符合上述最后一个标准。较为谨慎和准确的说法是，作为天然的辞令手段，人类身体只有被扩展和改造成为一种成熟语言模式的象征系统，例如聋哑人和熙笃会僧侣的肢体语言，上述观点才能成立。这一点始终适用于逻辑学家的人工语言，因为，它的符号是象征性的，且被用于象征场之中，原则上与成熟语言的词汇完全一样，都是象征符号，并且在语言的象征场中实现自己的句法功能。看来，有必要把语言与另外一种有效交际符号系统相区别，来彰显有象征场的系统与无象征场的系统之间的区别。

2.5.2 单级交际系统

在无线电报出现之前，航海界根据国际规约使用过几种旗语交际系统，其中之一只有三种基本形式（球形、三角幡和四角旗），其含义如下例所示：

○△：您处境危险，

△○：给养不足，饥饿，

○□：失火或漏水，需要火速帮助，

□○：搁浅，需要火速帮助，

△○□：请停船或减速，有重要消息，

□○△：有电报或消息给我吗？

○□△：是，

○△△：否，

等等。这些组合为正常交际提供了足够量的符号，每一组合由左到右或自上而下读取。[①]

我们首先指出两点：第一，有三种基本形式，在每一组合中反复出现，无论单独的球形、单独的幡，还是单独的旗子，或是它们任何形式的亚类，本身都不具备信号意义。它们位于组合的特定位置，以此参与组合的建构，并使此组合与彼组合相互区别。这就是它们功能的体现。因此，这些基本形式就是基本特征符号，与语言的音位完全等同。第二，只有组合，即旗语的句子具备信号意义。用库伦特体（kurrent）有声语言重构该意义，往往需要多个句子，而且是不同的句子（陈述、命令、感召、疑问）。我们的理解是：每一次用一个旗语句子象征性地表达信号发送者在所处特定场景中发给接收者的一个感召、一个要求或者一个问题及其附带说明，由此，人们可以把旗语句子视为一种整体象征。将它们翻译为有声语言时需要使用许多词汇和句子，但这不是问题的关键，因为这不是系统的内在特征，而是外在附加的特征。这里没有出现对可感知符号

[①] 我手头有一本《信号的商业编码》（*Codice Commerciale de' Segnali. Editione Austro-Ungarica, Firenze*, 1869），对认识复杂系统很有启发。人们当然也可以用旗子拼写，但这与本书无关。

的信号意义任何形式的切分，这才是一个系统的决定性特征，也是我们所谓整体象征的意涵。同样，旗语"句子"与语言句子虽然都被称为"句子"，但却不可等同视之，它们既不是前者，也不是后者。只能说，在典型的交际场景中，每一组旗语组合都以不可切分的形式发挥交际工具的功能，整个系统只包含这样一种类型、一个层级的意义单位。这种系统是由它们组合而成的集合，是一种单级符号机制。相反，从语言产品来看，语言是一个两级系统。①

我们不妨说一说儿童发展的某个阶段，它可与该航运交际的整体性单级信号系统相比较。该阶段儿童只会使用观察者熟知的"独词句"（Einwortsatz），其情形大致也是整体性的，如果人们对这些交际符号的音调变化忽略不计，而且也可以忽略不计，则它们就类同船长或信号手的旗语。当然，儿童不掌握当下全球交往所遵循的符码资源，而这对于儿童而言也无关紧要，因为，他所发信息的接收者不是陌生的船长，而是同一个语言社团关系私密的同伴。另外，儿童习惯使用有声语言进行日常交往的典型场景有限，人们通过频繁交往对儿童或多或少特殊的语码已经非常熟悉。这里有时也会发生船只触礁搁浅，需要紧急援助，需要发出重要信息，等等，需要巧遇而过的大人驻足或转向。所有这些都通过儿童所习惯的、尚未编码、但却可以编码的几十个"独词句"中的某一句得以表达，并传达

---

① 音位的纯粹辅助功能不涉及此概念，另当别论。是整体信号还是结构象征，这才是系统的根本区别，无论是否将区别性标记用于感知符号，都是如此。旗语中存在可独立使用的"旗语标记"，同样，语言中也存在可独立使用的语音标记（音位）——只是，我们对此没有更多兴趣。

给接收者。"独词句"这个术语只是儿童心理学家的一个权宜表述。它意味着,有人可能把这样的现象既视为单词,也视为句子,认为它们本来"尚还"处于二者合一的阶段。这应该纠正为:这些独词句"尚还"既不是前者又不是后者,因为,儿童正在向由单词组成的真正的句子过渡。这时正在发生一种系统转换,从一种单级系统(Einklassensystem)向我们成熟语言的 S-F 系统过渡。值得关注的是,我们文化中的每一个儿童,即使语言教育十分理想,在大约四分之三年的时间里都使用这种由语音秩序符号组成的单级系统,而且,根据美国人梅杰(Major)的实验报告,成年人的介入干预也不能使其更早脱离此阶段,不能使他们一口气说出一个以上他们自己的语音产品。

结论很简单:诸如航船信号之类的系统是整体象征的单级系统,其科学界定如下:第一,信号的结构已经确定,第二,每一个信号都针对一个明确的典型场景和交际目的。人为规约的旗语符号的语码非常简单,一本两章的小册子即可说明。

2.5.3 语言的二级系统

相反,语言之类的系统不是单级组织,而(至少)具备两级规定性(规约性),相应地,也具备两级语言产品。在语言之类的系统中,每一个具体实施的(可独立于语境的)描述都可以做两步抽象分解,简单地说(不甚精确、不无歧义)就是:选词和构句。这里,第一级语言产品及相应的组织规约,似乎说明世界可以被切分为碎块,或者是由事物和过程等组成的类型,或者是诸多抽象的元素,其中每一个都对应一个符号。相反，第二级设计则涉及不同的关系，并在此基础上为同一世界（描述对象）的整体建构提供符号性材料。对描述理论而言，这是两个根本不同的步骤和过程，对此，必须保持清醒的认识，不要在心理上被该两级语言产品和谐顺畅的运作所迷惑，也不要因为此两种系统的元素之间可以任意转换这一语言学事实而动摇。简单地说，每一种语言都存在原本的句法元素转换为词汇，而词汇元素又转换为句法结构的现象，这体现出人们运用相互依存、相互制约的元素之时令人称奇的自信，仅此而已。每一种元素都与另一种元素根本不同。

通过比较，我们得出结论：对语言之类的系统进行科学界定不同于简单的语码，狭义上的音位学只能与语码问题的一部分相类比，相反，词汇和语法反映语言两个层级的组织和产品，第一，词汇和语法相互不同，第二，词汇和语法与语码本质不同。

词汇和句子是两种相互区别的元素。关于它们之间特殊的互动关系，关于语言符号的象征概念、象征值和场值，我们将在适当的地方系统地展开讨论。其中非常值得关注的事实是，只有句子的意义结构才赋予词汇意义最大程度的满足和确定，因此，19世纪心理学家和语言学家提出，只有句子才是基础，不是词汇。或者说，只有句子，不是词汇，才是语言真正、实在的意义单位。① 细究之下，其中包含正确的思想，但也存

---

① 德·索绪尔称之为一种"广为人知的观点"，并为过去语言学的重要认识进行辩护（索绪尔，1931：126），在冯特的理论里（《论语言》卷一第2版，602及下页），这个问题得以引申，成为一个鲜活的心理学和遗传学问题。

在凭空臆断。从描述理论看，有一点确定无疑：无论在何种语境下，这一高调提出的立论把语言理解为由基本意义单位组成的单级系统，无疑存在误读或谬误。词汇不能优先于句子，同样，句子也不能优先于词汇，因为，二者都是人类语言共时状态（也许是高级状态）下相互关联的元素。

人们可以尽情想象各种能够满足人类交往目的的单级系统，但绝没有哪一种在严格意义上是句子不含词汇，或者相反。没有词汇的句子就如同没有元素的关系一样，无法存在。另外，人们也可以反向证明。一个孤立的单词的词汇意义是模糊的，难于把握，必须通过综合且依赖"其他"单词才能确定，而反过来，每一个"其他"单词也因此而在某种程度上得到确定和细化，例如，印度日耳曼语言复合词中"模糊的"句法指示功能，或者拉丁语属格或宾格的句法歧义——它们的确定在许多情况下基本上仅仅依赖于结构中的"词汇"（根据所指称的对象，即"材料"），无需依赖对其他更复杂的上下文辅助因素的判断。① 对此，后文还要进行更为重要的论述。

最后需要强调的是，话语体现出语言结构的二维性，这是语言的结构原理，是其最重要的特殊属性，排斥它就是一种理论无知。人们可以进行各种各样的比较，但是，无论是音乐，还是视觉图形，甚或现代科学及其他为了描述目的而设计的各种象征系统，都不完全具备语言的这两种互补性产品，简

---

① 无需精通语言学，读者即可从下例看出德语复合词的意义构成有多么不同：Back-Ofen（烤炉）、Back-Stein（砖头）、Back-Huhn（烤鸡）、Back-Pulver（焙粉）。这些情况体现了同样的语言组合方式，但使用者必须依赖自己的相关专门知识，才不致误读其中的意义构成。

单地说就是词汇和句子。只有某些描述性象征系统——显而易见且颇具启发性——在某种程度上具备与语言一样的描述功能，如数学公式和现代逻辑学的象征系统，也有词汇和句法。善于理论反思的逻辑学家（例如卡纳普［Carnap］）认识到了这种关系。我要特别强调的是，与他们无关，而且在他们之前，我在语言理论讲座"论词汇和句法"中就提出并论证了这种关系。①

2.5.4　场域系统的能产性

我的讲座想要论证的是什么呢？我们不妨再次把航船之类的单级象征交际系统与语言进行比较。众所周知，语言在其发展过程中跨越了整体性指示的阶段，但没有停滞不前。最简单的问题是，为什么恰恰是语言没有止步不前呢？凭借一定量有效的区别性音位，人们实际上可以把足够多的"信号"（我们还用这个词）投入交际，其方法简洁而流畅，其中可能体现出优于场域系统的其他优点。但是，场域系统有一点却是无可比拟的，即以有限的规约和与之相符的语言产品对无限复杂的对

---

①　在以往语言学大家的思想中，这里所言之二元认识有时表现出一种奇特的隐晦性，必须通过对其思路的推理才能得出。例如施莱歇尔（August Schleicher）认为意义表达和关系表达的对立在语言中十分重要，因此，他在初期根据黑格尔（Georg Wilhelm Friedrich Hegel）的思想推测出语言的三个发展阶段及其可能的顺序和差别：单音节孤立型、黏着型、屈折型。众所周知，此论早已过时，但有一个原理仍然有效，并需要在语言理论中得到准确的阐述，即一切语言都必然由两级产品构成。关于词汇和句子的观点也可见于卡西雷尔之《语言论》卷一（281及下页），那里对二元性的引介完全不同，但结论与我们完全不谋而合。在281页的注释中卡西雷尔引证了比较语言学的几个相关成果。

象进行充分的区分和精确的描述。人们设想一下单级系统使用者在"新的"场景中的情形。因为旧的符号不敷使用，他要发明新的象征符号，但是，这些新符号暂时又不具备主体间的可理解性。为了利用现存的规约资源准确地获得新的表达，他该如何呢？我们迄今所认识的人类语言都有资格成为这样的"能产性"系统，成为普遍性的象征系统，而且达到了令人惊讶的水平。我不知道《圣经》的许多章节究竟被翻译为多少种语言，问题不在于翻译的优与劣，而是为什么90%的翻译没有沦为无望的妄为。原因很简单，因为，凭借耐心和智慧，一切语言的上述条件都可以以某种近似度而得以满足，当然，程度不同，原因殊异。我们只坚信一点，这样的事情原则上只能在某个场域系统之中得以实现。

整体象征符号的语码，无论是否具有书写形式，都必然如同一种书写或非书写的口头语言的词汇那样，有其局限性，都受到人类记忆力的局限，尤其是在众多人群中，对具体对应的记忆要保障主体间的交际区别清晰、流畅无阻，人的记忆能力更为有限。对此，我认为可以通过大量数据实验对相关条件进行更为详细的说明。对航船信号中孤立的具体对应的记忆，独立于任何内在或人为的辅助系统，它们是怎样实现的，这正是问题的核心：系统的每一种辅助手段都是对这种有限能力的扩展。然而，语言凭借我们所认识的有限手段就解决了这种扩展的问题，并且，简单地说，在某些关键的地方避免了问题，亦即克服了问题。因此，我们能够不断地把不可预见的新情况在主体间成功地用语言描述出来，实际上并非因为我们是记忆专家，而是因为对于语言之类的场域系统而言，根本就没有那样的必要。我们用仅仅10个基本符号和一种极为简单的规约性"句法"就可以象征表达无限的数字。十进制数字系统的规约是，从右到左，数字为个位、十位、百位……。我们看到，顺序在这里具备辅助价值。从结构和功能看，语言的句法也是如此，而且更为细致。

2.5.5 逻辑学与语言学

上述思路也许暂时体现出逻辑学家和语言学家兴趣的不同，但是，逻辑学象征机制也属于语言描述机制，由此，他们最终都要面对如下同一个问题：是否可以证明语言是唯一具备普遍性的描述机制。我认为可以证明，因为一方面，根据逻辑模式，关系由两个元素构成，而一切描述对象都可以充分切分，另一方面，敏锐的语言学家认识到，音位系统中的一切都是二分性的，构成二分"对立"，此二项式也简单而等级性地体现于语言的复杂产品之中，主语谓语结构如此，其余也可以照此类推。① 结果显而易见，在争夺普遍性的世界大赛中，语言描述机制占尽先机。在上述有限的手段和记忆力条件下真正具备充分的能产性和适应性，这样的能力非语言场域系统莫属。② 对于我们而言，说明这一点就足够了，可以就此结束讨论。

---

① 二项式结构贯穿语言始终，这一思想并非全新，但在以特鲁别茨柯依为核心的学者中引发了成果丰硕的分析。
② 关于词汇与句法，克特·沃尔夫在汉堡心理学大会上展示了不同方式的逻辑演绎，参看《语言的描述场》（1932）。我们这里不深究其中对语言"描述场"的论述。

第三章 语言的指示场与指示词

3.1 导论

因为人类手臂和手指的姿势，我们有了"食指"（Zeigefinger 用于指示的手指）的称谓。路标形象地模仿张开的"手臂"，与箭头一起形成一幅象征图形，被广泛应用于实施指路或指向。弗赖尔（Hans Freyer）和克拉格斯（Ludwig Klages）等现代思想家给予这种姿势以应有的关注，认为它们为人类所特有。类似手势有不止一种形式，不过，我们还是讨论路标。在岔路口或无路可循的场地，醒目地竖立着一支"手臂"，一支"箭头"，一支带有地名的手臂或箭头，经常给行人提供帮助，前提是，它竖立在恰当的指示场之中。没有比这更为浅显的道理了。但问题是，有声语言的符号中是否也存在这样的东西，也发挥路标一样的功能。回答是肯定的，"这儿"和"那儿"等指示词就具备类似的功能。

具体的言语事件本身与场地上静止竖立的木质手臂有一点完全不同。言语事件是一个事件，而且还是一个复杂的人类行为，其中，说者不只是像路标那样竖立在场地的特定位置，相反，还扮演一种角色，即发送者的角色，有别于接收者的角色。因为,二人世界不只属于婚姻,还属于每一种社会活动,而我们必须将具体的言语事件描写为一个完全的言语交往模式。在德语中,如果说者"要指向"当前词语的发送者,就说 ich(我),如果他要指向接收者,就说 du(你)。ich 和 du 也是指示词,而且原本没有其他功能。如果将通常的人称代词回译为希腊语 prosopon,意为"脸、面具或角色",就不会再对我们的立论感到惊讶。每次用"我"所描写的人,原本无非是当前信号交往中发送者的角色而已,而用"你"所描述的人无非是接收者的角色而已。古希腊语法学家早已清楚地认识到这一点,将人称代词归类为指示性语言符号。

印度日耳曼语最古老的历史文献和问题的本质都要求我们在处理"指示性语言符号"这种类名时首先考虑一类词,它们因为无法归为屈折性(例如不可变格)的称谓词而被语言学家不屑地称为"指示小品词"。凡是不可变格的即被视为小品词,然而,它们终究却是有变格形式的,并且在语言象征场中代替名词,因而应被归为代名词。对于它们这样的功能,符号学分析并未视而不见。语言学家建议进行概念上的区分,首先关注那些仍然可变格的词汇所包含的指示性元素。这一建议完全正确,因为,所有语言的指示词都具有共同性,它们不是在语言的象征场,而是在语言具体的指示场获得意义及意义的确定性,而且只能在其中获得。"这里"和"那里"的所指,因说者的位置而异,与"我"和"你"因言语伙伴发送者和接收者角色的转变而异完全一样。指示场这个概念要求我们将这一既熟悉又独特的事实设为问题的出发点。

语言只有一个指示场,而且指示词的意义取决于客观的辅助性指示手段及其等值物，这是一个基本判断，应该得到解释和证明。指示的模态各种各样，我们可以视觉指示，也可以在脱离具体场景的情况下将同样的指示词回指使用。此外，还有第三种模态，我们称之为虚拟指示。但是，从现象学的角度看，食指指示是视觉指示的自然手段，为其他辅助性指示手段所替代，在话语中为在场的事物所替代，虽然如此，食指及其等值物的辅助功能决不能被完全摒弃，成为可有可无，即使在回指这一人类语言所特有的最奇特的指示模式中，也是如此。这一认识是我们关于语言指示场理论的核心。

我在这里所提出的新观点，应该是对韦格纳和布鲁格曼理论的完善。在他们之前，现代语言学就通过对各种现象的观察认识到一个事实：对具体言语事件的恰当分析必须涉及特定的场景因素。但是，直到韦格纳和布鲁格曼，人们才将指示词的功能实事求是地置于最高原则之下，即视之为信号。两位学者不熟悉这个类名术语，但深谙其观察视角，然而，他们新颖的描写以及概念梳理，只有通过极限情况才能凸显其中的本质。指示词要求人们视其为信号，称谓词则要求与信号不同的另一种确定方式，即传统的确定方式。称谓词具备象征功能，其意义的满足和确定发生于语义环境之中。语义环境是一种另样的、不可与场景因素混为一谈的秩序，我建议称其为象征场。因此，这里在纯粹形式上予以说明的，是一种双场理论（Zweifelderlehre）。

我们所描写的指示场，是语言表达感知的核心和优先技巧。首先，我们看布鲁格曼在其关于指示代词的纲领性论著中对印度日耳曼语言历史现象的心理学解释。① 其次，他在那里没有论及人称代词，而是把它们与具体言语场景中的辅助性指示手段相提并论，证明它们是其中的构成部分。然后他对指示词和称谓词进行了现象学区分，这非常重要，必须予以适当的强调。我后来发现，古希腊语法学家已经做过同样的区分，而且恰如我所想的那样，很令人鼓舞。后来，人们兴趣的重点转向混合型人称代词，致使情况在一定程度上变得含混和模糊。没有人会否认混合型的存在，但若要提出它们语义混合的观点，则必须拿出证据。其他语系存在与印度日耳曼语的人称代词可比的词类，从现象学上看应该不是人称代词，而是代指示词，因为，简单地说，它们并不是一种指示性的称谓，而是一种称谓性的指示。这具有特殊的启发意义。对此，我们将在本章最后一段论及。

将起点与终点相联系，这是心理学的任务。仔细观察之下，我发现语言学的结论与想象理论的一个著名结论完全一致，这令人难以置信。该结论出现在我买到的埃宾豪斯（Hermann Ebbinghaus）教材第四版中，其情形大致回答了我们的问题，只有语言特有的回指性指示形式有些例外。另外，无论是我当时所引用的学者们还是我自己，都不知道所描写的现象对于语言实施意愿表达的重要意义，那意义甚至是根本性的。我所指的现象应该被称为"虚拟指示"。后来我又发现，恩格尔和皮德里特（Piderit）在我们之前对此早有认识，并在表达理论中

---

① 参看布鲁格曼《印度日耳曼语的指示代词》（1904）。

（恩格尔的哑剧艺术和皮德里特的表情学）进行了重点论述，①不过，一切都还是含混不清，这就是为什么无论心理学家还是语言学家都对他们的初步认识少有关注。

3.2 印度日耳曼语方位指示的心理学基础

3.2.1 布鲁格曼论指示方式

为了说明布鲁格曼的经典著作对于语言理论的意义，这里首先引用一段话：

> "恰好在这个词类上，从远古印度日耳曼语至今，表达手段经历了如此迅速的变化，前所未有，因此产生了许多词源学和形态形成历史的问题。'比较语言学家'无需再等待专家们的语义学研究，而应该抢先揭示其中的历史关联，向他们指出应该以什么样的历史基础为出发点，以及所涉及的是发展历史的哪些问题——现在，对这一研究的追踪已经反复说明，专家们对涉及指示代词现象的历史解释根本上已经误入歧途，因为，他们对这些现象所处的更大的关系框架没有给予足够的重视。"（布鲁格曼，1904：17及下页，着重符为笔者所加）

---

① 参看卡尔·比勒《表达理论——从历史揭示系统性》（1933：44和74及以下诸页）。

我想,"抢先"和"更大的关系框架"用词贴切,是对语言理论学家发出行动的呼吁。这里还有必要求助于另一位语言历史学家,即保罗。他提出另一种精彩的见解:"如果以为无需推测即可以说明最简单的历史事实",那是自欺欺人。布鲁格曼正在提出他的理论模式,他注意到关于动词的现代理论涉及行为方式,试图以此类推来揭示印度日耳曼语的指示方式。他谨慎地指出4种方式,而且都是我们所说的方位指示。其中第二和第三种被称为"我指示"和"你指示"。人们不要为这样的称谓所迷惑。瓦克纳格尔(Jacob Wackernagel)已经纠正了布鲁格曼术语的错误,建议用"这里指示"和"那里指示"来表示第二种和第三种指示。因为,布鲁格曼的第二种和第三种指示词所指涉的不是"我"和"你",而是我的方位和你的方位。布鲁格曼的第一种和第四种指示为 der-Deixis(这个指示)和 jener-Deixis(那个指示),是从德语精心选用的术语措词。

这样就出现了4种指示方式。它们是谁发出的呢?为什么在印度日耳曼语中形成了这样4种不同的方式?当然是说者的需要。但是,我们语言理论学家的问题设计更为广泛,目标是对系统思想的认识,是要建立一种模式,该模式不仅揭示印度日耳曼语的指示,而是针对一切语言,要总结单数的人类语言的指示方式。这一任务比人们开始想象的要简单得多,因为,言说的人类根本不会以无穷无尽的方式进行指示,而总是想到同一种。当然,他们只能不同程度地利用指示场所提供给他们的可能性,但绝不可能包括指示场中不可预测的,或者无法归类的东西。

很奇怪,布鲁格曼已经非常接近指示场的思想,但未能提出来。为了阐释印度日耳曼语指示代词复杂的历史事实,他认为必须从问题的根源出发进行普遍性思考,并为此引入一种(更准确地说是几种)称谓。人们只需严肃认真地分析这些称谓,就可以从中发现语言指示场理论及其大部分要素。他在开篇就指出,"在日常交往"中,听者对说者话语的理解,其根据基本上是"话语的场景,亦即对话的当场,周围的事物,是听者对说者的使命和活动的了解,等等。"从我们的视角只需要补充一点:在场景中理解话语,首先要涉及肢体动作和等值的心理学感官数据,其他方面的知识和理解可以而且必须暂退其后,这样才能在理论上对体姿动作进行说明。坚持"循序渐进,体姿优先"就是金钥在手,发现指示场便顺理成章。

布鲁格曼自己写道:所言及的内容经常进入"直观影像","从中,所听到话语的意图或多或少获得必要的补充"。这已经道出了问题的要害。我们可以翻译为:语言符号在"日常交往"中被置于言语场景之中,从而获得特定的场值。这是一个确证无疑的事实,且为人(如韦格纳)所强调,现在关键是探究这一事实对于语言理论的意义。对此,布鲁格曼通过"日常交往"进行了阐释。问题是,适用于灰姑娘的东西,对于"非日常交往"和"高雅"的语言是否同样适用?"直观影像"及其服务于语言描述的价值在多大程度上植根于语言结构?这一定是一个理性而合理的语言理论问题。①

布鲁格曼继续探寻指示代词频繁出现的场景,他提到了

---

① 参看韦格纳《论语言生活的基本问题》(1885,特别是19及以下诸页)。加德纳的新作《言语理论和语言理论》(1932)也以此为出发点阐述了语言结构的问题。

戏剧。"指示代词的戏剧性使用（不妨这样简称）一定最为原始（着重符为笔者所加），这种语言实践中出现的某些人称代词和人称代词组合也仅限于指示代词。"（布鲁格曼，1904：6）后来，布鲁格曼再次论及"戏剧性使用"的问题，由此我们可以更清楚地发现他的兴趣所在。下面摘引一段（着重符为笔者所加）：

> "在对过去事件的叙述之中，指示代词的本质没有改变，仍然意指空间或时间。在叙述中，指示代词指涉以说者为出发点的在场和当下，属于'戏剧性'使用，与在叙述中使用现在时替代过去时态的情形相同。例如：er saß den ganzen Abend traurig da（他整个晚上都伤心地坐在那儿）；er hatte heute zwei Hiobsposten erhalten（他今天收到两个坏消息。用'今天'而不是用'那天'）– er fuhr nach Rom; hier blieb er zwei Tage（他前往罗马，在这儿待了两天。用'这儿'而没有用'那儿'）– er kam rasch her（他迅速来到这儿。用'这儿'没有用'那儿'）"（布鲁格曼，1904：41及下页）

这些也是不争的事实。我们必须找到能够系统显现话语及其所有相关因素的根源。在描述性语言中，戏剧和"戏剧性"话语的机制性根源何在？以及与之紧密相关："叙事性"话语的机制性根源何在？戏剧性是如何运作的？我们先预备性地提出这些问题，暂且不求直接解答。布鲁格曼的研究允许并要求我们进行一些更具普遍性的理论考量，如能适当而透彻地进行，则自然成为对上述问题的回应。在下面的段落里应该首先从心理学的角度予以解答。我们将叙事性话语视为第二种变体而与戏剧性话语形成对照。首先，要向布鲁格曼学习，充分汲取语言历史学家关于指示词的知识，因为，语言理论最终的任务就是要接受并重新描述关于指示词的历史知识。接受是出于对事实的敬畏。我认为最重要的是，运用归纳法从语言历史研究的成果中获得对于语言理论而言至关重要的视角。在某种程度上，这会比演绎法更为繁琐，颇费笔墨，然而优势显然，只有这样，语言理论才能应对语言学家关切的日常问题。

3.2.2 语言的指示起源

预先说明一点。当前时常流传一种关于语言起源的现代版神话传说，或显或隐地与布鲁格曼等人的思维方式不谋而合，接受并扩展了对指示词问题的讨论，似乎指示词根本就是人类语言的原始词汇。更原始的是无声的指示，即用伸开的手臂和食指实施的指示，以及头部和眼睛发出的类似的指示性动作。必须强调，这些无声或通过尖叫和呼叫所实施的指示针对的首先是感知范围内的物体和过程（动物也尖叫和呼叫，但却不指示），然后，通过语音符号的协同指示而得以不断扩展，最终，语音符号超越了体姿动作，并部分地取而代之。有人说，人类的特性始于真正的指示性体姿，由此而规则性地衍生出其他特性。[1]有人将岔路口的路标视为人类原始的食指手势的衍生图

---

[1] 这方面的情况我在《表达理论——从历史揭示系统性》中有详细论述，特别是其中关于冯特（136及下页）和克拉格斯（180及下页）的段落，索引中关于指示词的词条解释更具普遍意义。

形和比喻。纵观所有变体，它们整体上都是关于描述性语言指示起源的传说。

传说不一定为错，这一现代版传说如此，赫尔德（Johann Gottfried Herder）在《论语言的起源》中所描绘的18世纪牧羊人田园生活的传说亦然。那里，人看到眼前的家畜，根据其栖息和毛层的特点而赋予一个有声的称谓。赫尔德对古老语言理论的追溯及至柏拉图和感人的发生学故事，其中首先想到的是词汇的称谓功能，并将其中的规定性视为语言起源的创造性行为。必须强调指出，指示和称谓是两种截然不同的行为，指示词和称谓词是两种截然不同的词类，因此，对于印度日耳曼语等语言而言，认为其中一个源自于另一个，这样的观点毫无道理。① 非称谓性指示在时间上有优先性，这一假设本身来看没有矛盾，可以成立，然而，所有关于语言起源的思考都认为有些内容是已然给定的，并非衍生的（至少目前认为如此），对此，上述假设却没有充分挖掘。这一点，布鲁格曼论述印度日耳曼语四种指示方式所举的例子，已经清楚说明。

布鲁格曼不注重从最古老的文献中获取这些例子，而是偏爱以他所使用的现代德语为依据。如果我们中间有人在他的感知范围内用手指着某物，同时说出 dér Hut（这顶帽子），那么，这就是布鲁格曼所谓的第一种指示方式，在印度日耳曼语系中的词干为 *to- 和 *so-。此前给我们讲述那个现代版传说的人，应该试着对这一例子进行分析。他会发现3种必要元素，即手指动作、单词 der（这顶）和单词 Hut（帽子）。当然，人们也可

---

① 参看布鲁格曼和德尔布吕克（Delbrück）《印度日耳曼语言比较语法概论》第2卷第2部分第2版（1911）307及以下诸页。

以设想"动作+*to-"（指示代词），或"动作+（单词）Hut"或*to-＋Hut这样的二元符号组合，只是人们必须仔细考虑，这些二元组合中只有一种不包含称谓词Hut，那么，仅靠手指动作+to，亦即给手指动作补充一个指示性语音符号，是否就是语言发展取得进步的决定性推手。

无论我无声地用手指或者用手指与一个语音相伴随，指示就是指示，仅此而已。因此，所谓进步只能取决于该语音所带来的新功能，而且，无论事情怎样变化，这新的功能不会有其他来源，只能源自于该语音的称谓功能。无声的体姿动作也可以通过模仿来说明"含义"，而语音是象征性的。在这两种情况下，朴素的指示都针对感知范围内的特定存在，与之不同，"说明"则针对存在的某种方式。这两种说明和确定的方式永远不会相互派生，但却可能具备相互补充的功能。如果认为二者之一方先于另一方，或可商榷，但是，这绝不意味着语言起源或语言育人的研究获得了什么充分的发现。换句话说，人们必须从纯粹现象学的视角将指示词和称谓词相互区别，任何关于起源的推测都不能抹杀它们二者的区别。

3.2.3 指向指示和"那个"指示

我们正在讨论的指示方式，在布鲁格曼看来是最常见、最不可或缺的，他称之为"这个指示"，瓦克纳格尔根据最常见的词根音节建议使用"指向指示"。布鲁格曼在自己的文章中举了一个典型的例子：dér ist es gewesen（这就是那个），我们再补充一个例子：dér Hut（这顶帽子）。这第二个例子看起来语言结构不完整，不是一个传统意义上的完整句子，而"只是"一个省略句。与所有研究过日常语言和高雅的戏剧语言的人一样,布鲁格曼知道,"所谓省略句……并非偶有出现,而是非常常见,简直就是规则。"我们将在后文讨论这一事实。

有一个普遍的事实,即在简短的言语交往中,冗余的、无关紧要的成分都被省略。人们应该注意这种极端情况,如此才能在理论上正确地把握场景中辅助性因素的重要性。人际之间还存在一种完全无声的心灵交往,其中偶尔才出现语音符号,犹如大海中出现的孤岛。这一事实正是我们的出发点。对于此类较少语音的交往,我们不能一概而论,不要肤浅地以为省略在所有情况下都是贫乏的、原始的、残缺不全的言语活动,因为,这等于错误地认为,非货币和少货币的物物交换都是原始而残缺的经济组织形式。相反,两种情况中都可能蕴含着最精巧的设计。"省略"的言语也是高雅文化,其中语音孤岛的含义如何满足和确定,则有赖于对语境场值的充分挖掘。

假设,dér Hut 这个例子属于这种类型中的精准表达。正因为它的精简性,人们可以特别简单地从中清楚地分析出以下结论。指示性体姿在鲜活的感知范围内显而易见,不可或缺,最多可以为等值的东西所替代,那么,dér 有何功用呢?或者更一般说,指向指示的指示性词语有何功用?表面上看,它没有什么新的意义,而只是重复体姿动作已经表达了的内容。然而,这一点恰恰可能是个假象。人们可以说,指示性语音符号将名词 Hut 与手势动作相联系,从而在整体上构成一个有序的结构。所以,指示性语音符号可能扮演这样一种中介角色,因为,它一方面凭借其物质属性与名词一起属于语音符号,而另一方面因其功能属性而与动作一起属于指示性符号。

如此推测颇具建设性。假如从中得知 to 在印度日耳曼语中没有形态变化，而且不具备语法（或逻辑）的功能，则这样的分析一定大有问题。事实上，to 具备这样的功能，因为，德语单词 dér 表明其后名词的语法词性，而在拉丁语中则有一致性现象体现出来。通常，这样的情形可以被视为"语法性"功能。然而，更具深刻性和决定性的是，这些有形的指示代词在一般意义上已经被赋予诸多功能，毫无疑问也有逻辑功能。我们指出其中的一种，并将在讨论冠词的时候再说明其他几种。在德语中，诸如 das Maiglöckchen（铃兰）和 der Baum（树）之类的表达在非指示性场景中为类名，即指称种类或类别，相反，dies Maiglöckchen（这株铃兰）或 jener Baum（那棵树）之类的表达则指涉个体。这样，在这些场景中，指示性词语使得称谓词的所指对象个体化，而这正是指示性词语的逻辑功能之一。人们应该仔细研究这一规则的适用程度。但是无论如何，通过此类情形可以揭示和详细说明指示词的原本功能，即布鲁格曼分类中的第一种功能。我们还将在"冠词"一节深入讨论。这方面，布鲁格曼的第四种指示方式与第一种完全类同，他称之为"那个指示"，瓦克纳格尔则用拉丁语 ille（他）来称谓。与第一种和第四种相比，从第二种和第三种更容易系统地发现其他功能。所有这一切构成了语言指示场理论的有序架构。

至此，应该对此前提出的第一条原理进行修正：指示词如果不是自始就蕴含相应的机制，就绝不可能承担我们所说的逻辑功能。指示词也是象征符号（不仅是信号），"这儿"

和"那儿"实施象征,指称一个范围,一个地理位置,也就是说,一个说者所处的环境,所指的对象就在其中。同样,单词"今天"实际上意指言语发生的所有以天为单位的日期,单词"我"意指所有信息发送者,而"你"则指所有接收者所组成的类别。但是,这些称谓词与该语言的其他称谓词的区别依然存在,那就是,它们意义的确定取决于该语言具体的指示场,取决于指示场中可感知的东西。

3.2.4 指示的第二种和第三种方式

与第一种和第四种类似,布鲁格曼的第二种和第三种指示方式也是相互紧密相关。他的术语并不贴切,不应该用"我指示"和"你指示"来意指发送者所处的位置和接收者所处的位置。瓦克纳格尔提出用 hic 和 istic 来称谓,较为适当,可以排除不必要的误解。德语中没有一个表达与 istic 相对应,没有一个像 istic 那样的指示词能够准确地意指指示场中接收者的位置。hier(这里)和 hic 等值,相反,istic 在具有理论意义的典型场景中不能简单地与 da(那里)画等号,而是如布鲁格曼所说,可译为 da bei dir(在你那里)。[①]

我们先看 hic 与 hier 之间十分清楚的心理学关系。布鲁格曼写道:

---

① da- 词汇指涉接收者的位置,但有时包含接收者,有时则不包含,这样的差别在意大利语和(据说)其他罗曼语言中十分明显。在拉丁语中,iste- 词汇似乎曾经具备准确指涉当前伙伴的功能,尤其在法律语言中是一个含义精确的术语,οὗτος 基本上也涉及接收者,但似乎不是非常严格,例如 τίς δ'οὗτος,意为"哪儿是谁?"。

"说者有意将听者的目光吸引到自己身上或者自己所处的区域,或者使对方注意到自己眼前所看到的东西:请看我,或者请看我的感知对象。"一些词汇适用于此,如现代德语 hier 和 her,希腊语 ὅδε,拉丁语 hic,等等。"作为对第一人称人称代词的补充,或者干脆取而代之,这一类型的指示代词特别突出'我',例如 …tu si hic sis, aliter sentias(假如你在我这里,就会想……)(布鲁格曼,1904:10);对于后者,人们会不假思索地用德语说:wenn du in meiner Haut stecktest(假如你在我的位置)。"

我们再来考察日常交往中的"省略句"在弱语境或者无语境中的情形,会很有启发。例如,为了检查到会的情况,照单点名,每念到自己的名字时会回答"这儿呢",有时,从看不见的地方,从黑暗的角落或房门紧闭的房间里,用"这儿呢"来回答"你在哪?"的问题,用"我"来回答"那儿是谁?"的问题。在这些例子中,如果接收者可以通过声音来实现对特定方位或特定人员的确定,则回答话语残缺不全的问题可以消解。对这一事实有必要进行充分的心理学分析,因为,人们从中可以发现具有普遍意义和启发性的问题。

凡是声音作为交往符号的地方,第一,都会根据经验对这些声音的特点,第二对它们在空间里的来源质量,进行交往技术的评估,我断言,言语交往的情形也是如此。例如,在街道上按喇叭,根据现行的交规而被判断为常见的汽车喇叭声,而且,在声响上与自行车和优先行驶的消防车所发出的信号不同;另外,具体的接收者(例如行人)听出声音来自前方或后方，右方或左方，并做出相应的反应。同样，人的发声器官所发出的声音，对于每一个接收者而言，都有空间来源质量（räumliche Herkunftsqualität）的问题，并且，一般会轻而易举地被判断为人的声音，以区别于所有其他声音。再者，这样的声音具有个体特性。我们根据相关兴趣和终生训练所获得的素质可以辨别具体声音，并且可以对我们周围几十个或几百个熟人说话的声音做出正确的个体对应。通过声音，我们可以轻松而准确地辨认出我们最熟悉的人和其他人。

说者自信，他从看不见的地方说出的"这儿"的空间来源质量，以及"我"的个体声音特性，是清晰可辨的，所以他才这样说，而且在正常的言语场景中已经习惯于这样说。听到自己的名字被念出，便从人群中喊出"这儿"，这时，他期待着声音接收者能够根据"这儿"的空间来源质量来用眼睛找出声音发送者。听者将目光投向他所感知到的声音的来源方向，并在那里用眼睛辨认出说者。盲人不能如此，他们只能依赖自己的耳朵来达到类似的目的。这也是喊话者从看不见的地方对正常听者的期待。众所周知，这样的期待不会总是落空，因为，我们在日常交往中反复实践，已经熟练掌握了所需的技能。

3.2.5　指示的自然辅助手段

综上所述，我断言，"这里"指示的根本是声音的空间来源质量，"这个指示"的根本是手指动作，二者功能相似。在整个表达"这就是刚才那个"（dér ist es gewesen）中，手指动作不可或缺，同样，在整个表达"这儿很干燥"中，声音来源质量具备直观确定方位的元素，也必不可少。其中有一个小小的区别，手指动作+dér实际上是整个表达中两个可独立的成分，相反，声音来源质量和"这儿"的词汇形式，只能是可抽象区别的元素，表现为共同的物理现象。不过，人们不必太过在乎这一区别，因为，如果人们说出"这儿"时想要特别坚定、持续、清楚地引起注意，希望被人发现，就必然要充分利用视觉感知的辅助性指示手段，例如，在会场可以站起来或举起手，也可以用手指向自己的位置，或指向自己（就像回指），用一种反身的指示动作，等等。这一动作与说出"这个"的动作及其他所有类似于简单路标模式的动作形成天然对立，因为，路标既指"路"又表示"离开"。至此，"这里"的感召功能和导向功能与"那里"的感召功能和导向功能的区别显而易见。

我们首先考察这一对立。布鲁格曼对它的认识和界定基本上是正确的，因为对印度日耳曼语言的比较研究正好凸显出这一对立关系。在布鲁格曼的指示方式分类中，第一种主要体现为 *to- 词干，第二种主要体现为 *ko- 词干，而且 *ko- 词干"应该被视为这一方式在印度日耳曼语中的原始称谓"（布鲁格曼，1904：51）。需要补充的是，在印度日耳曼语中，*ko- 词干不仅统领 hier- 词汇，也统领孤立的 ich- 词汇。除了雅利安语之外，*ko- 词干"出现于所有语支"。对此，我们将在后文讨论，并引入一种儿童心理学类似观察的重要结果。在布鲁格曼的第三种和第四种指示方式中明显存在其他关系，这一事实更加凸显了上述统领关系。那里，指示词分布更为广泛，涉及许多词干，在"那儿指示"中，i- 词干和 n- 词干（ille, jener）还可能具备某种程度的主导性，而"iste 指示"在语音方面就根本不能被视为一个统一的单位。简单地说，面对我所使用的现代德语，就不能根据功能来对"iste 指示"做出判断。至于孤立的 du- 词汇，如布鲁格曼及其他专家所知，在大多数印度日耳曼语支中都源自于 to- 词干或 so- 词干，与 dér- 指示的指示性词族一样。

3.2.6 语音作为指示的辅助手段：来源质量和个体特征

对于我们的讨论而言，这一切正好凸显了 to 与 ko 的对立关系。心理学能就此提出什么有根据的见解吗？回答是肯定的，前提是我们所坚持的指导思路是正确的。我要重申：如果没有动作，或者与动作等值的感性导引主线（Leitfaden），或者其他替代性导引规约，就不存在语音指示符号。这一观点乍听起来可能有些费解，但是优势明显，能完全涵盖语言指示的全部内容。简明起见，我们首先避开回指和虚拟指示，集中讨论感知范围内的语音指示。这里的情形比较简单，寥寥数语即可解释清楚。我们还以路标为例。

一个人无声地用手指指路，姿势与路标相同，如果他除了手指动作还掌握一种语音形式的指向指示代词，那么，该语音就如同所有从双唇发出的声音一样，被赋予某种声音来源质量，构成可感知的导引主线，听者只需要循着该来源质量就可找到说者在场中的位置。只要听者能够利用声音的来源质量这根导线，具有一定形态、独特的语音符号就是世界上最无用的产品，而且永远是。一旦在鲜活的言语交往中听到有人说出一个"这儿"词语，他就会如上所为，因为，原本正常的情形变得不正常了，必须引起重视。一声喇叭信号可以使漫不经心的交通伙伴警觉起来，此刻无需说出（独特的、有形的）"这儿"，因为，他给出的无形的导引主线，即声音的来源质量，会立即发挥功效。那么，我们究竟何时以及为何（在口耳直接交往中）说出"这儿"？因为，人类语言超越了动物鸣叫的阶段，有时，接收者没有注意到脱离了指示场的话语的声音来源质量，特意被再次要求予以注意。至于他在通过听觉或者（对于我们视觉动物而言习惯的）视觉确定方位之后在行动或思想上会有何作为，我们后文再议。

为了使论述有一个大致的轮廓，需要对 ich- 语音符号的心理学基础做基本的说明，以便为后文在更宽泛的基础上详细论述印度日耳曼语比较研究的某些结果做准备。情形大致是，ich- 词汇与言语声音的个体特征的关系，类同于 hier- 词汇与声音来源质量的关系。我们每个人从自己的生活经验中熟知，相比较声音来源质量，对所听到的声音和话语的个体（或典型的）特征，需要另样的归类和解释。从看不见的地方听到有人用"我"来回答"谁在那儿？"的问题，就如同听到一个专名一样，接收者会实施一项个体区分。名字是一个称谓词，不是指示词，但是，"我"原本是一个指示词，不是称谓词。对此，我们还要论及。假如我们没有经过长期细致的训练来通过言语语音进行个体区别，那么，那声来自看不见的地方的"我"就是一个毫无意义的反应。对于这种训练的重要性，我自己做过一系列关于言语声音的研究（面相学和病相学解读），多有发现。我想附带指出另一种父母们所熟悉的儿童表现。

当今，我们正常成年人经过警察培训，能够辨别街道上典型的汽车喇叭声，不会做过多解读。相反，我们的孩子们内心对汽车的理解与我们完全不同，会做更多的区分，例如，他们会区分博世牌喇叭和其他品牌的喇叭，假如训练和区分的兴趣进一步发展，就还会出现（事实也时常如此）对某某先生汽车喇叭声的个体辨认。关于声音和话语，我们无论如何早已不仅能够根据典型声音来区分男人、女人和儿童，而且还能够从声音辨认出更多，我们能够根据那些鲜明的"个性喇叭声"辨认出自己身边最亲近的人。

从看不见的地方发出"我"来回答"谁在那儿？"的问题，正是向接收者提出这样的期待。我认为，这种情况与有形的ich-词汇的心理学基础十分接近，所以，关于"这儿"和"我"的大致情形，布鲁格曼敏锐地指出，"'这儿'的导引功能主要是将目光引向说者的位置"，这是"这儿"词汇的核心功能。原始的"我"词汇（如此简称纯粹是为了心理学简约的目的）要求其接收者先如此反应，然后再做其他反应。布鲁格曼在前述论著中仅仅论及方位指示词，后来才论及"我"词汇，其观点完全正确。在一般情况下，"我"词汇与"这儿"要求用眼睛寻找说者的情形完全一样。不过，这只是它对听者提出的第一个要求，如果可能的话，我的伙伴应该朝我这边看，起码应该回应朝我看的要求，但与"这儿"不同，不是要找到我的方位或其他与之相关的东西，相反，简单地说，他应该用面相学的目光朝说者看去。那个在鲜活的交往中说出"我"的人，身上应该有什么可感知和可观察的东西，可能是可视的表达性体姿，或者声音中包含的某种表达性元素，或者只是需要像通常用于专名时那样实施一个区别，可能还有其他更为细致的东西。对此我们表述如下：相对于语言信息发送者而言，纯粹的"这儿"就是他的方位信号,纯粹的"我"就是他的个体信号。对于一个语言社团中的所有信息发送者而言,这些词汇适用于所有他们可能所处的位置,或他们进行言语活动的所有情景经验,其形式恒定不变,即一种情况下为"这儿",另一种情况下为"我"。然而,要满足指示的要求,对于纯粹的"这儿"而言,只能依赖于声音的来源质量,而对于纯粹的"我"而言,只能依赖于声音的个体特征。

3.2.7 "你"指示和"那里"指示的导引性

因此,在言语交往中,(逻辑上在指示词的任何形式之前)手指动作以及上述两种声音特征非常重要,没有它们,诸如"这个""这儿"和"我"(我们完全有理由将"我"计算在内)之类的指示代词就不可能出现,而且,如果没有上述场景辅助因素,即使在成形并被使用之后,它们也不可能实现意义的最终满足。因此,系统性的深入研究必须在我们所达到的高度上提出两个问题。其中之一涉及"那里"指示,而另一个则涉及其他所有可能出现在具体言语场景中的自然指示形式,这些形式被交往伙伴为了某种符号交往意图而不同程度地直接投入使用。第二个问题最为复杂,我们暂时将之搁置起来,先讨论第一个问题。

关于"那里"指示的心理学基础,应该对下述问题有一个普遍性的解释:是否存在针对受话人及其位置的自然指示形式。"指示"这个词既可以照字面理解,也可以作引申的理解。在自然的言语场景中,在使用有形的词语实施意指和招呼之前,是否存在类似于动作的直接因素或间接场景因素,用来实施针对受话的指示，来意指和招呼受话？这是一个平行的问题，我们在此必须提出并回答。因为，手指动作和上述两种声音特征在所有有形词语之前就已经被用来实施意指，二者属于一条导线，人们只需要遵循之，即可在具体的言语场景中找到在场的对象。那么，是否可以同理推断，也存在某种指示形式，人们只需要遵循之，就可以找到受话的位置，或者找到他所在区域内的什么东西呢？因为，人称代词"你"毕竟也是指示词。

  对于这一问题的一般性回答是，在具体的言语场景中，存在大量相关类型的间接表征符号，但是几乎不存在直接的标记，可以像手指动作和那些声音特征一样被完美而普遍地利用。如果细究是什么在具体情况下以不同的方式标记出受话的位置和个体特征，最终就会总结出一整套场景因素，从而使侦探们心花怒放，然而，其中绝不存在任何恒定不变、永远出现的因素。我试着梳理如下：

  （a）说者通过体姿使其话语所指显化、可读。说者为此所能做的一切，我认为都与指示性手指动作"这个"相似。整个身体、头和眼睛都可供调遣，在具体情况下演员知道从这些手段中获取鲜活的具有指向特征的动作。在日常生活中，同样的手段会以粗糙或细腻的形式反复出现，还有将目光定格于视野中的某物，它们也是人际无声交往中常见的、具有普遍性意义的指向手段，不仅用于"这个"指示，而且也用于受体指示（我是指"那里"指示），当然，如此被触及的人都必须目视发送者的行为，这样才能表明被触及的样子，视觉接触和视觉关注是每一次动作交往的前提条件。手指动作为什么不应该计入此列？它有时也被用于"那里"指示，人们不需要改变手指动作，而只需要改变话语，就能完成由 dér ist es gewesen（这就是刚才那位）到 dú bist es gewesen（你就是刚才那位）的过渡。需要特别指出，这里不存在专门为 iste- 指示而形成的手指动作，同时需要补充的是，布鲁格曼对其中缘由的解释不能令人满意。

他解释称："'这个'指示以说者为基点进入直观图景，但没有考虑在场对象的远和近。径直看去，说者话语所指、目光所及，自然也是'这个'的所指，这就是对'这个'指示用法的简单解释。"（布鲁格曼，1904：74）这也应该能够解释一个历史事实，即没有发现一种人称代词，自原始印度日耳曼语以来"仅仅或主要服务于'那里'指示，亦即指示受话人及其区域"，倒是在大多数印度日耳曼语中都存在"这个"指示人称代词，它们与受话保持紧密且最终"完全固定而不可转让的关系"，例如雅利安语、亚美尼亚语、希腊语、拉丁语和南部斯拉夫语言（如保加利亚语）。

这当然是一个有趣的历史事实，只是对其"解释"所运用的现象学分析有些站不住脚。因为，简单的几何分析就已经告诉我们，只有在一种完美的情况下，即所指的物体和受话以及说者都处于同一照准线上，指示性手指动作"这个"才会"真正指向他"，否则，（按照统计学规则）绝不会指向他。

关于发送者体姿的指向，经常出现指向接收者和指向物体之间的竞争，因为，如果要指向两者，则发送者肩负双重任务，他要么一个接着一个完成任务，要么自己分身。所谓一个接着一个，就是他要将手指或眼睛先投向接收者，然后再引导后者的目光一起投向物体对象。所谓分身，就是将目光投向交往伙伴，而抬手以食指指向物体，这是画家十分熟悉的整体姿态。

（b）上述为视觉方面的情形。我们也可以观察一些活动来明确声音所具备的指向特征。虽然心理学还没有做出解释，但事实在我看来无可争辩。弗里德里希·曼斯费尔德（Friedrich Mansfeld）博士是我的同事，是个盲人。通过简单的实验我们发现，在交际圈里，你言我语，话语交错无序，但如果有人专门指向他，他会规则性地感受到被招呼，当然没有指名道姓或使用其他专门指向他的语言表达，相反，纯粹是依赖声音。关键是，他比我们明眼人更细腻地注意到任何一个可利用的区别性标记。如果同桌的某位将头（眼睛）以及说话的嘴转向该盲人，该说话人的声波在响度方面会恰到好处传达给他，而他则训练有素，知道怎样去注意它并做出反应。至于这些情形在其他盲人那里怎样，我不得而知，更缺乏了解的是，我们明眼人未经训练是否会在生活实践中对这种或那种声学元素做出规则性的反应。

人们需要认真思考，关注发送者的所作所为，他是怎样使用他的声音来"触及"某个特定的接收者，并使他响应自己，如同炮兵接到调整方向和计算距离的指令那样。发送者的所作所为被接收者正确理解，这促使我提出一个关键的推测。我们知道声音感应领域有一条引人注目的恒定法则，即"距离变化时声音响度近似恒定"，人们可将此现象与那些众所周知的视觉恒定因素相类比。我们看一个东西的大小时忽略视角误差，同样，我们在听一个声音的响度时也忽略角度所造成的声音误差。这一法则对于言语交往中话语声音响度特征的接受也许具有根本性的意义。①

关于对音量的掌握，我们每一个人对同桌邻座说话时一定比给对面的同伴说话声音要小，而如果要对一张长条桌的所有人说话，则声音要大，在户外就必须声音更大，声音响度必须高出其正常的传输能力，才能被受话听到。如果不能根据场景运用这一强度区分，说话声音要么过高，要么过低，难免引起受话或者旁观者的厌嫌，尴尬难堪，尤其是在许多人聚会的情况下。说话声音过高会引起饭店里邻桌或者火车另一节车厢里其他人的反感。同样，相对距离而说话声音过低也会陷入尴尬。对此，莫尔曼（K. Mohrmann）有趣的研究结果给出了心理学解释，也在某种程度上解释了一种每个人都有过的奇特经验，那就是，感觉被人招呼，但却无言以对。为什么呢？问题已然清楚。

最后，我们再重温一下开始那句话：有各种各样自然的辅助性手段，使说者通过动作或声音去触动某个受话，并使其做出响应。在可能的条件下，明眼说话人主要采取针对受体的视觉转换，另外也会采取听觉方式。关于它们的功能和使用效

---

① 作此文之后，我们成功地利用维也纳的语音库建成了一种装置，（在一个几乎没有回音的房间里）对我们的推测进行实验，验证结果基本上是正面的。对此，莫尔曼先生将在他的博士论文中详论。据此，我们听到声音的强度与我们看到物体的大小的情况基本相同，即基本上是声音被发送的强度（不是在我们接收者耳朵里的强度）。这是日常言语交际中的一个事实，应该具备十分重要的音位学意义，而我们许多人却幼稚地以为那是自然而然的事情。现在，应该研究（换在一个回音很大、容易漏听的房间里）针对发送者方向的听觉现象（与来源质量不同），那样，我们就可以更好地对"那里"指示词（istic）的声学导引功能进行描写。这样的导引主线肯定不是非常精确，但在容易漏听的条件下却有其实用而普遍性的标记。

度我们尚不十分清楚。最后，可供利用的还有 pst! he! halloh! 等未成形的感召手段以及成形的称谓词，包括专名。因此，在"那里"指示的语音形式方面，不乏有效的感性导引主线。这些现象出现在普遍而熟知的情况下（至少在印度日耳曼语如此），其历史形成无法清晰界定，但并非后期形成。这不是历史的偶然，而是有其心理学基础。因为，那些自然的辅助性手段要么在听觉上十分复杂，要么在视觉上与"这个"指示太过相近。另外，也许是最重要的，"你"词汇也使用同样的手段，并致使"那里"指示无法充分发展。

3.2.8 "那个"指示

对印度日耳曼语的方位指示形式进行认真的心理学考察，最后还需讨论布鲁格曼模式中的"那个"指示。不同的是，通过这类词语经常不可分离地同时指示两个对象，即远处的某物和指示者与被指示对象之间界线彼岸的某物。

> "也许，对彼岸对象的指称曾经是指示人称代词'那个'的基本意义，而'较远距离'这一意义元素则源自于指示人称代词'我'与'这个'的分野。"（布鲁格曼，1904：12）

我赞同后面一点。其实，二者相互对立，相得益彰，这种现象在肢体动作领域并不奇怪，①"这里"指示和"这个"指示

---

① 参看比勒《表达理论——从历史揭示系统性》105 及以下诸页。

中的手指动作大概就是如此。但是，我不能说明哪些动作是"那个"指示固定而特有的。当然，不同情况下对立总可以出现。假如一个病人向医生指出自己身体某个病痛的部位，这时他会说 da（这里），同时触及他能够触及的目标，有时他会说"那儿"，意指他眼下不能触及的身体部位。其实，"那儿那块瘢"或者"那儿"并非要求很远的客观距离，因此，在德语中，da（这儿）和 dort（那儿）有时构成相对对立。相反，相对于用 dort 所指的那边，"这儿"的范围可以涵盖整个地球。如果手指向高空，则情形取决于所处方位，因为，我们人间生活的彼岸正在高空的某处。如果是河流或木栅构成此与彼之间的界线，则指称"那边"的动作理所当然不会指向高空。因此，对立关系的构成显而易见都是相对的、临时的，相关的动作也是如此。

根据我的语感，"da"在现代德语日常语言中涉及当下可及的地方，或者触手可及，或者数步之遥，或者忽略不计的长远距离。"某人在这儿"意味着，他在维也纳（度假回来了），① 也可能在可言及或可触及的范围内，例如在我身边。如果我将某物推向话语伙伴，我也说"这儿，拿去吧！"。在现代德语日常语言中，"那里"（dort）不同于"这里"，它所指称的对象，不在当下可触及或数步之遥、或目光所及的范围内，或说者所在电车车厢的范围内。我的印象是，一般用"这里"来指示说者当下行为所在空间的几何位置，与"那里"形成相应的

---

① 在整个德语区通行的说法是 das Messer ist nicht da（刀子不在这儿），未见其他形式，在奥地利某些地区（排除夏天度假者）使用 dasige 替代 hiesige（这里）。

区别。

至于 jener（那个），我日常语言的语感知之甚少，对"那个"的回指用法和既往用法也许还比较清楚，大致相当于拉丁语的 ille，指称不直接在场的东西，但这种印象就像一种心理分析情结，在我的意识中模糊地沉浮着。在今天的许多用法中，"那个"明显也指涉感知场中的对象，但在其他情况下指涉某种程度上处于某个界线、某个中间站、某个经历过的中间空间以外的对象。

3.2.9 普遍性问题

这样细腻的意义分析经常无果而终，使人怀疑"那个"指示（Jener-Deixis）是否属于现代鲜活语感中一个独立的、特殊的指示形式，这样的怀疑颇有意义，引人深思，不禁要问布鲁格曼提出和界定指示形式的科学标准究竟是什么。说实话，提出印度日耳曼语四种方位指示形式的体系是一个难能可贵的成就，其中所蕴含的，不仅是严谨的实实在在的语言历史和语言比较的知识，而且还有语文学家细腻的心理学感悟。因为，语言学、普通教育和人文知识毕竟都是包罗万象，是伟大的铸钟人培养天才的语文学家的科学。布鲁格曼的四种指示形式正是由一位天才的语文学家所发现和提出的。可惜仅有发现，却没有概念上的定义。我们所引证的作者对术语"指示形式"的使用，大致相当于动词理论中的"行为方式"："人们区分瞬间的和持续性的行为，相应地，我们可以将人称代词的不同用法称为不同的指示方式。"（布鲁格曼，1904：9）显而易见，这其中并没有说明标准，例如怎样对现代德语的 dort（那儿）进行归类，是属于"这个"指示还是属于"那个"指示。是否仅此四种形式，它们是否构成一种稳定而精确的体系，容不得任何删减和补充。这样的疑问一旦产生，就亟需解决的方案。我们期待心理学的解释。

3.3　指示场的坐标系及其标记

3.3.1　主观定位的"这里现在我"系统

两条线垂直相交，表示一个坐标系，O 表示原点，即坐标系的起点，如下图。

我断言，要将 3 个指示词置于 O 点，该图才能代表人类语言的指示场。这 3 个指示词就是"这里"、"现在"和"我"。如果在词典里遇见这些无辜的语音产品需要进行功能界定，语言理论学家既没有必要神秘兮兮地大谈深奥莫测的哲学，也没有必要如履薄冰，裹足不前。他只需要承认，这些词在具体言语交往中的功能虽然非常奇特，但却是可以准确说明的。假如我是比赛的裁判员，要发令起跑，对参赛的运动员说："预备！"，短暂停歇之后，我说："跑！"或"现在！"在收音机里，天文学的时间符号在结束适当的语言准备之后发出短短一声钟响。有

形的单词"现在"代替指令"跑!"或钟响,其功能像是某种瞬间标记一样,是一种用语言表达的瞬间标记。词语并不是这样对我们言说,相反,它们使我们忽略它们所赖以构成的一切物质属性,忽略它们出现时所体现出的临时的、非本质的特征。在言语交往中,这些词语的出现既不是时间标记,也不是方位标记。我们还是考察一下"形式"和"本质"这对概念,它们似乎是某种自发的存在。"现在"、"这里"和"我"这些小词的语音形式,它们的音位学特征,并无奇特之处,只是它们都以独特的方式提出要求:请注意"我"的语音现象,请一方面把"我"视为瞬间标记,另一方面把"我"视为方位标记,第三把"我"视为发送者的标记(发送者的特征)。

　　对于这些小词,天真的言语伙伴正是如此这般认识和对待的,从无问题,那么,这里究竟有什么特别之处呢?只有逻辑学家颇感惊愕,因为这样的用法的确或者似乎破坏了他的游戏规则,生活中这样那样的现象的确让他烦恼。但是,我们希望用迂回的方式提出坐标系的思想以打消他的疑虑,因为,逻辑学家知道,任何一个坐标系的"使用"永远都有其特殊性。我们的情况是,所有交往伙伴置身其中的一定是一个"主观定位"的坐标系,每个人从中找到自己的位置,并理解他人的行为。假如我是指挥员,站在一排体操运动员面前,我会按照规约发出"前进""后退""向右""向左"等指令,这时,大家不以我的定位系统为参照,而是以他们自己的定位系统为参照,其心理学翻译也很简单,每一位小组长都能无师自通。一切顺理成章,而且根本无需什么机巧的思维。这是逻辑学家无法改变的事实,而且,如果他真正领会自己的任务,就压根不会产生改变的念头。那么，我们先看看优秀的逻辑学家关于指示词的见解，然后再补充语言学的发现。

3.3.2 指示词意义的逻辑学视角

古典语法学中的逻辑学和现代逻辑学关于指示词的理论核心不谋而合，引人深思。前者指出，指示词不同于称谓词，所说明的不是"质的规定性"（ποιότης）；而后者则提出反驳，认为指示词与其他词一样，都是可以简单而客观定义的概念符号。其实这些都完全正确，二者内心是息息相通的。适用于主体间交往的"概念符号"必然具备一种特性：在每个人和所有人的嘴里都是同一对象的象征符号，而且，只有当该词涉及该对象的某种"质量"时才能如此（暂将专名排除在外），也就是说，该质量被赋予该对象，被用于该对象，而且是某种不因场景而变的特征。这不适合于指示词，也绝不可能适用。因为，每个人都可以说"我"，而且，每一个说出"我"的人都意指一个不同的对象，因此，有多少说者，就需要有多少专名，才能以称谓词的方式，将单词"我"的主体间多义性顺利地转化为单义性，满足逻辑学家对语言象征符号的要求。其他所有指示词原则上也是如此。

单词"这里"的情形似乎不同，所有维也纳人都用它指称维也纳，所有柏林人都用它指称柏林，究其原因，仅仅由于该方位指示词意义的延伸产生了某种显而易见但却令逻辑学家大为不满的松散性或不确定性。严格意义上，"这里"指称说者当前的位置，而该位置会因说者和言语行为的不同而不断变化。同样，两次使用"你"是否两次指称同一专名的对象，也完全是偶然的，而单词"你"的使用规则无论如何不能保证这样的巧合。这正是逻辑学家要求语言象征符号与对象之间恒等对应的唯一问题。有语言象征符号的地方就有称谓词，没有语言象征符号的地方就没有称谓词。对于逻辑学而言，这实际上是一条泾渭分明的界线和一种无可奈何的选择，关系到逻辑学家是否可以将"我"和"你"以及所有其他指示词视为语言象征符号。逻辑学起初认为指示词不属于主体间交往的概念符号（因此也排除于语言"象征符号"之外），这是正确的。我绝不敢对大师们不敬，也根本没有吹毛求疵的必要。

每一种艺术和科学都不乏吹毛求疵者，这里仅提一例，出自于现代逻辑学，随即又为之所弃。逻辑学最近取得了骄人的成绩，完成了一次清洗（我首先想到罗素）、一次抽象，也因此是一个成就，堪比亚里士多德对逻辑学的创造。我们将会发现，这一成就对于语言理论也意义重大。但是，下面的内容需要剔除出去。几位成就卓然的逻辑学家（不是罗素本人）在完成我们前文论及并赞同的抉择之后，倾向于至少将"我"和"你"（同理，也包括其他所有指示词）从其科学的语言表达的高雅文化中清洗出去，甚至心理学为了成为真正的科学也要抛弃这些"空洞的"词语。这是当今一些心理学家和许多非心理学家所热衷的宣教。就连自幼习得的日常语言也应该接受这些人类历史上硕果仅存、道貌岸然的精英们的清洗，因为，他们是形而上学的卫道士。如果咿呀学语的儿童一开始就使用自己的专名以替代难度大得多的"我"，那"我"和"你"还有何用呢？

当然，每一位有科学影响、颇具人文素养的思想家，如果他真心这样理解语言，而且也旗帜鲜明地表明立场，都不会在纯粹学术的象牙塔里自我陶醉，梦想未来。然而如此思想者却大有人在，究其根源，是他们对实践需求的复杂性认识过于简单和极端错误。日常语言必须满足这些复杂的需求，而且实际上也能够满足。因此，如果心理学家和语言理论学家能够对指示词进行系统性的考察，发表见解，为自己辩护，善莫大焉，最终，这一见解将会推动语言理论的发展。

主体间关于事物的交往乃是人类生活之必需。谁能说它只有通过称谓词、概念符号、语言象征符号这唯一的途径才有可能？在我看来，这样一条原理是逻辑学的伪核心。这里不想就科学语言及其构成发表意见，我基本上同意他们的观点，只想指出一点，他们在心理学里把"我"的问题看得过于简单了。不过，我们也不想对此展开讨论，我们所关注的是日常语言中的小词"我"及其同类。与古代优秀的语言理论学家不同，现代语言学实际上赋予语言符号"我"过多的哲学臆想，没有哪种玄学能够幸免于此。视觉指示和听觉指示是生命体所能实施的最简单而有效的行为，理论必须以这一朴素的事实为出发点，对社会交往中的场景因素予以广泛而细致的关注，包括指示词。假如 A 和 B 二人狩猎，A 没有及时看见猎物，这时，B 除了做出指向指示动作和向 A 喊出与之匹配的词语，还有其他更为简洁有效的手段吗？如果 A 看不见 B，对 A 而言，除了听到 B 喊出来源质量清晰可辨的"这儿呢"，没有什么更为有效的手段，等等。

简而言之，与其他词汇一样，有形的指示词各具不同的音位学特征，以有效的方式对交往伙伴实施控制。通过它们，交往伙伴被呼唤,其搜寻的目光,更抽象地说是他搜寻的感知行为,他处于活跃状态的感官接受,都通过指示词而导向对辅助性手段的运用,例如肢体动作及其等价物,从而使他在场景因素范围内的定位获得便利和补充。如果人们坚持用一种普遍性表述方式来描述指示词的功能,那便是:这就是指示词在言语交往中的功能。这一表述适合于布鲁格曼的所有指示类型和所有指示模式,适用于视觉指示这一指示的原始形式,也适用于回指性指示和虚拟指示。

起码有一种指示,人们无法想象哪一种人类语言根本不需要它,那就是布鲁格曼所谓的"这个"指示。逻辑象征符号系统也是一种语言,其中没有指向指示符号的视觉指示,但却存在指向指示符号的回指性用法,因为,诸如"据此""所以"等回指符号都是指示符号,出现于每一种证明过程之中。人们可以为这些指示符号引入任何一种视觉系统,但却无法改变它们不可或缺这一事实。人们通常用字母标注一个形象的几何图形,比如多边形的角,这就是一种真正的视角指示。因为,这些字母随后被使用于语篇之中,其象征价值的确定必须顾及到那个图形,也就是说,依赖于感知。每一个字母都在说"看这儿!我指这个"。

与科学语言不同,日常语言的指示更为常见、多样和随意,这是事实,也因此能满足人们信息传达的基本需求,方法最为简洁,而且少有误解。人们总是指责"我"和"你"等词语不可救药的主观性,并殃及所有指示词,其根本是误以为指示词也应该满足称谓词的要求。指示词是"主观性的",如同路标一样,亦即只能以其所处的位置为出发点给出有效无误的说明。城市周边的路标使用相同的符号,即一支伸开的手臂,但所指示的方向在客观(地理)上各不相同,如果路标能说出"这儿",那么,与人们嘴里说出"这儿"一样,同样意指许多不同的方位。"我"的情形也完全相同。

有人指责"这里""我"和"现在"等交往符号不可救药的主观性,这无异于要求所有古老风格的路标给出距离,或者,他必须承认,那些所谓词汇意义的观点是根据一个狭隘且毫无根据的原理而草率得出的,认为所有语言符号都必然是同一类型的象征符号,这是一个狭隘的语言原理,因为,其中有些已经被证明是信号,例如指示词,而人们不能期待信号与(纯粹的)象征符号相同,二者之间存在着符号学区别。指示词是一类独特的信号,亦即接受信号(与行为信号不同,命令式即属于后者)。说出"这个"或"我"会引发特定的目光转移之类的反应以及随之而来的接受。相反,命令式 Komm!(来!)是要引发听者一个特定的行为。下面,我们对作为信号的指示词所处的结构,即坐标系统进行更为细致的心理学考察。

3.3.3 "这里"和"我"的相似性

以直观的"这里"为坐标原点,可以实现对其他所有方位的指示,而以"现在"为坐标原点可实现对其他所有时间的指示。这里唯一的话题首先是指示,当然,与世界上的一切存在一样,方位也可以通过语言的概念符号得以说明。"教堂在神甫寓所之旁"这样一句话,以一个东西为出发点来确定另一个东西的位置,使用了一个真正的概念词,即介词"在……之旁"。在印度日耳曼语中，介词本身并不是指示词，但是却经常与指示词联姻，例如复合词 daneben（之旁）、danach（之后）、hiebei（此刻）等，以及 von jetzt an（自现在始）和 auf mich zu（朝向我）之类的自由组合。这些结构经常实施一种虚拟指示，或者实施回指方式的指示。对此问题的讨论属于指示方式的心理学研究，应该在此基础上对问题进行一般性的回答，即指示和称谓以什么样的形式同时发生，是通过简单词还是通过复合词。

在此重要区分之后，我们回头再来思考"这里"、"现在"和"我"这些基本指示词作为地点标记、时间标记和个体标记的所谓绝对功能。印度日耳曼语专家告诉我们，动词的人称后缀以及"我"和"你"等独立的人称代词与（地点的）方位指示词之间存在普遍不同，然而，有足够多的语义和形式方面的事实证明两种类型同源和交叉。这样的交叉更为清楚地表现在印度日耳曼语典型的"第三"人称的历史中，我引证布鲁格曼和德尔布吕克比较语法经典著作中的一段话：

"这两种类型之间明显存在着联系和交叉。首先，第三人称代词与指示代词无法彻底分离，经常在概念上发生重叠（着重符为笔者所加），可以说，它们都是名词性的人称指示代词，指示话语中存在的、被说出或者将要被说出的内容（亦即指示词的回指用法），例如，法语的 il（他，它）源自于拉丁语的 ille（他），或者哥特语的 is＝新高地德语 er（他）等同于拉丁语 is。但是，'我'和'你'人称代词至少部分地似乎原本曾经就是指示词，例如，

希腊语 εμοῦ 在词源上与古印地语 áma-h（表示"这里这个"），或者古印地语 te、希腊语 τοι、拉丁语 tibi 等与古印地语 tá-m、希腊语 τόν（亦即受话不在'我'的范围之内、但却明显存在于说者眼前）在词源上相关联。"（《印度日耳曼语言比较语法概论》1911：306 及下页）

从心理学的角度看，这毫不奇怪。还有一个历史上的特例非常具有心理学启发意义，即亚美尼亚语的所谓人称冠词。

对此，布鲁格曼赞同威廉·冯·洪堡特和梅耶（Paul Meillet）的观点，他说：

"亚美尼亚语……没有指示性人称代词，第一人称、第二人称或第三人称的想象之间也不存在什么相互联系。所涉及的3个成分是 s、d 和 n，分别附属于名词、人称代词或动词，实施所谓人称冠词的功能，tēr-s 表示'这儿这位先生'或'这位先生'，也可以说'我这儿这位先生'，tēr-d 表示'那儿那位先生'，也可以说'你那儿那位先生'，如果不出现与第一人称或第二人称的关系，就使用 n，那是最常见的冠词形式。""ai-s、ai-d 和 ai-n 为各自独立的形式，分别指称第一人称、第二人称和第三人称。"（布鲁格曼，1904：43）

据一位专家口头告诉我，关于亚美尼亚语的这段报告需要补充：还有其他有形的区别性手段来区分"我这儿这位先生"

和"这儿这位先生"。① 因为，难以想象某种现代印度日耳曼语没有这样的区别性手段。不过，关于原始印欧语指示词这样那样的推测，似乎不排除此类区别性手段存在的可能性。

在类似的假设中，我认为布鲁格曼关于拉丁语 hic（这里）起源的假设最富寓意。它无疑由两部分组成，其原始意大利语的读音大概为 *hĕ–ke 或者 *hŏ-ke 或者 *hă-ke。如果其中第二部分为一个一般意义的指示符号，那么，又有一个问题："怎样从词源上对 *ho- 进行归类？"人们发现，在布鲁格曼所认真提出的两个假设中，指示词 *ĝho 显而易见不做区分，从中产生两种过渡形式，其中之一导向希腊语 ἐγώ、ἐγών 和拉丁语 ego，另一个则导向 hic 中的 *ho-。最终发展的结果是，拉丁语的 hic 与 ego 可能与我们的 hier（这里）和 ich（我）没有本质区别，也就是说，除了满足 ego 的人称指示，还主要满足方位指示。tu si hic sis aliter sentias（如果是你，你会觉得）之类的句子可能最接近它本来的用法，而布鲁格曼将 hic 翻译为"我这里"。

我们从现象学分析的角度，（由冯·温迪施［Ernst von Windisch］、J. 施密特［J. Schmidt］和布鲁格曼提出的）这一有趣假设的心理学意义可以简单表述如下：*ĝho 可能是多义的，衍生为两个不同的词 hic 和 ego，一是通过与一般性指示小品词 -ce 组合，至今在拉丁语中仍很活跃，二是通过"类推构词"（施密特）。我做这一说明的目的在于，用一个例子就能说明我们通过朴素的现象学分析所获得的模式对语言学研究的意义及其应用方式。无论这里作为例子而提出的假设是否正确，都

---

① 人们有时举保加利亚语为例，说明其中根本没有这种现象。

不影响我所提出观点的普遍性意义。无论如何通过语言比较可以发现,布鲁格曼所谓"这里"指示和第一人称人称代词在印度日耳曼语中的词根是相同的。

心理学家认为,完全可以运用现象学方法对这一现象进行逆向推测,为什么?因为,每一个听觉交往信号的使用都蕴含着两个要素,第一是其(空间的)来源质量,第二是其整体听觉特征,而从心理学角度看,语言的语音符号就属于听觉交往信号。对于明眼的信号接收者而言,将目光投向声源是再自然不过的事情,这在言语交往之中就是说者,处于说者的地位。"这里"和"我"都期待这样的反应,或者起码要求接近这样的反应,这就是它们作为指示词的共性。后来它们所体现的意图(兴趣)发生分裂,一方面在于发送者的方位和场景因素,另一方面要求以面相学和病相学的视角关注发送者本人。"这里"包含着一个要求,即在岔路口追踪前一个兴趣点,而"我"则包含着另一个要求,即在岔路口追踪后一个兴趣点。这是人们所能做出的最不受条件限制的分析,也是最一般性的分析,(附带地说)这是最为客观的分析,还根本没有涉及说者的经验。

因此,在语言发展历史的某些阶段,还不存在这种岔路口的区分,这是再自然不过的事情。也许研究有这种现象的那些语系的专家们能提供详细的证据。无论如何,在印度日耳曼语范围内,已经证明亚美尼亚语的 ter-s 和原始印度日耳曼语可能存在的 *ĝho 属于此列。我曾经观察过一个德国儿童,他正处于努力接受和正确使用"我"词语的阶段,在场景中总是将"这里"和"我"混为一谈,为成年人话语伙伴所笑话和纠正。

他对大人们这种怪异的反应非常生气，充满抵触。根据行家们的理解，印度日耳曼语的绝大部分"这里"指示词（也许还有"我"指示词）在历史上主要根源于词干 *ko- 和 *ki- (*kio-)。如果将词汇形式从区分较少到区分丰富的某种进步视为发展的规律，那么，也可以将该词干的历史现象与那个儿童的表现进行类比分析。布鲁格曼认为，*ko- 词干"出现于除雅利安语之外的所有语支"。①

3.3.4　指示辅助手段的必要性

我们一再要求心理学与语言学互施援手，但若要结出硕果，两门学科的专家们都要有勇气设身处地与对方交流，因为谁也不能摆脱人类理解力的局限。心理学家要说明自己对语言学事实进行心理学分析的方案，如果所建议的方案从语言学的角度看存在问题或失之片面，语言学家就应该提出专业的修改，并以此推进讨论，给出的答案最好也能够深入心理学家的思想。在这方面，布鲁格曼堪称榜样。他运用现象学方法精辟

---

① 我是个外行，对巴德尔（Theodor Baader）的新作《印欧语言中 ich- 指示词的认同功能——人种学 - 语言学研究》（1929）中的相关论述不甚理解。巴德尔研究带有 k- 词干的称谓词，将这些词汇总结为 9 类，其中有些种类实际上给人一种印象，似乎相比较其他称谓词，k- 词干的称谓词所共享的某些元素更接近"我之领域"（ich-Bereich）和"占有范围"（Eigentumsbereich），因此而内在地相互联系。但是，语言理论学者在该作中找不到关于印度日耳曼语指示词与称谓词之间一般关系的只言片语。彼处的 k- 词干与此处的 k- 词干的辖域并非理所当然地相互关联，而这却可能是巴德尔实证性研究的基本前提。在有些语族中，显性的指示基本上都需要称谓词相助才能得以实施，而巴德尔似乎持相反的观点，认为在印度日耳曼语中 k- 词干无疑被用于指示，也是统一的称谓词类（仅限于此类？）的组成部分。

分析了一般人类言语场景及相关因素,指出具体语言符号甚或整个语言符号的组合在其中获得意义确定的事实,其中蕴含着语言理论的最后结论,只可惜他自己没有总结出来。我引证一段:

> "它们(方位指示词)不仅仅如话语中的任何成分一样,在一般意义上要求受话人将自己的注意力投向相关的想象活动,而且<u>同时</u>(着重符为笔者所加)也是有声的手指动作和视觉招呼语,(韦格纳,1885:100)总是包含'看这儿!'或'这儿有东西需要注意'等内容。"(布鲁格曼,1904:5)

在这一观点中,值得注意和思考的首先是我着重突出的"同时",需要补充指出,布鲁格曼在阐述人称代词,即角色指示词的时候也提出完全相同的观点,而且也使用了那值得关注的"同时"。我们可以断言,方位指示词和人称代词在原始形式上都只是指示词。这对目前的论述很有说服力。它们并不是附带性的、偶然还具备称谓词的功能,这样的事情不可能附带而为之。之前,布鲁格曼在文中指出:"它们与其他人称代词一样,对对象的指称不是指向其特殊属性。"这是一种陈旧的观点,认为它们原本不参与对质量的确定。人们应该关注这一点,才能澄清问题。布鲁格曼还说:

> "当所指对象为当前可感知的东西,指示代词的使用是否始终与指示性动作相伴随?历史研究无法回答这个问

题。"(布鲁格曼，1904：7及下页）

如果"动作"只是手指动作，那么，心理学的研究方法对该问题也无济于事。但是，如果实事求是地将范围扩大到手指动作以外，那么，运用心理学手段就不仅仅可以解决那个关于原始情形的争议问题，而且还可以说明现状，说明在过去或者现在都不可能的情形。作为手指动作的替代品，可以使用其他视觉或听觉辅助性导引手段，也可间接地运用场景标记或常见的辅助性指示手段。无论如何，辅助性导引手段不可或缺。

不可或缺的原因是，每一个指示词失去这样的导引主线就会变得飘忽不定，指示词向我们说明的只是一个区域，一个"几何位置"，还不足以使我们确定身处其中的对象。例如指示词的回指用法，那可能是对我们的立论提出反驳的第一个问题。如果我在德语中用 dieser（这个）和 jener（那个）来指称同一话语中此前言及的对象，上述感性导引主线又何在呢？答案是：必须承认，在此情况下不存在感性导引主线。但是，取而代之的是规约，即听者在思维中会回顾性地将此前最近言及的对象用 dieser 来重复，而将此前较早言及的对象用 jener 来重复。该规约也可以反过来使用，那么，话语中已经出现的会再次出现在自然后续的话语中，这时，人们用 dieser 指称首先提及的对象，而用 jener 指称最后提及的对象。这样颠倒过来的规约在某些语言社团里确是常态，对这种可能性的认识无需任何研究考证。

究竟什么能够替代指示的感性导引主线，这个问题无论如何已经清楚。如果一致性等音位手段缺位，就会出现指示场的秩序规则。后文还将详细解释该概念。例如我在大街上对陌生人说:"一直走,第二条横街向右,就是您要找的。"——这时,我的所作所为原则上与语言指示的感性导引主线缺位时的情形完全一样,我所使用的也是同样的秩序规则。因为,我所利用的秩序规则就是我们双方眼前的街道网络,以及其中临时性或由我主观设给提问人的空间定位,我与他的对话就在此坐标系统中进行。如果陌生人并非恰好面向他所应去的方向,那么我话语中"直走"和"右转"等词汇的意义就根本不会精确。

3.3.5 "我"和"你"

我们接着再讨论"我"和"你"。词汇研究有一种健康而有效的基本原理,那就是通过直观形象来探究原始意义。每一个人都可以跟我打招呼,并说"我",而我会注意这个人,或者,如果不可能,则会将注意力投向说者的方向。之所以用面相学或病相学的目光,而不是其他,根源正是"我"的原始意义和原始功能。简而言之,"我"和"你"指称具体言语表演中的角色,亦即言语行为的角色。希腊先哲给了一个绝佳的称谓 prosopon,拉丁语先哲则使用 persona,二者都指称语言行为中的角色。语言理论必须十分清楚而且坚定不移地挖掘 persona 这个称谓的古典意义。这一点,布鲁格曼和德尔布吕克无可挑剔,但只希望他们一以贯之。名词乃是称谓,但是,"我"和"你"等人称代词主要和原本的功能并非指称语言信息的发送者和接收者,而仅仅是指称他们的角色,如阿波罗尼奥斯(Apollonios Dyskolos)所言。

无疑,一个熟人对我说"我",其声音可做多种解读;当门外一个人回应我的问题"谁呀"时说"我",他一定深信我能根据他声音的响度而从我的熟人中辨认出他来。"我"这个有形产品的音位特征很明显,足以与德语的所有其他词形成鲜明的区别,纵有成千上万张嘴说出来,在音位学意义上仍然完全相同,只有其声音材料,即响度表现,具备个体特征,而这正是来访者在我门外回答"我"的意义所在。"我"的音位特征,即语言的形式元素,提醒我这个提问者注意它的声音特点。必须承认,这是一种十分特殊的关系。某物的形式所具备的功能,就是提醒人们注意该形式赖以实现的物质特点。然而,这一关系并非人们想象的那样孤立地存在于世界。简短起见,这里不再举例说明。

必须强调指出,该有形语言产品作为交往手段,其功能在我们假设的简单明了的场景中得以充分体现,那就是,将接收者的面相学"目光"吸引到该产品的声音特点。无论同时使用眼睛和耳朵,或只用耳朵,接收者都应该感知到发送者。因此,从意义上看,该词汇的形式中不包含涉及所指对象"谁"或者"什么"的任何内容,所以,"我"首先不是一个称谓。但是,形式上相同的"我"被说出时的响度方面的物质特性,在不同人的嘴里各不相同,这听得出来。我们门前那位发送者相信,他会因这一物质特性而被个别辨认出来。至于"我"这个指示词在句子环境中被赋予什么新的功能,以及心理学家和哲学家从中得出怎样的科学概念意义,不是这里所要讨论的内容。

专名无疑是称谓词,人们还应该比较它的功能。那位门外的访客如果仅凭声音不能获得辨认,就会说出自己的名字(之前说出"我"的目的可能只是为了教育语言理论学家)。专名这样的语言产品被用于熟人圈,其功能是凭借其形式来标记个体。密尔通过《一千零一夜》中著名的强盗故事来形象地说明专名的功能。一个强盗在市政大楼上画了一条粉红色的线条,以便与同伙返回时能够从众多的房子中重新辨认出来。根据密尔的观点,与这条粉红线条一样,专名的功能就是区别性标记,而且是纯粹的个体标记,而类名则包含一个"内涵"。后者与我们暂时还没有关系。无论如何,人们认识到专名作为称谓词的特点,它是一个可以出自任意一位说者之口的语言符号,其声音的物质特性与其称谓功能无关。作为个体符号的专名,其功能不在于其声音的特性,而在于其音位特征。在具体场景中,门外的访客说出"我"时必须体现其声音特点的区别性价值,因此,"我"也是个体符号。

我们仅用一个例子就已经从概念上解释了"我"的原始意义。"你"的情形也是如此,只不过,要自始至终在理论上注意到"你"有时又类似于一个纯粹的感召词,如"嘿,你(请注意),我有话告诉你"。这是近距交往的开始,以一个感召词为开始,然后分配所预示言语行为的角色。如同说出任何一个词语时运用声调和其他语音变化手段一样,人们在说出"你"这样具有感召意义的词语时也可以简单地通过声调来实施一系列表达和要求。这是语言理论另一章的内容,不必在此赘述。在某种程度上,"你"有时是一个纯粹的指示词,在这样的会话场景中,发送者感觉有必要通过手指动作或其他直观的指向性手段来表明这样的词义。这时,诸如 du da, du dort ("嘿,这位,你""嘿,那位,你")之类的表达与 dér da (这儿这个/位)、dér dort (那儿那个/位)不同,其区别就在于希腊语法学家所谓的 prosopon。的确存在第三人称的 prosopon，而且，不仅作为纯粹的人称指示词，即不含方位指示价值，如"他""她"和"它"，而且作为方位指示符号，如 dér、díe、dás（这个/位），①都被赋予区别语法性别的功能。这是印度日耳曼语研究的一个问题，不属于这里所要界定的指示词的问题。我们也可以对"我"和"你"的问题做这样的阐述，而根本无需讨论第三人称代词。那样，布鲁格曼所谓"这个"指示中的方位指示词无论在视觉指示还是在回指用法中，都是纯粹的"非人称"指示词。事实上，方位指示词在印度日耳曼语中的确曾经如此，那时，它们还属于不变格的"小品词"。

3.3.6 代词的分类

据我所知，历史学家对于指示词的来源也持同样的观点，现在，指示词涉及许多词类。对此，布鲁格曼和德尔布吕克的理论颇有代表性，他们写道：

> "也许，所有指示词都曾经是指示性小品词，也就是没有变格形式。在对象被称谓的情况下，指示词出现于称谓词之前或之后。同样的小品词以定语形式与名词组合，还出现在印度日耳曼语的多个历史阶段，例如新高地德语 der mensch da，da der mensch（那儿那个人），du da（嘿，说你呢）等。许多事实可以说明人称代词变格的这种起源。"（布鲁格曼/德尔布吕克，1911：311）

---

① 举例为德语定冠词 dér（这，阳性）、díe（这，阴性）、dás（这，中性），也用作指示词。——译者

当然，我认为布鲁格曼所列举的原因十分重要（特别参见307及以下诸页）。而系统理论学家的问题是，这样的无变格小品词是否也可用作称谓词，是否因此也可以被称为人称代词。否定这个问题，就必须一以贯之。承认这个词类的成立不在于其人称代词的用法，而是因为其指示功能。如果与连词进行类比，这一点就会非常清楚。

在行家看来，连词的指示性内涵毋庸置疑，霍夫曼（Johann Hofmann）在《施托尔茨–施马尔茨拉丁语法》中写道：

"连接词（Verbindungswort 连词）可以分为原本指示性的（亦即 deiktisch，并列或从属）和连接性的（表示序列的 und、表示追加的 auch 或表示转折的 jedoch，大多为并列），二者之间并没有尖锐的对立，因为，许多纯粹的连词（比较 nam, tamen 等）的基础是指示性的，但其指示性含义消失了。"（霍夫曼，1928：653，最后的着重符和德语例子为笔者所加）卡莱普基（Theodor Kalepky）也认识到连词的指示性（参看《作为语言描写科学系统基础的语法新架构》1928：55及以下诸页），称之为"标记词"。

这一点与朴素的现象学分析也完全吻合。所谓"消失"意味着，当今敏锐的分析还总能感受和发现早先消失的某些元素。我们无需追究作者是否真能证明拉丁语连词并非原本为指示性小品词。

布鲁格曼和德尔布吕克认为"代词"包含着一切特殊类型，那么，如果一一考察所有这些特殊类型，就会经常听到这样的观点：代词都曾经是指示词，或者现在还附带具备此类功能，例如，他这样论述关系词：

> 自原始印度日耳曼语时代开始，"词干 *i̯o-、* i̯o-s、*i̯a、*i̯o-d 就具备关系功能。""其中，*i̯o-s 原本是一个<u>回指性指示代词</u>（着重符为笔者所加），指称先前句子中出现的一个名词性或代名词性概念。"（布鲁格曼/德尔布吕克，1911：347）

精彩！现象学分析以一个宽泛而准确定义的回指概念为出发点，阐明关系词从来就没有丧失其指示性功能，而是至今仍然具备此功能，而且，这丝毫无损于关系词与其他连接句子的小品词之间的逻辑区分。

最终，理论学家要追问整个"代词"词类的秩序源点，并且可以勉强接受下述观点：

> "代词首先分为两大类。（1）指示代词和疑问代词，可支配关系词和不定式，蕴含着代替某些概念的功能。指示性代词构成这类词汇的主体，属于每一种语言最古老的成分。（2）人称代词和物主代词，以人称概念为基础，指称交谈之中的人，即'我'和'你'、'我们'和'您们的'以及话语所涉及的所谓第三人称。"物主"为传统的称谓，过于狭隘，因为，该形容词性的形式在占有关系之外还表达其他关系，例如 odium tuum 不仅仅表示'你的仇恨'，而且也表示'针对你的仇恨'。"（布鲁格曼/德尔布吕克，

1911:302及以下诸页)

人们不要过于看重分类问题,仅仅在我所强调的定义中就包含或隐藏着逻辑学家无法回避的重大的模糊性。现代语言历史学家深知上述两类词汇之间的密切关联,而仅凭所述的定义对这一现象没有给出解释,甚至适得其反。某些词汇具备所谓"蕴含着代替某些概念"的功能,另一些则具备人称代词的特殊功能。所有这些词汇的词干都同源,并且在语言历史上多次发生功能彼此转换。这是怎么发生的呢?简而言之,布鲁格曼两个定义中的第一个定义没有根据,无论直接代替还是间接代替,指示代词原本以及就其主要功能而言都不是概念符号,相反,是名副其实的"指示词",而这一点根本不同于真正的概念符号,即"称谓词"。人称代词也是指示词,因此也体现出两种类型的词干同根同源的关联性。指示因素必须上升为类型概念的特征,这样,语法术语就会避免许多分类的偏差,指示词的整个自然体系就会得以彰显。

3.3.7 指示的必要性

将布鲁格曼关于指示词的专著与布鲁格曼和德尔布吕克的合著相比较,人们无法理解为什么指示性元素随处可见且被普遍认可,但却未能如我们所愿被坚决地视为整个类型的特征。古典语法学家创立了传统术语的基础,引人思考。人们也许会发现有趣的现象,即我们的批评实际上涉及语法与逻辑相互融合的某种痕迹,那正是施坦塔尔及其19世纪的同仁们所猛烈攻击的。逻辑学家的职业本能是从词语中发现概念符号,别无他求，如果发现某个词类全都不是直接的概念符号，不是称谓词，那么，他会从中抽出某种元素，并以某种方式将这类词与称谓词列为同类。这时，这类词在他看来本身不再是真正的称谓词，而可能是称谓词的代替词，即代词。从概念上讲，古典语法是逻辑学的一部分，可以（形象地）说，在古典语法的思想中蕴含着代词这个上位概念的萌芽。

必须承认，这其中蕴含着真理的巨大内核，不可小觑。应该承认逻辑学家涉足语言理论有时很蹩脚，但我仍然坚持认为，逻辑学在语言学领域所发动的神庙清洗运动，其结局不禁让人产生改写著名的拉丁语谚语的念头："逻辑乃驱动"（logicam expellas furca）……将逻辑知识错误地运用于语言这一人类思维先天和自然的机制，从而导致离题，因此，重要的是对这样的离题从逻辑上彻底澄清，消除其危害。这样，我们就对主体间交往中指示符号的适用性进行了纯粹"逻辑的"阐述。某些偏激的语言清道夫应该看到，实际上即使在他们自己的人工语言里指示符号也是不可或缺的。

相比较粗暴的神庙清洗分子对施坦塔尔思想的认识，"代词"的问题更为复杂，更耐人寻味，更具有启发性。因为，有文献为证，最初那些伟大的希腊语法学家们对指示与称谓之间的符号学区别有无比清醒的认识。根据施坦塔尔的考证，[①]斯多葛派和阿波罗尼奥斯对称谓词与指示词进行了中肯的区分。阿波罗尼奥斯与斯多葛派的本体论形式不同，但是，问题的关键理所当然不在于其中所蕴含的整个形而上学，关键是认识

---

① 参看施坦塔尔《逻辑学观照下的古希腊罗马语言学史》（1891：313 和 316）。

到，只有称谓词才能如此这般地说明对象存在的特征，只有它们才能从"质的规定性"方面将对象视为一种不同于其他的存在。相反，根据阿波罗尼奥斯的观点，代词只满足于指示它的对象。

"它们的本质是……对当前对象的指示，或者通过'回指'（ἀναφορά）实施对不在场的、但却已知的东西的回指。通过对'真实的感知'（τὰ ὑπὸ ὄψιν ὄντα）的'指示'（δεῖξις）而产生一个'初步认识'（πρώτη γνῶσις），通过'回指'（ἀναφορά）而产生一个'进一步的认识'（δευτέρα γνῶσις）。其中，人称代词和其余成分被等同视之，'第一人称和第二人称代词都是指示词（δεικτικαί）'，而第三人称代词则有时既指示又回指，有时只用于回指。"（施坦塔尔 1891：316）

如上所述，这只是事实的一个方面，而逻辑学从中会得出什么样的必然结论，我们又从中得出什么样的结论，尚未论及。希腊先哲们没有认识到问题相互之间的历史联系，没有像布鲁格曼和德尔布吕克那样，指出所有印度日耳曼语的指示代词可能都曾经是"指示小品词"。"小品词"这个称谓很是不屑，意为话语中高贵的、支柱性的成分被系统地处理完毕之后的残羹剩饭。这一称谓已不大适合当今的术语体系。然而，这些小品词过去确实存在，也曾经完成过自己的使命，而且人称代词是它们后来才拥有的功能。我断言，这种没有消失的最古老的功能应该被升格为类型特征。

如此升格在逻辑上无懈可击，完全可行，而且只能在一种双场理论之下进行。指示词不需要语言的象征场便能够全面而准确满足自己的功能，但是，它们在具体情况下需要指示场和来自于指示场的限定，或者依赖于韦格纳和布鲁格曼所谓特定言语场景的直观因素。这一点，称谓词的情形完全不同。它们在某种语用（或如人们以前所说：省略的）指示场中仍然可以实现自己的意义，但这并非必然。相反，在 S → P 之类的陈述句中，语言描述的实现在很大程度上独立于具体场景的辅助性因素。对于这一典型情形，希腊语法学家十分清楚。这里的问题不仅很有意义，而且必然针对每一个词类：它们在句子中有何功用，它们在句子中的功能是什么？对于"小品词"而言，回答十分困难，甚至无法回答。但指示词的回答大部分（但不是全部）是：我们代替名词。实际上，在语言历史进程中，原始印度日耳曼语的小品词越来越趋向于这种功能，而且分工越来越细。但是，根据语言历史考证，小品词在某种程度上曾经很难适应和融入其所代替的称谓词的格系统。

关于小品词融入称谓词格系统的程度，应该在适当的句法结构中予以阐述，这也是两千年以来的惯例。只不过，这样的句法理论不再能够满足布鲁格曼和德尔布吕克等人的语义阐释。他们认为小品词"代替某些概念"。我们自己将在本书最后章节专门讨论句子结构中的回指问题，我认为那是对指示词适当的句法分析。

此前，问题的要害是对指示词进行正确的符号学界定。理论学家要认识到每一个词类的特殊性，如同指示词那样，承认每一个词类在语言历史进程中被赋予新的功能，并且与其他词类组合配对,果真如此,那的确值得关注,但是,不能因此而对它们功能中从未消失的本质元素视而不见。通常的方法致使概念重叠,问题百出。如果套用常规将那个词类洗礼授名为"代词",那么,那些未受洗礼以及不可洗礼的"小品词"定会起而反之,因为根据语言历史考证它们也是词类大家庭中的一员。同样起而反之的还会有连词,它们也不是代词。二者都会言辞凿凿,而且儒雅至极:"指示的确必要,但代词纯属多余"(demonstrare necesse est, stare pro nominibus non est necesse)。

3.4 虚拟指示和指示词的回指用法

3.4.1 指示的第二种和第三种方式

人们用"这个"和"那个"(或者"这里"和"那里"等等)回指话语中已经处理过的内容,而用 dèr(derjenige)[①]和其他指示词指称后文将要处理的内容。自古以来,这被称之为"回指"。要对它们进行全面评估,必须谨记挖掘这些词的指示元素,尤其是其中那些与特殊的语法功能相互交织的成分。因此,不仅狭义上的关系代词,而且还有印度日耳曼语的连词,都蕴含着指示的元素,另外,所指示的对象不在感知范围之内,而是要在全部话语中去寻找和发现。我提请注意德语的 da,它在单独或与其他小品词组合的情况下具备多种功能,在

---

① 德语 dèr(derjenige)为指示代词,可以引导关系从句,例如 derjenige, der gestern hier angekommen ist(昨天到达这里的那位)。——译者

感知场中为一个方位指示词，在 darum=deshalb（所以）和（时间的或回指的）danach（之后）的结构中变为回指，还可以独立出现在论证句列中充当连词（表"因为"），且保持其中的回指元素（后指 zurückgreifen 或前指 vorgreifen）。

因此，我认为一开始就要关注回指概念，才不致将历史上相互联系的东西拆散，才能实事求是地从整体上把握指示问题。原因很简单，指示还具备建构话语的功能，而印度日耳曼语实现该指示大多数使用与视觉指示等同的词语手段，远的不说，至少对事实进行简单描写的情形是如此（如我们所言）：或者是空间秩序和其中的方位，或者是话语流的秩序和其中的方位，或者话语的构成部分，指示基本上都借助于同一个指示词系统。

从心理学上看，指示词的每一种回指都有一个前提，即发送者和接收者对话语序列的整体把握，可以反向和正向回指其中的部分，① 因此，发送者和接收者必须对该整体有一个现场

---

① 从心理学上看，"正向前指"完全可以理解，因为我们已经知道将要填补的内容在规则上或多或少是一个"有空位的"句子模式，预备性地存在于我们的思维之中，而前指就发生在该模式之中。布鲁格曼称前指是"预先性"使用指示词，区别于反向回指。"预先性"这个新术语不够精确，我们可以使用"后指"和"前指"（或回望和前望），否则就需要从希腊语借用一个新词，大概就是 Kathaphora。与我们一样，希腊语学者也说"上文"和"下文"（ἄνω 和 κάτω），涉及不同的篇章角色。我们这里预先记下这样的起源，以便对后指（Anaphora）和前指（Kataphora）进行准确的理论阐述。在布鲁格曼时代，人们遗忘了对前指和后指真正特性的认识，现在需要重新拾起。——至于从视觉文本所获得的语言图像及称谓是否必然也可以转化为听觉表现形式，是一个次要问题，但也是一个问题。如果针对过去的为"以上"，则针对将来的应是"以下"，除非，古希腊将当前视为一个低点，以此为出发点，则两个方向都为"以上"，这样，Anaphora 这个词就适用于感性图像中的两种情形。问题是，地球上的民族观察过去和未来的目光究竟是怎样的？

的把握，能够在其中游移，类似于目光针对某一在场对象的游移。这一切对心理学家毫不奇怪，因为他知道，这样的游移不仅涉及话语序列，而且其他有形听觉序列也要求并允许这样的游移、复指和预构。每一曲音乐的生成和接受所提出的要求不尽相同，但却近似。在直接记忆范围内，或者更准确地说，针对直接记忆的内容，也会发生此类众所熟悉的运作，这足以说明回指的心理学基础。对此，我们无需赘述。

为了便于解释，人们可以将语言回指与认真而整体性地听取一段音乐或观察一个较大的视觉对象进行比较。敏锐的分析家已经发现这样比较有不妥之处。事实上，其间的确存在一些值得注意的区别。首先，无论图画还是乐曲，不可与回指的指示词相类比，二者都不拥有仅仅或主要用于引导目光的特殊符号。我们承认这一点，并且预告将在本书结尾部分给予满意的解答。那里，这一简单的认识会成为我们理解语言结构最奇特属性的钥匙。现在，只要该比较无甚大碍，足以让我们断言：语言描述在某种程度上使用独特的手段来实施和控制前指和后指，而非语言则无此手段来完成类似的过程。至于通过有形手段实现回指的复杂性如何，那是特定语言的特性。前指和后指因心理需求而发，但绝不会听命于整齐划一的命令。有充分理由说明，面对复杂的语言信息，接收者并非毫无自由地被捆绑在回指词汇的"襻带"之上，那样不仅不可行，而且纯属多余，事实上，只要大致可行就足够了。以上是对前指和后指的心理学基础的初步讨论，不过，关于回指还有许多问题没有论及。

为了研究所谓直接记忆的能力，心理学家会研究非直接记忆，即间接记忆方面类似的能力，也就是已经成形的回忆和建设性的构想。他期待在那里也会遇到指示词，而且数量巨大。他会如愿以偿。还有，布鲁格曼的注释告诉我们，植根于语言表达的戏剧性元素也会在那里得以兑现，且表现得特别纯正，在科学上易于理解。这是指示的第三种形式，我们称之为虚拟指示。① 所以，回指和虚拟指示与视觉指示不同。

有必要对第一种和第三种形式进行心理学对比分析，以突显回指的特殊性。我们将会看到，在关键问题上回指与另外两种指示形式不同，而且，在指示场之外应该还存在另外一个场，即语言的象征场，那也是一种句法，否则令人费解。人们也可以这样说，回指的功能在很大程度上正是将指示与真正的描述联系在一起。因此，应该在语言象征场之后再对回指进行系统性的阐述，具体安排在第五章。那里将会说明，回指就是将话语未来的上下文变为指示场，那是一种非常奇特、对语言描述而言十分典型的现象。因此，语言的两个场：(实在的)指示场和象征场，通过第三个场(可以这么说)，即语境指示场而相互结合。我认为，逻辑上不应该将这第三个场视为一个新场，它是指示场的亚类，因为，新而独特的只是它赖以产生的反身性，即未来的话语以前指或者后指的形式回指自身，另外，无论哪种指示场(某些特殊的反身词语除外)使用的指示词都是同样的。

---

① 我最先想到"既往指示"（anamnestisches Zeigen）这个术语，但与之相比，现在这个术语较少误解，因为，anamnestisch 根本上也是"回指"，而虚拟指示的能产性不在于既往，而是还具备纯粹重构以外的功能。

3.4.2 视觉指示和虚拟指示心理学

为了从心理学方面充分回答虚拟指示的问题,有必要扩大视野。如果一个人向另一个人指示什么,那么,引导者与被引导者双方必须拥有充分一致的参照系,即在指示对象所处的秩序之中的定向。简单地讲,就是城市的导游和博物馆的讲解员,那里是他们指示和定位的参照。那么,被引导者就是听者吗?可以证明,在语言指示的情况下,尤其是在第二种和第三种情况下,他在指示所发生的秩序中也必然以一定的积极行为和一定的定向度参与其中。如果对象就存在于共同感知场之中,只需通过"这里"和"那里",以及"我"和"你"之类的词语就可以指称眼睛和耳朵所能触及的外在对象,那么,对于交际双方在该场中共同定向的问题其实无需深入细致的分析,因为以我们正常的理解力完全能够充分把握给定的条件,能够理解接收者是怎样以及为什么能够找到发送者所指的对象。对他们可供支配的自然(前语言的)辅助性手段,我们已经进行了力所能及的说明和分析,这里无需再做补充。

如果讲述者要将听者引入一个不在场的记忆世界,甚或引入一个建设性构想的世界,而且使用同样的指示词,来让听者通过视觉和听觉(当然还有触觉、嗅觉和味觉)感知场中的存在,这时,情形立即大变,感知不再依赖于外在的眼睛、耳朵等,而是使用日常语言中以及心理学常说的"内在的"或"精神的"眼睛和耳朵。这时的情形一定不同,因为,那些对于视觉指示不可或缺的前语言辅助性指示手段在虚拟指示中消失了。在虚拟场景中,被引导者不能用眼睛追踪说者伸开的手臂和食指来发现"那里"某个特定的东西,他不能利用声音响度的空间来源质量来确定说者说出"这里"时所处的位置,同样,在书面语言里,他也不能听到不在场的说者说出"我"时的声音特征。然而,即使针对生动形象的叙述中不在场的物体和不在场的叙述者而言,这些及其他指示词同样也是以各种各样的形式出现。我们打开任意一本旅游指南或小说,在第一页就能大致确定所言的对象。不过,要达到科学的理解,还必须进行更为深入细致的心理学思考。

心理学的核心问题是,这样的虚拟引导和被引导何以成为可能。如科学中通行的那样,研究者要获得遥远的目标,本质上首先要彻底回归到他主观所非常熟悉的东西,即回归到对在场对象的指示。这里,他必须对情况重新审视,才能开展进一步的研究。此前,我们简单地将一个共同的感知场作为一种秩序,其中囊括了一切:指示对象、指示信号的发送者和接收者,交往双方在其中和谐理性地展开行为。该行为并非心理学门外汉所想的那样和谐默契、天衣无缝。不过,关于事实对于认识论终极问题的挑战性,我们这里不做深究,仅满足于对感知场中会话双方 A 和 B 的定向问题进行简单的描写。

这样做十分必要,因为事实证明,定向问题在整体上也会渗透进入到"幻想空间",进入纯粹幻想的某个世界以及记忆世界的某个角落,并被接受。有人对虚拟指示的可能性感到惊讶,但其前提基本上是错误的。在虚拟指示中,视觉指示赖以发生的自然辅助性指示手段并非完全缺位,相反,舞台上的演员能够将不在场转化为在场,并向剧场的观众将台上的现象阐释为对不在场的模仿,同样,在形象的虚拟叙述中,说者和听者也有这样的能力和手段。①"形象的"语言完全适用于这样的虚拟表演,这样被使用的语言就是形象的,只不过无需在方方面面都如演员那样,而是还有第二种可能性,即高雅的叙事文学。对此我们"点到为止"(Quod erit demonstrandum)。

3.4.3 主观定位及其构成

处于清醒状态并且"自在"的人在其特定的感知场景中获得定位,这首先意味着,他的所有感官数据都被纳入一种秩序,一个坐标系,其原点(坐标基点)就是指示词"这里"、"现在"和"我"的所指。在我们将要描述的秩序中,这三个词必须共同确定于一点。人们清醒地进行这样的定位,对于这一事实,体验哲学多有论述,纵观之下,才能从科学成果的宝藏中为缜密的语言理论汲取必要的信息。其中没有多少书本教条知识,每一个受过现象学训练的人都能够以从容不迫的科学态度从日常现象中获得粗浅的认识,例如,他可以清楚地区分清醒的自在与我们熟知的梦游,以及其他形式的神迷状态(极度兴奋),对此,这里无需赘述。

其中只有一种情况我们需要附带论及,因为它可能具有方法论的启发意义,那就是病人和伤者的自在意识遭遇障碍的情况。假如一位医生在病床前调查病人是否神志清醒,那么,他只需要一定程度的自然技巧或这方面的实践经验,就可以提出常见的测试问题。无论人们具体怎样安排,大致都会明白是否可以与被试进行言语交往,更进一步还可以明白,病人是否可

---

① 相关论证可参看拙著《表达理论——从历史揭示系统性》中针对戏剧的观察,特别是44及以下诸页。

以运用前语言指示和语言指示,以我们惯常的方式招呼对方并做出反应。这时,人们会发现,面对我们指向的或者人为设计的感官数据,被试是否会像神智正常的人那样,将之置于"这里""我"和"现在"的系统之中。从被试的语言或其他反应,一定能够判断出他是否将身边的白色理解为病床和病房的墙壁,是否感觉自己处于整个房间的某个特定位置,一定会弄明白他是否以"现在"为基点来有序整理最近的过去和未来,一定会弄明白他是否不只会说出"我",而且还会思考"我",将自己记忆数据中的哪些及多少内容有序地与当前的"我"相联系。还有一点:在这种情况下人们也可以根据场景而降低测试的要求。人们已经用纯粹行为主义的测试手段,测出婴儿和动物在感知场景中是否具备与其发育阶段相吻合的定位水平。当然,婴儿和动物也能够完成符合其发育水平和行为系统实际的自我定位。

3.4.4 空间定位与指示性言说

现在,我们详细讨论一下清醒的人在这样一种整体定位中的空间因素。我们是"视觉动物",也就是说,视觉空间虽然不是全部,但却在我们明眼人的空间定位中处于突出位置。根据布鲁格曼的研究,我们知道言语交往的指示过程也是如此。那么,心理学家是怎样描写(体验中的)视角空间的?老一代视角空间现象学家,如黑林、希勒布兰德(Franz Hillebrand)、黑尔姆霍尔茨(Hermann Ludwig Ferdinand von Helmholtz)、波尔顿(Benjamin Bourdon)、维塔塞克(Stephan Witasek)等,只揭示了科学分析的出发点和操作方向。假设,无论我们周围的物体还是我们自身（整个身体、头和眼睛），一切都是静止的，而且，观察最先不是用两只眼睛，而是用一只眼睛，这时，人们不是去"看"，而只是接受特定视域中进入视线的空间数据。在老一代学者看来，这是开展研究唯一实事求是的出发点。两只眼睛和一切形式的运动只是后来才逐步附带性地作为空间观察的复杂化条件被引入。现在，我们感谢那些前辈，知道这样的出发点并无不妥。

但是，我们同样也清楚地知道，从方法上讲，分析毫无疑问也可以从另一端开始，甚至，为了检验和完善既得成果必须如此。因此我们假设，某君逍遥自在地漫步街头，例如在一个陌生城市从火车站走向街道的拐角和闹市。此君的行为举止很有启发性，他下面提供给我们的数据可作为我们"空间定位"一章的分析参数。我们的这位游客要返回原处，或者他忘记了去火车站的方向，需要认真想一想，或者他能够十分准确地说明去火车站的方向和距离。准确记录且认真分析之下，二者都具有科学意义。如果定位清楚，他就会成功到达目的地，其情形让我们想起关于草原向导的报告，或者从其他定位能力高强的生命那里观察到的情形，后者给人的印象更为深刻，理论意义也许更为明显。马匹能找到返回的路，还有鸟儿、蚂蚁、蜜蜂和马蜂。

我在这里罗列各种各样的高手，目的是提醒语言理论学家要认真了解情况，然而，面对整个动物世界和人类千姿百态的空间定位能力，不要纠缠于生理细节而迷失方向。因为，生命体都具备一种记录机制，提供某种定位表来指导自己的行为实践，无论怎样，那始终都是一个核心的因素，发挥着作用。我们通过简单的观察发现，每一种生命体的运动都有自己的方式和自己的行为系统，都在其行为中根据特定的对象，根据对于动物或人类生死攸关的方位数据或空间方向，程度不同地获得基本正确的定位。

人也是如此定位的生命之一。当他开口说出指示性表达，例如"火车站肯定在那儿！"，会同时临时性地摆出一个路标的姿势。在定位中获得其场值，这样的词汇在词典里远不止单词"那儿"。他使用"前面"和"后面"、"右边"和"左边"、"上面"和"下面"等词语，则涉及一个新的事实，即在其视觉定位的关系之中他感知到自己的身体，并将之指示性地投入其中。他的（有意识、体验性的）身体触觉图像（Körpertastbild）与视觉空间处于关系之中。对于动物或人而言，空间定位永远都不仅仅是孤立的面部感知器官的事情，否则，许多我们熟悉的事实都无从解释。我们知道，人通过面部感官、触觉和听觉所获得的数据一起被上述记录机制整合接收和处理，再从我们头部和身体的特定动作中获得新的意涵，即所谓的动觉意涵，一并被记录。不要忘记还有那些半规管的所谓"静态"机制也发挥着重要的调节功能。我们这里遇到了视觉方向与身体触觉图像的特殊关系，对此，可以考察那些非常熟悉且对于语言指示的分析和理解具有重要意义的现象。对此，我将在下节简要说明。

3.4.5 身体定位坐标的可变性

众所周知，视觉方向的坐标原点在身体触觉图像中变动不居。简单地说，直观的"这里"即使主要用于视觉方面，也不是永远停留在身体触觉图像的同一位置，仅仅从单眼视域向双眼的整体视域的过渡，就会发生根本性的迁移，这是一个早已为老一代现象学家所熟知的事实。黑林提出将一只巨眼安装在鼻子根部的设计构想，来观察迁移的情况。实际上，我们"以那儿为出发点"用双眼观察整体的方向，似乎每一个人都是只长着一只巨眼的波吕斐摩斯。无论对希腊众神的崇拜传达什么样的教义，无论怎样人性化地幻想塑造他们的形象，一位现代医学专家会以不同的视角进行同样重要的思考。这一事实的意义远远超出了人们起初的印象。①

简而言之，这第一步已经使得布鲁格曼所谓的"直观影像"或"感知影像"，即语言理论所谓的最终秩序，与身体器官的紧密关系发生了动摇，而且这种疏离还会不断加剧，人们可以追踪观察。学者们研究那些陌生的语言，从那些研究报告看，指示词和指示过程似乎表现得非常任意和复杂多样。现在，我们认真思考上述疏离现象，自然也就理解了那样的表现。其实，事实并非表象所示，那些语言的操用者与我们并无太大差异。据我文献考证，少数现象，例如许多印第安语言奇特的指示形式，在心理学上与我们时常在自己身上所观察和跟踪的情形完全吻合，更为重要的是，这样的契合具有系统性。心理学家发现和描写了这些现象，但他们并不知道不同语言的

---

① 正如黑林等人实验证明的那样，这一事实并非如前人所料完全属实，因为，新近证据说明许多人习惯性地倾向于某一只眼睛的视觉方向，与用手相似，用眼也有"右撇子"和"左撇子"，"右撇子"习惯于从其右眼开始观察双目视像。这多少冲淡了黑林思想的意义，但并不会彻底推翻之。关于用眼"右撇子"和"左撇子"的问题，米尔斯（Walter Richard Miles，1930）的论述特别值得称道，其结论适用于更广泛的语境。

基本指示形式非常不同。在我的描写中，我将根据心理学家各种研究的发现和实验记录的可靠事实，集中讨论上述空间意识与身体器官之间由紧而松的疏离步骤，并图示之。

目前还只是从所谓纯粹感知中发现了一些现象，还不确定，有待于对视觉中的"这里"在身体触觉图像中发生迁移的情形进行深入的研究，以便促进理论的完善。有时候我们对"前"和"后"等现象的确定和"感知"根本就不是直接从眼睛出发，而是参照与头部的关系。在我们自己的身体触觉图像中，头部也有其前和后、左和右，这已基本成为视觉判断的系统，G. E. 米勒（Georg Elias Müller）干脆称之为头部坐标系统。身体触觉图像还有其他不同的情形。如果头部也被弃用，胸部坐标就会变得很重要，而如果头部和上身最后都被弃用，则腿部和盆骨部位就承担坐标载体的角色，这时，盆骨、膝盖和脚步"感知"到的就是"前部"，而眼睛、头部和上身的姿势朝向则无关紧要。这是"位置坐标"最为重要的系统。

对于相关心理学观察的细节，我们不必深究。显而易见，根据具体情况，不同部位在身体触觉图像中各领风骚，视觉数据也相应适从，这些完全可以满足我们。这里，还应该补充直观空间定位的另一种更为深刻的变化，即从自我中心定位到人们所说的拓扑定位的变化。下面的重要现象就属于此：人们以某种交通工具（汽车、轮船、火车、轿车等）为基点，直观地根据交通工具通常的行驶方向完成定位，而且别无选择，不假思索。动物和其他人的定位也是如此。体操教练站在体操队员队伍的前面，迎面向队员发出口令，这时，根据规约，口令"向左"和"向右"的发出和理解所参照的是体操队员的定位系。这是一个典型的案例,可以解释空间定位系统和语言指示系统的场值之间非常简单的互译性。

而这种简单的互译性则蕴含着向拓扑空间定位过渡的先决条件。所谓"拓扑"空间定位普遍存在于常规性天体方位(南-北,东-西等)。根据我们目前的认识水平,以自我中心为出发点的情况极易理解,除此之外,对拓扑定位进行精准观察似乎只能依赖推测了,但那是我们所要避免的。以上就是我们对特定感知场景中神志清醒的人进行正常的空间定位的心理学分析。

3.4.6 时间定位

上述内容也包含时间因素,并通过直观的"现在"体现出来,其细节还没有多少观察发现。语言学家对他们所熟悉的材料进行心理学分析,会获得比心理学家迄今的成果更为丰富的发现。例如,从印度日耳曼语的动词变位就可以轻而易举地获知,直观的"现在"一般是语言中确定时间的出发点。与"这里"相同,只要被说出来,"现在"即可独立实现自己的价值。与"这里"一样,"现在"很少是一个非延续性的(数学的)点,即缺乏严格意义上的界限,相反,根据其中蕴含的"此刻不再"而包含一个较小的或无限大的延伸,例如,一位基督徒说"这里"即可包含整个此世今生(地球甚或更广),如果用地质时间思考问题,那么,"现在"则涵盖自上个冰河纪之后的整个时期。如同"这里"一样,"现在"也可以用于虚拟世界的任何位置。但这不是这里的议题,留待下一节再论。印度日耳曼语有过去完成时和将来完成时,向我们展示了不同时间的一种可能,类似情形我们将在空间领域说明(详见下文第三种形式)。通过"现在"所体现的时间划分在其他陌生语言中是否完全不同,我不得而知。心理学家可以请教专家,是否存在可与拓扑空间定位相类比的情况,这很有建设性。如果那样,便以一年(例如二至点)或一天(例如日出和日落)中的一个或几个客观固定点为零点,来确定此前和此后的时间,这应该是时间定位的一种方式。我大概知道纪年中有类似情形,如罗马日历。但问题是,在日历出现之前,语言的指示形式和指示词中是否已经存在更为原始的、类似的东西。

顾名思义,"世界观"的自然坐标原点为"我"。关于其语言形式的形成已经有所论述,还需要更为深入和广泛的阐述。

3.4.7 虚拟指示的三种主要形式

前面,我们进行了必要的铺垫,现在,重新提出关于虚拟指示的心理学基础的问题。

记忆想象和幻想想象能够支持、伴随和部分满足我们的自言自说和语言理解,但我们首先要说明,那样的想象严格来讲并非都属于我们的议题。我们要区分"影像"或"小影像"(权且如此称谓)与完整的场景想象(即上述第二类想象),二者性质不同。在后者,记忆想象和幻想想象具备与感知类似的属性,并代替原始的感知场景。另一些,即影像和小影像,则分散渗透在思维过程之中,时隐时现,犹如对某个词语或思绪的瞬间注释,不具备辅助指示的功能。从语言方面看,影像和小影像属于对所指对象的直观确定,其表现形式和功能只能在语言象征场理论的框架下运用心理学视角来把握和理解。另外,语言隐喻和比喻也不是这里的话题，都另当别论。

这里，我们研究的是发生指示的虚拟场景。简便起见，我只回答一个问题：如果一个神志清醒（不在梦幻之中）的人自言自语，或作为听者（或读者）"沉浸"在记忆之中，或者处于奇幻旅行和奇幻构思之中，那会是怎样的情形呢？① 他在虚拟世界所实施或所顺从的语言指示又是怎样的呢？此刻，根据我们的约定，他应该不是真正出神游走于他当前的感知场景之中，而且一个正常人一般也根本不会那样。例如，在白日里刚听完一段生动的游记故事或小说片段，此刻，人们重新回到日常生活中来，面对当下，仍会有一种如梦的感觉。诸如此类的标准能够使我们将真正的出神与清醒状态下非常鲜活的"穿越"（Versetzung）严格区分开来。

我用"穿越"这个词已经触及到可能出现的第二种主要情况。打个比方，要么穆罕默德去往山里，要么山向穆罕默德而来。顺便说明一下，在生活的许多方面，山比寓言更有人情味。经常，被想象的对象，尤其是活动之物，如人，虽然未"被看见"，却来到我们面前，也就是说，进入特定的感知秩序之中，并在那里获得定位。迄今的遗觉研究表明，一般情况下，在肉眼感知和所谓精神之眼对所想象对象的感知之间存在着千变万化的差异，不过，这些差异对我们的纲领性意义不大，更重要的是，即使是一般（非遗觉的）形式中精神想象

---

① 这个问题的提出和回答可参看由我修订的埃宾豪斯《心理学概论》1919年第4版第1卷585及以下诸页，那里也引用了本研究所依据的原始资料。诚如所言，一切都还只是描述，尚未应用于语言指示现象，因此，还缺乏对回指问题的展望。

的事物也有其位置，位于我之前、之侧或之后，位于我所处房间的物品之中，它们是我所感知、想象或得到的东西。你可以试着将一件熟悉的家具想象到一间全新的空屋子里的某个位置，目测它所占据空间的高度和宽度，以及在整个环境中的效果。

马丁（L. Martin）的研究结果表明许多人都能够这样。在实验中，人们也许不能将一个想象的花盆形象地置于自己感知中的一张桌子上，但是，绝大多数人却能够描述其他情景中十分清楚的物体定位，例如山体以某种可能的形式向他们而来。在类似的情景中根本没有什么东西可供视觉感知，我们却能够在内心听到记忆中朋友的声音，并知道他此刻正从右侧或左侧走来。人们想象到一个活生生的会话词语，在内心听到一个熟人独特的声音，突然感觉到声音响起，似乎说话的人正站在我们面前的桌子一旁，看着我们。这第一种主要情况还有许多变体，但可以被视为一种典型。

穆罕默德向山走去属于第二种主要情况，情形正好相反。根据典型的先期体验，或者毫无准备地突然被置于想象中对象所处的地理位置，从自己在想象中所处位置的某个明确的视角，用精神之眼观察想象中的对象。人们在想象中转过身去就可以看到之前位于身后的东西，在想象中移动脚步就能看到那些此前真实漫步中见过的东西，只不过更为赏心悦目，运动更为迅速，就像在童话里随着思想的跳跃而被置于新的位置。这是一种适合于儿童能力的叙事技巧，现代电影有时也用来支持诸如此类的想象。在《一千零一夜》里，人乘着神鸟飞向天空，镜头就是通过一些叠加的画面迅速地从一个地方转到另一个地方。我这里也引证了泽加尔（J. Segal）细腻的分析，他发现那些受过培训的成年被试都有类似的经验。

还有一点，乍听起来十分奇特，但确证无疑，且不无理论意义。在逗留此地与前往彼地之间发生了一个事件，山与穆罕默德都各自留在原地，但是，穆罕默德从自己的感知位置看到了山。这就是第三种主要情况。那经常是一种不稳定、不持久的初始体验，其特点是，体验者能够用手指出精神之眼观察到的不在场对象的方向，与我们在城中漫步时说明火车站方向的情形大致相同。例如，我曾在课堂上向 500 位听众提问"史蒂芬大教堂在哪儿？"，教室里大概有 300 人举起食指指示方向（很有趣的是方向多有偏差）。如上所述，这第三种主要情况经常不出现于复杂而完整的幻想叙述。从心理学的角度看，童话世界无处不在，但却不宜用"这里"来说明。可能还存在其他情况，但并不影响这第三种主要情况的存在。

总之，泽加尔详细描写了想象中漫步的情景，非常容易理解。如上所述，对于童话的叙事技巧和简单的想象情景中的许多东西还需要认真研究才能理解，这里仅仅有所提及。《格林童话》的叙事技巧十分简单，没有多少心理学奥秘，但是，其中必然蕴含着通向丰富巧妙的叙事技巧的可能，其具体细节还不为我们心理学家所认识。然而，无论这些巧妙的叙事多么不同，我敢断言，上述三种主要情况涵盖了想象机制和虚拟指示的一切基本内涵，除非有人提出反证。

3.4.8 心理叠加

现在应该思考的问题是，在科学论述中有些图像非常贴切，十分必要，意义重大，但只具有临时意义，最终都必须被替换为概念。例如，关于穆罕默德和山的寓言为描写提供了一幅便利的图景，还有想象中的"穿越"也很形象。这些图像可以被替换为概念吗？我认为可以。我们再看视觉方向的坐标原点，直观的"这里"随着身体触觉图像而"游移"，路人、骑士或司机在旷野中的定位习惯于以所体验的运动方向为坐标，来确定自己的"前方"。仔细观察，这种定位就已经包含了问题的要害，即对当前身体位置的超越，有时要求穿越转入一种虚拟姿态，这样，运动着的人以其运动方向为基点将旷野切分为"右侧和左侧"，并予以说明，例如讲述莱茵河或塞纳河的右岸和左岸，就会清楚地意识到类似的姿态。众所周知，叙述者这样的说明有时会给读者带来困难，需要读者认真思考，并在自己内心调整或者转换姿态，才能达到理解。达到这样的目标有多种技巧，但是无论如何，穿越的成功意味着主体最终获得当前身体触觉图像的参与感。科隆－道依茨＝莱茵河左岸－莱茵河右岸——冷静思考之下，我对这一情景有了清醒的意识，感觉到我此时此刻随时准备举起手臂指示方向。如果我没有搞错的话，想象中的穿越这一现象可以在这一观察的基础上得到科学的解释。当穆罕默德"穿越"进山，他会将自己当前的身体触觉图像与一个想象中的视觉场景相联系，所以，作为说者，他完全能够像在原始的感知场景中那样，在虚拟场景中使用方位指示词"这里""此处""那里"以及方向词"前""后""右""左"等。而且，对于听者而言，情形也是如此。

听者自己也以相似的方式进行"穿越"，也就是说，他将自己当前的身体触觉图像与想象中的一个相应的视觉场景相联系，达成理解。用话语可以表述为："在维也纳，你越过鼠疫灾难纪念碑旁的水渠，走到铁钉柱广场，抬头左前方就是史蒂芬大教堂。"到过那儿的人会随着记忆同行前往，并看见那些东西。如果没有到过那儿，就会以一个自己熟悉的城市取而代之，漫步其中，比如斯特拉斯堡或布莱斯高的弗赖堡。引导者与被引导者之间起码的默契会因指示的细节而有所不同。从一条简单胡同的拐角处放眼观察，整个指示场中的坐标点恒定不变，因为它们构成每一个神志清醒的人在当前感知场景中进行定位的基础，体现出指示词的基本含义。

我们指出，所谓虚拟指示中不存在自然的辅助性指示手段是一种误解，现在，这一观点的意涵得以凸显。它们是存在的，其根源就在于穿越的发生，形象地说，每一个"穿越者"都将当前的身体触觉图像"携带"入场。"携带入场"发生在第二种主要情况下（穿越），"穿越者"始终保持当前的身体触觉图像，并且连同第一种主要情况下的视觉感知定位一起，将虚拟对象纳入其中。第三种主要情况是一个相加而成的整体，或者说，是一个由两种定位组成的超级方位，在概念上，一个属于第一种，另一个则属于第二种主要情况。至于超级方位组合的程度和方式，对心理学还是一个未解之谜，我们期待语言专家和语言中枢障碍症专家给出答案。

3.4.9 穿越：戏剧与叙事

不言而喻，上述内容对于语言心理学而言意味着更高水平的问题。为了系统地考察上述心理学家的结论在言语思维中的体现，必须检验所有语言现象，看它们是否以及在多大程度上包含或预设了上述不在场描述的三种主要情况之一。最终，无论出现哪一种主要情况，总是将不在场的事物与交际伙伴在感知场景中进行有序言语交往的必然定位相联系，并纳入其中。这是一个非常机巧的、我们成年人习以为常的"穿越"游戏，无论我们何时通过语言进行虚拟指示。我们不妨考察一下布鲁格曼的方位词在一个适当语篇或一个形象叙述中的情形，就会理解那些习以为常的现象。假设，有位英雄被派往罗马，这时，作家面临选择，应该用"那里"还是"这里"进行叙述。"在那里，他在广场上来回蹒跚，度过惬意而漫长的一天，在那里……"，也可以用"这里"进行同样的叙述。这有什么区别呢？"这里"意味着穆罕默德朝向山的穿越，而"那里"则是第三种主要情况所虚拟的情景。

每一个读者是否都严格遵循语言的引导，这是另外一个问题。一个人读过或听过很多童话故事，在"那里"接受过训练，会轻而易举地应对任何一种情况，以当前的感知位置或者以想象中的位置为出发点，都可以轻松地举目远眺，例如，用印度日耳曼语的过去时和将来时进行指示，他可以选择以直观的"现在"为出发点，也可以选择以所想象的时间链条的另一个点为出发点。用过去完成时和将来完成时对事件过程进行确定，例如 necaverat（他杀死了他）或者 necaverit eum（他要杀死他）。说者和听者好像都能够以"现在"为出发点经过中间穿越而获得确定，至于此前或此后在语篇中所描述的穿越是发生在过去还是将来，对于想象力的要求没有丝毫区别。语言在多大程度上能满足这样组合和聚集起来的穿越所提出的要求，心理学目前还无法判断。①

不过，理论学家也许已经认识到这样或那样穿越及其技巧的核心意义。人之所以能够在虚拟状态下用语言手段向另一个人讲述不在场的事物，正是归因于穿越。如果一个叙述（我们所能想到的最简单的情况）重新唤醒当前的说者和当前的听者所共同经历过的一个记忆犹新的场景，此刻，无需多费词语，首先，说明物体和事件质的规定性的称谓词就可以省略，只需要安排一个基本场景，将当前的感知空间转换为舞台，以便说者用直观动作来指示在场的对象，在"那儿"，知情的听者会用精神之眼重见过去肉眼所看到的东西。

如果听者那时没有亲历，但此刻听到的是一种十分熟悉的行为类型，例如荷马式的打斗，这时，情形并无太大变化。"我在这儿——他在那儿——这儿是小溪"，叙述者这样开始他的故事，并伴随以指示性动作，如此，舞台得以搭建，当前的空间被转换为舞台。在这种情况下，我们文化人会拿起铅笔，几笔将场面勾勒出来。例如，我要将普鲁塔克（Plutarch）所描绘的恺撒（Cäsar）和庞培（Pompeius）之间决战的过程形象地复述出来，会借助辅助性指示手段画出一张情势草图："这儿是恺撒的战线——这是第十军团——这是骑兵——这是他自己；这是庞培的战线，等等。"这就是对基本的虚拟语言指示进行心理学研究的出发点。如果手头没有一块画板，生动的叙述者可

---

① 参看布拉泽（Blasé）《拉丁语过去完成时的历史》（1894）。今天，人们认为我们拉丁语举例中"时态等级"的形成是印度日耳曼语动词历史后期形成的一种现象，对此，波尔齐格（Porzig）《印度日耳曼语句法的任务》（1924：147）中有一些十分细致的观察。

以将自己的身体和伸开的双臂临时"变为"战线示意图。

不过，我必须就此中断论述，因为这里暂时还没有形成完整的、仔细观察的结论。我本人清楚地记得在旧金山的一个夜晚，一个中国大学生向导把我们领进一家中国剧院。舞台上所发生的事情，正是最朴素的虚拟指示的翻版。例如，两支军队（其中一支按照恶的原则为黑脸，另一支则遵循明亮为善的原则）表演一场战斗，舞台上相距不远摆着两张长桌，之间的间隔表示一条河流，上搭一块木板表示桥梁，一位不参与表演的剧务总管将木板移开，表示桥断了，一队演员手里拿着用马尾巴做的马鞭，表示骑马，马鞭被抛到地上，表示骑兵被撤下，等等。从心理学看，这无非是系统化的、由无数规约所承载的虚拟游戏。同样的游戏每一天都在全世界的幼儿园里上演，只不过没有规约，全凭随意熟练的发挥，但最终运用的手段却十分相似。儿童游戏和中国戏剧表演——也许是两个精心挑选的观察案例，一方面发展的结果存在天壤之别，但另一方面却又十分相似。戏剧中运用简单的辅助性手段，而叙述则不运用这些简单的辅助性手段，但无论如何，我们清楚地看到，二者都利用那些活动的、感性具体的物体来完成一个人给另一个人的虚拟指示，二者都利用了当前感知场景的定位场，都运用了史诗的穿越和戏剧的借场，将不在场引入当前空间。

想要对形象的叙事话语所假设的穿越进行整体上的确定和描写，就不能忘记"直接"和"间接"话语及其那些非常奇特的混搭现象，另外，还要关注那些"次要规则"，了解指示场以及与之相关的"戏剧"手法和"叙事"手法融入语言象征场领域的程度。对此，本节暂且不论，后文再议。

3.5 语言的自我中心指示和拓扑指示

3.5.1 指示场

我们先后阐述了印度日耳曼语语言比较和印度日耳曼语心理学家的观点，逐步说明了有声语言的指示形式和模态。这里是否只是描述了印度日耳曼语的情况，甚至在某些方面太过印度日耳曼语化，这是语言理论十分关切的问题，因为，我们要对单数的人类语言的结构获得重要的认识，揭示可能变体在不同语系的语言结构中明显不同的表现，而语言理论的目标，在我看来就是阐明这样的研究思想究竟是否可行。这一研究假设并非首先和直接针对语族问题，因为，同一基本结构可以是多语族的，也可以是单语族的。

在不同发展脉络上形成了相同结构的产品，对此，人们试图在人种学领域进行证明。如果认为这种尝试是失败的，可以请教比较动物学和比较植物学，如果在那里依然不能获得重大认识，那就只能自己动手，一方面一切人类语言的基本结构相同，另一方面相对于其相近动物而言人类的身体构造基本相同，可将这两个不争的事实进行类比。言语与人性是一个极具诱惑力的话题，对此，关于语言结构共性这一研究思想的命运将会十分关键。毕竟，无论是多种系发生还是单种系发生，人性的统一应该不难理解。如果人类发展是普遍的，区别的存在就只能引发一个问题：“人”这一页在动物历史上究竟是被多次翻开还是仅仅一次被翻开。为此，必须首先定义人性的内涵。

相比象征场而言，语言指示场的问题较为简单，而且，我认为语言理论对实证分析的指导意义在后者也比前者更为明显。不过，首要的任务是弄清楚，语言理论在哪里还存在可能性且目前尚未被挖掘，只有这样，才能针对特定的语言现象对心理学家在想象生活中所发现的两种指示形式展开讨论。

3.5.2　包含与不包含的"我们"

韦格纳和布鲁格曼是实事求是地研究语言指示信号的先驱，对具体言语场景中决定语音符号交往功能的各种因素进行了很好的总结，罗列出很长的清单，其中也包括交谈双方对对方所从事职业和事务的了解。看到这里，人们立即会想到，猎人有猎人的语言，大学生有大学生的语言，其词汇和语言习惯都很特殊。这些问题基本上不是这里的话题，但还是要用一个例子来说明，即使指示词也受到社会环境的影响。根据 W. 施密特（Wilhelm Schmidt）的研究，澳大利亚有一些部落严格保持异族通婚，女人只能从异族婚娶。在新的环境中，她们继续使用自己的语言，即使与说其他语言的男人们进行交谈也是如此。人们能够相互理解，但自己却不接受对方的语言。这时，发生了一种十分奇特的现象，男人们说出"我们"时发音不同，有时候包含所指的异族女人，有时候又不包含，"我们"有包含和不包含之分。我立即收录了施密特颇具启发性的分析。人们也可以抛开那种非常特殊的环境，来思考第一人称复数人称代词包含和不包含的现象，一般性地提出语言指示形式中社会秩序普遍影响的问题。

对这种现象的复杂性，语言理论不可能一览无遗，因此，既要寄希望于具体的研究,也要全面考察事实,在现有认识的基础上揭示更多的东西。我们需要认真思考"我们"包含和不包含的双重形式究竟蕴含着什么。从功能上讲,我们的言语中也区分不同情况的"我们",有时包含听者,有时不包含听者,甚或将听者归于另一个阵营,即"您们一派",只不过我们的语言对两种情况的区别不是音位学的。"我们的语言"就是德语,因为,一个说出"我们"的德国人的言语行为(la parole)经常能够成功地规避对包含和不包含的疑惑,如果不能通过语音达此目的,则体姿动作就会承担区别的功能,人们会用手做出某种指示动作来说明"我们"所涵盖的范围,或者标出"我们"一方与另一方之间的界线,再或者,万不得已之时还会明说:"'我们'就是我和你",或者"'我们'就是我和我家里的老婆"等,以避免可能的误解。

毫无疑问,这样区分的需求及其满足,是缜密的语言指示理论必须面对的问题之一,不过,如前所述,要穷尽类似的现象是不可能的。这里再附带补充一点关于"我们"的一般性思考。和"我"一样,"我们"也必须借助辅助性指示手段才能满足。但是,"我们"似乎比"我"距离纯粹指示符号那种极端情况更为遥远,因为,"我们"要求以某种方式构成一个人群,例如包含的"我们"与不包含的"我们"所指的人群构成不同,而群类的构成是称谓词的优先权利,即语言概念符号的优先权利。也许,在我们的语言中,包含在"我"之中的单数元素通过对立才体现得更为精确,即与表示双数和多数发送者的符号构成对立。同样,这种精确的单数元素在逻辑上也不再是纯粹的指示,而是称谓的第一步。当成百上千的德国人说出"我",则单数元素并不因具体情况而变,而是我们已经描写过的那种最小值,其中,对于"我"词汇而言,一个概念符号的基本逻辑条件也得以满足。

如果不能实事求是地进行抽象,就可能对上述观点感到吃惊。毫无疑问,每一个指示符号都可以实施称谓,否则就不会有人称代词了。

这一切是否会消解和打乱指示和称谓之间的区分?这种疑问大可不必,否则,此前的论述就都成为徒劳,就会有人在逻辑上吹毛求疵,重弹所谓成熟语言中存在各种"毫无意义的词汇"的老调。语言学要坚持正确的方向,去揭示印度日耳曼语指示小品词演变为变格词汇的符号学意义。当初,指示小品词在实施指示的过程中放弃了称谓功能,并因此获得了一个语音结构。并非所有的符号功能都要体现在语音上,我们所列举的德语包含和不包含的"我们"的例子就清楚地说明了这一点,还可以举出无数例子来证明。对此,埃米尔·温克勒有清楚的认识,并在其语言理论系列研究中予以强调,我完全赞同他的观点。但是,语言(la langue)在某种程度上超越了随言语场景而变的变色龙发展阶段,跃上了更高水平,说者在基本成型、固化的机制下拥有新的能产性。过去、现在或者将来,"纯粹的"指示信号都是一个指路的箭头,而且无需在上面书写名称,即使写上名称也不会消解路标的指向功能,同样,指向指示小品词演变成德语单词 der(这个)之类的词汇也未导致其指示功能的消失。单词 der 被用于其他称谓词所在的象征场中,因而在某种程度上失去了称谓功能,因此才有所谓"人称代词"这样恰当的说法。

3.5.3 指示小品词与介词的融合

纯粹的指示小品词或指示信号也可以具备称谓功能，这还有另一种主要表现，即拉丁语的方位指示词。拉丁语的方位指示词表现出相当的系统性。hic、hinc 和 huc，istic、istinc 和 istuc 以及 illic、illinc 和 illuc 是我们熟知的三组三词聚类，我们应该对它们进行怎样的符号学描写呢？我认为，将拉丁语翻译为不具备同样丰富性的语言，是精确阐释的好办法。我们德语有 von her（从这儿）和 von dort（从那儿）等词对（her 和 hin 已经退化且多义，演变形成 hier）。von（从……）、in（在……里）、auf（在……上）等介词都是真正的（非指示性的）称谓词，同样，除了方位指示功能之外，那些相关的拉丁语构词也被赋予称谓功能。在概念上，某物或一个事件，与某个被指示的方位之间可能存在三种最简单又最普遍的关系，该事件与被指示的位置之间的关系，可以发生于"之旁""之外"或"之上"。这同样也是概念界定的一项任务，必须从指示场理论中排除出去。要想尽数罗列一个指示词由于这样那样的音位变化还会获得哪些类似的功能，是难以实现的。草率之人不能只顾放飞自己的想象，而要认识到自己的超前构想还缺乏必要的数据，因而无法实施，也无法完成。他应该去考察某些陌生语言。

附带就德语的 her（从……来）和 hin（到……去）做一点说明。众所周知，它们都涉及 hier（这儿）。现代德语与拉丁语 hic、huc 和 hinc 完善的体系之间是什么关系？我说的不是形态方面，而是符号学方面。her 和 hin 在语义方面充满奇特和矛盾，er kommt her（他来这里）涉及 hier 所蕴含的旅行目的地，但是，面对 von Berlin her nach Breslau hin（从柏林出发到布雷斯劳）这种说法，我们的语感开始摇摆不定。后一种情况里的 hier（说者实际或虚拟的位置）是指哪里？如果是介于柏林和布雷斯劳之间，问题还比较简单，但恰恰不一定在那儿，而是飘忽不定。在 der Wind streicht über den See hin（风吹拂湖面而过）中，我个人感觉 hin 与 hier 基本上没有关系。在我的语感里，her 通常与运动始发位置多有交错，相应地 hin 与目的地的交错很多，因此，在这一点上我们现在的语感相对于过去的语言恐怕需要予以调整，dahin、dorthin（到那里去）和 hierhin（到这里去）等复合词就已经表明，该体系不如拉丁语 hic、huc 和 hinc 那样稳定，与 hie(r)her 配对的 hierhin 明显要求某种穿越。作为说者，我在 hierhin 中的虚拟位置与实际位置不一致。众所周知，这些奇特的情况给外国人造成很大困难，同样，我们开始讨论"这个"指示和鲜活的"那里"指示时也有这样的问题（如意大利语的例子）。

关于称谓在指示之外蕴含超级方位这一奇特现象，还有一个（不是最后一个）例子，那就是所有语言里的连词。对此，将在关于回指的章节里论及。

3.5.4 自我中心指示和拓扑指示：以日语和印第安语言为例

现在，我们应该为自我中心指示和拓扑指示的区别做一点准备。假设有人为了娱乐或者狂热偏爱称谓词，给自己设定了一项任务，将词典中所有指示词划掉，但依然要与思想水平相当的伙伴进行言语交往，并且达到在成熟语言中使用被划掉成分等同的效果。一个最为简单的做法是：我们不再说"这里"，而是说"脚"，不再一边做指示动作一边说"这儿"或"那儿"，而是约定俗成地使用身体部位的称谓词如"额头""背""心脏"和"肝"等，"背"表示以发送者为起点向后，"额头"的意思大概是"以说者为起点向前"。当然，也可以以接收者为坐标，或者以某种明确的方式由话语双方分担这一角色。那么情形会怎样呢？我建议上述新的语言社团提出一个口号：指示词在我们的言语交际中已经死亡，但指示万岁。因为，从交际手段中删掉的只是某些词，并非指示本身。

146　　某些成熟的人类语言自古以来就按照虚构的方式通过有声语言满足人们指示的需求，而是否能一下子满足所有指示需求，那是另外一个问题，但无论如何总能满足一些。"我"和"你"的问题似乎很容易对付，只要遵循一定的规约，以"口"象征发送者，以"耳朵"象征接收者，或者，如我们一些咿呀学语的幼儿实际所为，以专名取代"我"和"你"。但假如不存在这样的语言，对于我们这本非常严肃的书而言，整个虚构就是毫无意义的肥皂泡沫。

我们假设了满足言语交际指示需求的方式，最好给这样的指示一个恰当的称谓。这对于语言理论而言十分重要，因为，其中准确地追溯了人称代词由纯粹指示小品词演变而来的历史起源。我们不妨以下例（还用虚拟式）说明：发送者 A 和接收者 B（浪漫起见假设两个懒汉在狩猎）必须运用符号来提醒对方注意感知场之中的事物。古代讲印度日耳曼语的人应该是首先进行指示，随后用他们的指示词进行称谓，起初是 to 与手指动作并用，然后由 to 衍生出布鲁格曼的典型例子"dér"（这个）。在 dér kommt näher（这个在靠近）中，指示词实际上代替了称谓词"熊"或"水牛"，这些称谓词在具体情况下也许是多余的。这一切在我们眼里理所当然，似乎除此之外别无可能，并且曾经如此。如果人们能够举起手臂进行指示，为什么还要说"鼻子"或"脊背"？坦白地说，我还真的一下子回答不上来。

但是，另一种情形在我看来易于理解，在心理学方面与手指指示同样简单，那就是拓扑方法。A 和 B 很熟悉他们的猎场，并在其中根据熟悉的地标定位，这样，地标的名称就可用于说明方向，例如，据我所知，骑兵有"向树林边方向"或"以杨树为目标"等命令。如果没有地标，例如在草原上，就会像航海那样利用天体方向。在一望无际的原野辨认风向，这一点性攸关，因此，风向对于他们而言也不失为一种适当的导引主线。因为，最终的关键是接收者有一个可供参照的导引主线，并由此用自己的眼睛找到所应关注的对象。无论如何，心理学家，甚至是生活中与猎人和懒汉无缘的心理学家，都亲历过我们想象活动中地道的拓扑方法。有些交际手段以拓扑定位为基础，甚至要求拓扑定位，这时，称谓的地位十分重要，那么，如果我们的指示符号为代名词所代替，为什么在其他情况下名词就不应该代替指示符号？这种可能性是心理学完全可以想象的，现在需要新造一个术语将之确定下来，例如"代指示词"。①

---

① 希腊语的正确构词应该是 ἀντιδεικτικαί，我倾向于 prodeiktisch，便于发音，但又顾忌到古希腊语文学者会反对，因为 pro 这个前缀含有拉丁语意义，却不包含希腊语意义。

印度日耳曼语语言学者可能对这一切不屑一顾，但另一些人却饶有兴趣，例如印第安语言和其他几种语言的专家，如日语专家。我认为完全可能存在代指示词，并曾经建议索内克博士和洛克尔博士认真考证。他们去做了，收获如下：

我们通过实例来说明语言中拓扑原理的可能性，其他罕见语言的专家也许能举出更为贴切和全面的例子——当然，如果能够启发人们对这种现象进行全面的比较研究，无疑是我们理论研究的可喜成果。我们的证明及其评估可能还需要修正，但我们这里关注的焦点只是一些形象的例子，并非要证明这些现象的准确外延。

（A）在日语方面，我们以鲁道夫·朗格（Rudolf Lange）的《日语教程》（1906）为蓝本。该语言有一个（狭义上的）指示词系统（朗格，1906：43），与拉丁语的 hic、iste 和 ille 完全吻合，kóno（名词性的）和 kóre（形容词性的）指涉说者身前的人或物，sóno 和 sóre 指涉受话身前的人或物，áno 和 áre 指涉离二者较远的人或物。另外，有些动词成双成对，本身预设了会话伙伴的不同"角色"（朗格，1906：161），包含区别"人称"的因素，但奇怪的是没有或几乎没有原始的人称代词，没有原本为此目的而形成的角色指示词（朗格，1906：33），作为弥补，名词实施我们意义上的代指示词的功能。这些名词与人称的对应主要遵循社会地位原则，同时，要求说者对听者表现出礼貌，①为此，针对第一人称时蕴含"毫无价值的、毫无意义的人""仆人"等字面意义，针对第二人称时蕴含"先生""贵

---

① 当然，我们对原始人称系统之外广泛出现的"礼貌人称代词"（Höflichkeitspronomina）不感兴趣。

族""可敬"等字面意义。不过，值得注意的是，词汇当前的交际意义有时与词源意义不相符，但这无损于上述原理的效度。这样，人被称谓，而不是通过指示词"被指示"，相互的对应遵循交际伙伴所处语境的社会原则。

另外，还有另一种临场的、隐性表达人称的系统，如上所述，由区别人称的指示词派生而来，不过不是运用后缀派生，而是由名词附加而构成，如 hō（旁边）：kóno hō（这边，hic!）= "我"，sóno hō（那边，iste!）= "你"，té-mae（字面意思为"手边""这边"），根据临场情况，既可涉及谦卑的我，又可涉及卑鄙的你，这一奇怪现象可视为临场原则和社会原则的错合，临场意义也体现出交际伙伴低下的社会地位，往往涉及听者。

这些系统之外，还有 wátak'shi（字面意思为"私人关切，私人的"）和 wáre（霍夫曼［Hofmann］认为字面意思是"中心"），涉及"我"，两个词都明显具有相同的代指示词属性，验证了我们上面从第一种人称代词替补方式所证明的结果，当然这里的对应基础有所不同。①

（B）关于另一个方面，即方位指示，请注意某些印第安语中所谓身体部位前缀（Körperteilpräfix）的情况。在博厄斯（Franz Boas）《美洲印第安语言手册》中，萨丕尔（Edward

---

① 关于这里所论及日语的情形，译者请教了一位日语专家。他认为，在现代日语里，kóno 是修饰名词的形容词，不能单独出现，kóre 是名词。关于指涉对象，kóno 和 kóre 的所指靠近说者一边，sóno 和 sóre 的所指靠近受话一边，áno 和 áre 的所指位于会话双方的"那边"；té-mae 已不再用于说者，只针对听者，近似于骂人的话；wátak'shi 应为 wátaku shi 的笔误。——译者

Sapir）报告了塔科马语言（Takelma）的相关情形（萨丕尔，1911：73）：身体部位前缀只出现在动词组合中，一般性地说明参与的身体部位，同时也出现一些具有相关意义的常见名词，但它们不能被简单地视为名词，且不影响在引申用法中的代指示词特性。引申用法中的对应关系是：头表示"上面"，口表示"对面"，耳朵表示"沿着"，颈表示"后面"，背、腰表示"之间"，胸表示"对面"，生殖器官表示"之内"，腿表示"下面"，眼、脸表示"朝向"。可见，方位关系确实被称谓，不是"被指示"，而只有将自己的身体引申为方位关系的基础，才会启用自我中心元素。

第四章 语言的象征场和称谓词

4.1 纲领

在直接言语交际中,语言的指示场就是主观定位的"这里""我"和"现在"的系统,发送者和接收者总是清醒地在该定位中活动,并在此框架下理解视觉指示的体姿动作和辅助性手段。我们还阐述了虚拟指示,那里,在称谓中运用穿越,所使用的也是与视觉指示相同的指示场和相同的指示词。在组合而成的语言产品中,语言象征场还具备生成和理解的第二种辅助手段,可以简单概括为上下文。因此,简单地说,场景和上下文构成任何情况下准确分析语言表达的两种源泉。现在,应该对语言象征场进行整体说明和系统分析。对于语言理论而言,有两种途径可以达到这个目标:一是内在分析,二是语言与其他描述机制的横向比较,即与非语言描述系统的比较。

我建议采取一种整合的探究方法,其优点显而易见。在内在分析中,人们感觉脚踏实地,但是,面对"现象"却经常不知所措。的确,语言科学的构成类似于一个茂密的森林公园,而事实是，人们还远没有完成对人类语言的整体研究。① 我们提出语言的工具模式，指出在该框架下语言描述功能的主导地位，这一思想的语言理论意义需要发扬光大，为此，首先需要进行横向比较的勇气。在一代人之前，冯特就将人类有声语言置于一切动物和人类"表达"之中进行考察。我继承了这一表达理论的基本思想，将其视为始于18世纪那场运动的一部分，以现代的目光重新解读和深入分析。② 那场运动非常值得关注，它目标统一，其精神今天仍然以新的姿态闪闪发光。表达和描述各具不同的结构，我们认识到这一点，就感觉有义务进行第二次比较研究，将语言置于一切描述机制之中予以考察。

现代人类了解并使用各种各样的描述手段，将其中每一种与有声语言在结构和功能方面进行比较，进而逐步获得对于语言系统特性的认识，这并不困难。如同每一种类似的比较一样，在同一程度上认识相似性和差异性极具启发性。对于这里所进行的比较，历史上有许多大手笔的榜样激励着我们，其中首推莱辛（Lessing）对诗歌与绘画的比较。必须承认，那里讨论的不是语言问题，而是艺术问题，而且所做的比较还很粗略。但是，起码有一点不容忽视，人们对贺拉斯（Horaz）所谓

---

① 1910年前后，Fr. N. 芬克（Fr. N. Finck）出版了许多著作，思路清晰，极富启发性，尤其是其杰作《语言结构的基本类型》。我当时进行了认真的研读。还有萨丕尔的《语言论》（1921）和一些法国人的著述，特别是梅耶主编的文集《世界诸语言》（1924），还有这里详细引证的施密特的人种学著作《世界诸语系和语族》（1926），也是思想丰富、方法新颖。其中都蕴含着语言结构系统观的萌芽，不过，根据专家们的看法，还需要展开详细论述，而仅凭归纳所获得的结论尚存不足。

② 参看《表达理论——从历史揭示系统性》128—151页。

"诗如画"（ut pictura poesis）有误解，甚至滥用，据此无法解释语言描述机制和绘画描述机制之间的结构性差异，至少存在不可逾越的困难。

　　语言描绘并不能穷尽人类声音的可能性，只能是象征性的。称谓词是对象的象征符号。但是，如同画家的颜色需要一张画布一样，语言象征符号需要在一个场域获得组织安排，我们称之为语言的象征场，这是我关于场域提出的第二个概念。下面，将就此展开论述。这一概念最重要的使命，就是对语言句法和词汇元素之间的关系做出更为普遍和更为深刻的解释。人们习惯于将这两种相互关系像形式和内容那样相互对立，因此，几经努力仍以失败而告终，终未能超越亚里士多德的思维方式。但是，心理学在其思维研究和格式塔讨论中对形式与内容的问题重新进行了审视，其成果对语言理论不无意义。

　　下面，我们要对上下文因素予以内在性的揭示和阐述，随后进行横向比较，帮助我们首先对"场域和象征"这两种因素进行更为严格的区分。通过横向比较我们将认识到，内在分析的结论适用于一切能产性描述系统，从戏剧舞台和画家的画布到几何坐标系统，"分析"都涉及场域及其内容，描述性语言也是这样的系统。不过，这是通过比较分析所获得的第一点认识，还必须有第二点认识作为补充，才能构成一个整体，为实证语言学所用。这第二点认识可以简述为：语言描述机制属于间接描述，是一种媒介机制，其中，特定的介质发挥组织要素的功能。从语言的本质看，语音材料并非凭借其直观的秩序属性直接反映世界，担当世界的代表。在语音材料和世界之间存在着整个媒介因素，存在着语言介质（我们还使用这个词），例如在我们的语言中存在着印度日耳曼语的格系统。下面，我们将关注"其中的内容"，即语言的概念符号，并以上述印度日耳曼语的格系统为例获得阶段性的分析结果。那是科学界说明语言场域机制的一个十分熟悉的例子。

  我们的好奇心瞄准的是整体，只有在全面认识一切相似的场域机制之后才能得以满足，这显然需要有所局限。就我们目前的认识，人类诸语言之间因世界观所致存在着差异性。威廉·冯·洪堡特第一个通过内省认识到这一差异，并冠之以"内在语言形式"的概念。之后，这一概念广为人知，识读不乏机巧，但却嫌短视。在 4.6 一节，我们将从心理学角度阐述词源差异性的问题，那是内在语言形式的一个核心。我认为，内在语言形式的另一个核心（二者相互关联，同属一体），就是不同语系偏爱不同的介质场和象征场，因为，不同语系对所描述的对象，即所有该语系的操用者所生活其中的世界，有不同的认识。整个差异性也许类似于我们十分熟悉的不同画家的不同观察，差别不会太小，但也不会太大。而且，我认为这始终仅仅是一个偏爱的问题，因为，我们使用印度日耳曼语的人绝不会无法理解那些陌生的象征场，完全相反，所有陌生的场域机制都可以在我们的语言中找到对应。对此，我不能证明，但是，在获得了对指示场的认识和消解了其他一些疑惑之后，我坚信不疑。我们通过象征场也会消除同样的疑惑（详见 4.7）。

  正是这些亲身的经验给了我希望，相信一定会有年轻学者在前人成果的基础上成功总结出地球上所有语言的场域机制的真正系统，通过模式认知提出语言理论方面的真知灼见。但是，接下来同样重要的是，必须在充分考察现有系统的基础上，从中归纳得出一种系统。因为，仅仅依靠模式认知是不够的，无论是理论物理学，还是语言理论。理论物理学追求的不是任意一种可能的原子模式，而是经过实验检验的特定模式，而语言理论在实证方面也不甘落后于其他最为严格的科学。我自己曾经做过类似的实验，但尚未完成，所以未敢示人。我发现，就象征场的特点而言，爱斯基摩语言基本上是印象语言，而班图语言基本上是范畴语言，汉语喜欢以客观个体为目标，印度日耳曼语言则侧重对指示对象的普遍性进行整体和分类分析，它们相互形成对照。但是必须承认，这样的比较研究要求有实证数据，而我个人无法企及。所以，这里只能提及这样的努力，以便以较为随意的方式指出语言理论对人类语言象征场进行分析的可行方向。

  根据我们的认识，语言是否在象征场之外还有一个真正的模仿场？回答是否定的。对此，我们将在4.5一节附带说明。事实证明，语音模仿是毫无争议的现象，但对结构分析而言是次要和微不足道的。康德关于语言直观性的观点十分精辟：缺乏直观的概念是空洞的。但语言的直观性不在于语言潜在的模仿能力，而在于语言的指示场。我自己长期以来在关于语言理论的课堂上将二者区别对待，坚持认为不存在什么模仿场，那原本就是描述场。我现在觉得，微不足道的模仿碎片的确存在，但都是孤立的，不是一个连贯结构的组成部分，不足以被称为模仿场。因此，语言并非存在模仿场、指示场和象征场三个场域，而是只有两个场域，即指示场和象征场。虽然许多词汇中都有语音的拟声现象，但那也许只是原始现象，形成于音位之前。这只是一种推测，可视为对语音拟声分析的补充，后文再议。这个推测仅作为虚拟基础，以突显真实的情况。同样，人们也可以将广泛开展的拟声分析视为语言象征场理论的序曲。对此，需要详细论述。

下面我们运用分析的方法展开论述。对任何产品的科学切分都必须符合结构的规则。屠夫解牛固有其道理，但只对厨艺有实际价值，解剖学家自有其独特的分解方法。自古以来，伟大的语言学家都努力想成为复杂的语言产品的优秀的解剖学家，并按照语素学规则进行准确的切分，对于"语言"（la langue）分析者而言，这样做就足够了。解剖学家解剖的是尸体，但并不影响将其结果应用于鲜活的对象。语法学家切分的是鲜活言语行为的固化产品或者"躯壳"，但这并不影响他成为鲜活或曾经鲜活对象的科学的分析者，不影响广义的语文学家的分析结果。对此，不应该存有异议。

为了避免分析方法的片面性，人们应该在语言（la langue）结构观的指导下进行方法改革。本书的第四章具备建筑学意义。所谓建设就是寻找材料和结构方法，为建房寻找砖瓦和砂浆。语言学家要寻找的，是语音系统、词汇和句法结构的全部，自古如此，也很切合实际。语言理论学家最感兴趣的问题是，这样做为什么曾经是切合实际的。当然，如果一切正常，对同一对象的分析或综合，其结果不会，也不能相互矛盾。的确，在取得最终研究结论的时候仍然将问题和回答分为两章论述实属多余，但目前研究尚在继续，结论尚还遥远，因此，应该对阶段性认识进行再思考。

4.2 语言符号的语用环境、物理环境和语义环境

4.2.1 "环境"概念

这里所使用的"环境"这个表述和概念源自于色彩理论，E. v. 黑林的学生们对颜色对比这一重要现象进行了简单描写和精准界定，说明平面上的每一块颜色因其"环境"而给人以不同的印象。显然，"内场"（Infeld）和"环境"（Umfeld）的影响是相互的。这一认识被推广到整体性研究的许多领域，即当今被统称为"格式塔心理学"的领域。感官数据不是孤立的，而是被嵌入或植入到心理事件不断变化的"整体性"当中，并因此而不断变化。这样的事实人们从未忽视或否认，而当今的分析更为细致。由此，"环境"这个称谓便顺理成章，落地生根。

毫无例外，我们称之为语言符号的东西都是特殊类型的可感知事物或过程，这几乎是不争的事实，现在只需要考虑，伴随它们出现的相关和有效的"环境"是什么，因为，一般性规则的每一次新的使用都必然受到环境的影响。至于符号体，正是验证了人们对血液的描述：它是一种完全特殊的汁液。对于专家而言，语言符号最重要、最有趣的环境不言而喻就是它的上下文。具体的符号与其同类相互联系，这种联系就是有效的环境。除此主要情况之外还有两种情况。语言符号的出现有时可以与上下文无关，但却不能与环境无关。为了能够全面论述

语言符号的语义环境，并在概念上严格按照标准进行必要的区分，以彻底澄清所谓语言省略等问题，我要将这些现象提前讨论。对于语言理论学家而言，省略是由来已久的难题，它们是我开展下述研究的最初动因。可以想象，其结果超出了第一个问题的范围。

4.2.2 语用话语

全面考察日常生活中语言符号使用的一切方式，我们可以立刻罗列出许多上下文很少甚或没有上下文的情况，并且发现这些情况自然而然地分为两类。一是运用孤立的语言符号来进行语用称谓和指示。事实上，一位寡言少语的顾客在咖啡馆里对服务员说"一杯黑的"，或一位乘客在有轨电车上对售票员说"直走"或"转车"，二人实际上都已经从齿间发出一个充分的话语。过去在维也纳，乘客甚至连"转车"都不用说，因为那时只有一种车票。此刻发生于寡言的交际伙伴之间众所熟悉的车票买卖行为表明，我们应该以怎样的极端情况为基础来一般性地理解所谓"省略话语"：在沉默而清晰的交际大海之中，凡是需要区别、需要在诸多可能性之间进行选择，并且能够用一个词轻易搞定的时候，就会出现语言孤岛。孤岛的出现大受欢迎，如同岔路口路标上给人指路的名称和箭头一样。

我眼前有一组日常生活中的例句，程度不同地残缺不全，其中单词的使用都是没有上下文或极少上下文。至于这些单词是指示小品词还是具备称谓功能，都不影响问题的顺利解决。根据意愿，乘客在有轨电车上也可以不说"转车"，而是用手清楚地指向售票员手里两种车票中他想要的那一种。通常，作为

"副词"的德语小品词 geradeaus（直走）应该（也许不应该）与动词"转车"处于同一层级。看来，第四格"一杯黑的"与第一格等值。有时，如果对方询问，只需要回应一个点头或一句"是"就足够了，或者说"今天一杯别的"，当然，该商品现货有售。称谓词也可以这样使用。它们称谓某物，有时与语言的和非语言的区别性符号一同出现，很容易误导理论学家对情况一概而论。理论学家需要谨慎小心。

在没有上下文的地方，语言理论学家要特别仔细，谨防就次级结构妄下结论。此刻，说者有可能只说出句子的一个片段，而把另一部分留给自己或听者，语言学家有可能从这样或那样的形式中辨认出语言符号的句法地位。这有什么意义吗？这意味着这样表达的语言符号也可以出现在某个特定的上下文中，而且很有规则性，仅此而已。简而言之，如果认为这是对所有情况必要而充分的解释，那必然是对心理学条件的根本误判。我起初就是那样做的，直到我认识到，我的补充是那样的随意和无奈。面对简单明了的言语实践，如果试图通过句子成分的补充来进行理论分析，那就显得像个愚蠢的学生或（更像是）迂腐的教书先生。

当咖啡馆里那位寡言的顾客说"一杯黑的"时，他从他的语言记忆库中抽取了最接近的一块材料，其所作所为如同一个人要钉一颗钉子，会抓取手头最方便的物件。这东西不一定是真正的榔头，也可以是一只登山鞋，一把钳子，或一块砖头。在假设的咖啡馆交际场景中，需要在几种可能的饮品之间进行选择，为此，说出称谓词"黑的"或者孤立的德语介词 ohne"无（糖）"就足够了。此刻，句子材料"一杯黑的"触手可及。我认为，从心理学上看，该说的都说了。为什么恰好是它触手可及，这并非什么秘密。如果将它说出，那对于交际双方而言就预示着一个句子模式，这是事实，但是，除了实际说出的一个词，这个句子模式不需要更多的补充。

坚持省略普遍论的人有话要说，认为人们在所有情况下都可以围绕着语用称谓来组构一个句子。我们的回应是，这毫无疑义，但不证明任何东西，因为，灵活的语言分析者可以针对无声交际行为中的任何一个片段组织一个适当的语篇。在有轨电车里，乘客举起右手拿着钱对售票员"说"："请买一张票！"。无疑，动作所"说"的用意十分清楚，与呻吟乞食的狗抬起前爪对吃东西的主人说"请也给我一块"没有差别。试想一位乘客缄口无语，或者是个不会德语的英国人，他会用什么动作说话呢？他会用所有语言言说还是不用任何一种语言？错！动作是动作，语言是语言。如果一切都要以有声语言为基础，都必须能够对等地翻译（解读）为有声语言，那么，人际交际中的表情动作和体姿就会很成问题。省略论者必须提供证据，来说明那些在语用中孤立使用的称谓如果脱离相关的（由发送者和接收者设想的）句子模式就不能明确地发挥交往符号的功能。

而这样的证明，无论从正常人的心理生理活动还是从语言中枢障碍患者的心理活动，都无法获得。如有必要，人们倒是有可能从后者发现最贴切的反证。准确地说，能够证明的恐怕是，当组构语法上正确句子的能力受损时，在语用中使用称谓词的能力受阻的情况不尽相同。众所周知，失语症和失用症患者的语言障碍绝非省略普遍论所预设的那样成比例，不存在规则性的"共变"。人们可以从幼儿园观察获得更为贴切和令人信服的反面证据。在掌握多词句之前，儿童已经很长时间以理性的、为我们所理解的方式使用动作和适当的语用称谓。因此，语用称谓在个体发育中较早就出现了。

成年人虽然很会说话，但并非如省略论者所默认的那样能言善辩。在生活实践中不用言语同样能够如愿，甚至更好，那还要言语何用呢？在许多情况下，行为中使用区别性词汇符号不需要其他语言符号簇拥伴随，因为，被指称的对象就在现场，完全可以依赖，不需要使用代替性的符号。顾客在咖啡馆有消费的意图，一个男人在剧院排队买票并不断向敞开着的窗口前移，轮到他时，对他买票的意愿和所买商品的种类，那位（坐在柜台之后的）交际伙伴早已明白。当买票人无声的理性举动有歧义（形象地说：处在岔路口）时，他所使用的语言符号只需要具备区别性功能。使用语言符号是为了消除歧义，这就是语言符号的语用功能。这时，语言符号所处的相关环境是一种实践。因此，我们也可以说（出于顺口的原因），意义符号登场了：被语用植入了。至此，我们简单说明了"语用"概念，后文还将继续实证讨论，然后整体性地运用于整个论述。

4.2.3 物理称谓

另一种孤立（即无上下文）使用称谓词的情况则本质不同：称谓词可以固定附着于其所指对象之上，例如，给商品打上商标名，在路标上写上地名，用所有者或生产者的专名来"标记"对象，还有书名和章节标题、图画和纪念物上简要的标题和碑文,等等,它们都固定地附着在所指对象上。

没错,这样的条件也适用于路标上的地名和物品上的所有人或制造者的名字,因为,路边的实物指示牌竖立于固定的地点,上面写着的地名不指路牌,而是指路牌所指的地方,如同"远程附着体"那样承载着地名。只有一点小小的区别,作为实物的财产或产品所承载的是其所有人或生产者的专名,生产者和财产的标记所涉及的虽然不是关于被标记对象的"质的规定性",但却指某个人,他对于相关物品而言就是我们所熟悉的所有人或生产者。我们用"远程附着体"表述路标作为地名载体的功能,形象又简单,因此,有理解意愿的读者如果理解和接受了这一点,就也可以期待将固定附着在物体上的名称理解为对占有人或制造者的称谓(当然不完全一样)。① 无论如何,我们注意到,实物附着是这里所讨论的所有称谓的一个共同点。我们称之为"物理性的"附着。②

有一些极端现象无疑也属于这种类型。例如某些设计精巧的现代广告,在报纸上、大街的海报上、墙体上、甚或天空,独独打出商品名称,只有名称,对于毫无准备的读者形成奇特的冲击,这时,人们是在假设,读者会通过其自身心理生理系统做出补充,并联想到相关的商品,或者他会像没有完成作业

---

① 希腊语和拉丁语中占有者的称谓为第二格,在指路牌上书写为 Romam(罗马),类同于德语 nach Wien(通向维也纳)。这些细节与我们关系不大,无形式变化的地名在指路牌上一般也可理解,我们也可以列举其他范例。

② Symphyse(附着,并生)是个外来词,常见于医学,善于思考的读者从"物理环境"应该想到"连体生长",粗略理解为"物理关联"亦无不可,而且事实上也很贴切,也与 Physis 这个单词同根。

的学生那样，针对广告陷入思考，并在下一次再看到该名称时进行必要的心理活动，"注意到"那名称及其商品。这是一个有趣的心理学设计——仅此而已。

有必要针对这种现象引入一个专门的术语吗？回答是肯定的，因为那样附着的名称经常是商标。对于细心的语言理论学家而言，商标和标记具备多重意义。自然的和人工的标记或商标引发符号学思考，而符号学家的发现也是对语言理论的启发。例如，音位是"声息"的整体声响特征，即我们所谓词汇的标记，是词汇声响的语音标记。同样，对象（称谓词所指称的对象）也必须体现出明显的区别性特征，无论何时出现在说者感官之中和被说出，它们都是"此类之一"，此时，人们关注的元素经常是德语母语使用者眼里正确的"标记或商标"，逻辑学家则会进行抽象的概括，将对象必须满足的一切条件称为"特征"，从而使一个称谓词成为概念符号。术语上可以用单数的"标记"和单数的"商标"指称易于感性分离的特殊符号，当然，包括自然的或人工的，胎记就是这类特殊符号，但是，这样的种类划分无法严格进行。

如果称谓词用作商标名称，那么，它们属于另外一种类型，即非语言的商品标记（图形和某些基本符号，具备象征性，类似徽章，或借用和模仿徽章），并在这种环境中发生特殊的变化，对此，需要在其他语境中另文细论。注册的商标受法律保护，关于名称的法律条文很容易予以系统的符号学说明。人们可以从现存的条文中选取几条予以理论论证，从而帮助相关专家来面对那些尚未得到完全统一和适当回答的问题。对于语言理论而言，关键是用于商标而被固定附着的词汇没有上下文，也无需上下文。它们固定地与某种商品的客观特征相联系，同时具备便于读取的优点，并可作为一般称谓词而被放回到上下文之中。这是一种极为特殊的符号学两面性，其影响极具启发性。

路标上的名称，或更普遍地说，固定附着的称谓词，要求读者遵从某种指示性规则，以便找到所指的对象，对此还需作如下说明。我们稍微变一点花样，调节一下单调的模式。试想写在瞭望台金属版上解释"全景"的文字，那里，有长短不一、方向各异的箭头以及与之紧邻的地理名称。在贝德克尔（Bädecker）《旅游指南》中有一张全景照片，在其上方标有名称，并用纵线与山峰和田野相连。这也是一种（指示性）对应。这些扩展的指示手段只是布鲁格曼那里常见的"这个"指示形式的大量重复，等于在体姿和指示词的架构中再收入一个称谓词，相当于 dér Hut（这顶帽子）。无论是在鲜活的话语中，还是在由可读词汇形象与箭头之类的指示符号相组合的视觉指示结构中，都有称谓词规则地出现。

4.2.4 徽章象征

最后还有一点需要说明。仔细观察可知，在具体情况下生成、并被用作语言符号的每一种感性物品（也包括"事件"）都在物理空间有其适当的位置，并因此有其客观环境。即便是图书馆中浩瀚的书面语言象征符号，也以某种方式被印刷于白纸之上，得以固化，为感官所感知。我们分析的焦点是，这种固化是否与符号体的功能相关。书籍的纸张无非是（不可或缺的）载体而已，如同谚语所言，任劳任怨，任凭油墨所欲，承载一切，赋予一切以可视的形式。① 相对于书籍的纸张与其所承载的黑色图形之间的关系，商品与其承载的商标名称之间存在着另一种关系，因为载体所承载的语言符号是自己的名称，以突显自己为目标。这时，固定附着成为这种对应的物理和感性标准。类似的附着固化现象也体现于历史上一个有趣的现象，即徽章。

中世纪热衷于象征，迷恋象征，徽章符号比现代的商标更为讲究。看来标记和商标都非常古老，有些也许同根同源，因为，人类社会创造并保护财富，发明并敬畏财富的标记，为此制作了徽记。同样的事情也伴随着人们在社会组织中的协作，作为一种必要手段，人们创造了认同符号，即协会的徽记符号。事实证明，中世纪的徽章形象首先出现在军队的旗帜上，直到13世纪才相继成为可继承的财产象征和家族象征，这具有某种符号学的启发意义。例如，在其短暂历史的巅峰时期（三或四个世纪）骑士徽章神气十足地出现在骑士角斗中，一般醒目地固定于盾牌之上，以显示该骑士的身份。不过，徽章并非仅仅满足于简单的区别功能，而且还是对家族的炫耀，以及对具体骑士个体美德和命运的炫耀。为此，如同每一种复杂的描述手段一样，需要一个描述场。盾牌成为表现丰富内容的天然场所，成为描述场，也被制作成符号场，盾牌面被分割为上下左右，盾面的区域划分服务于基本象征符号丰富程度不同的句法组合，因此，其整体也被称为一个或多个"场"。

这其中没有形成统一的描述方式，原因并非是外在的，并

---

① 这里所涉及的德语谚语 Papier ist geduldig 字面意为"纸很有忍耐力"。——译者

非在于具体象征符号和场值的贫乏。古代职业使者的职责是解释和维护该符号的纯洁性。无论是他们的徽章规则，还是大学里的徽章学教授，都未能将这种生生不息的现象清晰地纳入一个系统之中。普鲁士帝国徽章局（始于1706年）实质上只负责注册登记，拿破仑希望用徽章统一而清晰地体现其官僚的贵族等级，并为此进行了精心的符号学策划，实施了一场改革，却也只是昙花一现。究其失败根源，应该不是符号学方面的。[①]

因此，整个徽章是个象征场，具体符号在其中获得场值，所以，这个场域怎样划分，以及具体符号处于什么位置，至关重要。这些作为整体在徽章局注册登记，成为家族徽章。在实践中，它出现于物理环境中，由徽章的主人佩戴，例如在比赛中，或者悬挂于家族城堡的大门上，最终，作为财产的象征配置在某种运动的物体之上。这样的固化在一切使用形式中都很重要。所以，发生于语言符号的偶然现象，对于徽章却是规则。

我们再比较一下徽章与墓碑上的碑文。这样的碑文经常含有指示词，是对那种附着固化关系的佐证和细化。在这样的指示场中，谁为发送者，谁为接收者？有时是石碑，有时是站立一旁的某人在言说：某某先生之墓。但也可能是死者对来访者说："游者啊，你来到斯巴达……目睹我们长眠于此……"相比此前一种情况，这里更为清楚的是，说者不是石碑，而是一位站立在石碑前的导游："这座石碑……是卡洛斯·塞德洛斯纪念碑"。如果铸钟作为说者，情形无论如何又不一样："我呼唤生

---

① 参看尤里乌斯·克朗佛尔（Julius Klanfer）《徽章符号学》（1934），其中有我们论述所依据的事实材料。

者，我控诉死者，我折断闪电"。我不知道是否还能设想更为复杂的言语场景，也许还可以在颇具创意的阿尔卑斯山死难者纪念碑上有所发现。

徽章没有自己的指示符号，必然取自语言，例如古老钱币上的刻文就经常如此。这其中蕴含着一个值得关注的普遍性问题：历史上最早将日常语言固化刻在牛骨、木头或石头上是怎样的情形呢？人们在那里无法使用食指的形象性、声音的个体特征、以及语音的空间来源质量等辅助性手段，而这种缺位会造成什么困难吗？回答是：至少日常语言不会有困难，因为它已经超越了视觉指示的阶段，试想人类话语主要叙事方式的复杂情形。也许用复杂的戏剧话语实现视觉再现会遭遇困难，比如，演员如果要创造性视觉再现碑文所述之情形会感到无助。但是，盲眼诗人荷马却可以妙笔生花，完全没有过渡性的困难；法律文书也可以如此，因为，它从另一个角度超越了体姿指示的局限。

作一点概念上的说明：(1) 词典中的每个词与其所指的对应都是观念性的，也就是人们根据词典所处语言社团的规约来使用相关单词。这样的对应类似于家族徽章与一个家族的对应。(2) 在个体（简而言之）的言语活动中，一个单词的语音形象和客观形象之间存在着某种心理生理联系。(3) 在具体的言语体验中，一个称谓词的所指体现在意图之中，也或多或少在意图之中得以实现，也就是说，在同一语言社团中，一个成员作为一个语言表达的发送者理性而准确地使用该称谓词，或者作为一个语言表达的接收者理性而正确地理解它。

对于这些方面的概念界定而言，需要严格区分这三个论证充分的观点，否则会出现严重的混乱，而且事实上已经出现了混乱，例如，就出现在德·索绪尔功绩卓著的著作中。当然，这三种事实之间存在着某种关系，但其联系方式绝不是简单地将我们针对它们所表述的句子用等号或者"亦即"连接起来，尤其严重的是，在关键的上下文中或显或隐地使用"亦即"将关于体验的陈述（以及包含在其中的意图）与关于该体验发生的心理生理条件的陈述（以及包含在其中的"语音形象与客观形象"之间的联想）等同起来。称谓词的视觉形象与相关的感性物体之间的物理对应，必须根据有效的物理环境得以解释，这时，这种显见的附着关联就成为（观念性）对应的标记。这就是我们的观点。

4.2.5 绘画象征

下面，我们用比较简短的篇幅，专门探讨语义环境这个概念。不仅是语言符号，但凡符号体（仍然包括过程）成为一个感性的复杂统一体，都要满足语义环境出现的基本条件。这一点，在一个似乎远离语言的领域已经得以说明，人们首先在颜色领域使用了环境概念。我们就通过颜色这个例子来说明物理环境和语义环境在非语言领域的区别。

我们现在知道，颜色的对比是一件相对次要的事情，完全是视网膜接受近距刺激后的简单功能。对于我们而言，那主要是色块在物理环境中的一种表现。与一幅图画中画值的"上下文"根本不同。如果画家在调色板上三次调出同一种灰色，并三次将该物理上相同的色块用于所画的图画中，那么，该色块就会在图画的上下文中三次（或更多次）获得不同的画值，例如，它给人的印象可以是阴影，或光的反射，或物体的颜色（例如一块白色桌布上的污点），对于正常的观察而言，这完全合乎规范和令人信服。绘画的画值结构与颜色的对比根本不同，画值处于一个语义环境之中，并且在其中获得特定的场值。为了体现这样的结构，色块（或一般地说：感官数据）必须获得某种符号价值。色块会顺利而系统地获得该价值，因为画家不是胡乱涂抹，而是运用画笔着色，通过颜色实施"描述"。绘画中画值的上下文与语言符号的上下文相类似，二者都有一个语义环境。①

也许还有必要强调一点，在日常鲜活的交际活动中，有声语言的符号绝不是排他性的，说者可以随心所愿同时生成动作、表情和语音，其中，作为具体语言符号的语义环境，附带生成的所有交际符号都是总体性发挥功能。但是，理论学家如果要对这一切进行科学解释，就必须首先考察相对简单的现象，循序渐进。语言学家要建构特定语言的"句法学"，就要首先考察那些音位特征各不相同的语音符号的组合方式。事实证明，这一抽象方法是实事求是而且行之有效的，况且在特殊情况下必然需要扩大视野。对此，我们通过指示词的讨论已经有了清醒的认识。指示词一定出现在语言的指示场之中，并在那里借助感性导引手段或者特殊的规约，来获得明确的含义。我们在论及语文学省略问题时也发现了这一点，对此，下面再做

---

① 关于这一论断的依据，我在《论颜色的表现形式》中讨论绘画光学的一章里有详细论述。如果要进一步实证研究相关的问题，对语言句法相互之间的关系进行对比考察应该非常有益。除了一般性类似以外，可能还存在根本的不同，因为，二者虽然都是描述，但语言不是绘画。参看卡多斯（Lajos Kardos）极具启发性的《物体与阴影》(1934)。

一点说明。

4.2.6 省略问题

省略句当然存在，如同未完成的建筑（例如中世纪的教堂）以及各种各样半途而废的人造工程，其中也包括没有说完的话语。我无意否认广义上的语言省略或句子省略等特殊现象，有太多的诱因、由头和原因，促使说者或者内心中断了思绪，或者要缓一口气，或者感觉再说一个词即是多余，或者由于外因而中断句子，等等。这一切原本没有什么语言学理论意义，但是，简单地说，有些产品在一方看来没有完成，但另一方却非常圆满，此刻，情况就根本不同。此类情况大量存在，如果能够说明和凸显它们在语用和物理方面的完备性，那么，其余情况也许会体现出某种同质性。这些情况内在地提出完善句法的要求，但外表看却并没有实施，因为，从上下文看那样做纯属多余。这样的完善举措之所以多余，有时显然在于用语习惯，而有时则在于语文规则，也就是可以根据具体的语篇位置得以解读，例如，ire ad Jovis（去往朱庇特神庙）之类的表达不会给理解造成困难。

赫尔曼（G. Herrmann）下过这样简短的定义："省略就是忽略某个词，虽然没有说出，但已在思考之中。"（毛伦布雷歇尔 [Berthold Maurenbrecher], 1924：236）如果坚持这一观点，就要针对每一种具体情况认真设问：意义隐含是否不可避免？同样，毛伦布雷歇尔在其论文《拉丁语的省略、句子概念和句子形式》（1924）也提出了这一问题。根据拉丁语学者的考证，毛伦布雷歇尔提出几条规则，据此可以遏制极端省略的泛滥。当今，再没有人像斯多葛派语法学家那样看待省略问题，至少毛伦布雷歇尔的观点能够遏制某些问题。我认为，相比毛伦布雷歇尔的三条规则，用我们的方法可以使问题得到更为简明和圆满的解答。他认为，发生下列情况时出现省略：

"1. 如果整个想象（句子）的某些组成部分没有用语言表达出来，而是潜藏在说者和听者（读者）的意识之中，并且客观上易于理解；

2. 如果同样的内容通过非语言表达活动（动作、表情、视觉符号、其他声音，等等）得以表达；

3. 如果从其他句子（一般为此前的句子）获得补充，而且是（a）同一个说者的话语，（b）其他人的话语（'回答'即属于后者）"。（毛伦布雷歇尔，1924：236）

上述第二条与韦格纳以来研究辅助性指示手段的学者们的观点相交，例如保罗和布鲁格曼。他们对指示场和指示词功能的分析比较细致，无需再补充什么重要内容。第三条特别论及回指这一重要现象（上下文中语言和非语言的后指和前指），这与我们对主句—从句结构的研究相吻合。只有第一条可能会引发批评。根据我们今天的理解，以冯特和保罗为核心的心理学家提出体验心理学所谓次级建构的观点太过自信。毛伦布雷歇尔对会话伙伴的"想象"的准确认识从何而来，何以能够决断：虽然没有语言表现，但可以想象隐含其中？当前，这样有争议的认识缺乏可操作性，即使想要迎合合理的语文规则来遏制省略的泛滥，也是如此。语言符号发送者和接收者在体验中

168 对客观的想象难于取证,但凡针对该问题而研究过思维心理学实验报告的人都有这种深刻印象。但是,所有理性使用的词语都必须出现在一个语义环境之中,都必须以上下文为载体,因此,前述省略的前提条件是错误的。指出这一点,就可以将省略之洪水阻隔于泛滥之前,这是根治省略问题两千年困扰的唯一良方。

4.3 上下文和具体场域元素

4.3.1 外部句法

我们认为,语言的指示场最明显地体现于言语行为,而其象征场则最明显地体现于成形的语言产品。这并非偶然,因为,用伸开的食指原本只能指向可感知的对象,接收者必须看见那伸开的食指,从而成功地执行信号所发出的指示,只有这样,伸开的食指才是可以利用的交际手段。在虚拟指示中,山朝穆罕默德走来,或者穆罕默德朝山走去,也就是说,接收者打开"内心的"眼睛,并遵循指示的引导。指示是言语行为,即使在诗歌中也是如此。读者对"诗歌"的理解应该是广义的,也就是亚里士多德和现代儿童心理学意义上的。

语言产品独立于原始的指示手段而形成,这是属于我们句法理论的话题。我们现在不妨接受这一观点,只回答一个问题:"之后又怎样?"。(根据后来的证明)我们所谓独立的话语产品包括所有在某种程度独立的句子。现在,我们撇开过渡性现象，直接通过独立句来揭示上下文因素，例如，刻在石碑上或者白纸黑字固化的文字就是最为独立的话语产品。专家们对这些"死"语言的研究也从未针对过其他形式的可读或可听文本。面对那些"死的"对象，学者们不断就新问题给出新答案，所依据的，少数情况下是这些语言符号的物理环境，而大多数情况则是其语义环境，因为，语义环境因素基本上蕴含于所指对象之中。现在的任务是对语义环境进行彻底和系统的阐释，这时，我们可以忽略死语言本身对研究可能性的所谓临时性局限。

米克罗希奇（Franz von Miklosich）在其《斯拉夫语言比较语法》中提出的观点值得注意：句法是关于词类和词形的理论。对此，我们基本表示赞同，但要补充几点建设性的意见。我们这样明确表态，并非是满足现状，而是要继续发展。在里斯（John Ries）的著作《何为句法？》（1927）问世之后，专家们都认识到句法理论的建设不可一蹴而就。里斯正确地提出外在路径（与米克罗希奇相同）和内在路径（优于贝克尔）。它们至少应该成为解决问题的两种主要途径，当然希望还有其他途径做补充。

我们为什么强调内在方法？句法为语法的一部分，属于上位概念"产品论"的范畴，而且还将继续如此，但是，我们不妨再通过四场模式考察一下语言产品理论与其他论著提出的语言理论之间丰富的内在关系。人们可以严格依据文献，逐步提出一种句法理论，写出一部古法语句法和现代法语句法，但为什么不这样做呢？这样一种句法必然阈限于分析之中，必然要说明内在和外在场景因素，如卡尔·冯·埃特迈尔（Karl von

Ettmayer）所强调的那样，难免成为"心理学"（即体验心理学）的附庸，最终裹足不前。——而另一些人可能会在句法研究中将兴趣聚焦于机制的创造性。为此，可以从胡塞尔的行为理论汲取丰富的养分来解答修辞学的问题，即使在语法研究中也应该如此。或者从日常语言言语行为者的角度，或者从挑选出来的语言产品的创造性机制的角度，二者都是客观阐释句法的适当视角，都可获得对语言结构的全面认识。

人们必然采取米克罗希奇的分析方法，德尔布吕克后来的分析也基本如此，瓦克纳格尔也将之视为句法研究的出发点。里斯对句子理论和词类理论提出了补充建议，虽然十分必要，需要继续展开，但无疑应该暂时搁置。作为语言理论学家，我们试图在整体上揭示语言符号语义环境的秩序性。显然，我们首先应该循着米克罗希奇的思路，即"由外及内"的思路。结果证明，米克罗希奇的发现还需要进一步扩大。保罗和里斯等人敏锐地指出不同类型的语调变化和分布因素的重要性。我们不断开阔视野，始终强调物质辅助手段的重要性，对此要有清醒的认识和坚定的态度，认识到这些手段在整个上下文因素中的重要地位，这样，就能获得对语言本质全新的认知。简便起见，我们把物质辅助手段和词类一并讨论。

4.3.2 物质辅助与词类

物质与词类。语文学家经常重构一些残缺不全和乏味无聊的文本，有时让后人觉得他们的考据好似哥伦布对地球的探究。夏洛特·比勒做过一个心理学实验，使用虚构但合乎体系的文本，得出类似且可检验的结论：让一些受过某种文学训练的受试（大学生）阅读陌生而简短的格言，篇幅最多 10-15 个单词，但是，这些文本被完全打乱，单词以无理之序堆作一团，需要测试的是修复还原的情况。语料共分 62 组，这里选摘 4 例：

1. Bibliothek（图书馆）– Bände（卷）– Gehirn（大脑）– Fächer（书架层格）– Gedanken（思想）– 100 000 – Generationen（世代）– riesig（巨大的）– ähnlich（类似的）– verschwunden（消失）– aufreihen（排成行）

2. Edelstein（宝石）– Fassung（托座）– Preis（价格）– Wert（价值）– erhöhen（提高）– nicht（否）

3. Häuser（房子）– Jahrmarkt（集市）– Stadt（城市）– alt（老旧的）– klein（小的）– herumhocken（闲蹲）

4. Ozean（海洋）– Schiffe（船只）– Nacht（夜）– Dunkelheit（黑暗）– Leben（生活）– Menschen（人）– Schweigen（沉默）– Stimme（声音）– Signal（信号）– Ruf（呼声）– Blick（目光）– einander（相互）– entfernt（遥远的）– sprechen（说）– vorüberziehen（途经）– begegnen（碰到）– denn（因为）– wieder（又）

结果，受试在许多情况下都能够根据意义基本完成重构，此时，言语思维的组织技巧得以显现，而这明显根源于长期运用语言符号的训练。把类似的文本残片以及其他零散成分让受试重构，也经常明显可以完成。显然，我们的受试表现出一种语言建构的冲动，而且，经常能够非常迅速地理出文本的主线。原本未打乱的语篇如下：

1. Wie in den Fächern einer riesigen Bibliothek in 100 000

Bänden die Gedanken verschwundener Generationen aufgereiht sind, ähnlich in unserem Gehirn. (Strindberg)

2. Die Fassung des Edelsteins erhöht zwar seinen Preis, aber nicht seinen Wert.

3. Wie auf einem Jahrmarkt hocken die alten Häuser der kleinen Stadt herum. (Rilke)

4. Ships that pass in the night, and speak each other in passing

Only a signal shown, and a distant voice in the darkness;

So, on the ocean of life we pass and speak one another,

Only a look and a voice, then darkness again and a silence.

(Longfellow)

这里，我们所描述的关键不是具体受试进行理性重构时所实践的不同路径、弯路和斜路。对此有兴趣者可查阅那两项研究。① 我们发现，这里被抹掉的基本上是语素形态和语序提示，名词的格标记几乎完全消失，动词和大部分小品词也没有词尾。然而，每一个德语语言象征符号所属的词类标记清晰可辨，另外还给出了其他因素，这里统称为"物质材料"。看见"水萝卜"这个词，读者会立即想到餐桌或菜园子，而看到"海洋"这个词想到的则是一个完全不同的"域"（这个概念在所引的论著中有思维心理学定义）。另外，每一个语篇虽然词汇都被打乱，而且没有形态标记，但人们能够大致感觉到它的场域，不需要特别敏感，就能从中发现想象的线索，找到阿里

---

① 夏洛特·比勒（CH. Bühler）《论思想的起源》（1918）、《论构句的过程》（1919）。

阿德涅线团，并且，一个会给另一个以提示，获得一个明晰之点，其周围的一组便迎刃而解（所谓"中心规则"），某种内涵丰富的关系模式（反义对、升级序列、a:b = c:d 类推四相式）会向受试显示出某种物质形式的暗示，等等，这时，重构一般都能顺利进行。

  从上述内容能得出什么语言理论的结论呢？物质材料的秩序性辅助手段这一现象告诉我们，说者或听者会针对语言符号的象征对象来调整注意力，并在内心开展自己独特的、创造性或模仿性行为，这些都属于语言符号一般使用者的生活习惯。此刻，人们建构性或重构性的内心活动紧紧围绕着所言及的对象，该对象或为人们所熟悉，或因在语篇中如此这般的建构形式而被理解。成熟的语言不会阻碍这一过程，反而会提出这样的要求，具备这样的机制，常规的言语方式会考虑到此类情况，并随时随地为之留有余地。我们日常的描述性语言，程度更高的诗歌语言，还有科学著作的语言，每一个句子经常并不是追求逻辑上的高度明晰和缜密；语言对整个对象的全面而又无缝的描述，远不如人们所想象的那样理想，甚至在逻辑要求很高的论证中，自然语言也很难达到那样的状态。语言理论学家注意到言语思维受物质现象制约这一事实，并准备运用胡塞尔及其纯粹语法的思想就此展开讨论。

  这里，研究语言描述的理论学家必须特别注意到，相比较其他许多现象，针对物体和事件的语言把握原则上具备开放性。言语思维受物质现象控制与其他几种情况一起能够证明一个重要的原理，即手指所实施的指示并非仅仅是指示词的功能，而且也是概念词的功能，属于人类语言的结构特点。即使在孤立的上下文中干巴巴的描述，发送者对于语言符号的运用也恰到好处，近似于骑士给予坐骑的提示和敏捷的驭手给予其所驾驭生命的提示。听者的思维一旦启动，语言技巧高超的人类话语就会放松束缚，非常节制地投入全新的提示，对于其中存在的程度和层次上的差别，可以应对自如。我们断言，对于绝大多数语言目的实现，接收者的建构性思维是必不可少的，也是基本无碍的，甚至是非常有益的。无论如何，语言理论必须视其为重要的因素，给予足够的重视。迄今为止，韦格纳的观点最有洞见，不过，他的论证太过格言化，需要系统性的补充。

另一个问题是词类。我不知道它们在人类语言中存在了多久，哪一种最为古老；我也不知道哪些不可或缺，无处不在。当词汇像德语那样出现和被理解，无论是否有词类标记（如我们的不定式），都会给篇章构成以基础性指示，不仅对于猜谜和一堆无序的词汇如此，在其他毫无陷阱、秩序井然的上下文因素中更是如此。每一种语言都有亲和力，副词寻求与动词和其他词搭配，也可以这样说：某种类型的词支配一个或多个空位，并由其他特定类型的词来填补，这是"内涵"的重要表现，不仅为我们所关注，也早已为经院派所熟知。在物质辅助手段之外，这是第二种重要而普遍的上下文因素。我认为，人们可以想象一种人类语言，它凭借物质辅助手段和足够多的特征显明、选择适当的词类，就可以满足基本需要。不过，人们也可以想象，其他上下文元素（例如语序）也可以使词类的外在特征成为多余，例如汉语的情形，还有英语在其历史演变中被简化的情形。

在我们将要对比考察的非语言描述机制中,音乐符号因其简单的类型系统而非常特殊。它有两种基本类型的象征符号,音符和休止符,在上下文中相互联系。逻辑学家的人工语言具有极为丰富的象征符号类型,已知的自然语言也是如此。但是,迄今为止,还没有人成功地在全面考察一切人类语言的基础上一目了然地总结出自然语言的词类。

4.3.3 保罗论上下文因素

H.保罗列举了各种上下文因素,但却没有提及词类,而米克罗希奇关于句法的经典而简短的定义涉及了词类:"句法是关于词类意义和词形意义的学问。"表面上看,保罗对整个句法研究的范围缺乏认识,但其实以否定的形式出现在我们下面引证的第二段话之中。所以,将观点以准确的肯定句表述出来非常重要。我们说:"er hat den Schnupfen"(他感冒了)——"er hat ein Haus"(他有一幢房子)——"er hat Unglück"(他很不幸),这里描述了三种各不相同的事件,句中所指的那位朋友"有"感冒,肯定与"有"房子不同,也不同于他"有"妻子或"有"不幸,而准确理解的任务都有赖于对物质辅助手段的挖掘。①Backstein(砖头)–Backofen(烤炉)–Backholz(柴火)体现了结构成分之间三种不同的客观关系,准确理解则有赖于专门知识(=物质辅助手段)。这里,理解的确受客观现象的控制,但关键不仅仅是承认理解要跳出语言描述以外,而且必须自始至终关注所谓"非语言"因素的影响。我们提出上下文

---

① 这三个德语句子的动词都是及物动词 haben,用法极多,字面含义可译为"有"。——译者

中物质辅助手段的命题，其用意并不在于凸显它们对语言的冲击和侵蚀，而是要表示对这些限定因素的重视，要为之保留空间。

米克罗希奇列表的第二部分颇多偏误，可能归因于他的研究对象主要是斯拉夫语言，而不是现代法语或英语，因为，gentlemen prefer blonds 和 blonds prefer gentlemen 这两个英语句子"含义"的不同并不在词形，这一点，保罗的列表显示出远见卓识。甚至，在此前已经厘清了物质辅助手段和词类问题之后，我们应该肯定地说，保罗非常全面。因为，语言系统的句法手段并非无穷无尽，而是类型有限，形成一个缜密而维度清晰的系统。保罗提出 7 种类型，我们把它们归为 3 种自然类型，但这并没有对保罗所列有本质上的补充和删减。保罗《原理》第 86 节非常简单明了地写道：

"用以下语言手段可将想象联系起来：(1) 与想象相对应的言语词汇相互并列；(2) 这些词出现的顺序；(3) 这些词被强调程度的差别，即强重音或弱重音，试比较'卡尔不来'和'卡尔不来'；(4) 音调的变化，试比较陈述句'卡尔来'和疑问句'卡尔来吗？'；(5) 时态，一般与强调程度和音调紧密相关；(6) 连接词，如介词、连词、助动词；(7) 词的屈折变化，下分 a) 通过屈折形式本身准确说明词之间相互联系的方式，如 patri librum dat（父亲给了一本书），b) 通过形式的统一（一致性）体现词之间的相互依存性，如 anima candida（纯洁的心灵）。当然，最后两种手段是经过较长历史发展才逐渐形成的，前 5 种则自始就为说者所掌握，即使2—5的形成也并非直接根据想象和感受的自然流程，而是根据一定的传统。

根据所使用手段的多少和确定性的不同，对想象的确定程度不同，诸多想象之间建立联系的准确程度也不同，因此，语言表达并非与说者的心理状态以及对听者的心理影响等值，而是体现出很高的不确定性。"（保罗，1880：123及下页）

我们认为，保罗所列的第一种手段，即元素的组合，已经在夏洛特·比勒的研究中得到了解释和详细区分；关于不同语言里语序的句法功能，可以根据 W. 施密特的大胆理论，以复合词为例进行解释，我们的论述也将以此展开；这样，就剩下音调和音位变化的问题了，因为，语言历史能够说明保罗所列的两种手段之间的紧密相关。"重音、音高、时态、间歇"等生成某种结构，与音调的情形相比较虽然不完全相同，但却类似，因此也可以被称为音调变化。音调变化无疑属于上下文元素，虽然句子重音或语调在有些语言决定着陈述句、疑问句或命令句的界定，如德语。那里，音调变化在儿童语言的发展中出现得非常早，也许，"地球上的语族和语系"普遍如此，只是我还不知道而已。

施密特通过一种非常典型的现象分析了语序前置和后置的问题，即定语结构，并在考察所有已知人类语言的基础上提出一条规则，一方面是限定成分前置，如 Hausschlüssel（大门钥匙），和后缀构词，另一方面是前缀构词中的后置现象，二者之间始终存在着一种亲和性，这是一种非常有趣的（也是可信的）相互关系，即使不属于所有语言的普遍规律，也非常值得关注。

不过，我们将不同组合手段的相互关系先搁置一旁。以上列举的情形非常全面，无需补充。所谓"音位变化"，不仅涉及独立的词形（介词、前置词等等）以及后缀和前缀出现的音节，而且，当然也涉及那些附加或省去的、但却不改变音节数量的音位，另外，还有德语的变音和换音，或者闪米特语言中更为系统的元音化现象。那里没有增加什么，也没有减少什么，但却发生了音位变化。最后，还有所谓的中缀也需要适当关注。这里已经包含了一个决定性的前提：在其他新发现的语言中不会再有什么惊人的新发现。

如果只让语音学家发表意见，那就无从知晓一个特定语音流中的变化手段中多少以及哪些具备句法功能，但是，如果除了语音学家还有音位学家有话要说，那问题就不一样了，因为，音位学提出的原理是，每一种语言只有一个特点鲜明的音位特征系统，使语音流中的特定部分相互区别。仅此一条，就可以立即将大部分可以想象和可能生成的，甚至真正出现的变化排除在外。但这并不意味着，它们的出现与言语交际压根无关，相反，那只是说，它们与语言的描述功能无关，例如，言语声音的颤动和音质的变化对于病理学而言十分重要，但是，据我所知，这种变化对于任何人类语言的语法而言毫无意义。

但是，音位学家必须开阔视野，睁大眼睛，虚心关注来自左右任何一个方面的启发。我设想他右边有语法学家，左边有心理学家，因为，情形理应如此。将话语中语音流的特定部分界定为词及其构成部分的，不是音位学，而是语法学，或者我们所谓的词汇学。而这也是我们列表的前提条件。另外，现代心理学也特别指出，这些产品的语音特点，除了语音特征＝音位之外还包括某些特定的格式塔品质（Gestaltqualität），大的形式有所谓句子语调、句子节奏和句子的时态，同样的安排也以小的形式体现于词汇，词有重音和声调，这些现象当然不容忽视，并且的确也被录入列表之中。它们属于声调变化，有些（如句调）也直接体现出句法意义，有些则间接地通过具体词的声响变化体现出来。übersétzen（翻译）和úbersetzen（摆渡）在德语中是不同的词，但都是动词。与变音和换音一样，这样的变化也可以改变词类，并直接发挥组合材料的功能，例如，德语复合词的重音规则。换句话说，每一个词都有其声响特点，且并非完全取决于该词的表达方式，部分也说明该词的象征意义和句法配价。

承认上述人类话语语音流的一般性结构条件，就会认为我们的列表非常全面，更准确地说，再没有其他方面的重要变化形式未被列入，或者不重要的未被排除。相比较该列表的完备性，我认为更重要的是，根据一般性语言比较的结论，第一，总结地球上所有语系在上述基本场域中符号组合的不同类型；第二，系统说明这些手段的功能。因为，同样的手段在不同语言中的功能可能非常不同。

4.3.4 外部句法辩护

19世纪后半叶，人们顺应归纳法研究的要求，将感性因素视为句法研究优先关注的对象，例如，人们首先确定名词格的表现方式，然后再讨论其语义功能。实际上，面对第二项任务，当时优先采用的方法是"由外及内"，这种方法至今兴盛不衰。但细看之下，其中的表现即使不能说是一种无助，但至少也应该是没有把握的。里斯在其重要著作《何为句法?》（1927）中对问题进行了清楚的阐述，我们这里所选用的由外及内的方法可以消解里斯的疑惑。其实，米克罗希奇一派应该把对显性句法元素的研究扩展到词类和词形以外，难道不是吗？

语言象征场的职责是传递信息。在语言交往行为中，当语言信息在发送者和接收者之间交流的时候，语言象征场必然有其感性表现。因此，对于句法研究而言，米克罗希奇的方法（里斯所谓由外的方法）是可行的。我认真思考了里斯的批评和疑惑，对现代句法中最清楚、最具语言理论启发性的研究，即瓦克纳格尔的著作，也进行了尽可能详尽的考证。[①] 瓦克纳格尔的著述与里斯的理论遥相呼应，与米克罗希奇、舍雷尔（Wilhelm Scherer）和埃德曼（Benno Erdmann）的理论非常接近，不过，并未提出（完整的）句法理论，而是与19世纪一贯坚持的纲领在某种程度上一脉相承，大力提倡"由外及内"的方法，对词类和词形的讨论虽然有些随意，但整体而言却还是贯彻了米克罗希奇的方法。顺便提一下，那是一部大师级的杰作。早期古希腊语法学家没有浩瀚知识的困扰，以令人耳目一新的视角考察语言，在术语建设中提出了令人振奋的

---

① 参看瓦克纳格尔《句法讲座，以希腊语、拉丁语和德语为例》（1920，1924）。我向同事威廉（A. Wilhelm）先生请教关于最古老的希腊语碑文中指示词的问题，他送给我瓦克纳格尔的书，认为最值得一读。我要永远感谢他。

见解，其中某些认识与比较语言研究的最新成果一起，为瓦克纳格尔一派所称道。作为语言理论学者，我们倍受鼓舞，希望按照著名的苏格拉底式的方法在这里参与专业问题的讨论："什么是句法？"

瓦克纳格尔的讲座对句法进行了很好的阐释，虽然采取了折中主义的态度，但并无大碍。另一位（德尔布吕克）也运用了同样的方法，且进行得更为系统。里斯准确地指出，第二条道路十分必要，即"由内及外"的方法。事实上这种方法也逐步为比较语言学所广泛应用，例如，人人都清楚，在印度日耳曼语系的具体语族和具体语言中，第二格的所指是怎样构成的，或者"动词"是怎样变位的。这时，至少有一个不言而喻的前提条件经常未被论及，即在比较中动词被视为一个词类，而且，有些名词"形式"在功能上也应该全部或部分被视为第二格。我能否继续大胆设问，所有人类语言中的第四格，即所谓宾格，是怎样构成的？这对语言理论而言是一个挑战。我们必须进一步开拓视野，才能通过实例将问题推进到焦点。对于普遍句法的建构而言，"由内之路"十分必要，亟须开拓，而且要在研究中全面贯彻，不留死角。我将尝试以印度日耳曼语的格系统为例，阐释"由内之路"的必要性。

4.4 非语言描述机制的象征场

4.4.1 跨域比较法

人们可以进行大的方面的比较，以对比显示所比较成分的特性。我们这里的目标不在于对非语言描述机制进行系统的研究，而是经过特意的选择，集中探讨其中的某些问题。因为，简单地说，非语言描述机制对于我们仅仅是分析的工具而已，以便我们能够揭示描述性语言的结构因素。我们的做法近似于隐喻：我们说某某人是 Salonlöwe（沙龙中的狮子，即社交名流），就是用比较的眼光将某人置于动物之列，以此简单的方式可以强调某人的某些行为特征，从而达到描述其特点的目的。同样，我们用比较的目光来考察几种非语言描述方式，以达到揭示语言描述方式的特点的目的。描述的方式非常之多，对它们进行系统研究，离我们太过遥远，就好像上述"沙龙中的狮子"这个隐喻的使用者要写一部动物心理学。我们只想把几种非语言方式与语言相比较，因为语言中已知的或欲知的特点和结构，在所比较的非语言成分中显而易见。

据我所知，上述横向比较所预示的认知源从未得到认真的挖掘和利用，这很不正常。因为，曲线救国是值得的，其他机制只是过渡性地被植入语言理论，在完成使命之后就会重新自动退出。正因为这一特殊功能，可以防止人们被可能出现的各种程度的相似性所迷惑，不至于最后丧失了对语言描述机制独一无二的特殊性的判断。只要同时认真注意差异性和相似性，就不会被迷惑，就不会与此最终认识失之交臂。之所以选择这样的方法，关键是它会引导我们获得对模式的结构认识，完成对重要概念的定义，提出准确的问题。

4.4.2 非语言描述机制的词汇符号和描述场

我们同时想到乐谱纸和地理图。前者有 5 条平行线，为标注音符和休止符而设，后者是我眼前这本已经填满内容的图册。不过，我在这其中也发现了特定的架构，即笔直或弯曲的纬度线和经度线。这些线条经过通行的绘制方式，使得一张纸、一个平面成其为地图，并准确而清楚地与地球上某一位置相对应。乐谱自始就包括高音谱号和调号（因为规约如此），这对我们关系不大。同样，地图里也有一些不必在意的内容。乐谱的内容和地图的内容大不相同，然而，其中的共性却显而易见。

音乐家可使用的象征符号数量有限，包括全音符、半音符、四分音符等直至32音符或64音符以及一系列休止符。这是他的词典。乐谱上的其他内容，例如强弱记号和速度记号，断奏记号和连奏记号，等等，暂时对我们的比较没有意义。另外，在地图的下方有"符号说明"，包含数量不等的象征符号，例如表示10万人以上、10-100万人口以及1万人以下的城市，还有乡村及其他某种特点的居住区，标有一个十字架符号的点象征大教堂或小教堂，另外还会对不同的线条做出解释，以区别人行道、机动车道、三级、二级、一级道路和铁路。地图下方的"符号说明"也是一本词典。

乐谱和地图上的这些象征符号在特定位置获得它们的场值。音符自左而右排列表示音符的顺序，其中包括上下纵向排列的象征符号，表示同时发生的音符，其他场域维度标明每一个在场的音符相对于不连续音阶的音高。当然，地图的场值完全不同，但也是场值，人们可以用圆规和角尺从地图中测出图中地理产品的绝对地理位置，它们之间的距离，它们各自方向之间的夹角。这些已经足以解释乐谱和地图场域的共性。

4.4.3 场域价值：绘画场域和表演场域

为了将乐谱和地图场域中显而易见的现象与复杂的语言象征场中的情形进行准确而有效的比较，必须首先获得某些符号学普遍认识。一张白纸不是场域，同样，人类话语的语音流未经加工的堆砌也不是场域。语音序列中还需要加入某种元素，目的是构成场域或者时间序列中的场域链，相当于地图中那些对应线和乐谱中五线谱的线条所构成的网络，画家的"场域"就是供他着色作画的画布，彼此情形相似。

这是临时用来进行比较的第三个例子。与地图绘制师和作曲家的线条系统相对应，画家也必须赋予他的物理画布某种属性，使之成为一个描述场，这样他才能在其中植入他的数据。我们只需要注意到，画家有时也会像真正的绘图师那样，在纸上标出几个定位标记，勾出几条轮廓线和框架线，以此来确定标尺和布局节奏。否则，他会从某一个局部开始，或者先打一个色彩草稿，一块一块地调对并选择色值。只有当这些数据获得一定的画值（＝描述价值），物理画布才能成为画家着色的描述场。如果他决定省去这一步骤，我们当然完全信任他的估测水平，那么，他可能是个天才的平面图画大师，或者在与其他色彩音乐师和灯光音乐师的比赛中展示才能，但是，他的作品无论如何不能与我们的语言描述相提并论。另外，我们也不能为莱辛的类比所误导，得出草率的结论。也许，绘画数据的复杂性体现于空间，而上下文中的语言数据则体现于时间序列。我们下面还将对无声电影进行定义。但是，我们所理解的语言并不是严格意义上（非常意义上）的无声电影。

语言理论学家必须就这小小的一点聚集最大的力量，要能够说明一个人用语言符号进行描述究竟是怎样需要一个或多个场域，场域的功能又是什么。描述需要场域，这是符号学的一个基本认识。原则上讲，其情形与乐谱、地图或绘画并无二致。无论以何种方式出现在何时何地，语言作为结构合理的描述，都需要某种方式的场域。

为了追求全面，我想再附带补充人类描述的其他两种情况。我们将它们一并讨论，目的是透过矛盾的表象揭示其中的共性。我们要说的就是演员的表演和当今各种科学中屡试不爽的图示法。为了使描述性曲线具有准确的可读性，必须在符号的物理平面上确定一个"准确"的坐标系，这是不言而喻的。但是，如果要在一张平面上同时标示多条曲线，其中使用的区别性标记一般只能是象征性的，否则，就会是多余的。人们以同样的形式标记一条曲线上的各点，以突出它们及其相互之间的联系。图示描述法是我们列举的一个极端的例子。

那么，演员的情况又是怎样呢？演员登上舞台，更一般地说，他出现在一个特别布置的物理空间，并将它用作表演的场域——无论是否配备其他外在的道具。他必须对该物理空间进行可能和必要的场域改造，使之成为一个"舞台"。他可以借助一切道具和那些通用于他与观众之间的规约。他将登台表演，这是观众进入剧场的默认前提。对于语言理论分析而言，该情形以及演员所处场景的意义远大于人们所想。我们成功地说明了语言指示场的存在以及整个指示词类的功能，但是，现在要讨论的是语言的象征场。

象征场是语言符号场值的源泉，人们可以从乐谱和地图发现其形式上的相似性。其中，所有音符和地图的"符号说明"栏下所罗列的象征符号都具备某种独立于场域的表达值，并通过场域特有的确定性得以补充。我们先说音乐家的音符，即那些词典中孤立的音符，它们本身不具备音高的任何标记。针对出现在音乐作品中的所有音符，例如每一个全音符和半音符，无论所象征的音有多高，在音符词典中都只有一个符号。在乐谱中说明音高完全是场域的事情，但场域不说明（相对）音长，因为，相对音长只通过音符的结构得以象征。①

再看地图方面的一个例子。在词典中，表示"场地上的教堂或小教堂"的标记是孤立的，为基督徒所理解，以独立于场域的含义进入地图，因为，那两个十字架与地图中的南北和东西以及地理距离无关。这个符号虽然标在图上，并在那儿占据一定的位置，但除了十字架符号下方的地名标记，却不具备场值。当然，那一个点的确定性取决于场值，换句话说，取决于场值的只是关于位置的说明，而不是关于"教堂"的说明。与海岸线、河道和所有其他形象图式不同，十字架这个符号形式是个另类，同样，在语法（句法）确定的场域中，（物理）单词的词典"意义"原则上也是"另类"。不过，我们距离这个问题还很遥远（请读者保持耐心）。

4.4.4 象征概念定义

上述对特例的比较说明，一个符号的场值与其独立于场域的意义泾渭分明。这一点非常关键，我们可以根据同样的道理

---

① 众所周知，这一点在中世纪的音乐中有些不同，但是，无论多么不同，以及经历了怎样的历史发展，都不影响我们对现代音符系统的理解。

来明确定义"象征性"这个概念。孤立的音符形式的意义是象征性的，地图场域中的十字架符号也是象征性的，二者都与这些符号在所处场域关系中的场值不同。符号的象征性只能在所处场域的关系之中得到确定，例如，在一幅画作中，十字架形式不一定具备我们所指的象征性，而可能只是一幅图，即场地上的一个十字。这样，同一个十字架在地图上与在其他形式的上下文中有不同的意味。再如，画作中正义女神朱斯提提亚手中的天平、蒙眼的布带，通常被用作"象征性"定语，这无非是同样的定义以较高级别形式的再现。当然，上述感性物体被置于画中，不能脱离画家的描述场，不能像上述地图中的十字图形那样孤立于场域。但是，它们可能无法归入画家经常使用的"定语"，因而属于另类。这就是理论上的"象征性"。与正义的定语不同，再现正义女神的强大、坚毅和美丽都有其特殊形式。我认为，这为我们在符号学框架内准确定义象征性概念提供了一个基础，但仅此而已，逻辑学意义上的象征性问题远未因此而穷尽。接下来，我们就讨论其中对于语言理论而言非常重要的一个问题。

"象征性"这个概念在许多科学里具有悠久的历史，但却缺乏连贯的讨论，即使在希腊语中这个词的意义也已经演变得难以把握，可能由 συμβάλλειν 和 συμβάλλεσθαι 的许多含义相互交融而相应地形成了多义的单词 σύμβολον（也作 συμβολή），如《希腊语大词典》(Thesaurus Linguae Graecae) 就收录了这个词。近义之间相互影响，趋于同义，最终，拥有了"符号"的含义。该词的词源如此模糊，难怪后人的解读添油加醋，多有不同。

我的上述理解得自瓦尔特·姆利（Walter Müri）对该词古

典意义演变的详细考证。① 姆利也把该词的早期发展分为两支：（a）"符号"（σύμβολον），表示"组合"、"客观标识"（对宾客的识别）、"认证"；（b）"商务合同"（συμβολαί），表示希腊城邦之间的司法协助合同。另一种词源解释是：集合点，汇集点，规约。值得符号学注意的是，上述（a）导向概念"征兆"（识别符号、征兆、标记），而（b）则强调协约性。一份国家协约不能算作简单的符号体，但是如果强调规约性，则其间的联系就不难理解，这里，随着国家协约而形成的，不是征兆符号，而是秩序符号。

亚里士多德认为人类语言是象征性的，实际上是将上述意义演变的两个方向合二为一。（de interpretatione, cap. I）因为他的解释是，语言是心理过程的符号，而心理过程是对事物的反映，因此，语言也间接地成为事物的符号。指出"间接性"可谓一语中的，问题是，这样把"想象与事物"的关系用平行符号连接起来（V ‖ D）是否太过简单了。我将亚里士多德的观点图示如下：L⇄V ‖ D（L=语音，V=想象，D=事物）。在语言理论和逻辑学的历史上，存在两种思维方式，我们区分为主观主义和客观主义的分析法，亚里士多德将二者融为一体。这种融合根源于认识论（过于简单）的古典反映论思想。随着"感性"和"理性"思想的形成，V ‖ D 的相等关系也被消解，这样，亚里士多德关于象征性概念的"合成"说便陷于崩溃。霍布斯（Thomas Hobbes）以降的英国逻辑学坚持征兆观，形成主观主义语言论，直到密尔（同样是片面的）才重新高举柏拉图

---

① 参看姆利《论象征性。词汇历史和客观历史研究》（1931）。

客观主义分析的旗帜。我认为，现在若要实现两种方法的重新融合，就必须沿着经院派和胡塞尔的道路，采取行为论的方法。

象征性概念的现代历史说明，无论如何，浪漫派喜爱含义丰富的象征性概念，追求意涵无尽的"形象和比喻"；相反，逻辑学家则（职业性地）追求概念内容的精简和形式化，其结果，就只剩下符号与其所指之间任意约定的对应。

这两种定义理念极易理解，因此，我们只需要补充说明象征性概念广泛的使用范围，就可以理解其历史对我们的意义。象征性"符号"存在无疑，而且具备描述价值，问题是，是否也存在象征性行为？而且，一次性存在的事物是否也是"象征符号"？如国王权位的标识（圣史蒂芬王冠和金球），无论其命名依据是统治的权力和统治的地位本身还是其授予和占有，当然是一种"象征符号"，而且被使用的案例还有许多。十分有趣的是，这里也体现出非浪漫派和浪漫派的不同喜好。因为，一个行为脱离了现实目标的驱动和简单物理成就的诱惑，对于一个人而言是象征性的，因为该行为没有后续效力，而"只是一个象征性的"动作而已；对于另一个人而言也是象征性的，因为摆脱了低级（如动物）的目的链，转而承载了一种高级的人类功能，具有比喻性，或者其"象征性"中蕴含着一种行为的合法性或其他意义。

永远都会有浪漫派和非浪漫派，谁也没有必要对另一种定义理念心存歉意，人们只需要学会在科学上相互理解。我认为，目前应该提倡两种象征性概念相互妥协（当然不能放弃和退却），即使得以圆满解决，同样的性格差异还会在其他方面表现出来。作为语言理论学家，笔者赞同非浪漫派，认为语言的拟声不是"语音象征"，而是"语音反映"。

逻辑学家认为象征的基础是对应的任意性，这一解释难以服人，因为，"任意性"如同"偶然性"一样，属于否定性确定。为了达到描述的目的，一切象征符号都需要一个场域，并且每一个场域都需要象征符号。认识到这一点，我认为是一个巨大的成就。这样，任意性和象征性两种元素原则上成为相互关系的元素，也必然在相互关系之中得以定义。前文已经表明，音符的象征性独立于场域，但是，必须立即予以正面补充：这些独立于场域的符号一定具备场域能力，而且对于它们可能获得的场值是开放的。显而易见，为了使符号获得场值，我不可能把乐谱的词典单位移植到地图上，也不可能把地理象征符号移植到乐谱上。音乐象征符号不具备地图的场域能力，因为，音乐象征符号不能象征指称地名这样的地理产品。这一浅显的道理对于词汇定义而言非常重要，因为，词汇概念的特征之一是词汇语音符号的（句法的）场域能力。

最后再重申一遍，所有非语言描述机制都仅仅是服务于我们分析语言描述机制的工具，这里绝没有对它们本身进行充分分析的意思，例如，除了历史已经形成的音乐书写方式，人们还能够创新什么样式的音乐表达呢？这是一项完全不同的任务。我们对拟声语言的分析，是要说明语音之所能，而不是语音之所为。但是，我认为，我们的朴素描写应该体现一种新意，在现有基础上把分析人类描述机制的水平提高一步。我认为这是可能的，虽然我还不知道具体应该怎么做。下面我们将会看到，语言描述所提出的问题与数学问题根本不同。

4.4.5 象征概念的历史，图画与象征，现象忠实与关系忠实

事实证明，说明形象与象征的逻辑关系十分必要，而且亟待解决，这是逻辑学能够服务于语言分析的地方，而且已经触手可及。如同我们一样，大多数语言理论学家毫不犹豫地使用"语言象征"这一复合词来对应形象描述这一概念。我们又一次面对莱辛在《拉奥孔》里提出的问题：语言是不是形象描述？为此，我们建议首先提出以下一般性思考，然后再在后文详细讨论。

"形象"的基本例子应该是摄影和绘画，而运用象征符号进行描述的基本例子应该是乐谱和运用高烧曲线来描述高烧变化。显而易见，各处都存在过渡和中间形态，而我们可以设想描述方式的线性结构，从最高等级的形象性到最纯粹（非浪漫派意义上）的象征性，这样，语言描述距离纯粹形象性这一极端就非常遥远，倒是接近或者比较接近另一个极端。结果可以简述为，两种极端情况都无法付诸实践，相反，所有已知的描述手段都是形象性与（空洞的）"任意性"交替主导，协调互动。

最令本书读者感到意外的，也许是对摄影的讨论，不过，这需要暂时搁置，因为还需要几点基本知识，才能清楚地说明摄影对于我们原理的借鉴意义。我们的目的不在于说明一般摄影采用一维变化反映五彩世界，把灰色化为灰色，甚至在一张可调色的纸上，即相纸上，把物体灰色的所有色值缩小到一条短短的灰色色值线段上，既不像被拍摄对象黑绒布那样黑，也

不像被拍摄对象瑞雪那样白。这都不是我的本意，后文也不做说明。不过，我们还是将摄影问题暂时搁置一旁，先考察雕塑的形体描述。这里，问题的要害同样体现得令人信服，并且更为明了。

仅仅因为材料技术的局限，雕塑无法达到绝对忠实再现的程度，纵使用蜡和真头发也不能完全真实地再现活人的身体。人们只要把条件夸大到极限，就会明白绝对忠实的极值绝非那么理想及其个中原因，不仅对于"自由"创造的艺术家如此，即使对于以忠实为目标的肖像艺术家也是如此。因此，如果太接近极值，就会极大地伤害"一物代替一物"这一方法的意义。同样，人们有充分理由相信，可以用戏剧方式再现英雄，被搬上舞台的兴登堡（Hindenburg）或其他某个德国国民并非在身形方面、人种和心理方面最接近他。对此可以从心理学角度进行阐释，但我们在这里只是略提一下，不予详论。

因此，应该认识到，忠实的再现存在程度之分，其中有材料或其他原因，使得极值成为不可及或蹩脚的表现，因而也不可求。但是，还有一个认识对于我们而言更为重要，即所谓"忠实"不仅涉及上述物质忠实（Materialtreue），而且还涉及其他，我们称之为关系忠实（Relationstreue）。我们将会看到，语言就其结构而言并不是追求某种物质忠实（或可称现象忠实 Erscheinungstreue），而是（通过不断建构）追求关系忠实。

什么是关系忠实呢？我先提一个预备性的问题：正确描绘的高烧曲线和乐谱是否是一种反映？对此，有人也许迟疑不决，不敢大胆肯定回答，因为，二者都一致体现出某种物质忠实。①仅此还不足以成就最终的分析,因为,同样可以肯定的是,无论乐谱还是高烧曲线都在一定程度上体现出"关系忠实"。音符在五线谱的区别性刻度上或高或低,对应于所象征的音在区别性音阶刻度上的高或低;我的高烧曲线中的各点标记着每一次用温度计测量的结果,或高或低记录在纸张上,对应于温度计水银汞柱所示的高或低,自左及右依次又与测量的日期相对应。对于乐谱和曲线而言共同的规约是,符号的"高度"与所象征对象的"高度"成正比,越是偏右,则所象征序列成分在时间维度上越晚。这就是我们对所谓关系忠实的描述,当今物理学家和技术人员则干脆称之为"反映"。

这一表述方式的理由很简单:这里的反映就是"依赖于场值的再现",同时,也体现了狭义的形象概念,要求图形与所反映对象之间形象地相似,或者(也可以说)用图形忠实地再现,当然,其中不可避免地存在着不同的等级和程度。

上述解释之后,再回到对摄影的讨论。按照谚语的说法,摄影的忠实性程度最高。我们绝不想挑战谚语所设立的标准,但即使是摄影,也会给不忠实性和任意性留有一定的空间,并且被充分利用。我们先把关于形式再现的一切思想搁置一旁,集中关注物体的灰度值(即反照率)和相纸的灰度值。如果在同样条件下用不同"品种"的两张底片拍摄同一个对象,甚至把照片从同一张底片洗印到另一张不同的相纸上,结果都会

---

① 音乐的材料是声音,不是五线谱上的音符,音符对应着不同的声音。同样,与"发烧"相连的是体温,而不是写在纸上的铅笔线条;彩色绘画,甚至黑白照片则又有所不同,因为物体的颜色通过绘画色彩得以再现,或者至少"白色色值"通过白色色值得以再现。

表明，两张图片的比色度不同，例如，人们得到一张洗印的照片，即第一张照片，明显在黑色区域有多个等级的灰度值，而第二张照片则在白色区域有多个等级。人们可以通过特别硬的底片来显示照片上的灰度细节，显现出肉眼在物体对象上所不能分辨的东西，反之亦然。因此，我们通过不同的等级可以显示摄影的任意性，即内在非忠实性，而且只可部分地予以弥补。

至此，敏锐的语言学家会说："哈！这类似于洪堡特以来所谓之诸语言因其内在语言形式而体现出的差异性。"对此我们不予置评，但承认事实上这就是感光底片因类型而特有的梯级性，与语言具有相似性。但是，在我们看来，上述两张照片依然是对摄影对象的关系忠实的反映：照片上一处比另一处更白，客体相应位置的反照率也相应不同（即使不是同一梯级）。①

4.4.6 语言描述的特点

这样的同质性无处不在，我们不必穷尽列举，横向比较不能沦为无节制的同质搜索。上述观察其实已经蕴含着一个转折。语言描述的"忠实性"又是怎样的呢？不难证明，对被感知对象的现象忠实性描述的确有其痕迹，但是，语言的结构规则基本上将现象忠实性排除在外，这是后文的话题。人们将显见的场域元素直接与语言所指的对象相对照，就可以发现还有其他更多更细的条件限制着可能存在的关系忠实性。例如某些

---

① 参看卡尔·比勒《论颜色的表现形式》（1922）95 及以下诸页，有兴趣者还可在那里找到更多的参考文献。

语言的语序因素，或更一般地说，句子中词汇的占位秩序，就极为重要。不能说，词在句子中的占位秩序形象地反映了语言所指事物的秩序，不能说那就是关系忠实性再现，但人们经常发现，词序或句序通过巧妙的安排而获得了一定的文体效果，生动地再现了事件，如名句 veni, vidi, vici（我来了，我看见了，我征服了），以及后文其他语境中的许多典型例子。那里我们将会看到，凡事都需要自己特定的框架，才能利用语言符号的顺序再现事件的顺序，我们所强调的这种认识恰恰为我们的观点提供了必要的证明。人类语言绝非模仿，既不像画家那样，也不像电影那样，甚至连音乐家用乐谱那样的"模仿"都不是。

虽然如此，语言还是可能实现某种程度上的忠实性再现，因为，没有忠实性就根本不存在名副其实的"描述"。我感觉，当代有些著名的语言理论学家（包括卡西雷尔）反对古典和中世纪的语言"反映论"，虽然振振有词，但却失之偏激，恐怕要把小孩连同洗澡水一起倒掉。我随便举个句子为例，如"两位先知尊左右，凡夫俗子居其间"，或者"科隆大教堂有两个后来扩建的塔"。通过这些句子，语言之外的有形之物获得了语言表达，并且非常清楚地再现给德语读者。在日常语言交际活动中，语言理论学家不能死守现有的认识信条，根据这些句子描述的忠实性来对朴素的问题进行哲学诠释，因为这样做无疑就是一种滥用，一种元理论意义上的艺术怪胎，一种教条的认识论。歌德与那两位先知，带有双塔的科隆大教堂，对于这样的事物，画家的描述与另一个人用语言再现相差无几。只有诸如此类的表现方式才是对语言描述的方式和忠实性问题进行设问的背景框架。它表明,在感性场域元素与描述对象之间不存在直接的反映,但这并不否认间接对应的存在。

这个问题分别涉及语言的象征性和场域符号,为此,我想先从心理学的角度对间接对应的一种主要表现进行论述,即所谓"n角与字母表"。

假设,我们仿照几何学中常见的做法,用字母标注多角形的每一个角,此刻,人们可以怎样以及实际又是怎样做的呢?原则上,人们用任意一个字母来标注每一个角,以便(如柏拉图所言)用语言以舒适的方式在相互之间传达关于"事物"及其特征的信息,例如关于图中的几何关系。我以六角形为例,下图列出两个方案供我们比较。二者的区别何在?

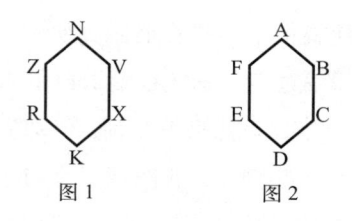

图1　　　　　图2

图1的方案为一种完全任意的对应,不构成"反映",也很不方便。图2的方案为有限的任意对应,体现出"反映"的迹象,因此更具功能性。在第二种情况下,人们在分配称谓的时候坚持字母在字母表中众所熟知的联想顺序,将角的顺序反映为字母的联想顺序,这样的反映对于讨论极有好处。例如,只要提及一次,并且大家都熟记于心(相比图1,图2更易记忆),然后把对象从感知场移去,人们仍然可以仅仅凭借联想顺序就随口有根有据地说出图示的某些方面,例如其中最为

简单的一点,从A到F,所有相邻各点都再现了联想序列中的相邻关系。在讨论中,我说"线段CD",听者就会明白那是六角形的一个边,我说"线段CE",听者就明白一个角被跳过去了,我说"AD"或"BE",听者就会在想象中画出一条主对角线,等等。

字母表是一个联想链(一种盲序),仅此而已,但是,每一个人都学习并掌握了它,因此,用字母顺序对任意客体序列的反映都是便捷的对应,我们在实践中将字母顺序反复用于秩序安排。显而易见,在日常语言符号系统中有许多联想链和联想网络,从心理学上看,与字母链位于同一等级,以同样的方式服务于我们对体系庞大、包罗万象的世界知识的组织和传播。我们并非永远在学习和生成语言符号(词),但却在不断地学习和生成语言符号的序列,并由此而以极为丰富的方式记忆和掌握客观对象。在我们的例子中,字母链充当一种媒介,发挥着秩序组织者的功能,是一种秩序机制和对应机制。因此,我们可以想象语言中也有类似的"媒介"和"秩序组织者"。之所以为媒介,是因为它们被置于其间,之所以为秩序组织者,因为就其功能而言与客观的组织机制相类似,例如卷宗、目录等。不过,人们不应草率地将语言媒介和秩序组织在任何方面都与客观的媒介和秩序机制等同起来。

为了凸显我们的思路,有必要列举一个与以上所述明显不同的例子。书写的数字,即我们十进制系统中的数字,同样也是空间秩序的一种简单而有效的模式。用数字组合3824(以如此形态)象征一个特定的数字,其规约是,从右到左,这些符号被赋予个位、十位、百位等值。对此,每一个学生都熟记在心,而且采用联想的方法。联想就是对结构的认识,数字的运用就是结构知识的运用,其根源都不是盲目联想链。从右到左的位置顺序就是一个简单(直观)秩序的位置顺序,而数字值的每一步跳跃相对都是同样的(十倍)。这里,一种可建构的秩序被反映在另一种可建构的秩序中(而且没有媒介)。每一位"计算者"都深谙其中的关系,并对其技术十分娴熟,从中获得巨大的便利,而且为任何其他秩序所无可比拟,无论是两种盲目联想链的秩序,还是一个秩序链的成分与一种盲目联想链的成分之间的秩序,都无法相比。

上面我们考察了数字,即数字的视觉象征符号,我们不妨再顺带考察一下听觉的数字符号。与字母表完全相同,数字 1–12 也是一个盲目的联想链,但是,抛开少数孤立的情况不说,稍大的数字却都是语言组合,由盲目的个位链及少数系统性辅助变化手段组构而成,是可建构的,基本上与十进制数字系统简单明了的视觉表达相类似。这里所揭示的是一种简单的模式,适合于其他称谓领域以及人类语言句法更为复杂的情形。因为其中包含着这样的规约:所有数值都被分为千位数、百位数、十位数等类别。对于后者,德语中有构词语素 -zig,如 vierzig(40)、fünfzig(50)等。这是数字中的句法媒介,属于洪堡特所谓的内在语言形式。由于诸多原因,并非总能凭借唯一的或少数且毫无例外的句法规约即可畅行无阻,相反,规约为数众多。但是,无论情形多么复杂,语言句法的核心内容(在服务于语言的描述功能方面)最终都可以被分析,或者(部分)根据实用的 n 角标注模式,或者仿照(视觉的)数字句法模式,或者根据可建构的(听觉的)数字模式。对此,后文还要论及。

语言的有些方面是可建构的，有些方面是不可建构的，这是常识。教学语法特别强调简单的可建构性，视之为核心，而将不可建构性或有限可建构性视为恼人的累赘，视为"例外"置于替补席位。对问题的历史观察往往可以说明那些孤立的构词其实是早期可建构系统的遗迹，其中有些得以保留，让后人有孤岛的感觉，昭示着往日富饶的形式世界，或者情形相反，说明早期存在大量的同形现象，后来局部地消失了。对这一整体事实人们大致比较清楚，表明语言描述机制对秩序组织者的需求，例如字母链之类的盲目媒介，或者如复杂数字清晰可见的结构性，或者如希腊语或德语"规则"动词的变位形式。关于这些组织机制的媒介特性，我们还将增加讨论印度日耳曼语的格系统这个被充分挖掘的例子。句子是印度日耳曼语的语言产品，反映描述对象，即事物，这样，在（人类或动物）行为模式的视角下，格的场域机制成为一种有效的秩序组织。这是印度日耳曼语反映事物的主导模式。在实践中，内在决定的格形成场域机制，并在场域中对事物进行反映和描绘。

4.5 拟声语言

4.5.1 语言的"模仿场"

对模仿的偏好不仅存在于诗歌中，而是在语言产品中随处可见，有时表现为游戏和饰纹。模仿无论出现在何处，最终都应该是人类愿望的一种流露，希望放弃语言与其他文化机制共有的间接性和迂回性。对形象性的渴望，与感性事物直接接触和交流的欲望，对于说者而言是一种完全正常的心理态度。人学会了对世界进行有声的阅读和解释，而语言这个媒介机制及其独特法则又使得人们免于对海量事物的直接感知，不用亲眼所见、亲耳所闻和亲手经历，尽读音之所能，便可以重新达到对具象世界的完全理解。这就是语言拟声现象的简单动机。

语言理论必须认识并阐释这种"返璞归本之路"何以能够在不伤及语言本身的情况下顺利实现，其语境和方式是什么。毫无疑问，如果抛开语言，则声音模仿就可以随心所欲了。唯一的问题是，在语言机制之内人们是否以及怎样才能如愿以偿。语言结构中一定有特殊的安排和许多可能性，但是，有一点是不可能发生的：这些零散的、偶然的碎片在一定的自由范围内通过联合而形成一个连贯的描述场。

简单说，这一点就是本节想要证明的。这一章节就像一段插曲一样，系统性地介于语言指示场和真正的描述场即象征场这两章之间，因为，这个话题本身是要证明语言描述的可能性，而非其现实性。如果语言蕴含着一个连贯而有效的模仿场，那么，语言就不成其为现在的语言。但是，语言具有很强的包容性，自身的规则有时无法满足需要，在这种极限情况下就会接纳特殊的模仿规则。而一般情况下语言的结构规则会给任何无限模仿以一定的限制。我们要揭示这样的限制机制，但是需要首先讨论一下海因茨·维尔纳的新书。以往，语言学家试图将语言与事物形象地直接相连，我们在该书中似乎看见这种古旧思想又新衣登场。其方式非常奇特，类似于亚里士多德的思想，认为表达优先于描述。至少，我们可以这样理解维尔纳的所作所为。我们对他的批评虽然有理有据，但是，维尔纳关于（在实验室培育起来的）"语言表达意愿的功能"的论述无可厚非。

4.5.2　模仿论之争

海因茨·维尔纳的《语言相面术的基本问题》（1932）值得关注。在那里，他对相关的理论进行了溯本追源的探究，从而也对语言模仿论的鼓吹者进行了综述：他们包括几个中国哲学家和柏拉图。不过，（我们想补充指出）之所以提到柏拉图，只是因为放大了《克拉底鲁篇》中某种未被彻底摒弃的东西。另外，还有保罗·汉卡默（Paul Hankamer）在一篇文章里所讨论的16、17世纪德国巴洛克诗人和语言学家，[①]以及雅各布·波墨（Jakob Böhme）、赫尔德、哈曼（Hamann）和其他浪漫派分子，直至威廉·冯·洪堡特。关于洪堡特，维尔纳写道："很遗憾（着重符为笔者所加），针对我们的关键问题，洪堡特及其之前和之后的许多人，都忽略了语言创造思想的原理。"（维尔纳，1932：23页注释）洪堡特以降不乏令人同情的思想家，他们几乎全都是19、20世纪的语言学家。维尔纳所详细引证的也有少数例外，分析这些例外非常有助于我们自己的观察。不过，该谱系中的"远古逻辑"更为重要，是某种原型。对远古逻辑的"语言"，恩斯特·霍夫曼（Ernst Hoffmann）进行了阐释。[②]我认为这种语言颇具传奇色彩，语言理论学家应该认真思考其存在和影响。

---

① 参看汉卡默《16、17世纪的语言概念及其阐释》（1927）。
② 参看恩斯特·霍夫曼《论远古逻辑语言》（1925）。

远古逻辑可能曾经以某种方式存在过,因为它至今仍然时有闪现,不仅在那些所谓文化贫乏的原始语言里,而且在我们的语言里。虽然如此,它绝不可能成为人类语言思维的决定性源泉。为什么不可能呢?我们可以用反命题的方式进行间接论证。因为第一,那样就会使得人类彻底失去生活能力;第二,人们原以为在原始族群中,现代俾格米人对"远古逻辑"的向往最为虔诚和纯洁,而这样的预期恐怕会让人失望;第三,左边写着:"远古逻辑和语音模仿式描述",右边写着:"象征性语言"。我们认为哪种是可能的?现代人类语言面临抉择,需要慎重思考。赫拉克勒斯选择了美德之道。① 根据我们对神话的理解,使用有声语言的人类原本完全可以选择左边的道路,但绝不可能在向左行进了很长一段路程之后,又要把自己所做选择一笔勾销,去顺应现代语言的要求。每一个神话都明白,选择只能有一次。

给自己的观点穿上了神话的外衣,这可能是一种误导,但问题本质上是很理性的。现在需要实事求是地做出判断,洪堡特以降的专家们的敏锐感觉是否基本上是正确的。如果是真知灼见,就必须给反面观点留下应有的地位,听听他们的意见。一个教条取得了胜利,就要将反面教条揭露为纯粹的邪说,这种做法在当今科学界已经不再流行。对于模仿的需求,语言独特的、非模仿性的结构也给予自由,可以形象地说,是模仿给

---

① 赫拉克勒斯(Herakles)是希腊神话英雄,又名海格力斯。他年轻时面临重大选择,一边是邪恶女神,会带给他享乐和堕落,另一边是美德女神,会带给他艰辛和美德,也最终给他幸福。赫拉克勒斯选择了美德,也就是选择了正确之路。在德语中,"正确"与"右边"同形,由此,引出下文所谓"左边的道路"。——译者

了自己一小块地盘，最终以独特的方式在语言表达领域的范围之内发挥功能，这也应该得到认可。我认为，维尔纳的见解只需要稍作位移，从描述领域位移到语言的表达理论之中，这样，我们甚至可以保留"相面术"这个称谓。对此，我们还将论及，并详细展开对维尔纳的批评，但是现在首先要提出我们自己的观点，以表示对他的赞同。

4.5.3 语音模仿的潜能

我们将相关现象径直称为语音模仿，与此不同，希腊语法学家提出过一个特殊的称谓，即词汇模仿，亦即拟声（Onomatopöie），其中也许蕴含着一定的智慧。对于这一现象在语言结构中的意义已经有所讨论。我们应该稍微放宽标准，对问题做尽量宽泛的阐述。在必要时人们是否能够用声音模仿世界？假设人的声音大致如我们所认识的那样，我们需要思考，是否以及怎样可以用它们来满足一个普遍性描述机制的要求？一种可能是，所发出声音的基本功用应该是模仿。莱辛认为语言本质上不是模仿性的，赫尔德等人则断言语言曾经是模仿性的，而且真正的语言艺术大师实际上一直在模仿。既如此，我们就来评估一下声音中所包含的模仿潜能。这看起来似乎是一种非常含糊的做法，其实不然，关键是面对每一种新的可能性都要坚持语言的结构观，判断具体现象是否是对一般可能性的充分利用。我感觉这会成为一种"清算"，至少在主要问题上可以达到预期程度的确定性。如果还需要借用神话，那么这种清算其实是对所错失机会的一种盘点。

那么，人类声音的模仿潜能又如何呢？为了思考这个问题，我们将声学中的元音化现象和发音的机能现象放在一起考察。嗓音中包含着极为丰富的音色，因为，从声学来看，所有的元音区别都是音色的区别。小提琴的声音是小提琴的，小号的声音是小号的，根源在于每一种乐器将基音和泛音组合起来的特殊性。人说话的声音则完全不同，这里，组合的特点因元音的不同而异。如果用乐器模仿 i、e、o（如在 Ingeborg 中）或 u、o（如在 Fruchtsaft 中）音色的变化，那么，无论哪一种常用的乐器，如笛子和小提琴，都根本无法实现，Ingeborg 需要依次使用三种乐器，Fruchtsaft 需要两种，如果要人工生成类似于人声的东西，则需要使用带音栓的管风琴那样复杂的乐器，或者需要发明与常用单音乐器（如笛子和小号）完全不同的乐器，[①] 类似于萨克斯风（如果我没有搞错的话），才可以满足丰富的音色变化。

著名的元音三角只是基本上再现了音色持续而丰富的变化。我们要考虑到这样的复杂性，才能明白上文的意义。那些某种程度上可被复制的音并没有多少是"日常世界"的音色，更何况还有大量（声学还根本没有解决的）辅音的伴音、首音和尾音，每种乐器各自发出独特的声音，吹笛子、拉小提琴、拨竖琴、弹钢琴、击鼓，等等，还会有各种杂音掺杂在声音之中。然而，人的发音机制用"吹""嘶嘶""打击"等方式发出声音，其差异性极为丰富细腻。

---

① 为了简便起见，我们根据施通普夫对黑尔姆霍尔茨思想的新论，把元音的特性归为音色，但斯克里普丘（Scripture）认为这样做没有根据，并得到蒂林（Thirring）及其学生的支持。假如他是对的，那么，我们的比较就需要使用三种不同的共鸣器（发音器）来代替那三种不同的乐器，而这与我们的目标完全无关。

在元音化中，这一切都在快速转变和有序组合之中发生，其中恰好体现了"发音"应变机制的极为多变和灵活的特殊性能。是否每一种如此灵活的发音也表现出音节的划分，这完全可以搁置起来。如果由说话联想到唱歌，则不可将语音原材料本身所包含的音节趋向随意夸大和普遍化。西弗斯（Eduard Sievers）等语音学家对音节深有研究，（我感觉）他们非常清楚，言语音节可以在0.1秒的最短时间到一口气的极限范围内任意拉伸。当然，真正可以任意拉伸的只能是那些可以拉伸的音，即持续音。声音现象可以在所有维度上发生单向变化（这是西弗斯音节理论的核心），但在变化的过程中却不可出现转折。音强、音高或音色曲线上的每一个方向的转折对于听者而言都预示着音节切换，例如，通过爆破音使音流突然中断，或者插入某些无中断的声音，原则上都是如此。用语音学的话语表达就是：与辅音转折点作为音节标记的情形完全一样。总而言之，西弗斯音节理论的一个核心就是音节的"声学转折点理论"。我们还将在适当的地方阐述这个问题。

还有一点对于正确认识人类声音的模仿潜能非常重要，简单地说就是音流在所有维度上的独立变化。人们可以不考虑音高和音色而独立地改变元音的音强，亦即，人们基本上可以自由地选择这些因素，并在音流中互不相干地完成变化，例如，为什么声音在升高、变强或变弱的同时不改变元音的响亮度？具体到后者，变化可以从u到i，从o到e，或以相反方向，也可以从u到a，或从i到a，或相反方向，都是如此。当然，针对世间的一切，我们每个人都能够如此，这也给模仿开启了新的可能性。这里所谓的"模仿"与表达完全相同，在不涉及音位学相关性的情况下，对许多变化都可以真正和合法地利用。这种元音音流被伴随的声音所裹挟，同时，人们还可以把其他声音相继掺入到音流之中，这样的事实及其具体情形的细节怎样，这里不做解释，可简单视为一种已知的语音学现象。

那么有什么是不能模仿的呢？我们所生活的世界，有其听觉的一面，同样也有其视觉的一面。我们周围充满了各种各样的声音，是我们所关注的无数物体和事件的典型表现，而且各具区别性功能。我们无需探头于窗外，只需凭借耳朵，就可以知晓大街上或隔壁房间里发生了什么样的日常事件。假如让专家们投票表决，看谁拥有更为丰富的模仿手段，是色彩模仿还是声音模仿，那么，我会毫不犹豫地投票给后者。我们还要考虑到音节划分也可能促成一种非常独特的模仿，比如"有声电影"（如果可以这样称谓）的情形，那里并非因为增加了某种视觉的东西，而是因为小小的有声画面在其中渐次展开。这些有声画面当然不是语言音节，而是真正的语音画面，是有声世界的画卷。毫无疑问，当今的专业人士可以"拍摄"一部视觉电影，同样，一个受过训练的人也能够系统性地跟踪并绘声绘色地复述复杂的事件，因此，人们完全不应该对杂技演员类似的表演感到惊讶。另外，如果真要制作拟声音乐（毫不客气地讲那没有多少音乐美感），人们不必端坐于钢琴之前，因为，舞台上每一位口技演员以及某些现代美国歌手都可以做得更为出色，而且无需任何弦乐器和管乐器，只需以胸腔为风箱，巧妙运用喉头和喉管。这里，人们清楚地看到我们的声音手段所蕴含的模仿潜能。

4.5.4　语言结构规则对模仿的限定性

我们提出一个幼稚的问题：假如情形果真如此，为什么从来没有一个语言学家想到如此建构自己的语言理论？这可以成为一本书，其中模仿原理最为重要，是理解和掌握一种语言所要优先学习的内容。这个问题一旦提出，每一位专家都会即刻给出正确的解答：声音模仿绝非语言最为重要的结构规则。假设任意一位说者想描述某种简单的事件，例如拟声模仿马蹄声或火车进站的声音，这时，他完全可以放弃使用语言，而且有时也会取得令人意想不到的成功，但是，一旦要进行规则的言说，那么他的所作所为原则上与所有民族的诗人，从荷马（Homer）到席勒和理查德·瓦格纳（Richard Wagner），不会有什么不同：

> 耳边的呼啸渐渐低沉……
> 翻滚、沸腾、咆哮、嘶叫……①

这说明，语言中有形式规范的词、词组、句子等，它们首先要遵从语言的构词规范和复合规范，在此基础上才会出现一些语音模仿现象。这可能是拟声组合的唯一样式。有声电影（少数情况下），即一连串语音画面，也是如此。诗人们偶尔也会在诗歌中"拍摄"这样简短的有声电影。但他们坚守在语言的范围之内，因为他们只有特定的权利和自由，不能破坏语言原本的组合规则。说真话，我不想质疑他们的艺术技巧。试想，席勒的诗歌对狂风和大火呼啸的蹩脚模仿堪比一个模仿高手的作品吗？我继续使用虚拟语气：除非席勒别无大志，只会

---

① 出自席勒的叙事诗《潜水者》（Der Taucher）。——译者

与这类模仿大师争风吃醋。

实际上,席勒永远是一位语言艺术大师,但在他的语言形象描述中只有很少近似实际听到的声音。细究个中缘由,我们会发现一些限制语音模仿的重要条件:第一,无论在哪里进行语言描述,模仿"充其量"只能在语言句法允许的范围之内进行。句法限制是语音模仿的门禁,或紧或松地把守着。相比较希腊语、拉丁语或者德语,现代法语或英语的词在句子中的顺序具备更强的句法相关性,因此,系统性语音模仿所受的局限就会更大。

构句条件满足之后,选词和构词是语音模仿的另一个相对较小的自由领域。德语复合词 Lautmalerei(语音模仿)的含义较为宽泛,而古典语法学家则用了一个涉及面较窄的关键词来描写整个过程,即"称谓模仿"(Namen-malen),更为妥当。即使这样,也还是存在新的限制。说者个体不能通过模仿来任意扩展语言的词库。他所需要的是否已经被现有词典收录,或者他眼前的新词是否为语言整体所接纳,这永远是一个问题。因此,我们提出语音模仿的第二个限制条件:人们可以巧妙地利用一种语言的词汇,但却不能通过新构词来对它进行实质性地扩展。对此,我们无需讨论。目前,在语音模仿方面,词汇的充分利用及其历史发展仍是一个未解的问题。声音称谓词在某种程度上显然是忠实反映现象的语音形象。在词汇发展的历史上,类似的情形到底有过多少,是自始就存在于其他单词之中,还是被植入其中,还需要具体研究。

接下来,音位学告诉我们还有第三种限制。我重申,一种语言的语音材料具有巨大的模仿潜能,但是,音位学家认为每一种语言的语音符号（音位）系统只包含精选出来的内容。果真如此，这意味着什么呢？对这一问题进行仔细而系统的回答可以澄清许多问题。这样的回答必然包含许多内容，既要公布自由度又要申明禁令。我们先说后者，即音位学纲领中阻止模仿的元素。词汇的整体性进一步压缩了模仿需求的发展空间。一般情况下，规则只给少数语音留下空间，供它们在无关乎音位的范围内施展，但不可轻易越雷池半步。

4.5.5 韦尔纳实验

为了尽快阐明我所关注的问题，有必要直接对韦尔纳等人的研究成果给予深入分析。最近，人们又一次高估了语言的模仿性，例如，韦尔纳实验的受试从单词"Seife"（肥皂）的词汇声响中一步一步解读出"肥皂"这个对象被语音模仿的特点，其中包括"黏滑""泡沫"等特性，但又是通过什么而体现的呢？根据他们白纸黑字的实验报告，无非是一个一个地梳理单词的语音，然后指出 S、ei 和 f 各自都蕴含着对整个属性的某种模仿性描写。他们这么做并非偶然，而完全在音位学的情理之中，因为，每一个音位（语音符号）的实现都拥有某种自由的空间，模仿潜能在其中得以实现和解读，说者可以把持续音 S 和 F 发得很响、很长，而把 ei 发成泡沫状，我看都没有问题。这就是那种一步一步展开描写的手法。

人们对可怕的"原子主义"唯恐避之不及，也必须避开。但是，事后对"原子主义"的一切理论严词怒斥都不能掩盖如下事实：当某个德语词被说者清楚地说出，同时被听者清楚地听到，这时，单词的上述区别性特征必然以上述顺序出现，首先保证不能混淆。通过强调语音可以完成模仿，但前提是满足区别性的首要条件。假设 a 听起来比 e 更具泡沫特点，那么，对于韦尔纳的受试而言，德语中听起来与 a 像似的双元音 ai，其发音可以特别突出 a 的意味。再假设 au 听起来更像泡沫（的确出现在德语单词 Schaum "泡沫"中），那又该如何呢？这时，我们所说的音位门槛便会启动。因为把 Seife 发成 Saufe（痛饮）还算是歪打正着，但是否真要指称那种意指的东西却令人生疑。其他形式的"音位跳转"也会如此。必须承认，在满足区别性条件的前提下，说者可以尽情改变语音材料来达到对事物的客观特性进行模仿的目的，也就是说，可以根据言语情景这样或者那样说出德语单词 Seife，以满足不同的模仿需求。对此，后文还要论及。

然而，还有一个问题不无重要性：从语言（la langue）的角度看，德语单词 Seife 的词汇创造和词汇历史在多大程度上预设或者没有预设上述模仿的方式？而韦尔纳对受试的观察记录都直接来自言语（la parole）领域，并非来自语言（la langue）。

因此，我们的结论是，语言对其每一个单词都提出一定的要求，即音位特征明显，足以与听觉近似的其他词相区别。尊重这样的条件是阻止语音模仿恣意泛滥的最后一道门槛，这就是"音位门槛"。单词的语音特征，即音位，必须十分鲜明，并以正确的顺序出现。但是每一个音位的实现都拥有一定的自由空间，在此自由范围内可以尽情模仿性地改变语音材料。充分自由地处理语音材料只能局限在一定的维度之内，即特定语言设定的音位空档，不触及音位相关性。例如，如果一种语言的语调差别在元音系统中不具备区别性特征，那么，语音模仿就可以启动，可以在语调上尽情发挥。德语的语音模仿在发出每一个元音时可以把音高提升或降低，这里不存在混淆的危险。相反，在一些南斯拉夫语和其他声调语言中，这样的模仿无意间（简单类比）将 Seife 发成 Saufe，就会招致批评。我估计，在"声调语言"中，句子声调和单词声调也基本上不具备音位学特征，只有个别元音在发音中会被套上西班牙靴子。① 这样，在那些语言中，模仿爱好者也可以在句子语调和单词语调中对所指对象进行语音模仿。当然我不知道诗人是否真会那样做。语音模仿的情形在声调语言里是否与我们一样，这是一个有趣的问题。

应该客观地界定一个元音音位在一个单词中丰富的语调表现，例如，人们可以仔细记录日常语言中英语词的发音，如 yes 和 no（yes sir，no sir）或者 bad（its to bad），并用曲线予以描写。有时，用一个元音足以表现美国人的整个精神世界。

4.5.6 拟声词的两种类型

现在，我们应该换一种视角考察问题。语音模仿场作为语言唯一直接的描述场，其实无足轻重。只有在明确了这一点之后，才应该且能够实事求是地在语音模仿的视角下分析相关现象。最为真实、最为直接的语音模仿现象首推声音称谓词，它们在所有已知语言里无疑都是模仿的主导形式。将单词

---

① "西班牙靴子"是中世纪西班牙的一种刑具，呈筒状，夹住犯人的腿和脚，逼其招供。德语将此刑具称为"西班牙靴子"，比喻压迫和束缚。——译者

klappern① 用于德语语篇，在准确再现所要描写的声音时，可以系统地试用大量近似的声音称谓，从中找到最忠实的再现形式。将模仿性元音 a 改变为 e、i、u、o、au、ei 等，或者将单词中的模仿性 pp 变换为 tt、kk 或者 bb、dd、gg 等，或者将词首辅音变换为任意某个简单或复合词的首音，这样虽然不能总是但却经常会形成常见的声音称谓词，就可以比较随意地在语篇中引入新构的声音称谓词了，因为，如果能理解 klappern，也就能够理解别的构词，如 kleppern、klaggern 或者 ruppern 等，并被欣然接受。这里，人们基本上持宽容的态度，对威廉·布施（Wilhelm Busch）②那些滑稽的嬉闹如此，对其他更为离谱的作品也一样。作为读者人们是宽容的，因为作为说者人们也需要宽容，组构新词的大门对于每一个有能力的人都是敞开的。

还有一个事实十分重要，同样值得关注。纵使在最随意的日常语言中，语音模仿也没有出现违背音位规则的现象，例如，许多我们日常熟悉的重要声音都可以通过倒吸气音得到最忠实的再现，另外，每个用心的人都可以轻松模仿呼啸的风声和汽笛声，但是，据我所知，在这方面从未发现违背德语音位现状的因素进入声音称谓词汇。我记得小时候在学校里把倒吸气音当体育项目来练，并且把它用到 Schnaps（烈酒）等德语词汇中，练习数次之后就会很轻松地用倒吸气音发出其中的 a。但是据我所知，威廉·布施从来也不指望我们那样做。

---

① 德语 klappern，动词，表示两个坚硬物相互连续碰撞发出的声音，如格格声、嗒嗒声、啪嗒啪嗒等。——译者

② 威廉·布施（1832—1908）是德国诗人、画家和雕刻家，以搞笑讽刺性插画故事《马克斯和莫里茨》（1865）最为闻名。——译者

神奇的是,语言和与之相对的非语言之间的区分泾渭分明,所生成的新的声音称谓词保持在音位门槛这一语言特有的限制范围之内。这也同样适合于表示"语音动作"的词汇,例如 ächzen(呻吟)、jauchzen(欢呼)、kichern(咯咯地笑),适合于对动物鸣叫和动物呼叫的模仿,如动词 blöcken(猛禽栖息)和 wiehern(马嘶叫),或者称谓动物,如 Kuckuck(布谷鸟)等。从声音模仿来看,这些模仿给人的印象完全不是自然主义(印象主义)的,相反是高度象征性的再现。它们与所指对象之间的相似性,与绘制在纹章上的动物和其他纹章学现象与其原型之间的相似性无异。假如在音位系统不同的十种语言中用语音模仿布谷鸟的叫声,则会出现十种语音形象,而不会是同一种。

虽然如此,系统论者还是需要强调现象忠实再现的其他情况,对上述所引的例子,亦即广义的声音称谓,需要在整体上进行概念梳理。在所有这些声音称谓中或多或少都出现了现象忠实再现的情况,但是,还有另一种规模更大的现象,本质上却是关系忠实性再现,baumeln(晃动)、bummeln(闲逛)、schlendern(溜达)、torkeln(蹒跚)、schlottern(哆嗦),或者 flimmern(闪烁)、huschen(掠过)、wimmeln(蜂拥),或者 kribbeln(发痒)、krabbeln(爬行)等,这些词同样也与所描写的对象形象地接近,然而,它们并非是听觉对听觉的反映,而是听觉对非听觉的反映,例如,flimmern 是一种视觉现象,kribbeln 是一种触摸印象,所再现的都是动作方式和动态结构。被描写的这些现象不具备专门某个感官的属性,而是超越专门感官的,亦即需要同时动用多个感知器官,也就是亚里士多德所谓之"共同感知"（αισδητὰ χοινά），所以，我们不能称之为现象忠实性再现，而"仅仅"是关系忠实性（或称结构忠实性）的再现。每一种形式的忠实再现都或多或少包含着关系忠实，反之不然。我们的观点并不新鲜，冯特早有洞见，只不过冯特所使用的概念还是"声音模仿"和"语音形象"。此后，心理学家进行了许多针对联觉的研究，其成果对于关系忠实性再现和现象忠实性再现之间过渡现象的研究很有借鉴意义。

4.5.7 近代拟声论

语言历史的启发意义何在？直到前不久，对语音模仿的重要性和规模的研究基本上取决于研究者的个人性格，浪漫派追随赫尔德，而古典派则追随莱辛。现在，我们应该能够实事求是地在一些关键方面推动对问题的研究，从而避免情绪化判断。具体讲是两个极端不同的问题。这两个问题可以同时提出，而且必须同时提出：语言的声音模仿现在和起初有什么特点？今天，人们作为说者仍然可以尝试非常自由地创造词汇，创造声音称谓词，所以，人们完全可以提出猜测，认为这样的词汇创造过程极为自然，因而自古有之。这似乎完全无可厚非，因为，我们知道，人类的选择从来就不是毫无动机的，为什么词汇创造者的原始选择就应该是毫无动机的呢？如果人们想用声音来回应新的东西，来说明其特性，还有什么比模仿更为便利呢？

对于那些针对"汪汪理论"（wauwau Theorie）的批评嘲讽，完全可以回敬一个问题：你有何高见？我们此前所做的一般性思考并不反对"汪汪理论"，而是反对某些古典和现代思想家极为幼稚的思想。他们关于"人类语言起源"的见解是表象的，似乎无需检验就可以相信一切新词都是那样产生的。与此不同，如果将人类声音的模仿潜能与语言现有的结构规则一起考察，考虑到该结构给模仿的蔓延所设立的限制门槛，就会使人产生一种冲动，对拉查鲁斯·盖格尔（Lazarus Geiger）那句至今为许多语言历史学家所赞赏的名言进行新的解释和证明。盖格尔发现，印度日耳曼语言的词"以描绘的方式模仿客体是很晚才出现的一种倾向。"

这涉及某种普遍的事实，"Rabe（渡鸦）、Krähe（乌鸦）、Kuckuck（布谷鸟）、donnern（雷鸣）、schwirren（嗡嗡声）等虽然随着时间都被视为语音模仿词汇，但是它们的根却与这样的关系相去甚远"。① 这意味着什么呢？在早期的讨论中，"汪汪理论"的支持者和反对者经常摆出同一个证据，这非常有趣。根据盖格尔的研究，很容易填写一个柏拉图式的对话，其中充满文献确证的思想，双方唇枪舌剑用的是同一个事实，分析却完全对立。例如，盖格尔在语言近代史中发现了词以描绘的方式模仿客体的倾向。人们不禁要问，该倾向是否从天而降，或者自古有之。其中许多方面我们已经无从辨认。现在，似乎别人都坚持如此判断，唯独你却想入非非。恰恰这样的异化证明了我想证明的东西。事实上，以我们对"词根"以及古代印度日耳曼语言重构规则的认识，最好的学者会认为这些词根不是模仿性的。这些词根本身当然也是发展的产物，但是，又是什么使得它们在发展中脱离了原始的模仿倾向？过去和现在都有

---

① 参看冯特《论语言》卷一319页对盖格尔《论人类语言和理性的起源及发展》(1868：168)的引证。

同样或近似的规则阻止和限制语音模仿的自由发展，除此原因，还能是什么呢？如果一切都以模仿为重，那么已经存在的模仿就不会消失。我们就此结束讨论，因为这样你来我往固然能够训练敏锐的洞察力，但却不能使辩论双方产生共识。我不再继续这样追溯，而要请出一位勇敢的现代语言学家，来向我们说明当初的情形。

4.5.8 厄尔的研究

威廉·厄尔（Wilhelm Oehl）是瑞士弗莱堡大学的印度日耳曼学者，他说他17年来收集了"全球五大洲1400种活语言和死语言"的资料，证明了这样的立论："从起源上看，一切语言的所有词或者是拟声词，或者是喃喃词（Lallwort），或者是象形词。"①

"我是这样获得这一认识的：自从1915年夏天，我把印度日耳曼学搁置一旁，以原始民族的语言为出发点，结果偶然发现了喃喃词和象形词构词的类型系统和意义谱系，另外，我研究了迄今的语言学文献，使我所掌握的结论得到逐步验证。我的孩子们也无意间成为我的受试，事实上向我展示了一些混合类型。我并没有发明什么，只是有所发现。1915年6月我在南洋语言中寻找某些语音模仿现象，结果就像从前《旧约全书》里年轻的扫罗，他外出原本要寻找父亲的驴子，却找到了一个王国。"（厄尔，

---

① 参看厄尔《论喃喃词的语言创造性》(1932)。他不久将出版新作《Fangen – Finger – fünf》。

1932：40）

在这个王国里，语言创造的情景并非如人们根据开始的引证所猜想的那样被一分为三，而是被一分为二。第一种发生在幼儿时期，产生了那些喃喃词，而且在过去5000年的历史中一再被创造出来。第二种能产性的情形发生在成年人的生活中，产生了拟声词和象形词。根据厄尔的研究，古典语法学家费斯提斯（Festus）和瓦罗（Varro）早就指出喃喃词现象，之后，还不断有语言学家认识到这一现象：

"孔德米纳（La Condamine，1745）、阿德隆（Johann Christoph Adelung）和法特（Johann Severin Vater）的《语言大全》①、布施曼（Buschmann）、瓦克纳格尔、迪茨（Diez）、卢伯克（Lubbock）、库尔（Curr）、甲柏连孜（Georg von der Gabelentz）、塔博莱特（Ernst Tappolet）、克庭（Körting）、克雷奇默（Kretschmer）、嘉车特（Albert Samuel Gatschet）、科尔蒂（Curti）、吉斯魏因（Giesswein）、威廉·舒尔策（Wilhelm Schulze）、冯特、特罗贝蒂（Alfredo Trombetti）、迈耶尔－吕布克（Wilhelm Meyer-Lübke）、叶斯柏森（Jens Otto Harry Jespersen）、施拉德尔－内林（Schrader-Nehring）、瓦尔德－波科尔尼等，许多人对喃喃词都有某种程度的研究，值得赞赏，但他们只是部分地认识到这种新构词的意义划分，

---

① *Mithridates, oder allgemeine Sprachenkunde*, Berlin, 1806–1817, 共 4 卷。阿德隆著成第一卷，第二卷半途而止，法特继之，并完成第三卷和第四卷。——译者

而对于它们详细的类型构成却一无所知。"（厄尔，1932：3）

粗略判断，厄尔收集的资料事实上比布施曼和克勒（Sigismund Wilhelm Koelle）等人的收集（非洲语言的词汇）要丰富得多。冯特那本论述语言的著作（《论语言》339及下页）就是从后者获得了丰富的资源。厄尔自己的创新之处是发现喃喃词的"意义谱系"和结构类型（厄尔，1932, 33及下页和36及以下诸页）。意义谱系说明喃喃称谓词指涉小小儿童世界以外的某些对象。喃喃称谓词所指涉的首批对象都集中在摇篮场景中：父亲、母亲、孩子、母亲的乳房、母乳、嘴、玩偶，等等，事件有吃奶（喂奶）、吃饭、说话、摇摆、摇晃、抚摸、挠痒等。其间还有两种"有形词"（原文如此！），即感叹词和指示词。我们就来考察这一领域。

厄尔的结构类型提供了语音产品的一种秩序：A类为简单型，如 pa、ap、ma、am、ta、na、ka、la、sa，以及所有通过常见的音节叠加而产生的词；B类为混合型，如 pama、mapa 以及所有其他可能的组合。

"这两种体系，即意义谱系和类型体系，尤其是后者，乍看起来令人称奇，难以置信，堪称神奇，尤其是混合型。这难道可能吗？这难道不是赤裸裸的字母游戏吗？如果这一切果真如此，难道语言研究几百年就没有发现吗？这些疑问的答案是：一切果真如此。"（厄尔，1932：38）

笔者有误入歧途的感觉，这在行家们眼里毫不奇怪。因为，如果人们再考察一下元音的各种组合，如同儿童喃喃词语游戏中实际发生的那样，那么，厄尔提出的结构类型就会包含任意一种人类语言的单音节、双音节和三音节的所有形态，这样，从语音构成来阐明喃喃词汇的类型就变得毫无希望。厄尔自己也没有坚持那样做，而只是通过语言对比来揭示某些特征。我认为，叠加因素在其中影响应该更大，因为，在儿童喃喃游戏中最为突出是有重音的复杂结构中相同音节的重复（双重或多重）。我们前不久对儿童生活中频繁发生的喃喃情景进行了系统研究，并录了音，不久就能够提交准确的分析结果。例如，我们在受试（德语儿童）身上发现非常清楚的重音安排：喃喃词起初的重音都在最后一个音节，几个月之后就统一前移，位于双音节和三音节的第一个音节，其中，三音节不如双音节常见，数量较少。当然，这只是顺带提及。喃喃词的研究可以而且必须以儿童为出发点，要建立在精确观察的基础之上。有一点与过去的儿童观察和厄尔的研究相吻合，即拟声词肯定不是儿童词汇中的第一批词。

厄尔的语料中喃喃词数量特别巨大，首度发表的汇总表就区分了至少30个领域，它们有规律地出现在所有语言中，其中前9种已经在发表于《人种学》的系列论文[①]中进行了论述。厄尔首先讨论了 husten（咳嗽）范畴的词，直到第9段才讨论到 keuchen（喘息）、hauchen（呼气）、atmen（呼吸）、schnauben（擤鼻涕）、blasen（吹气）、pfeifen（吹口哨）等范畴的词，而词汇表中的其余类型也涉及到 Seele（心灵）、Geist（精神）、Sinn

---

① 参看厄尔《词汇创造的基本形式》(《人种学》)。

（意义）、Verstand（理解）之类。"心灵"属于呼吸，单词被归为语言声息一类，这没有什么意外。还有一类是"言说类动词"（verba dicendi），厄尔在其中列入 schreien（呼喊）、kreischen（尖叫）、schelten（斥责）、rufen（呼叫）、singen（唱歌）、prahlen（自夸）、loben（表扬）、jammern（哀求）、sprechen（说话）、reden（讲话）、plaudern（闲聊）、plappern（饶舌）等词汇（第24类）。但奇怪的是，为什么人类和动物天然的脚步声没有出现（或者还没有出现），例如 traben（trapp!）（小跑）、Galopp（疾跑，源自法语）、trippeln（小步跑）、stapfen（蹒跚地走），以及次级语音模仿生成的词组，如 Schritt und Tritt（处处）、trampeln（顿足），同样，还有天空的声音，如 wehen（刮风）、Wind（风），水声，如 plätschern（流水声）、plantschen（戏水声）、schwabbeln（溅水声）。我认为，既然要通过大量听来获得一个词汇表，就应该充分全面，将结构模式完整地归纳出来。

厄尔在第5节对 Räuspern（咳嗽）、Schleim（痰）、Spucken（吐唾沫）、Speichel（唾沫）等现象进行了总结，很好地展现了他的工作。他写道：

"在 Räuspern、Schleim、Spucken、Speichel 中，除了 s、p 和 t 三个辅音及其变体和各种组合顺序，还有第四种构词元素，即颚音，在咝擦齿音和吹气唇音（为了完成吐出）之外，还有咳痰时的颚音，因此，一个单词中含有这四种语音模仿元素，似乎模仿了咳嗽和吐唾沫的整个过程，但是，这样四类构词却似乎并不存在，而只出现了三种类型，即颚音+s、p 和 t 中的某两个，更常见的是只有

两种类型，即颚音+s、p和t中的某一个或相反顺序的混合。"（厄尔，1917—1924：421）

我们发现，原则上所有辅音都参与了上述类型词汇的形成。这不难理解，因为，对象本身，即被模仿的声音，在声学上是复杂的，要求言语器官从喉部到唇部的所有部分都参与该音的构成。面对对象整体，此语言再现此元素或此阶段，彼语言再现彼元素或彼阶段，为什么不应该如此呢？徒弟模仿师傅，所谓："他怎么咳嗽，怎么吐痰，这些都被你们幸运地偷学到了"，同样，在厄尔所列的30种类型及以外的词汇中，不同的语言因结构不同，在语音模仿中强调的对象也不同，除此之外，我们还能有别的期待吗？这样，问题已经比较清楚，接下来必然是一个方法论的问题：假如所有类型的辅音都具备语音模仿潜能，那么从语音形象看，除了"拟声词"之外，是否还能提出其他的判断？厄尔的所有判断总有一个弱点，并且在与施坦塔尔的论战中暴露无遗。我抄录其中一段：

"在这个问题上，施坦塔尔完全错了，他断言：'拟声构词的缺陷在于只体现了必要性原则，缺乏调节性，因此，最多只能为词源学提供佐证，而没有指导意义。'对此还有一个脚注：'另外我必须指出，人们试图通过其他相距遥远的语言来证明拟声构词，如黑人语言、澳大利亚土著语言等，所有这样的努力都注定失败，因为我们只了解这些语言的现状。我们只能依赖那些最古老的文明语言，因为只有它们得到了彻底的历史研究。'（施坦塔尔，

1888：373）这就是施坦塔尔对他此前115页所提出问题的回答。他的问题是：'比较历史语法的一个重要问题是，是否可以运用拟声构词的原理来解释不同语言的同音词？'"（施坦塔尔，1888：115）

对此，厄尔回答道：

"施坦塔尔的问题很好，但他的回答却很糟。我们的研究应该能够提供关键的证据，说明拟声构词等现象不仅是语言自然过程的必然表现，而且对词源学研究也具有调节性和启发式意义。目前，下面的论断足以回应施坦塔尔的疑惑。施坦塔尔所依据的那些'得到彻底历史研究的最古老的文明语言'，拥有大量各个时代各种类型的拟声词和喃喃词。我们可以仔细观察这些词在过去几百年，甚至几千年里语音规则的发展，其中大部分在相当早的时候就经历了语音规则的同化，因此，经过形式演变以及意义演变而失去了其原本的拟声特点，但是另一方面，也有一部分经受住了一切语音规则的影响（更正确地说：很少或未受影响），经历数个时期仍然非常鲜明地保持着原本的拟声特点，这一点令人吃惊。大量的拟声现象（关键是那些词！）都体现出很强的生命力。这一论断虽然只在印度日耳曼、闪米特、埃及、乌拉尔－阿尔泰等语言中有文献证明，但必然也适用于所有语言，哪怕是新近发现的语言。因此，如果我们在任意一种语言中，无论是古印地语、印度斯坦语，还是某种新发现的巴布亚方言，遇到某个在视觉和听觉方面语音模仿特点明显的单词，我们马上有理由说，那是拟声构词，而且无需考虑该拟声构词在相关语言中是只有一代人的历史还是已经存在了几百年。至于某种语音模仿的历史是三十年、三百年还是三千年，是次要问题，只要它依然可以辨认！暂时就指出这些，关于细节以及可能的错误（'疑似类型'）我们后文再论。"（厄尔，1917—1924：581及下页，着重符为笔者所加）

必须承认，经过对如此全面的资料数十年的研究，人们的耳朵变得灵敏起来，不仅能够听出细致的含义，而且也力求在听的过程中补充必要的信息，善意的批评家们在厄尔那里也感受到施坦塔尔提出的疑惑，那是每一个行家的疑惑。为了解答这个疑惑，是否应该在新的视角下对全部资料重新进行研究？厄尔从1000种语言中收集到大量的资料，足可以进行系统的比较研究。例如，不需要再像此前那样证明颚音在1000个单词中每次模仿的对象是什么，相反，按照我的观点应该变换方式，例如，限定分析对象的范围，例如人类（非语言）呼吸声音的称谓，或者人类和动物行走的声音和行走的方式，然后分别指出它们在每一种语言中的系统性，因为，这样的类型在语言A中呈现某种结构，在语言B中又略有不同，弄清楚这个问题十分有益。如果语言历史缺乏明确的决定性标准，理论学家就必须找到一种充分的替补方式。我认为，系统比较以及由此而获得的对具体语言典型模仿形式的认识，是唯一可及的研究目标，从而也是唯一可以想象的对语言历史研究缺位的弥补。例如以德语为出发点,马上可以提出这样的问题:我们的语言里元音辅音相混合的模仿情况是否适合于其他所有语言?我们的声音称谓词,如 brummen(吼)、summen(哼)、surren(嘤嘤叫)等和 klirren(铿锵声)、schwirren(嗡嗡声)、bimmeln(叮当声)、schrill(刺耳的)等,其中的元音肯定不是无关紧要的,那么,别的语言和语系中的情形又是怎样呢?是否有些语言的语音模仿主要通过辅音,有些又主要通过元音,或者还有其他情况?对于我们而言,只要最后找到阿里阿德涅线团,厘清问题就足够了。虽然有厄尔的研究,但整个喃喃词汇至今仍然像一座基本未解的迷宫摆在我们面前。

我觉得,厄尔有一项小规模的专项研究以及他对整个系统性的研究,运用了同样的方法,取得了非常清楚的结论,例如对众所关注的蝶类动物的称谓词汇总就极富启发意义:①

"那些凤蝶词(Papilio-Wort)是象形词。它们试图通过某些语言手段,通过适当的语音组合来对动物世界特定的视觉现象进行称谓,而且仅仅涉及视觉现象。人们早已发现,尤其在丰富多彩的日耳曼方言中,这些词明显包含叠音,这样的音节叠加表现了飞行中蝴蝶翅膀规则地上下翻动的情形。"(厄尔,1922:76)

这里,伦瓦尔特·布兰德施泰特(Renward Brandstetter)的

---

① 参看厄尔《词汇创造的基本形式——papilio- fifaltra – farfalle》(1922)。

著作《印第安语言、印度尼西亚语言和印度日耳曼语言中的叠音》(1917)很好地完成了一项基础性研究。他对截然不同的语系进行了考证,总结出至少14种"叠音拟声构词"。厄尔收集的资料极大地扩大了视野,得出前述统一的结论。另外,厄尔下述原理也得到了充分证明:

> "这些凤蝶词存在大量叠音,原本非常合理,含义丰富,某些轻音节的叠加应该象征蝴蝶双翅轻轻飘动的情形,但是,pepe、pepele、lepepe等所有这样的形式如果与其余语言成分没有词源联系,就会成为另类。这种原始的特殊性由于两种变化——时快时慢——变得模糊了:由于语音规则和民间词源转义的影响,经常二者皆有。一个单词在某种语言中长期存在,就必须面对那种语音规则的分化和剥蚀,众所周知,由此而引发的单词结构的变化不计其数。"(厄尔,1922:89)

由此,人们便可以充分理解语言结构规则对抗模仿这一原则的巨大力量,因为,所谓语音规则的"剥蚀"效果当然只是一种形象表述,显现了假设中从视觉模仿观察到的情形,那么,阻滞模仿趋势的情形又如何,是什么引发和控制着剥蚀以及同化的进程?当然主要是人类语言的特性。我们发现,人类其他描述机制都呈现出结构模式,而模仿却没有。

4.6 语言的概念性符号

4.6.1 前科学概念和科学概念

霍布斯以来的许多英国人都试图建构一种逻辑学，其中密尔的论著最为成熟。他们的出发点都是称谓词，更一般性地说，是语言的称谓符号。密尔以成熟的语言为例，认为应该将这样的语言符号在科学中的称谓价值与其前科学称谓价值（市值）相区别，通过特殊努力，最终获得对这些语言符号称谓价值的科学解释和定义。语言理论应该仔细考查逻辑学的这一选择性研究，并从中获得一些启发，例如，其前科学视野和兴趣也包含了词源学的一般结论。我们日常语言中许多词汇的词源已经死亡，例如，德语 Pferd（马）、Kuh（牛）、Schaf（羊）、Gans（鹅）等词的词源所指为何，现在使用德语的九千万人知晓者恐怕不足万分之一。[1] 而即使知晓，这样的知识永远都处于冷冻状态，在任何词汇实践中都感受不到，甚至最出位的诗歌创作，比如效仿法国人的某些纯诗创作，诗人笔下的词源音乐，也不曾使用。[2] 但词源或多或少仍然活跃的词汇则不同。不过，我们暂且搁置这个问题，首先考察一下德语 Hebel（杠杆）这个单词的"市值"及其语言理论意义。

---

[1] 参看希克曼（Anton Hickmann）《希克曼地理统计学图册》（1899）。
[2] 参看温克勒的论文《语言理论与瓦莱里诗歌》（1932）。此文在语言理论方面非常严谨，极具启发性。

对于日常语言中"杠杆"的含义，即使小学生或伐木工都略知一二，稍借旁人帮助，就会用实例将自己鲜活而又零散的相关知识表达出来。伐木工不会把禾秆和柳条视为杠杆，相反，他判断的根据是杠杆可以移动和举起适当（所谓超乎常人力量的）重物，如树干。否则怎么会有这个专门的称谓词呢？至于杠杆是木制还是铁制的，对他也许不具意义。相反，物理学家会抛开这个太过人性化的实用思想而给出自己的定义："依我之见，杠杆就是具有固定支点并可旋转的刚性物体"，这样，他就贴切而简单地表述了自己的杠杆原理。

早先，有些动物、植物和用品对于创造语言的人类而言至关重要，并因其突出且简单的特征而获得原始的称谓。这与物理学家的规约并非完全风马牛不相及，相反，至少在一个方面为某些科学家在高级层面所效仿。假设，词源学家在 Hund（狗）、Roß（马）、Kuh（牛）等词的词源中找到了人类家畜的某种（感性突出的）特征，而且这样的词源学意义也非常容易确定，只是语言创造者特别强调容易感知的特征，而科学家有时却非常关注某些抽象的特征。当然，非常重要的是，科学在很大程度上一定要在其定义中将所依据的标准明文宣告。

另外，所定义的诸多概念还应该共同构成一个逻辑连贯的系统。这样的系统就是一座知识的大厦，结构非常人性化，核心易于把握，人们经常可以在不同抽象程度或限定程度之间自如地上下穿梭。所有这一切，在有声语言称谓符号的所谓前科学传统中已初露端倪，不容忽视。例如，从纯粹逻辑上看，"词干"及其派生就显示出语言秩序符号强大的系统功能，再粗略考察名词、动词、介词等"词类"现象，在我们所认识的自然语言中，人们感受到的不是混沌无序的称谓，而更多是某种科学术语系统的理想样板。不过，这只是推测性的判断，不应该过分看重。我们还是从头说起。

4.6.2 起源，神秘称谓，思维心理学

称谓词的意义界定可以某些语言历史标记为根据，在本质上体现出前历史特点，将称谓词与现代科学的概念构成进行深入比较，很有必要。词源学家的充分论证说明，人们最初需要称谓的对象基本上是直观的事和物，另外，语言创造者将所指称的对象分门别类，其根据就是我们人类在使用、克服、保护等实践活动中直接观察到的特殊识别符号和特征符号（区别性符号）。这是词汇研究的一个古老的主导思想，近代研究虽有所限定和补充，但未能完全取而代之。也许，可以假设人类历史早期就采取所谓神秘的思维方式和生活态度，果真如此，情形就会不同。在这种思想态度中，说者使用"真实的"名称称谓事物，实际上就是高声对物质世界发出（有益或危险的）呼唤。研究表明，人类早期对语言的所有认识都包含着神秘观思想态度，尤其如皮亚杰（Jean Piaget）所指出的那样，这种思想也处处体现在我们自己孩子的身上。但是，在解释这些确证的现象时，人们也要防止重蹈逆序法的覆辙。总体而言，在人的发展中思考不是发生于创造之前，而是在创造之后，而对称谓的思考也是发生于它们形成之后。称谓形成的情形与词汇研究的共识基本吻合。

在这个问题上，目前对俾格米人的深入研究与我们对儿童细微观察的结果完全一致。在我的研究领域，有人在某一专

项研究中对处于关键发展时期的三个儿童的大量语言场景进行了观察。在这些场景中，训练有素的观察者记录了眼见的现象，将听到的事件录制在唱片上。这些研究耗时费力，但却硕果累累，可以反复播放，充分比较，从语音学到我们这里所关心的问题，都可获得许多新的认识。语言形成的情况，即复杂的语音组合第一次生成并稳定成为指示符号和称谓符号，在许多方面都得以图示。例如，在那三个儿童话语中，令人惊讶地都出现了布鲁格曼的指向指示。这些成功挑选出的唱片（差不多一百张）还证明了上述论断：最初称谓词的形成根本不是思考的结果，可以说具有"前神秘性"。

我认为，列维-布留尔（Lévy-Bruhl）的想象有些极端，其现代追随者们更有过之而无不及，必须予以彻底纠正。我们所了解的儿童在神秘思维萌芽之前就已经习得了第一批称谓词汇。而即使在真正萌芽之后，神秘思维也绝不会涉及和影响儿童所有其他生活场景，相反，会以宽容的态度接纳其他思维的发展脉络。当然，在情绪高度紧张等情况下，儿童的世界观会发生变化，其结果恰好验证了研究神秘思维态度的理论家们的结论。只是，其间始终有别的现象相随相伴，即儿童完全非神秘性的试探性态度，这样，儿童在（我们当今通常所说的）"与物质的交往中"逐步成熟，成为生活的能手，在不同的态度之间游刃有余。例如一块木头，刚才还是哭泣的、被安抚的"养子"，转身就被他十分平静地扔进火炉，而且，他会在一旁愉悦观赏，那再也不是什么"养子"，而只是普通的木块在燃烧。对于这样从一种态度到另一种态度的转变，人们应该认真研究。

"先生活，后哲学"（primum vivere deinde philosophari）。我无法想象，在原始森林中的可靠观察会得出什么本质不同的结论。为了生活，人们必须充分有效地学习采集、狩猎等，同时，完全如同儿童那样，在练习的过程中逐步得到提携和提高。如果这一切与创造和使用称谓词协调同步，那么，称谓对象的"特征符号"也一定首先是在对物体某些表现方式的适应中被认识的，而这些表现方式对于人类取得成绩至关重要。如果违背这一常识，就会在理论上与俾格米人及儿童的现代心理学研究相抵牾，就必须证明神秘世界观一贯到底的可能性，说明神秘世界观造就了人类的生活能力，因为，所谓原始族群在其生活环境中是具备生活能力的，我们的祖先也是如此，否则，他们自己以及他们的后代就不会繁衍赓续。

命名的初始情形十分简单，科学最终往往会返璞归真。我们这个模式允许一个中间过渡形态的存在，其中，词源"褪色"、钝化，甚或死亡，同时，简化的新结构还未形成。这一中间过渡就是思维心理学起初所发现的情形，二十年前我也是其中的一员。他们以自己的方式对具体现象进行分析，试图说明语言符号的使用者在说和听的过程中是怎样意指和想象诸如"马"这样的词汇的。此刻，"意指"与（直观）想象必须予以分别解读和描写。这是他们提出且被认可的一般性结论之一。许多思维心理学家当时还提出另一种观点，并最终由夏洛特·比勒做出最为贴切的解释，那就是提出"域"这个概念。专业的观察者受过良好的训练，方法可靠，无懈可击。他们总是发现，经常根本不存在可以准确说明的（直观的）客观想象，相反，思维主体所指涉的（意指）是自己知识世界中的某个潜在的片段或元素。这里，我使用"意图"这个概念，是指意念之中追求目标的行为。夏洛特·比勒指出，在具体思维中，说者所指对象的质的规定性与经验中的其他域之间界限分明。还以"马"为例，简单地说，它在我的知识中属于"动物"或者"家畜、有用的动物"这个域，而且，域类组织即使在没有任何具体形象的体验中依然存在。当说者不需要这些具体现象的时候，它们就不出现在他的体验中。

上述思维心理学的观察并没有什么错误，也并非不重要，但是，却不能从语言心理学的视角充分解释说者和听者恰当使用概念符号的心理生理过程，学者们在方法和理论上的视野还过于狭隘，需要拓展，需要借鉴语言学家的视角。我们的结论是，"域"这个概念十分必要，是语言学和心理学相互借鉴的结果。

在阿拉伯语言和其他闪米特语言中，有一种奇特的构词和派生词方法：凡是有辅音架构 ktb 的阿拉伯语词，其含义都与人的书写活动有关，该辅音架构中的元音变化则说明更为详细的所指信息，例如阿拉伯语 kátab＝他写，kátib＝写手，kitáb＝书。面对这一通行的方法，一位阿拉伯语学者立刻就会认识到，德国思维心理学提出的"域"给他提供了一个成功的分析模式，因为，无论他自己怎样描写这些现象，无论是以该辅音架构为出发点，还是以元音变化为出发点，他都会说，阿拉伯语中诸如 kitáb（书）等词的完整词义由两种元素构成，其中之一就是所指对象的域，与德国思维心理学家对德国受试观察的结果相吻合。对此，每一位感兴趣的印度日耳曼语学者都有话可说，因为，现代德语的许多词汇序列，如 spricht（言说）、

Sprache（语言）、Spruch（格言），都是很贴切的例子。最后，有必要请所有人类语言的专家前来会诊，考察同样问题在其他语系的可比方案。以这些基本事实为基础，心理学就会获得广阔的研究视野。

以上就是思维心理学对概念使用的体验问题和心理技术问题的论述，详见亚历山大·威尔沃尔（Alexander Willwoll）的专著。①

4.6.3 概念的综合观

从逻辑上看，日常语言中许多所谓无法解释的概念都可以用许多方式获得解答。我们的知识有明显的域类组织，这表明，在许多情况下使用一个单词无需说明内容意义，而只需要以某种方式说明概念的域类，即秩序符号的使用范围。另外，请注意以下情况：J. 冯·克里斯在其独特的《逻辑学——批评判断和形式判断概论》(1916)中多次论述了一种现象，并称之为"概念合成"(synchytische Begriffsbildung)。众所周知，法律工作者如果要在概念上精确而简单地说明什么是特定法律意义上的"房子""交通工具""事故"等，会遭遇极大困难。正如冯·克里斯所指出的那样，其原因在于，在日常语言中与这些称谓相对应的事物的类型，是根据一个不十分精确的相似性而确定的，所依据的是一个多维的相似性，即不仅仅从一个视角获得确定。这里不追究冯·克里斯观点的细节，但是，我不赞同他把"红色的"和"蓝色的"等简单的颜色概念也视

---

① 参看威尔沃尔《论概念的构成——一项心理学研究》(1926)。

为合成概念，我认为黑林的分析更为合理。但是克里斯对"房子"或"小偷"的分析是正确的。

合成概念的领域基本上与日常语言中的某些称谓词相吻合，符合下面两种解释。第一，称谓符号在日常语言中具备某种市值，其清晰界定既不取决于某个活生生的、清晰可辨的词源，也不取决于科学；第二，称谓符号的指称对象相对于我们各不相同的文化而言已经情形各异，但仍然沿用着某个古老的类名。何为"书"？今天，"书"有多种形态，印刷的书籍、笔记以及经济生活中散页的"记账"等。我想，自从有了有效文字（字母文字），每一种书写体都被称之为书，例如信函，对"书"这一称谓的概念意义进行说明应该较为简单，但是，在只有山毛榉树皮作为书写平面的时候，解释更为简单，因为那时每一片被书写的树皮都是书，而且再无其他形式的书。

何为 Hund（狗）？其词源在现代德语中已经死亡，但必要时动物学可以给该类名一个定义（即使滑稽的单词 Grubenhund[①] 也无大碍）。从前，当该词的词源尚还鲜活的时候，我们的祖先会说：这种家畜叫"狗"，因为它为我们捕获猎物。可以想象，今天英语"hound"的狭义是"猎犬"和"血猎犬"，人们仍可以用上述"因为"句式来描写，尤其是考虑到它与 hunt（捕猎）的渊源。针对德语单词我自己无法获得这样的帮助。我尝试用形容词 hündisch（狗似的），结果，要么是中性地指涉我所知道的属于狗的许多特性，要么含有某种骂人的意味，近似于古希腊人称某些哲学家为 zynisch（犬儒主义的，源

---

① 德语 Grubenhund 虽然包含 Hund（狗），但整个词意为"错误的报道"，与"狗"无关，故显得"滑稽"。——译者

于 χύων= 狗），强调他们（实践和理论上）厚颜无耻的特性。但是，无论 Hund 还是 hündisch，都与"捕猎"完全无关。简而言之，对我而言，词源可以忽略，因为在我的语言里孤立的词本身不能给我提供任何类比的线索。对于语言历史学家而言，词的孤立化是词源褪色最为常见的伴随现象（无论是原因还是结果）。

4.6.4　极端唯名论与音位学的矛盾

另一个问题。经院派继承柏拉图、亚里士多德的思想传统，对语言进行了许多哲学思考，例如，就名词提出的问题是，除了说明世界上的声息以外，名词是否还能够给使用者提供更多和不同的具备认识价值的内容。作为语言理论学家，我们撇开经院派对此问题的各种形而上的解答，结果发现关于普遍性问题的争论包含着一些十分重要的元素，很有助于我们的研究。现代语言理论学家找到了适当的切入点，对经院派关于语言概念符号的模式进行补充和进一步发展。我们画一个圆圈来象征声息的所指，表示"马"这样的语言符号可被感官感知的现象。对于这种能指的所指，我们可以用一个四边形来象征，而这是需要思考和争论的焦点。与逻辑学家一样，经院学派也认为"马不是反刍动物"一句中的单词"马"并非意指具体对象，而是一种抽象和概括。对此，我们用中间的小四边形来表示，因为相比较每一匹具体的"马"，它的确定性特征较少。语音形象"马"或者只涵盖这个小四边形，或者在特别意义上至少要涵盖该小四边形。这是作为物种的马的意涵（如下图 a）。

唯一的问题是，如果根据事实改动图 a（如下图 b），又会怎样？

图 a　　　　图 b

事实正是如此。语言学实证研究证明这一修改是必要和卓有成效的，而这正是音位学提出的要求。因为，对于语言符号的称谓功能而言，关键不是其具体的物质声响（声息），而是其相关性元素的总和。世界上被我们用作符号的一切东西或事件，都是根据抽象相关性原理被投入实践的，这是符号学的一条普遍原理。例如，航船、火车、汽车的信号灯，其规约是：红色→危险，禁止通行；绿色→无险，行路畅通。当然，我所使用的每一种信号，每一盏信号灯，都是在结构和大小等方面具备无穷确定性的具体之物，然而，对于交通和交通伙伴而言，重要的仅仅是蕴含于规约之中的红色或绿色这样的元素。该称谓词呈现某种特殊的语音现象，那是巧合，不足为奇。在一百个德语使用者嘴里，"同一个"单词 Pferd（马）会有一百种稍不相同的发音。从不同的言语声音中，我辨认出我的熟人，而且还从熟人或陌生人的语调中听出他的心态。言语声音的差别对于病相学和面相学十分重要，但是，对于德语单词 Pferd 的称谓功能而言，却不具备相关性。

在此可以得出一个对于语言理论而言不无意义的结论，即借助严谨的符号学便能有力地驳斥声息唯名论的一切论点，因为，声息论对经院派问题的回答，使得某些思想家不敢面对我们图示中右侧所提出的要求，对抽象性和普遍性进行思考，他们顽固地坚持图示左侧所谓真正的具象，视之为救命的稻草。直到音位学登场，才证明那些逃避抽象性的人实际上只是站在屋檐下躲雨。极端唯名论早在普遍性争论之初就被提出，但随后被经院派一致抛弃，今天人们偶尔还会谈到。我们重申语言符号性的原理，再次指出，（简单地说）任何以纯粹物理主义方法建构符号学的企图都是错误的，面对人际之间语言符号交往最简单的事实，物理主义必败无疑，至少寸步难行。

作一点历史说明：要想了解那些敏锐的思想家们关于声息论的讨论，可以翻看 H. 贡珀兹的《论世界观——普遍性理论哲学主要问题的历史研究和实证研究》第二卷（1908）。81 页论及伊壁鸠鲁派对斯多葛派的批判，还有"可敬的"印度思想家唔帕瓦萨（Upavarsha），他们都是这一理论的代表和极力辩护者。但那里未见现代语音学和音位学的只言片语，仍然幼稚地讨论"字母"的问题。在 118 及下页，贡珀兹旧话重提，讲述了现代发生于密尔和赫伯特·斯宾塞（Herbert Spencer）之间关于同一问题的争论。我感谢贡珀兹提及此事，他本人对声息论甚是不屑。这里，抽象相关性原理这一符号学普遍原理得以回归，言语交往的事实得以凸显，这正是我们论证的新颖之处。同时，我们决心不再纠缠于体验心理学或者本体论的问题。

4.6.5　密尔论类名和专名

我们要遵循语言理论的要求，在现代逻辑学的水平上继续探讨语言概念符号的功能，为此，我建议同时阅读密尔和胡塞尔，并比较他们关于专名和类名问题的论述。这样，理论学家以自然、成熟的语言为研究对象的目标就可以相对简单地得以实现。他要向具体人类语言的专家们提供某种基础性的内容，反之亦然：从实证语言科学的成果中汲取营养，建构自己的理论。我先从密尔开始。

密尔理论的核心有一个比较：众所周知，《一千零一夜》中有强盗用红色粉笔线条做标记的故事，该标记类似于专名。强盗为了从数百座十分相似的房屋中重新找出独特的那一座，使用了一种标记，即红色粉笔线条。密尔认为，专名的功能无异于红色粉笔线条，即区别性标记。对此，有人可能而且必然立马跳将出来，提出一堆论据来反驳密尔。因为专名一般情况下并非像红色粉笔线条那样固定附着，写在额头之上，以便人们看到并将约翰与雅各布相区别。专名虽然通过洗礼或其他仪式得以分配，但是人们坚信，其客观性区别标记已经确定，可以作为称谓符号在此后的言语交往中顺畅地发挥功能。称谓词固定附着在其所指之上，对此，前文已有讨论。那里，对称谓词的物理环境问题进行了一般符号学意义上的阐述。这里，我们不是要对密尔的比较吹毛求疵，而是要通过忠实的解读，追寻这位伟大逻辑学家的思路。我们同意他的观点，认为专名一旦被分配便不再追问：被我叫做"勃朗峰"的"你"是否真的是一座白色的山峰？① 密尔写道：

"当我们说出某物的专名，当我们指着一个人说'这

---

① 勃朗峰，德语为Montblanc，法语为Mont Blanc，意大利语为Monte Bianco，意为白色之山，是阿尔卑斯山的最高峰。——译者

是布劳恩或者施密特',或者指着一座城市说'这是约克',这时,除了告诉听者这是他(它)的名字之外,不再传达任何其他信息。为了让听者识别具体的对象,我们将这些对象与听者此前获得的相关知识联系起来。我们说"这是约克",就是告诉听者,那里有大教堂,但前提是听者此前对约克的了解,并非是该称谓词的含义。相反,当人们用包含有限定性成分的称谓词称谓对象时,情形则完全不同。我们说"这座城市是用大理石建成的",这时,我们可能告诉读者一个新的信息,而且直接基于限定性词组"用大理石建成"的含义。这样的称谓符号不是针对赤裸的对象,不是满足我们指称具体对象的需要,相反,是与定语相伴的符号,是一种号衣,借此可以用定语描写所有相关的对象,标志着对象拥有该号衣。这样的称谓符号不是简单的符号,而是意义丰富的符号,而其意义即在于其限定性,即内涵。"(密尔,1877: 41,着重符为笔者所加)

"内涵"(Konnotation)这个概念出自于经院派,前文对阿波罗尼奥斯和斯多葛派的分析已经包含了对它的认识。那里指出,称谓词包含着所指对象的质的规定性,这也是经院派所谓"标记"的含义。有些经院派学者解释,形容词,如 albus (白色的),不仅指出特征,即颜色元素"白的",同时也指出该特征的某种载体,那(当然)不是某个特定的物体,而是可以被赋予该颜色属性的任何物体。用现代话语说就是,该属性同时表示一个空位。密尔以此为切入点来展现自己的分析方法。我们不妨借用上节(4.6.4)的象征图来说明问题的关键。

图 a（一个实心方块外套一个空心方块）可以说明经院派眼里的 albus。密尔的问题是，是否存在没有内涵的称谓词，结果发现两组这样的词，一为抽象词，如"红色"，一为专名。形象地说，我可以设想空心方块不存在，结果就是小的实心方块，如下图 b，或者我可以将空心方块填满，如下图 c，这样，小的实心方块就消失在其中。

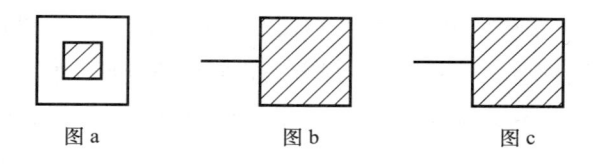

图 a　　　　图 b　　　　图 c

密尔自己写道：

> "一个非限定性表达只指称一个对象或一个定语，而限定性表达则指称一个对象并附带一个定语。这样的对象拥有定语。例如，'约翰''伦敦'或'英国'都是只指称一个对象的称谓词，'白色的''长的''有德的'则表示一个定语。所有这些名词没有一个是限定性的，但是，'白色的、长的、有德的'都是限定性的。'白色的'这个词指称所有白色的对象，例如'雪''纸''海水泡沫'等等，而且包含定语'白色的'，或如经院派所说，蕴含着'白色这个定语'"。（密尔，1877：35）

问题已经清楚。我们是从内容的角度考察这些概念的，而密尔是从范围的角度，所以，应该将小方块和大方块的象征意义予以调换，才能准确重构他的理论，当然，这对于我们的目标无关紧要。

因此，根据密尔的观点，当我在话语中使用"苏格拉底"这个专名，就是通过该语言符号指称那位著名的个体，别无其他内涵，如下图 d 所示。相反，当我说"马不是反刍动物"，则蕴含一个内涵，如下图 e 所示。对此，历史语言学和语言理论是何态度呢？[①]我们不妨暂时将所有符号学的疑虑搁置一旁。我们反对声息唯名论，认为结构图示的左侧永远如下图 f 所示，因此，必须坚定不移，认真思考是否同样的情形原则上也适用于右侧。逻辑学家李凯尔特在其《自然科学概念构成的界限》（1896）第二版中很不情愿地与某些书评作者一刀两断。他们曲解了他的观点，认为"苏格拉底"这个历史性概念彻底无遗地涵盖了那个个体。这在李凯尔特看来是不可能的，其原因在于，个体永远不会以其特征的全部进入一个概念，因此也不会如此进入科学的最终结论。这毋庸置疑，而且足以证明密尔的专名理论。为此，需要借鉴胡塞尔提出的区分，详见后文（5.4）。

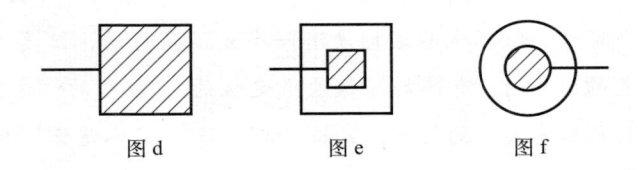

图 d　　　　图 e　　　　图 f

[①] 自亚里士多德以来，人们关于"专名"（ὄνομα κύριον）概念的定义进行了许多尝试，对此，布龙达尔（Viggo Brøndal）作了很好的总结（1928）。布氏引用了叶斯柏森和冯克（Funke）等语言学研究的新观点，但却没有提及胡塞尔的行为论。最后，他认为密尔的界定最为适当，欣然接受。

某些称谓词不是（完全的）概念符号，所以，并非适用于概念的一切都适用于称谓词。这里，我们简单指出这一点就足够了。我们用语言学家的常识来回答这个问题：对于我们来说，生活世界中的事物，第一作为个体而吸引我们，第二我们自信能够随时辨认该个体并将之与其他相区别。我们给这样的事物以专名，不仅是个人，而且还有山脉、河流、我们身边的许多动物、以及树木和石头，当然还有夜间出现在天空的星星，还有历史上的一次性事件。有一种特殊的钻石叫做月亮宝石（专家们声称能够辨认），有一场战役叫做"萨拉米斯海战"（历史学家说它只发生过一次）。个体是什么以及应该如何看待，语言学家不会为此大伤脑筋，每一种科学都会在各自的领域做出解释。

4.6.6 胡塞尔的行为论

讨论了密尔之后，我们再看胡塞尔。胡塞尔《逻辑研究》所讨论的第二个大问题是"种类的理想单位与近代抽象理论"。胡塞尔所批评的近代，从洛克（Locke）到休谟（Hume）、从 J. St. 密尔到 G. E. 米勒和科内尔留斯（Cornelius），批评的矛头还指向迈农著名的《休谟研究》（1877，1882）系列论文中的观点，认为迈农与心理学唯名论的决裂不够坚决和彻底。胡塞尔自己的理论是一种行为理论，从许多方面看都是对经院派思想的革新。胡塞尔也认为可以而且必须以感知为出发点去发现对象，问题是，在感知中个别对象和一般对象是怎样"构成"的，前者是一个我称之为"苏格拉底"的东西，后者是我在生物学智人意义上称之为"人"的东西，例如"人具有与其他人科动

物相同的牙齿"。胡塞尔作如下区别:

> "简便起见，我们首先对感性抽象进行区分：有些行为附带一个直观'给定'的定语元素，有些则是以此为基础的行为，后者不仅仅在于引起对该元素的注意，而更是一个一般性地意指相关种类的新的行为。"(《逻辑研究》161)

> "根据不同情况，意指的客观性或者是全称命题'一切A都是B'，或者是一般命题'A（种类）是B'，或者是不确定的某个个体A是B，等等。我们所关注的，既不在于伴随并显化思维想象的个体直观形象，也不在于那些塑造直觉或者在直觉中直观实现的行为特征，而是那些以此为基础、在行为的过程中变得'可理解的'客观性思想，就是被思想理解的事物。当然，'抽象性'说明，我们不只是关注直观的个体（例如专心去感知它），更多是思想对意义的一种理解。我们就是生活在思想行为千变万化的理性过程之中。"(《逻辑研究》163)

所以，根据胡塞尔的观点，依附于同一个感官数据的往往是不同的意指行为，思想者所思以及言说者所言的，或者是个体A或者是种类A，或者是其他别的，这样，"意指的客观性"得以建构。关于如此理解和言说的对象的本体论问题，在胡塞尔的学说和密尔的称谓理论中都被排除在外，语言理论学家对这样的问题肯定也没有兴趣。再读密尔称谓理论的序言可以看出，胡塞尔和密尔在根本问题上区别十分清楚。密尔写道：

"霍布斯说,'一个称谓是一个词,被任意选择为符号,可以在我们的观念上唤醒一个与以前某个思想类似的思想,当着其他人的面说出来,对他们来说就意味着一个符号,说明说者观念里此前存在过某个思想。'"(密尔接着说:)"将称谓这样简单定义为一个具有双重目标的词(或者一串词),一方面唤醒我们此前观念里的相似性,另一方面是一个向他人实施表达的符号,这看来无懈可击。实际上,称谓的功能远不止于此,人们将会在适当的地方看到,它们还可能具备其他功能,但都是这一功能的衍生。"

称谓词是事物的名称,或者是我们的思想对事物认识的称谓,两种说法哪个更好呢?前者是一般语言使用的表达,后者是某些形而上学的表达。这是一个极其重要的区分,这似乎很符合密尔的观点。他接着说,"语言中依序排列的词是我们思想的符号,所以,它们显然不是事物本身的符号,因为,所谓单词'石头'的语音是'石头'的符号,这仅仅意味着,听者推断说者意指石头。"

(密尔认为)"称谓使人们想到思想而非事物本身,或者将此思想传达给听者,这样的理解当然无可否认。虽然如此,仍然有充分的理由坚持一般使用的观点,即单词'太阳'称谓'太阳'而非我们对'太阳'的认识,因为,称谓大概不仅仅要唤醒听者头脑中与我们相同的思想,而且还要向他传达我们的所思所想。但是,如果我使用一个称谓来表达一个信念,那么,这是一个与事物本身相联系的信念,而非一个与我对该事物的思想相联系的信念。"(密尔,1877:26及下页)

我们再次提请注意如下重要的历史事实：亚里士多德在其象征性概念中试图将二者合而为一（参见 4.4.4）。随着对古典感性理论和理性理论的超越，这一尝试实际上过于简单，应该予以摒弃。我们发现霍布斯和密尔各自遵循其中的一条逻辑路线，彼此截然不同。

这里提出两个不同的任务，因此也需要两种不同的思维模式来解决。密尔和胡塞尔都继承了经院派的思路，从中汲取了丰富的养分，但是，胡塞尔主要是以自己的方式对经院派的行为理论（即他们所谓的理性，不是处置事物的行为，而是理智行为）进行了彻底的重构，而密尔的重点是对主体间言语交际，即语言传达的条件进行一般性表述。在语音和事物之间要进行怎样的对应勾连，才能实现 A 对 B 关于事物的信息传达？这样的问题柏拉图早已提出，密尔摒弃了霍布斯理论中对问题所进行的主观主义表述。面对这两种旗帜鲜明的纲领，人们是否首先必须进行非此即彼的摒弃？有人持此观点，例如接受胡塞尔而摒弃密尔的方法，因为据说现代现象学更为纯粹，亦即较少缺乏把握的、疑点重重的前提，相反，也有人不相信胡塞尔模式中某些显而易见的内容。密尔对古典的客观性语言分析进行了改造，摒弃了霍布斯的现代主观主义；相反，胡塞尔吸收了经院派行为论的元素，将之发扬光大，提出"置于括号之中"的观点。对此，语言科学当作何论？

4.6.7　语言研究客观分析法：胡塞尔单子建构论

语言研究有极大兴趣根据密尔的分析将主体间的符号交往置于原理中特别突出的地位。胡塞尔理论最后强调指出，说者使用"人"这个单词有时指类型"人"（如下图 g），有时指属于该类型之一的个体（如下图 h），具体所指为何，要取决于其行为。这样，坚定的主观主义者会将这一观点推向极端，做出如下解释："我可以用任何手段意指一切"。[①] 作为批驳只需指出一点，这样一条原则如果上升为原理，只能成为使任何言语交往都无法实现的毒药，无论怎样极端的自由主义者最终都不会为之动心。

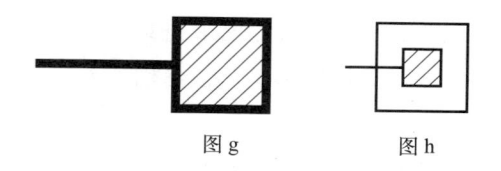

图 g　　　　图 h

实际上，即使"作为种类的人"或者"作为个体的人"这样较小的个体自由空间，也会在言语交际中通过独特的语言手段或该单词的当前语境而被完全消解或者至少降低到无害的程度。的确，自从普遍性争论以来，胡塞尔的行为理论第一次从体验的视角对抽象性没有解决的问题进行了有力的论述，揭露了休谟抽象性理论伪方案的本质。但是，如果认为语言理论从胡塞尔逻辑研究的陈旧思维模式就可以获得充分的满足，继而对这位伟大逻辑学家后期著作中的先进思想视而不见，似乎那些思想不是由他提出的，那就大错特错了。

因为，对于分析而言，如果第欧根尼认为他坐在木桶里自言自说的话语并非唯一的、更非理想和充分的出发点，而是对

[①] 我关于思维的论文（1907）和温克勒的语言理论研究（1932）得出同样的观点，都受到胡塞尔的启发。

人类话语简化的工艺品，那么，人们就会有恍然大悟的感觉，对此，语言理论应该抱有无比的兴趣。将孤立的说者重新置于语言伙伴的社团之中，这样，对于柏拉图和密尔的一切指责，即对客观主义方法的指责，都会不攻自破。现在，人们甚至可以充分想象客观主义方法的两种变体，一个是密尔的方式，另一个是具备有限必要性、在动物心理学极富成果的行为主义思维方式，应该将二者适当融合，应用于人类语言的分析。因为，如果考虑到语言发展的真正源头，如对指示符号的研究，就会有意无意走上韦格纳和布鲁格曼的道路，也就是接受行为主义理论。对此，我们在第三章已有论述，无需再做辩解。

胡塞尔十分接近客观主义的语言分析，这集中体现于其《形式逻辑和先验逻辑——逻辑理性批判》(1929)，例如第30页写道：

> "所有这些客观性不仅是指当前形态在话题场域中转瞬即逝的登场和消逝，而且还涉及其意义存在的持续效应，特殊意义上甚至超越当前认识的主体性及其行为的客观性。相同的东西在重复之中得以保持，并以持续存在的形式被重新辨认出来，在文献形式中有其客观存在，在文化世界里也有其实在性：每一个人都在某种客观延续之中发现某种客观存在。客观存在就这样为人所理解，在主体间得以辨认，即使无人念及，也存在着。"

以上认识可称为科学"成果"，是某种"普遍性理论"的原理，对于语言科学的整体对象而言意义非凡。人们对"拉丁语"的重构，无需等待完善的科学（当然也是胡塞尔意义上的），要评估这样重构的合理性，也无需对整个现象学进行透彻的研究，因为，还有其他多种途径可以达到目标。其中最为便捷的途径就是语言工具模式（Organonmodell）。语言工具模式的分析十分规范，突破了单子论的局限。自从1918年回应胡塞尔的批评之后，我越来越清楚地认识到，透彻思考这一模式必然要冲破现象学的某些局限，并从语言学的角度给认识论提供新的理论推动。我眼前摆放着一本刚提交的博士论文，从语言理论的角度对胡塞尔现象学的创新之处进行了无懈可击的批评。我希望该论文与其他语言理论著作都能在不久的将来献飨读者。

　　我认为，这里应该以词汇的实证研究为例，将密尔和胡塞尔的思维模式予以对比。我将"类名的内涵、观念性的种属和词源"三个关键词并列考虑，具体讨论它们是否应该永远被分为三章予以讨论。内涵与词源之间有什么关系？我们所引密尔的观点认为专名不具备内涵，或者换句话说无需"定语"限定。密尔本人的解释中有许多众所周知的城市、山脉、河流、人物的专名，语言学是否可以认为它们本质上缺乏象征性？（如下图）当然不可，因为语言历史学家知道，这些称谓与类名一样也有其词源。其中有些词源在历史中褪色或者完全销声匿迹，例如 London（伦敦）、Rhein（莱茵河）、Semmering（谢莫林）、Wien（维也纳）等，有些则鲜活如初，例如（有些明显的复合词）Montblanc（勃朗峰）、Kraxentragen（克拉克森特拉格）、Heilbronn（海尔布隆）、Salzburg（萨尔茨堡）、Buenos

Aires（布宜诺斯艾利斯）等①。还有些常见名词也是如此，词源信息暗明不一，例如 Karl、Otto、Maria 不如 Friedrich、Gertraud, Pferd（马）、Ochs（牛）、Esel（驴）不如 Zaunkönig（鹪鹩）、Bachstelz（灶巢鸟）。②

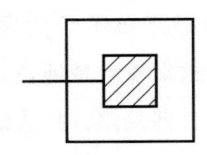

也许，**被用作专名的复合词抵抗词源褪色的能力更强**，那么，复合词用作专名具备怎样特殊的**适应性**呢？无论如何有一点是清楚的，密尔意义上的内涵与某个不同程度鲜活的词源之间可能存在某种关系，但肯定不是简单的相互关系。毋庸置疑，不仅称谓符号，而且指示词也程度不同地有其词源，否则，我们在语言指示场一章从心理学视角对布鲁格曼等人的研究所作的分析就毫无根据了。印度日耳曼语言的 *to- 和 *ko- 之间的意义差别（功能差别）无疑属于词源学家的研究范围。就功能而言，一种语言的称谓词相互区别，同样，该语言众多的指示词也必然相互区别。同一个句子中，"这儿"变为"那儿"，"这个"变为"那个"，其中也清晰地体现出领域的跳转和辅助性指示手段的变化，语言学家完全有可能从中得出规则，布鲁

---

① 这几个词字面义分别为"白色的山""负重者""疗病之泉""萨尔扎河岸之城堡"和"好空气"。——译者

② 这几个词字面义分别为，Friedrich（男人名，"保护者""强壮有力"）、Gertraud（女人名，"声望""勇敢强壮"）和 Zaunkönig（栅栏＋国王）、Bachstelz（溪流＋鹡鸰）。——译者

格曼就曾尝试将其四种（方位）指示方式的理论普遍推广到印度日耳曼语言。因此，我们重新提出问题：在内涵和词源之间是否存在某种间接关系？是怎样的间接关系？

4.6.8　词源的活性和影响

毫无疑问，在语感中仍然鲜活的词源可以调节一个称谓词的使用范围，而是否一定如此，则是另一个问题。如果这种调节说明德语单词 Hund（狗）和英语单词 hound（狗）都体现出某种范畴模式，那么，就说明可能存在一个虽未褪色但却闲置的词源。同理，单词"杠杆"在一位现代物理学家的词汇中虽有固化的科学定义，但却无损于其词源的存在。一位现代物理学家想到"杠杆"这个单词，也可以像伐木工那样毫不犹豫地将之与"抬起"联系起来，虽然他在自己的杠杆规则中并不那样看。德语对大象的不同称谓就是一个（被经常列举的）例子，有时叫做 Einarmiger（独臂侠），有时叫做 Zweimaltrinkender（二次饮者）。因此，必须对我们非常熟悉的领域中的事实做类似的观察和谨慎分析。

为此，应该首先认识到，使用范围与词源的巧合完全没有必然性，词源可以是鲜活的，但却不决定（亦即"调节"）词的使用范围，否则就无法理解，为什么在语言历史的过渡中，词源的调节功能和一个新的简单意义之间存在一种为主体间交往所接受的状态。因此，应该理解和承认（其他人肯定也已经注意到），一个直接的或者在思想中鲜活的词源并非理所当然地具备"调节性"。对此，说来话长。不过，我们还是坚持对事物进行逻辑观察，暂且满足于下面这个毫不新奇的认识：一个概念只是相对于内容或者范围而"可以理解"。思维心理学证明,"域"主要涉及某种范围,而词源的存在、褪色或者最终彻底消失主要是就内容而言的。

也许,一个称谓词成为专名,其所指至少针对某个个体,但范围却不仅仅局限于某个个体。在家庭范围内使用"父亲"等类名,在乡下人和城里人之间使用"城市"这个名词,可以规则而明白无误地指称场景中确定的个体。同样,也有将专名用于类型指称的反面例子。"太阳"通常是一个个体,但是,天文学家认识许多"太阳";不一定就是苏格拉底(逻辑学家的那位楷模),还可指一次性出现过的某位,《高卢战记》的作者,战胜过庞培,之后2000年将自己的名字强加给所有皇帝[①](而败将庞培则只能将自己的名字限于私用)。所以,这样反反复复的事情在成熟的语言里自在而无忧地发生,针对场景中确定的个体为专名,针对多个同类又变为类名。

虽然如此,密尔仍然是正确的。他作为逻辑学家试图区分专名和类名的对应关系。因为,或者在洗礼时让人给孩子起一个地道而持久的专名,或者称之为"黄毛丫头",这实际上就体现了二者对应关系的差别:第二个称谓只是将孩子归为一个类型,而第一个则是针对个体,因此,数年之后个体的"黄毛丫头"会失去这个称谓。相反,一个印第安人因其(确证或期待中的)斗志而被称为"凶猛的狼",而且一直保持这个"专名",即使名字的主人早已年老体弱,牙齿全无。

在洗礼时我郑重地让人给孩子起名"卡尔"或者"玛利

---

① 恺撒的名字(Gaius Julius)Caesar 成为类名"皇帝",被用于诸多语言。——译者

亚"，那么，对于当时在场的人及以后得知消息的其他人来说，这就是一个大家需要遵守的规约。在小范围内，仅仅该名就足以担当个体标记的符号，孩子在学校会遇到许多同名的兄弟姐妹，也叫做"卡尔"或"玛利亚"，这时，一般附加姓氏就能够满足个体标记的要求，否则，我们会再行追加，如"亨利二十二世，小罗伊斯"等。

从对应关系看，诸如此类的专名与"类名"是否位于同一条线上？我赞同密尔的观点，斩钉截铁地回答：否。因为，洗礼时的对应在逻辑上永远不等同于定义，相反，广义而言，与画在房屋上的红色粉笔线条等值。至于专名作为个体标记没有烫印在受洗礼者的额头上，这对于我们的问题无关紧要。当时在场的人已经记住了它，并能够（随着时间越来越肯定地）从众多的人群中将其主人辨认出来。该个体是预先给定的，被带去接受洗礼的，无需"定义"。而且洗礼也不是定义，相反，类似于固定附着，是一种授予（人们应该非常乐于延续一种圣礼），授予一个指示性称谓。这里，专名被分配用来指示，而指示的相关元素不完全是物理环境，但却十分类似。

无论言语交际发生于何时何地，称谓符号的关键是弄清楚称谓的范围，而且人们实际上一直都在追问称谓范围，这究竟是谁的观点呢？生活，包括语言称谓符号所指的生活，其丰富性远远超出逻辑学强行推销的那种唯一性思维模式。指示性称谓词的授予现象显然存在，但却不能从心理生理系统获得解释。有些思想家与我们生活在同一个世界，却将概念称谓的授予与定义混为一谈。对于朴素的语言学现象，需要从心理生理系统予以全面的分析。语言理论就是要研究这些丰富多样的分析方式。

4.7 场域机制；以印度日耳曼语言的格系统为例

4.7.1 空间的与逻辑的，外在限定格与内在限定格

为了说明问题的症结以及怎样将语言象征场的理念应用于格理论，我们重提那个常见的选言性问题：格是空间的还是逻辑语法的？如此选言显而易见是不能成立的，但其中却可能蕴含着一个真理，因为，逻辑学绝对不能容忍将自己与"空间"降于同一水平，而每一个格又一定都是"语法的"。那么，选言的第二项应该是什么呢？

许多语言学家都感觉到"空间的还是逻辑语法的"这个陈旧的观点存在不妥之处，例如德尔布吕克就回避"逻辑"格这个概念，坚持使用空间与非空间这对概念。冯特敏锐地指出该选言的第二个成分存在不确定性这一缺陷，认为用"外在和内在"比较可行。他认为格有内在限定与外在限定之分。对此，好奇者不禁会喋喋不休地发问，要探明内在和外在的究竟。像冯特这样的大家当然会准确地说明自己的用意，我们也将谨记在心。这里首先概括了解一下冯特缜密全面的格理论。我认为冯特的格理论极大地推进了该问题的研究。今天如果要有所成就，则不可对冯特的成就充耳不闻。冯特对格问题的研究基本上借鉴了马克斯·穆勒（Max Müller）的《语言科学讲座》（1863，1866）。冯特在语言历史方面所提出的观点已经显得过时，而且将格功能过于草率地引入逻辑学。但这些都不能改变

我们的上述判断。无论如何,认真分析和建设性地评价冯特的内在外在观,是语言学应有思路的必要准备。在我们对冯特所做区分的背景描述中如果存有某些陈旧过时的内容,每一位专家都可进行补救,并考虑是否要将那些选用的例子替换为更好的或者删掉,以便更好地证明同样的问题。

4.7.2 印度日耳曼语言的混合系统

冯特从印度日耳曼语言的比较研究中得出一般性结论,他的简短表述没有引起同时代语言学家的任何反对,即使德尔布吕克也没有指出什么值得一提的错误。冯特指出,在格的使用中,形象直观的属于空间类型,纯粹概念的则属于另一类型。至于直观格的历史优先性问题,对印度日耳曼语言的充分分析不能完全说明空间类型优先形成的理论。冯特认为,从格的数量看,希腊语系统比拉丁语系统更接近现代,但是还有某些系统更为丰富,例如古典拉丁语系统,而更丰富的如梵语系统,本身已经包含了现代系统。他写道:

> "这种情形在那些相互对立的古老理论中形成一种折中的观点。在梵语的8个格中有3个可做纯语法逻辑的解读,即第一格、第四格和第二格(第一格为主格,第四格为状语格,第二格是主语的定语或修饰语);有4个格,即第三格、方位格、夺格、工具格(或称社会格 Sozialis),说明'去哪里'、'哪里'、'从哪里来'和'用何工具'等问题,可被视为空间类型;第八格是呼格,是第一格形式的命令式,从来就是一个另类。"(冯特,1922:62)

我们的构想不关心细节问题。如果承认两种类型，那么，纵观之下，表示较远宾语的第三格是否也属于第一种类型，或者继续保持第二种类型，就无足轻重了，尤其是历史学家根据普遍和可靠的观点，在印度日耳曼语言范围内发现了原本分离的格又相互融合，体现出一种具体论的形态，但也不能完全否认对立的现象，即一个格分裂为多个相互区别的格。因为，高加索语言的格分裂得纷繁复杂。① 这引发人们思考一个问题，在印度日耳曼语言的历史进程中是否在简约性退化之前也发生过复杂性进化？

这两种类型都还没有严格定义或从概念上相互区别，"直观的"和"概念的"都是无法简单接受的措词。不懂专业的德语读者都很有发言权，至少可以通过设问这样的人为手段来将某个格归为直观类型，也可以翻译任意一个拉丁语例子，例如将 Roman proficisci 翻译为 nach Rom aufbrechen（向罗马出发），将 Roman defendere 翻译为 Rom verteidigen（保卫罗马），即德语译文与拉丁语原文的结构相对应，这样，两个例子使得区别得以彰显：拉丁语第四格在第一例中符合空间论，但在第二例中却（有些）不同，即类似于德语的第四格。

我们很高兴获得这样的进展，谨慎起见再回首看一眼前面那段关于梵语的说明。引人注目的是，那里的第三格回答"去哪里？"的问题，而第四格在空间类型中根本没有出现。前者并非疏忽走眼，而是的确存在一个"目标第三格"（或称"受者第三格"）。根据今天的知识可将后者纠正为：梵语并非完全没

---

① 参看特鲁别茨柯依《北高加索语言》（1924：336）。文章对阿迪格语贫乏的格系统和同语系其他语言丰富的格系统进行了比较。

有方向性第四格。

上述解释之后，我们再回到冯特。我们注意到其中某个过渡性思考颇具启发意义。冯特知识渊博，观察敏锐，注意到一个常见的现象，他说道："从逻辑上看这一现象绝对违反规则，但在心理上却完全可以理解。"（冯特，1922：65）细想之下就可发现"逻辑"格的类型特征。他关注并提醒心理学家思考的，其实就是印度日耳曼语言中性名词的第一格和第四格读音相同这个事实。根据冯特的观察，在印度日耳曼语言中某种行为方式颇受偏爱，这种行为不仅将"施事、生活的主体"视为出发点，而且反过来又将它们视为行为伙伴。果真如此，这一点对后文应该很重要。我列举两个句子作为对比：Paul pflegt den Vater（保罗照顾父亲）和 Paul trinkt（das）Wasser（保罗喝水），其中的区别即使对于我们今天的语感也显而易见。我们根据自己的思路解读如下：发生在保罗和父亲之间的（根据我们的思维习惯）是介于两个行为人之间的行为，我们可以变换其中的角色，这样，就会出现"父亲照顾保罗"的情况。发生于保罗和水之间的（同样根据我们的思维习惯）也是一个行为，但是我们无法想象"水喝保罗"的情况，除非我们运用一种偏离我们思路的引申的言语方式。

冯特知道我们的确可以期待在印度日耳曼语言范围内存在这样的假设，但并未从中得出任何格理论的结论。实际上，我们也允许水和石头等物质实施"行为"，例如水"翻动"石头，石头"阻碍"水流。正如冯特所想，这"在早期服务于原始生活需求的语言表达里"可能曾经有所不同，有生命和无生命物质的"意义区分"在其他语系非常规则，在印度日耳曼语言中也应该有过。假如我们的中性名词原本只是说明无生命物质的特征,那么就如冯特所言,我们可以认为,这些中性名词虽然存在对主格和宾格(第一格与第四格)相区别的要求,但不如将生物分别描写为雄性和雌性那样的区别来得迫切。因此出现了那种众所周知的现象:在两种情况下中性名词只有一种形式(中性第一格=中性第四格)。以上是一种过渡性的思考。

我们如果在此专门讨论中性名词的问题,那无异于歧途和旁顾,这个问题可交由相关专家自己解决。但是我的目的是指出冯特与我们思路最为契合的地方。其实,对于印度日耳曼语言的根本性和普遍性行为模式,冯特并没有给予深入研究,甚至那些解释性的例子也是由我引入语境的,以便在一般意义上阐明他的理论。之后,冯特以广阔的视野展开比较研究,说明格词尾贫乏这一现象在不同语言的双数和复数中也显而易见,同时解释了这一事实的具体表现,但是,关于空间与"逻辑"的类型区别并没有什么有益的见解可供借鉴。

冯特还进行了一项比较研究,将梵语和拉丁语与英语相比较。那里,格概念却没有出现在概念系统中,似乎自动消失了。介词(或者少数后置介词)的广泛发展和使用取代了格的位置,无条件地成为"格系统"话题的组成部分,这时,清晰的格概念随之消失,此前还被热议的现象就像云朵一样被蓝天吞噬。对句子词序问题的讨论虽然还没有全面爆发,但却已经初露端倪,例如在现代印度日耳曼语言中,尤其是英语。这就使得情形变得复杂起来。实际上人们应该以汉语的方式来描写句法关系(以我之见,可取其"精神"以为我用),但却仍然固守陈旧的概念,这在我看来很不切实际。看到英语,看到甲柏连孜的著作^①和芬克的汉语文选导读,我个人第一次意识到格的问题属于语言理论的问题。

4.7.3 诸语言格系统比较

我们继续讨论冯特的理论。他是怎么捕捉到那种已被忽略的现象的?冯特大概根本不会承认它被忽略了,所以才大胆提出了一个全面的发展模式,其中,闪米特语言和哈米特语言与印度日耳曼语言同样位于第三阶段,已知的格系统最为丰富的语言(美洲语言、高加索语言、乌拉尔语言、阿尔泰语言,以及土耳其语言)并列第二阶段,众多非洲语言,包括由施坦塔尔最先详细确认的曼德黑人语言,还有霍屯督-布须曼语言以及某些澳洲语言,位居第一阶段。

在第一阶段有大量连接词汇(大部分缺乏系统性),一般性地说明名词性和动词性的概念关系,相应地也一般性地承担多种句法联系。第一发展阶段的类型特征至少包括:"小品词……通常为相对独立的词,既可以与动词组合,又可以与名词组合,有时与独立名词的语音和意义发生叠合。"(冯特,1922:74)第二阶段在表达"外在的、空间的、时态等感性直观的情形"方面基本缺乏语法手段,但拥有大量的词汇表达手段。在第三阶段中,印度日耳曼语言的情形与闪米特-哈米特语言稍有不同,闪米特语言"格的构成原本很贫乏,而且本质上仅限于所谓的语法格(第一格、第四格、第二格)",相反,印度日耳曼语言原本拥有一个丰富的混合系统,经历了不断简

---

① 系指《汉文经纬》(*Chinesische Grammatik*,1881)。——译者

化的发展阶段,与梵语相同,其系统表现出相互交错的两种类型,而且,从音位特点看,所谓的空间类型在所谓的语法类型之前已经逐步消失,尤其是空间类型不断被介词所替代。冯特认为通常存在多种变化的可能性,也可能直接从第一阶段发展到第三阶段。他本来比较喜欢"发展"这个概念,但此时也持谨慎的态度,相比较"发展阶段",他更经常使用"类型"。

无论如何,我们又面对两种类型,而且仍然不清楚应该怎样分别定义。最终,冯特巧妙地采取建设性(能产性)思维,出人意料地完成了定义。按照我个人的理解,冯特向我们展示了一段众所周知的语言历史,或者更准确的说,是两种形态,即拉丁语与现代法语或英语的情况,通过比较揭示了区别性的问题。我们自己对两种模式也进行了概括性和象征性的比较,一种是拉丁语的 -us、-avit、-am,另一种应该是英语的典型模式 n-v-n(名词–动词–名词,例如 gentlemen prefer blonds)。冯特断言,用第一种模式可以区分任何类型的格,而用第二种(亦即仅仅通过句子的词序)只能区分所谓逻辑语法类型的格。他将这一语言历史事实上升为区别性特征,并试图进行客观的论证。关于格的类型,他论证如下:

"这是一个标准,因为,在一种格类型中,名词词干无需附带任何形式的后缀、介词或者后置介词,就可以通过格的形式充分表达诸成分之间的关系。相反,另一种格类型则必须依赖这些限定性成分,因为这些成分包含涉及概念关系本质的特定内容,否则,整个表达就根本残缺不全。我们可以不考虑不同格形式的本源和意义,独立表述这一情形,将第一种类型的格称为概念的内在限定,将第二种称为概念的外在限定,这样,第一格、第四格、第二格和第三格(或称"远宾格")就是内在限定类型的格。"(冯特,1922:83及下页)

简而言之,凡是通过相邻和位置因素能够表达清楚的,就属于(高贵的)逻辑类,否则,就是另一类。我认为,这是关于格理论最先进的思想和思维模式,值得予以进一步研究。为什么恰恰是位置因素成为第一种类型的区别性标记?相关因素的哪些意义元素使得该因素理所当然具备优先性?这两个问题必须得到解答。

4.7.4 冯特理论批判,动词的内涵

批评应该具有建设性。冯特提到"位置",但却没有说明是(或可能是)哪种类型的位置规则成为格类型分类的标准。因为,至少有两种截然不同的位置规则。我不知道是否已经有人提出适当的名称,但"绝对的"和"相对的"秩序也许是能够想到的一对贴切的概念,只是含义还不够清晰。因此,最好应该如下设问:哪里是零点,即坐标原点?英语的 n-v-n 会以某种方式存在于句子中,动词前的那个位置总是不同,与动词之后的一个或多个位置形成对立。这并非适用于一切位置规则,可能还有许多别的形式,例如,句首或者句末位置非常特殊。零点位置也可能在序列中央,且虚位以待(某种程度上),其他占位成分孰先孰后出现竞争,例如复合词就是如此。对此,我们后文详述。

如果我们注意到英语的模式，零点位置被动词占据，那么，冯特提出的位置标准就十分中肯。这就提出一个问题，是否可以推测：之前或之后那个位置其实就是显示动词基本内涵最贴切、最便捷的手段？简单地说，应该提出并检验如下推测：没有动词就无所谓宾格，也就没有与印度日耳曼语言相匹配的主格。确如冯特所言，所有"高贵"、必要的格，整个类型都是动词的附庸，与格就是如此，或者与宾格一同出现，或者单独出现，属格也是如此，只具备说明定语关系的功能。这就是我们格理论的核心内容。这一思想完全不是什么令人称奇的创新，但是，将这一格思想与以动词为特征的语言象征场内在地联系起来，却是我们完成的任务。

冯特提出的格思想有些不同，为了批驳之，我们必须摒弃其逻辑学的某些内容。我们应该研究冯特的逻辑学，深刻领会他提出的内在和外在限定理论的基础。在关于概念关系的章节中，逻辑学家们一般只讨论一致关系、上位概念、下位概念、并列关系等，仅此而已，但冯特在讨论了这些问题之后拓展了视野，就"概念的关系形式"专辟一章，讨论了所谓"概念组合"。下面引证关键的一段：

"独立的概念相互之间可以形成关系。与之不同，在另一种关系中，诸概念借助于某种关系形式组成一个复杂概念。这样的关系都是遵循二元结构规则而发生的：一个成分为主要概念，另一个为次要概念，后者与整个关系形式一起共同限定前者。因此，我们可以将两个概念分别称为被限定的和限定的，其间的关系称为限定关系。按照我们的思路，这样形成的限定性产品与原本具备整体性的概念具备同等价值，尤其是，二者都可以与其他概念组成相同的关系。"（冯特，1919：136 及下页）

读到这里，人们马上会想到复合词和（自由）词组，因为它们也是冯特普通概念理论所关注的语言现象。冯特也阐述了它们的逻辑价值，发现概念组合中的成分通常属于不同的范畴（即词类）：

"在诸如 guter Mensch（好人）、schlecht handeln（搞砸）、den König morden（谋杀国王）等概念组合中，我们发现不同范畴的概念直接结合在一起。相反，在诸如 der Wille des Vaters（父亲的意愿）、der Baum im Walde（林中的树）、das Haus von Stein（石头房屋）等组合中，关系之中的两个概念都属于客观概念。但是，第二个概念的范畴功能或者通过格的形式被改变，使其最终意义相当于一个特征概念的意义，或者作为对我们思考的补充，给限定性客观概念补充一个动词性概念，使限定性概念与主要概念处于逻辑关系之中，同时，该限定性概念连同介词所表达的关系一起再与主要概念发生关系。"（冯特，1919：136 及下页）

我重申：语文乃逻辑之师（lingua docet logicam）。冯特逻辑学无非是告诉我们，语言，而且是母语，给人什么样的启发。他从上述复合词和自由词组得到了关于概念理论的启发，同样，亚里士多德也是根据希腊语的现象而完成了自己的范畴列表。日后可能有人在这些现象中发现了错误，会批评语言这个老师，说她缺乏逻辑性。但是，我属于热爱语言的人，认为应该批评学生，是他们没有准确理解语言产品的蕴涵。

冯特继续阐释道：例如 Kirchturm（教堂塔）和 Turm auf Kirche（neben Kirche）（教堂之上／紧挨教堂的塔）这两个结构，后者就是一个概念组合，在许多格系统丰富的语言中也可以无需介词，与德语 Kirchturm 完全相同。语言学家会被专业术语搞得晕头转向，有一个"近处格"（Adessivus），还有一个"内格"（Inessivus），我不知道还有些什么。这些都是外在限定的情形，当然，除了我们的介词结构之外还可以通过后缀、前缀等构成。相反，真正的属格结构 Turm der Kirche（教堂的塔）更为高雅，这一点在无词尾的结构 Kirchturm 中体现得十分明显。为什么？这正是逻辑学家冯特解释内在限定的要害。

究其根本，内在限定产生组合。其中，给定的成分无需补充新的内容（亦即从外部）。后者适用于另一种类型，即由外部限定的概念组合："一切外在关系形式的基础或者是一个空间体验，或者是一个时间体验，或者是对条件的想象"（冯特，1919：141），例如，Der Vogel auf（dem）Baum（树上的鸟），die Imperatoren nach Cäsar（恺撒之后的皇帝们），ein Brief mit Geld（一个装有钱的信封），mit Begeisterung reden（激动地讲），wegen Beleidigung klagen（因为受辱而控告）。

应该承认，在冯特之前没有一位格理论学家对类型区别的问题有如此深刻的论述，达到非此即彼的清晰程度。在第二种类型中有空间体验和时间体验等参与其中，这是毫无疑义的。

我们再细究上述那个补充性断言，即概念组合的第一种类型不需要补充任何数据，不需要补充功能相当的连接成分。这是冯特格理论的关键（重申一遍）。作为批评家，人们必须首先经过一关，既当诉讼代理人又当辩护人。Kirchturm 告诉人们，实际上有一个"塔"已经属于"教堂"这个概念的特征。果真如此，意味着什么呢？复合词只是将蕴含于其中的内容凸显出来，也就是说，按照康德区别分析判断与综合判断所提出的方法，分析判断仅仅使基本概念的蕴涵显化，而综合判断则给基本概念补充某种新的内容。有一种类似的思维模式对冯特区别观的出炉发挥了影响，只不过与康德的思想不完全相同，否则，就显得太过荒诞了。对 Kirchturm 的分析肯定不适用于 Hausvater（家长）或者 Vaterhaus（父宅），因为，概念"父亲"肯定不包含"房子"，概念"房子"也肯定不包含"父亲"。

同样，冯特说的是两部分的组合，肯定也并非认为相关内容全部都包含在单个概念成分中，例如，概念"钥匙"的特征中有一个空位是留给该物的使用范围的，我可以依次使用"房子""箱子"等，就可以构成相应的复合词。这里所言的空位十分必要，因为，每一把钥匙一定属于某一个预示的使用范围。那么，"父宅"又是怎样的情形呢？一座房子必有其主人，而"父亲们"可以占有某物，因此，二者的概念都已经蕴含着必要的空位。

我们要确证的不仅仅是上述最后一个例子，而是整个论证。关于这里使用的经院派内涵概念，我们在 4.3.3 已有讨论，但冯特并未提及。我们在那里讨论了形容词 albus（白色的）的内涵，其实就是某种特征。这是空位问题的一个特例，很符合冯特的思想,也有助于我们理解冯特的思想。简而言之,经院派逻辑学家们和密尔应该将冯特的理论纳入内涵问题的一般性构想,作为辩护人,我们替他们补了这一课。这样,关于定语结构的问题,我们的处境就不至于毫无希望。

4.7.5 宾格和主格

谓语结构、宾格、与格、属格以及主格,这些成分的情形又是怎样的呢?主格与所有其他格都形成某种对立。我们对定语组合与谓语组合的区分仍然要跳出冯特的构想,甚至违背他的理论,但是,这样做也是为了凸显后文需要说明的那些原因,进而从冯特关于内在限定的思想中汲取更多的养分。

我们还需要修正思路,因为它不能指引我们弄清楚问题的要害。首先,除了宾格的所有使用方式之外,还明显存在"内在"宾语这一特殊情况。我们在德语里说 ein Spiel spielen(玩一场游戏)、eine Tracht tragen(穿一件衣服)、einen Gang gehen(走一程)等,审视整个德语动词,这一模式在所谓主动动词或者及物动词中显得格格不入,因为,其中的宾格空位规则性地由另样的"宾语"所占据。einen Trunk trinken(喝一杯)尚还可以接受,eine Sicht sehen 就有点强人所难,"听到"这样的说法我不知道该作何类推。面对我们这样的实验性例子,不及物动词比及物动词更为无助。人们模仿击剑运动员和网球运动员,说 einen (scharfen) Schlag schlagen(大力一击),并不考虑该动词此时是及物还是不及物。sitzen(坐)无疑是一个高度自足的不及物动词,然而我们却允许骑术教师情急之下说 einen guten Sitz sitzen①（坐好坐姿）。②

内在宾语现象应该体现了一种分析关系，因为实际上从动词概念中可以直接提取作为宾格的名词，类似于康德从"身体"概念中"延伸出"特征。塔多斯基（Kazimierz Twardowski）几十年前在其体验心理学研究中区分了行为和（内在）对象，参照了语言现象，部分涉及我们这里分析的情况。这样的分析性宾格绝不可能上升为主要类型，这不证自明。einen Gang gehen（走一程）是一个分析性组合，但是，对 einen Löwen töten（杀死一头狮子）的分析意味则不同，后者具有更大的语言理论意义。

为了弄清楚主格和宾格相伴而出的最基本条件，我们分析一下 Caius necat leonem（凯厄斯杀死狮子）这个例子。凡是借助描述性语言符号的两级系统都能清楚地再现诸如"杀死狮子"之类的事件，其中包含着一种意义组合，语言学家可以据此回答冯特的问题。假设，两个生命体"凯厄斯"和"狮子"被分别提及，如同我们拉丁语的例子所示，这样，一口气说出二者本身就已经确定二者都是所描述事件的参与者，但是，至少还应该有第三个和第四个成分也出现在该含义清晰的语言组合中，那就是"死亡"及其属于（搏斗双方）二者之一的受

---

① 这里德语举例的特殊之处在于，第四格宾语是句中动词派生的名词，相当于英语"同源宾语"（Cognate Object），德语中虽也有出现，但没有形成固定的术语，比勒称之为"内在宾语"。——译者

② 自从马克斯·穆勒的语言学研究和乌泽纳（Hermann Usener）关于圣名的著名论著之后，语言学对这样从动词构成名词的现象进行了许多研究。克雷奇默对此现象进行了解释，指出这些词多为阴性（例如 die Tracht, die Lage, die Sicht 等）。参看波尔齐格那篇优秀论文（《语言抽象词的功能》1939）。

害者。的确,有些语言会出现这第三和第四个成分,与我们复杂的逻辑分析完全吻合:在这类语言的文本中,两个名词"凯厄斯"和"狮子"之后出现一个"事件词",该"事件词"之后又出现一个方向状语,说明"死亡"出自二者之中的哪一方,又指向哪一方。冯特自己把这样的组合架构用德语勾画如下:Caius Löwe töten - er - ihn,[①] 并赞同马克斯·穆勒的观点,认为这适用于马来语言、高加索语言[②]和美洲语言。(冯特,1922:94)

人们必须继续深入细致地分析,才能彻底解决问题。上述德语表述涉及一个因素,即补充了两个指示词(er、ihn),从而完成了对方向的说明。这两个指示词本身是否可能是或者必然是变格的人称代词,如德语的 er - ihn 所示,这是语言理论的一个基本问题。如果是,则相关语言就属于主格 – 宾格类型的语言,在格的方面体现出与拉丁语的不同,格的语音标记只见于后补的回指指示词(人称代词)。但回答也许是否定的。因为如果用 hier-dort(这里、那里)等不变格的小品词来完成这种后补的指示,又该如何?如果用笨拙的儿童德语来模仿此景,可以虚构一个故事:Maus hier dort(老鼠这里那里)。这可能是说"老鼠从这里跑到那里去了"。这里,言语顺序"这里那里"反映了事件发生的情形。当然,对前述后补的两个指示词的回指用法也可以作这样的解读,这样,结果就不是"主格 –

---

① 本例中德语词义分别为 töten(及物动词"杀死"),er(他/它,第一格),ihn(他/它,第四格)。——译者

② 人们开始可能只想到特鲁别茨柯依所说的高加索语言中特殊的类别。他提出"受动格"(casus patiens)和"施动格"(casus agens),以区别于空间类型。我不能断定冯特的模式是否适用于高加索语言。参看特鲁别茨柯依(1924:328)。

宾格"的模式了。冯特自己也应该将这样的结构从第一种类型转归为第二种类型，即从内在限定转为外在限定。另外，这样的结构主要体现的是空间体验还是时间体验，也要求人们根据不同情况做出判断。对于整个思维方式和某些民族特别的死亡想象而言，更为恰当的解读应该是，将我们的凯厄斯视为致使狮子死亡的工具：Caio nex leoni，这样，冯特模式中的"外在"限定这一条件因素就占据主导地位。这里有必要再次提醒，冯特将整个外在限定细分为空间的、时间的和限定的。

我们如此不厌其烦地分析"杀死狮子"这个例子，目的就是要阐明在主语宾语关系框架下如何运用语言手段完成描述任务。语言理论学家的任务不是去证明这种情况存在的偶然性（例如在巴斯克语中），而是对规则性的探究。如果能够在某一点使"内在限定"格的所谓逻辑必然性发生动摇，我们就满足了。冯特在对德语的分析中（也许效仿马克斯·穆勒）使用了动词 töten（杀死），导致了草率的结论。如果能确证这样的分析适合于所有相关的情况，那就同样可以确定"凯厄斯"必定是主语，"狮子"必定是宾语，别无其他可能。也许会有某种语言有一种专门说明事件的词类（即事件词，而非动词），却没有主格和宾格。如此，冯特的格理论必须予以修正。

4.7.6 内在语言形式的行为范畴

与我们关于格问题的答案最接近的，是冯特根据语感得出的结论：某些词的结构隐含着一个动词性概念（参见 4.7.4 中引文末尾）。这个认识不是我们或者冯特的发现。这里用这一认识来批驳冯特逻辑学的核心。凡是在动词支配一个组合的地方就会有空位，而且只能如此。这一空位可以由凯厄斯和狮子占据，充当所谓内在限定格。这里，我们将历史上一切由谓语衍生的定语结构置于一旁，通过"杀死狮子"这个例子集中思考印度日耳曼语是怎样完成描述任务的：Caius necat leonem。为什么是动词产生了 wer（谁，主格）和 wen（谁，宾格）的问题？因为那是对最原始的特定世界观的表达，是在（动物和）人类行为视角下对事实的理解和描述。

我们检验了德语动词支配一个分析性宾语的可能性，而且通过所谓不及物动词也得到了证实，说明不及物动词也可以内在地（在概念上）支配一个宾语。在这个问题上，人们也许应该特别关注一类数量较小的事件词的存在。这些事件词倾向于以"无人称"的形式出现，或只以这样的形式出现。对此，后文再议。一般情况下，印度日耳曼语言动词的配价会规则性地要求第一人称发送者、第二人称接收者，或者特别形式的所谓第三人称说明"行为"的来源和目标，正所谓：amo te, amas me, amor a te, amaris a me（我爱你，你爱我，爱你，爱我），等等。

这种行为范畴并不是促成语言描述的唯一范畴，甚至在印度日耳曼语言中也非如此，只有在被使用的地方，才需要提出 wer？和 wen？的问题。因此，并不像冯特所言，Romam proficisci（向罗马出发）中的结构成分蕴含着一个外在的内容，即空间秩序，而在 Romam defendere（保卫罗马）中则不然，相反，第二种情况的行为范畴与空间处于同一逻辑地位。同样，Romam fugere（逃离罗马）和 Romam videre（刚到罗马）的情形原则上也是如此。问题的关键并非对情形进行体验心理学的描述和对意图问题展开讨论,如果那样的话,wer 就是针对结构中意图主体那个成分的提问,而 wen 是对意图受体的提问,例如:"我看见、感受、思考,我想要这个",等等,当然也可以用"你"和"他"替代"我"。但情形不是那样。这样的体验心理学分析绝不是必要条件,我们运用行为主义的思维模式也可以解释这里的情况。

通过对动物和儿童的观察,人们区分了指涉感官对象的三种基本方式,一是积极观照(positive Zuwendung),二是消极御防(negative Abwendung)或逃避,三是消极观照(negative Zuwendung,即冒犯、拒绝)。在德语以及其他印度日耳曼语言中,每次都是相关对象占据宾格位置,例如"向往什么,热爱什么,吃什么;躲避什么,避免什么,攻击什么,抵抗什么,强迫什么",等等。① 至于对象是否是空间的,或如冯特所说是外在的,或者是某种决定行为的因素,不能一概而论。对于语言理论学家而言,最重要的是认识到(动物和人类的)行为就是对情形进行描述的思维模式,这样才能理解我们对主宾格

---

① 这三种指涉对象的基本方式在某种更为丰富的格系统中是否相互区别,我认为这是一个很有意义的语言理论问题。除了专门的"控告格"(Anklagekasus),即表达消极观照的第四格,我可以想象还有一个专门表达积极观照(温柔、爱、关怀)和一个专门表达消极御防(躲避、嫌恶、避开)的格。geben(给予)使得第三格有其名,运作方式的心理学因素更为复杂,但也可以上升为一种基本模式,这样,第一格和第三格原本是两个人,即发送者和接收者。他们也出现在我们的工具模式之中。但是,第一格和第三格在这里不是语言信息的发送者和接收者,而是一个物体或一个(客观)事件的发送者和接收者。如果我们"给某某先生"写信,可想而知,我们在德语会使用第三格,而且不需要第四格相伴,但通常我们把第三格只是作为附属或独立成分使用,如人们所言,作为远宾格。除了第一格,我认为只有受者第三格属于正常情况。

的观点。如果蕴含这一思维模式的是一个称谓词,例如一个动词,那么,就蕴含两个空位,有待主格和宾格(或与格)去占据。主格和宾格的标记,无非就是我们此前所描写的某个特定象征场的空位的标记。至于是否也因此可以在逻辑上充分确定动词的词类,暂且可以不论。无论如何,我们在动词中发现了蕴含这种空位的词汇。关于词类,我们至少还将进行一般性的论述(详见5.4)。在我们的语言中,所谓内在限定格属于行为的思维模式,认识到这一点就足够了。对无人称问题的分析可以证明,在描述一个事件的时候,我们也可以用其他的思维模式建构句子,而在真正的名词句中情形又有所不同。

4.8 建设性回顾

"语言的象征场"是个核心概念,其灵魂和载体源自于一个指导思想,那是我在对康德《纯粹理性批评》的研究中第一次意识到的。那里,我发现在许多不同的地方都系统性地存在一种媒介,并规则性地呈现出"模式"的特性,也确实被称为"模式"。在理性概念的模式中,康德思想完整而正式的表述晦涩难懂,距离我们的问题也十分遥远,我这里只好弃之不顾。相比之下,在《纯粹理性批判》第一版"范畴的超验推理"一节的残编中,康德关于秩序性模式的思想更为有血有肉,给人印象更为深刻,也更适合于实证检验。只是这些内容后来被删减了。那里,有关于如何从千变万化的感官数据中建构统一感知的思考,对此,我在自己的观念里予以彻底改造,扬弃了那些暂时的表象，使之在新的感知理论中重新焕发了生机。在外在和内在感知环境的变化中存在着恒定因素，这一认识是康德思想的再现，他在当时的分析中就已经有了清晰的认识，并提出了媒介和秩序的思想。①

对被感知事物的语言固化和表述就形成和植根于感知过程之中，而人们经常将感知与"之后"的语言表述严格区分，这不切实际。语言分析所显现的语义功能，即充分展现的信号功能、表征功能和象征功能，可以为人的感官所感知，即使在言语器官干预的情况下也是如此。对此，我在《心理学的危机》中就开始寻求证明。我们从事物和交际伙伴感知到有形和无形的自然信号和表征，而人类语言在言语交际中的导引机制就蕴含着这些信号和表征的潜能。如果人类离开语言，还能在多大程度上，或者曾经在多大程度上，解释和使用非语言信号和表征，这个问题绝非轻而易举所能回答。

在分析言语思维的过程中，1907年我注意到对句法模式的体验。简述如下：由于一个偶然的机会，我意识到句法模式的存在，之后数月我对观察到的数据进行了研究，同时结合自己的言语思维，使得这一意识得到进一步巩固。随后，用其他人进行了思维实验，其中有两位职业心理学家和一些大学生，目的是希望他们也产生那样的意识。我把一些精简的句子读给受试听，要他们快速理解，如果针对内容有建设性意见，也应迅速发表。所用的句子都是尼采的格言及类似的东西。这样选择，主要是考虑到这些句子对受试很新颖，当然，也包含了

---

① 这方面当前最前沿的著作当推不伦瑞克的《感知与客观世界——对象心理学研究》（1934）和卡多斯的《物体与阴影》（1934）。

对可能引发的思维过程的特殊预期。实验结论的细节无需介绍。无论如何，我的受试经常进入一种属于每个人生活中惯常的情景。面对一个语法结构明晰的语篇，人们寻找其中的思想要点，或者相反，寻找那些适合于自己思想的词语和简明的句式。有时，受试在寻找答案的努力中，内容和语言描述的模式各行其道。令人诧异的是，心理学家对此类经验的描述也体现出明显的差异。不断有人描写道，这样或者那样空置的句法模式先于回答的表述而存在，并且以某种方式明显地控制着言语的实际发生。这样的描写也常见于记忆实验，例如，给定一个谚语，让受试记起此前一行的另一个意义相近的谚语。那是一个近义的谚语，但形象性和语言形式相异，这样，受试就必须自问：刚才那句究竟是什么样子？随之就开始寻找同一思想的另一种语言表达形式。其结果简述如下：

> "当我们要表达一个复杂的思想，我们首先选择适当的句式，首先在内心清楚地形成一个针对操作计划的意识，该计划的完成标志着对表达词语的确定。我们对一个复杂的句子结构一目了然，靠的是对其语法结构的了解。我们了解整个形式各成分之间的关系。当我们自己言说时，情形也是如此。例如，当我们以 als（当……之时）开始一个从句，然后在该从句之后又戛然而止，那么，我们就会有一种意识：我们期待过什么。我们期待一个主句，这不仅是一个内容的补充，而且也是一个语法的补充。在所有这些情形中，内容和语法都是分别进入我们的意识，而且在不经意之间，不被注意，总是或几乎总是悄然在

思想和词语之间建立联系。那是一种关于句式和句子成分之间关系的知识,是对内化于我们的语法规则的直接表达。"①

在这方面,皮克(A. Pick)收集了大量语言障碍症患者的资料,并从精神病理学的视角对观察结果进行了验证和补充,在其《语法性语言障碍症》(1913)中进行了理论分析。另外,夏洛特·比勒对构句过程进行了研究,也收集了许多观察资料,对此,泽尔茨(Otto Selz)在其《能产思维心理学和错误心理学——一项实验研究》(1922:362及以下诸页)中有简明扼要的论述。他对问题进行了深入的研究,使之成为其整体思维理论的组成部分。对于研究状况,我当时并不满意,即使今天仍不满意,尤其是对我们的方法。那些观察肯定没有问题,但那只是一些碎片状的事实,需要予以细致的研究。我们都是时代的产儿,都非常重视对言语思维必要元素的孤立观察和孤立界定,以便对当时极为短视的感觉论提出批评,因此,特别需要强调对"空置的"句子模式的体验。一般情况下,句法模式的确存在,且并非空置,至于在体验中是否可以被孤立,客观地看是一个次要问题。如果当时的观察技术达不到要求,人们就必须寻找别的途径以推动研究的开展。对自己的思维体验进行专业而细致的描写需要一定的条件,但我们不能把观察的结果永远与条件相联系,而应该努力使外行也能够明白那些结果,更重要的是,要对结果进行客观的论证。

---

① 参看卡尔·比勒《思维过程心理学的现状和问题》(1908)。

本章说明了语言结构研究的意义,证明了自 1907 年起就萦绕在我脑际的模式意识。对此,我现在作如下表述:画家需要画布,绘图员需要由经度线和纬度线组成的网络,作曲家需要特殊的纸张,同样,言语思维以及与此相关的其他所有以认知为目的而对客观象征符号的使用,或者更一般地说,对任何描述符号的两级系统的使用,都需要一个象征场。显然,语言理论分析面对由此而提出的任务,其阐述还缺乏普遍性和逻辑精确性。

作为描述机制,目前我们所认识的人类语言经历了几个发展阶段,可以说,语言越来越超越指示,越来越超越模仿。具体的语言表达摆脱场景的辅助因素,摆脱语言的指示场,关于这个话题,我们可以通过对句子的讨论而获得令人满意的表述。相反,目前还缺乏一个十分清晰的非语言模式,来形象说明语言描述的方式。语言是一种高度象征的机制,超越了模仿,极具间接性,其功能的普遍性程度很高,这些都不难理解,但是,为什么关系忠实性描述的功能并没有彻底消失。坦率地讲,我的理解还没有达到完善的语言理论应有的水平。也许我们高估了语言对指示场的超越,也许我们低估了另一个事实,即对事物的每一个语言描述原则上都具有不确定性,都需要相关知识的补充,或者换句话说:对于一切用语言表达的知识而言,也许都存在一种补充源,该补充源虽然没有汇入语言象征系统的渠道,但却的确在生成真正的知识。

第五章 人类话语的构成：元素与组合

5.1 导论

莱布尼茨是伟大的形而上学大家，他那篇关于单子论的短文在开首定义之后有这样一句话：因为有复合体，所以必然有简单体；复合体无非是简单体的聚集和累积（Et il faut qu'il y ait des substances simples, puisqu'il y a des composés; car le composé n'est autre chose qu'un amas ou aggregatum des simples）。"综合"概念在亚里士多德思想体系中占有突出的位置，出现于判断理论之中，在康德、黑格尔和卡西雷尔的思想中一再出现，甚至冯特也致力于阐述"创造性综合"。上述诸多关于综合的思想与莱布尼茨形式化的主要思想存在着真正的或者表面上的矛盾。

在我们这代人的心中，古老的选择性问题被冠以几种新的称谓，并深入相关体系。承认"格式塔思想"或者某种"整体性认识"的心理学家都习惯于画一条线，以格式塔之名筑起一道大坝，来抵挡"累积"之说（amas ou aggregatum），因为，再没有人愿意被贴上"原子论者"或者"元素论者"的标签。当初，语言现象还没有得到格式塔心理学家的光顾和聆听，只是经常看到它们作为"宣誓助理"[①]而被附带提及。因为，一方面，每个人都对"和"组合（Undverbindung）津津乐道，以示对笛卡尔"累积观"的重视，另一方面，又随时准备拿出一个语言句子作为最后一支预备队，来说明妇孺皆知的道理：莱布尼茨的分析法并非放之四海而皆准，因为，句子显然多于、不同于单词的集合。在迈农学派中，"格式塔"与"和"组合的对立已经成为常态，例如鲁道夫·阿梅赛德（Rudolf Ameseder）发表于1904年的一篇论文所示[②]。同时，句子相对于单词堆集的重要性不需要重新发掘，因为诸如"S是P"之类的句子（亚里士多德所谓之"话题"和"述谓"所构成的句子）已经说明了判断综合性，自此，句子的重要性再未受到真正的怀疑。

在关于"实体"的问题上，我们没有必要操心怎么去挽救单子论的教条，也没有必要为热忱的综合论者辩护。我们不应该为实体问题所误导，而要继续坚持符号学的立场，看看是否能够通过符号性产品同时实现对"累积"和"综合"两种观点的理解和认同。事实正是如此，因为，单词和句子统一体的关系与累积观点的目标完全一致，同时，转换视角，颠覆观察

[①] 在欧洲中世纪的法律中，由"宣誓助理"验证被告的誓词。——译者

[②] 阿梅赛德《对象理论研究》（1904）。其中"对象组合及其关系"一段（116页）论述了"和"（und，例如 a und b）组合，说明"和"是对关系的称谓，而"和"组合不是格式塔结构。这使我想到迈农学派的观点。同事马利（Mally）先生应询向我讲述了详细情况，令我感佩。至于后来韦特海默（Wertheimer）对语言现象的分析是否与阿梅赛德相同，暂且不论。语言理论学家必须首先关注语言现象。

方式，并且予以透亮的、没有一丝一毫神秘感或者矛盾性的说明，又不切合实际。如果在句子中同时存在二者，即象征符号和场域，那么，就完全可以并行不悖进行两次计数，一次得数为 n，另一次得数为 1，而且，在莱布尼茨这位天才数学家眼里，n 应该甚至必须被实事求是地算作诸数之和，同理，场域单位被视为一个象征符号的集合。

最令人惊讶的是完美无缺的、独立于场景的句子这种语言产品，那肯定不符合埃伦费尔斯（Chr. v. Ehrenfels）所谓之"超和"的标准。"超和"会令人惊讶无语，不明白为什么已经用了各项相加之"和"（Summa），却又前置"超"（über）。迈农学派的"超和"标准原本深思熟虑，但在批驳格拉茨学派生成理论之二元论时却退化为一种否定，类似于德语否定词"nein"。我们无意还原格拉茨学派的理论，而是要让语言现象自己发声，来说明一个原理：既没有无形式的内容，也没有无内容的形式。面对格式塔心理学家模式中所突出的点和线，人们也许暂时会觉得不知所云，然而，面对语言产品，相关专家们肯定不能人云亦云，手忙脚乱。因为，总体而言，他们能够信心满满地说明语言现象中什么应该被视为内容因素，什么应该被视为形式因素。

只有一点还需要提前预告。在词与句子的关系中，人们从称谓或者指示实体对象的符号转向描述某一事实的场域，会注意到一种意义的转换。据此逻辑，就有一个问题：类似的意义转换是否也会或者更为经常发生于复杂的语言产品？完全相同的转换不会重复发生，词句关系不再重复，也不可重复。但是，如果关注从简单句到复杂句的过渡，然后再下行关注从词到其中音位的过渡，是否存在另样的意义转换？又会是怎样的意义转换？这个问题十分必要，认真准备，努力给出一个答案也很有意义。这样，在狭义符号学框架内，自然会开启一个架构序列：音位、单词、句子和复杂句。对于语言学而言，这样的符号学极具可操作性，但尚有待完成。

值得注意的是，这一架构序列的上端，即复杂句，重复着词的指示。我们在关于指示场一章就是以指示开始语言分析的。有一种回指形式的指示，指示场中的回指构成话语，而联系话语的纽带就是指示场。回指指示场构成上下文，而话语本身会因时因地表现为前指和后指，体现出反身性。这种连接方式非常奇特，非语言描述机制只能部分模仿。

同样，在语言复合手段序列的下端，词与其中的音位之间的关系也十分特殊。音位说明词的语音特征，每一个词都是由数量有限的音位构成的，只是，词的外表还具备一定的形态。词有其语音表现，并且会像一个人的面部表情一样发生变化，而变化则意味着表达意义和感召功能的变化。在语言学家常用的概念列表中，这种方式的显著变化被称为"强调"。海因茨·维尔纳在其语言面相学论著中专门研究了"强调"的特殊表现，其中，强调就是突出所指对象的语音特点。语言理论学家需要在一般意义上研究词形发生语音变化时音位学相貌特征（Signalement）的常量。

我们自下而上仔细观察这些语言产品，其中还有一个语言"成分"未被提及，即音节。在话语语音流中，音节的划分虽然基本上服务于语法目标，但却绝不是根据语法而产生，而是属于形态因素，是物理性的。以这些因素为出发点进行观察十分有益，因为，如果不对它们予以适当考虑，就无法解释话语构成中那些熟知的现象，另外，语言理论学家从拼读现象所清晰看到的，也需要做出心理学的解释。我有一种印象，似乎斯泰森（R. A. Stetson）的发现大大促进了语音学家对古老的音节问题的解决，这样，目前尚未解决的最主要和语言理论最关心的问题，即音节接受和生产的关系，有了一定的研究基础。事实证明，接收和发送总是相互影响，但其中的奥秘未得揭示，对此无论从何处获得真正的认识，都会对整个语言心理学（包括中枢语言障碍症）很大启发。为此，我们要积极利用现代科学基础，邀请声学家和运动机能学家参与音节问题的解决，各方彼此理解、相互补充。

5.2 话语语音流的物理因素

5.2.1 发音规则

广义的分节发音并非人类话语的独特属性，因为，诸如鸡叫或者布谷鸟的叫声以及鸣禽的所谓鸣叫等，动物的叫声都是节奏分明的声音组串。另外，诸如啜泣或者大笑等人类非语言声音也都有分节。从说话时所发声音无尽的差异和语音流的细微之处，应该达不到对人类话语的认识。同时需要指出的是，从纯粹技术上讲，善于模仿的叫禽（欧椋鸟和鹦鹉）完全能够发出接近人类语言的声音。这里，我们要坚持描写的方法，不能说外行话，将诸如"思考、意义、理性"之类的东西掺杂进来，相反，必须首先抛开意义方面的考虑，仔细勾画出人类话语语音流的总体结构。我们要深入开展语音学研究，从发音特征和声学特征考察语音材料对于话语构成的意义，准确提出相关的语言理论问题。这里，问题的核心是音节。

5.2.2 物理因素和语法结构

现代语音学家不会止步于对元音和辅音的描写，相反，要关注并界定语音流的音节划分、说话的节奏和更高级的结构成分，也就是说，首先不考虑语法分析。这是一种特殊的组织视角，对此，有人可以觉得奇怪，但事实真切如此。因为，音节划分、说话节奏等的确存在，而且贯穿始终，有时甚至违背话语语法结构的要求。只不过，这种组织适应物理条件的能力很强，足以在一定范围内表现自如，例如，我会在日常话语的语音流中使用某种特定而固化的韵律，同样，一个优秀的诗朗诵者不一定会按照韵律诵出所有诗行。就审美而言，有诸种扣人心弦的张力，同时也有实现诸种个性化方案的自由空间，从而解决上述两种组织的矛盾。两种组织并非仅仅存在于某种"约束性"话语，而是也存在于所谓"自由的"话语。"约束"和"自由"的对立不仅仅存在于话语的语音流之中，而且也以近似的方式存在于一切类似的结构之中。在这方面，建筑学家、画家和音乐家与我们一样，都有话可说，而且人人都会说出自己独特的格言警句，人人都能说明自己领域中组织形成的物理条件和其他条件之间的张力是如何产生的，又如何为专家所消解。

我认为，关于语音学"单位"的追问以及与之相关的一切问题，迄今为止没有哪位专家的研究比西弗斯更具远见和合理性。西弗斯继承和发扬了斯维特（Sweet）的思想，对相关现象具有敏锐的观察力，是一位卓越的理论学家，对相关问题的概念处理能力超越前人。他的结论只需要予以补充，无需改变，即可作为语言理论的基础。在语音（元音和辅音）的界定方面，西弗斯强调对语音生成的分析，摒弃纯粹声学分析的音节理论。声学美中不足，甚至更为严重，对此，我们不妨暂缓批评。在我看来，西弗斯的主要功劳是提出并贯彻自己的理念，进一步扩大前人语音学的视野，将上述组织方式的物理因素纳入到语音学的纲领之中。

我们罗列一下西弗斯所论及的因素：话语语音流的音节划分、说话节奏，等等。它们都是不同的组织和结构，都呈现出独特的倾向性，并且与同一语音流的语法划分只大致吻合，但细节决不一致。例如，我们经常看到，一个音节分属于两个词，或者两个说话节奏之间的界线将一个词从中间一分为二。这样，对于语言理论学家而言，有一种组织由小及大而成，或者至少从话语中的音节到复杂句，两种组织倾向并行存在。它们的确存在，由大及小或者由小及大，因此，不能将语音学与语法学的分工想象得过于简单，例如，将话语某些基本构成成分的科学界定完全视为语音学家的任务，同时将较大产品的理论问题完全视为语法学家的任务，应该都是有违事实的。更形象地说：在一个说者的心理生理系统中，语言产品的生成并非像修建房子那样是依次先后发生的两个过程，即首先烧制砖块，然后再用砖块垒墙。无论思想简单还是细致复杂，**斯维特**

262 以降的语音学已经推翻了一切形式的"建房论"。至于以前是否有人或明或暗支持"建房论",当由历史学家论断。①

5.2.3 声学音节理论

心理学家和语言理论学家有充分的理由研究音节现象。因为,所有阵营都不断提出自己的心理学标准和证据,并予以阐述和分析。同时,音节现象也需要在一种精心构思的复合理论中进行分析。如果从语音学手册中选取音节概念,并编成列表,则西弗斯和其他声学家的理论会选择"波浪理论"(Wellentheorie)这个核心词。我们凭直觉印象可以用多种方案把正弦曲线的视觉图切分成段,图示如下:

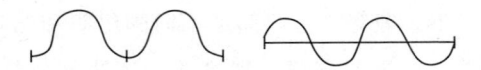

如图,人们可根据"波峰"的多少计数,从而以波谷为限画出单位的界线,或者仿照分析几何,以位于中轴的曲线转折点为单位的界线。两种观点都凸显出半波,所得计数结果原则上相同。而且,两种观点都反映在音节理论研究专家们的划分标准中。按照斯维特的方法,将音节视为亮度波(音量波),以波峰计数,将波谷视为界线。这是所有声学家的基本认识,虽然不等同于音节理论,但非常重要。当然,上述亮度

---

① 古希腊语法学家曾经对字母展开哲学研究,未能从理论上完成对口语与书面语、语音流与字母串的区分。这是语言学历史上的重要事实,说明"建房论"的存在。因为,"建房论"基本上适合于由视觉符号搭建起来的字母串,视觉上,现代书写体等排版印刷的字行更为明显。

波的基点并非都起始于一个语音绝对间歇的零位线，相反，会像山峰和丘陵那样，谷底的低位不尽相同。按照西弗斯和叶斯柏森方法，将语音的平均（相对）"声音饱和度"标注在一条8级刻度线上（如叶斯柏森所为），这时，Tante 和 Attentat 这两个德语词就会呈现出如下图所示的声音曲线和预期的2或者3个波峰：

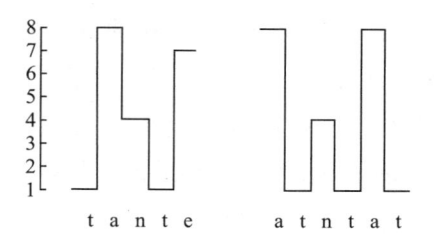

琼斯（Daniel Jones）有一个简单的定义十分契合这一分析。他说："如果一组音中的两个音被一个或者多个响亮度相对较低的音隔开，这时，这两个音分属于不同的音节。"[①] 这一简明思想令人着迷，不可能完全摆脱之，而且大概也没有摆脱的必要。因为，将一个声音流划分为波浪或者脉搏乃是我们听觉的一种结构规律，那么，对于语音的声响而言，基波的判断为什么不是声音饱和度这个维度呢？为什么不会从音量听出基波？或者由听者将基波补充上去？等距离和等强度的打击声形成一个序列，对于人的感知系统而言，必然按照韵律（节奏）而被划分。而根据从斯维特到西弗斯的专家们的观点，诸如语

---

① 琼斯《英语语音学概论》（1932：99）。此处例子来源于克劳泽（H. Krause）精心主编的论文集《音节研究动态》（1930）。

音之类的声音流首先是作为声响波浪而被听到的。这两种状况应该缘于天赋和训练,是儿童早期即已成熟和练就的能力。所谓的副音节的确存在,但绝不会造成多大影响,例如,在德语词 Obst 中,s 体现出一个小的声响波峰,但人们仍然感觉它是个单音节词。这毫不奇怪,就像一座山,虽然主峰之外还有一个次峰,但仍然被视为一座山。

请注意下面这幅声响曲线图。它出自于卡尔·布伦纳博士的一篇论文,其目标是运用客观分析的方法来确定人类话语语音形象的各种表现。该文相应可见于赫塔·赫尔佐克(Herta Herzog)的《声音与人格》(1933:306)。我们录音中的女士不是布伦纳录音中的被试,而布伦纳的录音与赫尔佐克的广播试验无关。——我们这里只需要注意一个音节的声响。

虽然如此,语音流常见的音节划分或多或少还包含其他物理组织因素,因为,事实已经证明了音节特点的丰富性,而仅凭所谓的声响这一个变量恐怕不能充分体现,用叶斯柏森的 8 级刻度也不行。其他可能的变量首先存在于音节的长度和语音的强度。音节可以延长,也可以缩短至最小长度,因为,每一个音节都是可以延长的,亦即包含长音(如响音或者杂音)。同时,也存在不能延长的语音元素,不允许真正的延长,因为它们的声学特点是逐渐性,延长就会变形"破碎",无法被发音器官发出,例如 t 或者 p 之类的(完整的)塞音位于一个单词中间,这时,延长实质上就是发音中断。语音的强度可以有很多计量度,可以作为典型的动态轮廓标注在音节带上。关于这方面的可能性,斯维特以降的语音学进行了认真的研究。

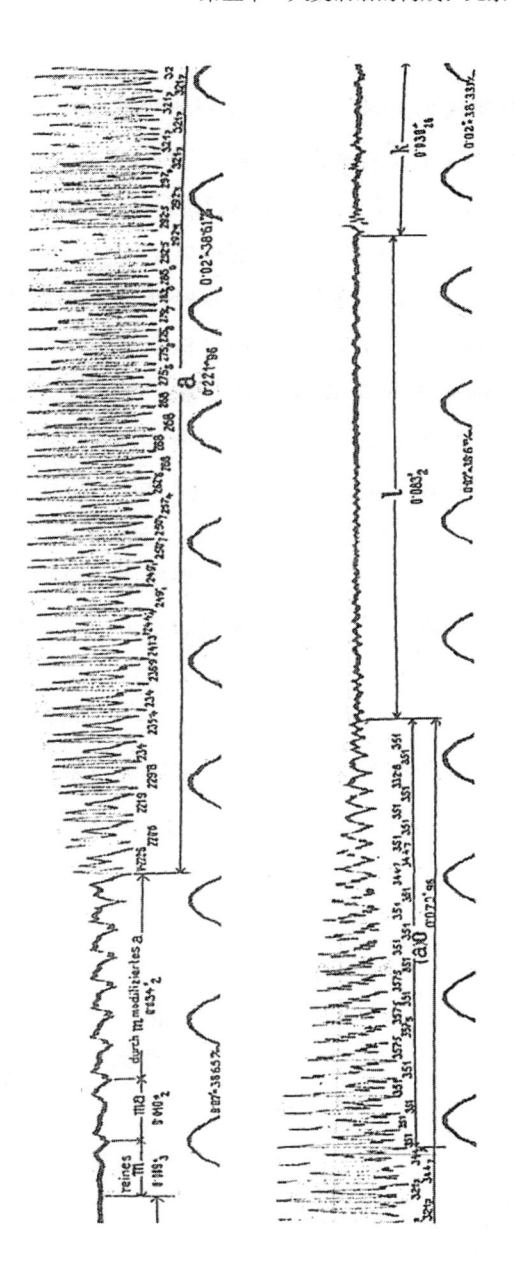

第五章 人类话语的构成：元素与组合 327

西弗斯认为，语音流的响度轮廓与亮度轮廓同时存在，共同协作，是（听觉）音节划分的一个决定性因素。果真如此，简单地说，就应该还存在"强度音节"，表现为不同的强度波浪单位。如此，音节理论就会变得非常复杂，但这绝不能成为反对西弗斯的理由，因为，对一种理论的最高要求并非是它的简单性，而在于它的适当性。如果像西弗斯所断言的那样，强度波浪的确是构成音节的重要因素，我们就必须接受之。也许，在亮度波浪和强度波浪之间清楚地存在一种耦合，因而二者实际上呈现给人的是一种"印象产品"，并且可视为音节划分的现实标准。这其实就是西弗斯提出的双重特征理论。在这方面不同语言会有不同表现，但至少德语语言社团的成员有这样的印象。在音乐领域，不同旋律的交汇，长度节奏和强度节奏的对比，也会产生类似的印象。

另外，双音节一般不会影响人们对音节单位的印象划分，但在不同语言中程度有所不同。所有这些都是音节划分可能出现的细节问题，需要细致的音位学分析才能认识其真实面貌和意义。

5.2.4 运动机能音节论

另一方面，人们做出诸多努力，从"运动机能"或者"生成基因"方面揭示音节的特点。虽然西弗斯的观点令人沮丧，但人们仍然不断做出各种尝试，来证明生成语音时，相关运动机能产生波浪或者冲击，而语音流的音节划分就是简单的波浪或者冲击的结果和声学表现。①

德·索绪尔和鲁斯洛（Rousselot）的尝试不无亮点，但我这里跳过不论，重点以美国心理学家斯泰森的研究为例展开讨论。② 为了理解他的研究，必须首先了解弹道学身体运动和诱导性身体运动之间的重要区别。当我慢慢伸出胳膊去抓某物，在胳膊屈肌和伸肌神经的同时指挥下，发生诱导性身体运动；相反，手指和胳膊的快速弹动不受对手反向动作的阻滞，因而在运动过程中也不受控制，不以准确的靶子为目标。前一种属于定义性特征，而后一种是斯泰森及其同事意义上的弹道学运动的结果性特征。斯泰森认为，发出短音节时的吸气压力因为肺泡弹道脉冲而产生，就是所谓"胸腔脉冲"，相反，发出长音节涉及呼气压力，问题较为复杂。

对上述两种运动最好的概述是 L. D. 哈尔松（L. D. Hartson）的那篇文章。实际上，相关问题对竞技体育运动、钢琴弹奏、打字、写字等都非常重要，而且在所有这些方面的相关研究都比针对说话发音运动的生理学研究更早。现代钢琴教师为了训练学生掌握最高演奏技巧，非常重视手指运动要"用力

---

① 人们经常引用西弗斯的话："不能用遗传学方法定义'音节'这个概念"（《语音学概论》1893：182）。他提出"印刷音节"令人惊诧，但也不能简单说他自相矛盾。西弗斯并非无意间拆分了不可拆分的成分，或者偷换概念，将运动机能问题与声学问题混为一谈。因为，西弗斯只是根据他所理解的声学音节划分与运动机能的简单对应提出疑义，对"印刷现象"做声学解读。至于他所谓的印刷音节的物理表现，则是另一个问题。

② 参看斯泰森《运动机能语音学》（1928）和胡金斯（C. V. Hudgins）/哈尔松《说话机制呼吸运动的功能》（1930）。另外，有人送给我一本未出版的（打印版本）《聋人汽车语音手册》（1933）。本书借用了其中的运动流图。还有哈尔松《熟练运动分析》（1932）。

抛出去",做弹道运动(就像一个被甩出去或者抛出去的东西)。体育教师也非常重视这一点,例如打高尔夫球时的击球动作。为什么?因为,长时间运动时,弹道式运动最不易疲劳,而且可以迅速完成连续动作,相比较另一种运动,在相同速度条件下中止运动更为精准(需要充分训练)。众所周知,眼睛看东西时不知疲倦地运动就是弹道式的,还有心脏无休止的运动也是弹道式的。斯泰森指出,发出短音节时呼吸所产生的冲击犹如一场完美的社交:压力脉冲(更准确地说是压力脉冲产品)与心脏脉冲和目光运动都是弹道式运动的结果。

斯泰森的观点有道理吗?他通过对简单易识的其他身体运动的实验来研究音节问题,有30年实验室研究的经验。我们有必要仔细研究他的实验。两年前,我自己开始接触这些问题,非常沮丧,首先因为我认为技术设备太简陋,曲线偏差具有歧义,另外,我认为气腔测量设备也太过简陋,无法记录短波脉冲。哈尔松曾经在我的研究所工作过一个学期。他向我口头通报了一些详细情况。主要一点是,目前已经可以用弦振镜直接测出肌肉神经,证明了肌肉神经的存在。现在,我对关键问题的疑虑已经消解。

哈尔松在论文里开宗明义写道:"一个高度一体化的活生生的身体永远都不可能独立于由肌肉而固定的位置(这些位置涉及另一种神经)。这些位置似乎是弹道式脉冲的基础。"(1932:32)关于说话时的身体运动他说:"在说话时,肺泡先主动伸张再被动收缩,产生呼气压力。恒定持续的呼气压力生成弹道式呼气脉冲,进而形成音节。"因此,根据哈尔松的研究，这里所涉及的只能是弹道式叠加脉冲。我们设想，在发出短音节时这些"呼吸脉冲"显见无疑，那么，从生成视角看，音节问题实际上已经得到了部分回答，当然不是所有问题，因为还有长音节的问题。长音节的延长和语音组织的生理学方式不同。斯泰森的被试说英语，而英语在这方面与德语应该接近。我认为，西弗斯等人完全可以将哈尔松的发现纳入自己关于音节问题的基本认识之中。

哈尔松概括写道："每个音节都是气流在肺部弹道脉冲的结果，其大小受制于肋骨和腹部的固定部位。"（哈尔松1932：39）这非常需要从两个方面予以补充，第一，相当一部分长音节，尤其是强调延长的，当属例外，第二，哈尔松自己对喉咙"特殊运动"的分析需要面对一个问题：是否存在音节波浪。因为他写道："人类唱歌和说话发出许多音调和音节，这时，嘴唇、舌头、下颌骨和喉咙会以各种方式进行弹道收缩。"（哈尔松1932：39）

短音节的弹道特点和长音节的非弹道特点是否、如何以及多大程度能够被听到？或者换一个视角，生成模式具有怎样的声学特点？这是这里需要重点提出的心理学问题。另外，依我之见，总还有另外一些音节划分的因素，必须通过喉咙与肺泡的协作才能产生，而且在声学方面与压力脉冲毫无关系。换句话说，西弗斯等声学家的基本观点在许多方面未被动摇。斯泰森（很概括地）指出，尤其是短音节形成压力波，音节界线在语音波浪的波谷经常通过自身因素而得确定。斯泰森的压力分析首先涉及音节分界处辅音的表现，说明该现象是怎样在说话器官的作用下形成的。因此，我们继续用山峰和山谷来形象描述就是，山谷中正常的低点不是音节的界线，相反，那里经常出现特殊的辅音，并自主生成音节界线。

我认为，斯泰森及其同事的著作对其他运动领域中心理物理相似的诸种神经活动进行了高度的概括，非常具有启发性。关于人的运动方式，哈尔松提出一个列表，其中不仅包括"有声运动的特点"，亦即喉咙的位置效果，而且也包括如下情况的特殊运动：叠加使用泛音（简单地说，就是通过小关节的运动）限制大的运动器官所产生的效果，例如，写字或者弹钢琴时手指的运动配合胳膊的运动（叠加运动），就是特殊运动。这样的叠加运动具备准确性和速度优势，必然是弹道式的，因此，其过程不会受到对抗性肌肉反向脉冲的阻碍和诱导。它们应该具备自由递减运动的特点，只能被主动停止（中止）。如此看来，我们说话器官（肺泡、发声器和可调节的喉咙）毫无例外是多器官协作，这也符合人类所有细致运动的普遍结构。

5.2.5 混合视角

那么，对于音节理论而言，声学和运动机能这两种视角具体是什么关系呢？现代无线电技术注意到人类自然言语交往中的发射和接收现象，并且运用独特的手段给予模仿或者替代，但是，还不能同心理生理系统中发送和接收机制相互协作。目前在技术上还无法复制心理生理系统的发送和接收。在听的时候，我们不是纯粹的声音接收器，而当我们自己说话的时候，我们也不是聋的发射器。相反，我们内心对所听到的内容具备共同构建的功能（经常在形式上模仿跟读），然后在自己耳朵的监听下生成自己要发送的内容。也存在一些极端情况，这时上述情形不会发生，因而会出现常见的交往障碍，对此，我们不做赘述。我们只需明确并承认，感官正常的人在听别人说话的时候，对合理话语的接收和理解会在某种程度上投入自己的发送系统，同样，发送话语也有接收系统的参与。认为只有在发音运动确证无疑的情况下才有接收对发送的协作，是短视的。同样，过分强调我们眼前一般性共鸣现象中的运动机能过程，也是短视的。实际上，自己的说话机制中有跟读的协同，即使用简单的方法检测不到。

将这一有限协作的基本原则运用于听觉语音流的音节划分问题，坚定的运动机能音节论者可能会说，"运动机能语音学"这个术语可以涵盖一切。斯泰森实际上就是如此。他与整个语音学界的尖锐矛盾也由此而起。这场纷争带有方法论教条之争的色彩。斯泰森是一位坚定的行为主义者，拒绝任何妥协，因为，他最不愿意"倒退"到对事实进行现象学分析，那于他是一种"过时的"方法。这样，纷争失去了应有的意义。斯泰森的批评稍嫌极端，非一般心理学家所能接受。

斯泰森反对声学音节理论，认为运动机能音节理论乃是唯一正确的。在他的思想中，唯一合理的就是听觉反响决定着接收，因为，只有这样，才能提出一个立论：音节波浪呈现在接收者的发送系统中。在那里，胸部脉冲的同一个波浪以反响回波形式出现，这样，接收者所接收到的就像是自己发出的音节波：他感受到一个音节波，并且无需注意区别性声学标记，就能够将音节 a 与音节 b 相区别。以前，人们将这种区别所发生的区域称为运动觉区域。华生（John Broadus Watson）和斯泰森等现代心理学家简化自己的理论纲领，并简述如下：研究者白纸黑字记录下的，有机体也会接收到，因此，他接收到 a 和 b 之后的"行为举止"也不同。这印证了我们的经验。以上就是斯泰森纯粹运动机能语音学音节理论的实质。

实际上，人们可以白纸黑字记录在案的客观数据是科学的关键根据，问题只有一个，斯泰森收录的资料是否能够充分说明接收问题。我们提出反对意见，但不仅仅局限于从 Maul 这个德语词仔细绘制的音节曲线，相反，我们准备核算斯泰森的数据。原则上，运动机能论者斯泰森无法从肌肉的运动流解释声学曲线的含义。如果声学曲线中包含了运动流一般不出现的其他内容，而且对于言语交往与胸部脉冲都很重要，那么，每一位"客观"分析的推崇者就不仅要完成自己的运动机能分析，同时还要接受声学家的方法，因为声学因素在一些重要方面构成正常言语交往的重要因素。我们的要求仅此而已。但是，这一切不应该是空洞的观察能力训练，相反，要揭露上述两个阵营的某些片面性，关注更为核心的心理学问题，为音节问题研究开启一个新的视角。

斯泰森的主要贡献是将弹道式运动的重要认识引入音节研究。我们期待他能够对自己的结论给予认真彻底的思考。假设，在快速说出音节的时候，向某根发音弦"用力甩出去"的并非肺泡，亦即发音器官的部分，相反，是某个非根生的独立的异体，就像钢琴的音锤，这样，我的肌肉脉冲的效果就同时也取决于音弦的特性（材料、长度、绷紧度等），也就是说，从相关肌肉的运动流永远都无法做出清楚而完全的判断。那么，在这方面，说话人声音系统所产生的空气震动是什么情况？针对这一问题的回答是，空气震动不仅仅取决于胸部脉冲，还取决于发音系统不断变化的张力，取决于发声器中声腔的情况等，因此，永远不可能完全用音弦测量仪清楚测量。音弦测量仪只能测量肌肉运动流。相反，声学曲线告诉我们关于言语交往的许多信息，例如德语单词 Maul 的声学曲线。斯泰森要想说明从黑尔姆霍尔茨到施通普夫那些对手的方法是过时的，就必须在他的曲线分析中加入元音分析。然而，他能够说明肌肉运动流中包含元音曲线吗？对此，我们只需要一点点初级物理知识就可以预告他的失败。因为，无论声带震动还是声音系统其他部分的震动都不会帮他说明元音曲线所蕴含的肌肉运动流的特点。原因很简单：上述震动独立完成，不产生气流，完全像吹起来的死膈膜一样。

现在，有人信誓旦旦地告诉我们，元音是人类言语交往中的奢侈现象，因为，训练有素的聋哑人根据说话人的口形就能够理解他所说的内容，无需顾及元音。但同时还有一个例证也非常特别，证明在听电话的时候，辅音成为"奢侈现象"（参看后文 5.3.5）。如此，似乎元音和辅音都不重要。人们面对该结论该作何感想？事实其实不然。逻辑地看，这些观察都是一种偷换概念。因为，弯道的存在并不能证明直道不存在或者毫无意义，替代品的功能只能证明正品可被替代，但并不能证明正品是多余的。但是，人们可以证明听话人在听（必要时可以运用行为主义的方法）。而且，说德语的人都知道 Tische – Tasche – Tusche 是三个不同的德语词，因为其中的元音存在听觉差异。对此，斯泰森不会反对，但他的曲线永远不能体现相关指标。

这种纯粹行为主义的机能运动分析在心理学的各个角落

一再上演，对于行家里手而言，无异于一场蛋舞①。就我们的问题而言，将相关肌肉的运动流视为心理生理系统中语言发送和接收过程的唯一基础，肯定失败无疑。首先因为朴素的生理学事实，听觉器官对空气波浪的感知因其形式和细微差别而异，而相关肌肉的运动流惰性较大，根本不会对空气波浪有所反映。在许多维度（高、低、强度），所听到的声音超出了我们用自己声音所能模仿的范围。这已经足以证明极端运动机能论者关于声响的普遍假设过于偏激，存在缺陷。他们对语言中枢障碍症的观察更是过激，尤其对感觉中枢障碍和运动机能障碍差异性的观察更是愚昧至极。②

但无论如何中枢协作和外围协动都是一个重要的事实，共鸣也是一个重要的事实。在音节研究领域，曾经有声学家无视西弗斯提出的"压力音节"或者言语交往中一个音节可能承载的"重量"，不论这个重量在具体说话中在响度或音高或者两种维度怎样，也不论实际多长或者多短。他们认为这是个含混不清的概念。如果声学分析专家能够摒弃片面，不耻下问，诸如此类的困难即可消失。因为事实是，每一种语言都存在一定的自由度，不同时刻话语语音流的重量表现不同，这不仅可能，而且在现实中畅行无阻。对此，运动机能论者即可轻易解释。并且，坚定的运动机能论者有意无意也都支持共鸣假设。

---

① "蛋舞"就是蒙着眼睛在放着鸡蛋的场子上跳舞，需要特别小心，以避免踩着鸡蛋。据说17世纪起流行于欧洲。——译者

② 关于对发音分析片面性的批评，请参看门策拉特（Paul Menzerath）和德·拉赛达（A. de Lacerda）《发音、控制和语音生成》（1933），尤其是59页。

5.2.6 总结

我重申，话语语音流的音节划分基本上受限于组织的物质条件，而且表现方式多样。理性的说话人在具体情况下生成自己语言中熟悉的语音产品，这时，他使用音节的情况至少需要从不同方面予以说明。人们说出的词和句子在声响构成方面基本上遵循自然的、原则上也是给定的组织性。人们不会对该组织性进行极端的改变，不会导致音节序列自然的语音波浪消失。音节的自然语音波浪一定清澈透明，因为词的声波图（曲线）基本上因为单音节、双音节或者多音节而各具声学特点。

5.3 词的语音形象和音位学相貌

5.3.1 音位作为语音特征

有结构复杂的句子，也有简单的句子，同样，词汇中有复合词和简单词。"简单"这个概念必须在不同的领域分别定义，这不会有什么困难，前提是充分尊重语言的符号性基本原理和另一条原理，即语言是一种两级符号系统（S–F 系统）。尊重语言符号性基本原理，是为了防止在元素分析中出现离题。例如，声学分析以简单音为基本单元（基调），来揭示每一个元音声响中的共振峰，进而揭示辅音中的瞬间杂音和持续杂音。这完全正确，但将这些语音和杂音视为语言的基本现象却很成问题，因为简单的音和杂音，无论从音叉还是声带发出，对于言语交往而言，都只是物质材料，如同印刷货币的纸张，没有

"市场价格",不是语言符号。

这一思想是否适用于诸如 a 和 p 之类所谓"语音"?语音的书写形式具备视觉象征性。这个问题只有通过语言的符号性这一基本原理才能予以回答:它们如果具有某种适当定义的符号功能,从而可以而且必须被称为真正的"语音符号",则是语言符号,否则就不是。几千年来,这种现象实际上被视为拼音文字的"基本元素",理论上也成为语言学家的研究对象,但迟至音位学,上述肯定回答才获得了令人满意的逻辑论证。我们直奔主题,以音位为例,讨论语言理论的元素问题。

5.3.2 音位学元素与化学元素比较

每一位勤奋的音位学家都会针对特定语言实事求是地提出一个相关的音位列表。它数量明确,例如德语具体音位的数量为 40 个。这其中有些许神秘元素,就如同古代化学和现代化学都提出一个化学元素表,其中包括我们所熟悉的氢、氧、硫、硒,在 90 个或者更多元素中也许会有一些新的成员。经过细致的分析,德语音位学家也可能还会发现某个新的德语音位,例如,区别短音(经常为强音)和开音的 e 与长音(经常为弱音)和闭音的 e,或者(借用器乐声学的说法)区别非闭音和闭音的 e,因为大家都知道管风琴有开音音栓和闭音音栓,它们发出的声音明显不同。施通普夫的研究证明,语音学家通常所做的区分与器乐声学的区分相吻合,例如德语 Herr 和 hehr、fell 和 fehl 相互区别。但是,非重读首音节和尾音节的情形又怎样呢,例如 ge-(liebt)中的 ge 和(lieb)-te 中的 te?有可能同一个视觉符号还象征第三个音位。对于语言理论学家而言，这些细节的确非常重要，问题当然也相当棘手，并非他一人所能解决。①

抛开一切细节问题，特鲁别茨柯依侯爵提出了一个关于元音音位的系统思想，（如果能够得到实证，则）其影响力和合理性堪与其同胞、化学家门捷列夫（Mendelejeff）的系统思想相媲美，尤其是二者都具有严密的组织性：前者涉及一切人类语言的元音音位，后者涉及化学元素。化学研究的是物质及其分子质量和化学反应的特点，语言研究涉及符号产品的普遍性问题，音位学则研究词汇的语音特征。那么，音位学"元素"和化学"元素"的区别究竟何在？

无论怎么类比，我们需要强调一点：符号和物质是不同科学领域的两种对象。符号以人类心理生理系统为前提，这样的系统必然充当检波器的角色，否则，符号在世界事件中就会捉摸不定。化学家的蒸馏罐中的原子交换是否与心理生理系统的交换相类似，我们完全不得而知。符号因素对化学过程的科学确定无关紧要，但对语言学却不可或缺，而与符号因素紧密相关的则是抽象相关性原理。

可想而知，音位学家呈现观点的方式非常普通。在德语言语交往中，a–i–u等元音发挥音位的功能，因为交往伙伴对Tasche – Tische – Tusche等德语词的反应不同。这不需要以德语操用者为被试进行实验来证明。类似这样的不同反应一定

---

① 关于语音请参看施通普夫《论语音》（1926）258及以下诸页。我在《语音学与音位学》（1931）33及以下诸页从音位学视角进行了批判性阐述。至于mehr、Meere和Märe序列中是否还存在以及存在多少别的音位学差异，留待相关专家们去解答。如何区别这些词的语音，现行德语正字法的专家们似乎成竹在胸，或会出于某种原因提出书写建议。

也以视觉方式出现于蜜蜂的符号交往中，也就是说，以视觉方式呈现于交往伙伴的身体动作。与此不同，语言学家对这个问题的证明比较简便，因为，每一个说德语的人都能够即刻证明 Tasche 和 Tusche 是两个德语词。但是，对于逻辑学家而言，此处与彼处的证明可以而且必须相同。

化学家说明问题的方式不同。他用自己的手段分解和离析纯金、纯氢等，测定某种不可再分解的东西的特点。这里，我们在两种情况下看到并且确信的是，人们确实进行了"分析"或者"减法"。如果用适当定义的手段不能再行分解，而且被离析出来的东西在关键性测试和反应中确证保持不变，化学家的减法（在我们感兴趣的方面）就完成了。而对于音位学家而言，减法意味着，在一个语言共同体中，语音相似度模糊了不同词的区别。例如德语词 Tasche – Tusche，只存在唯一一处音位差别，不能再相互替换，否则，我们看到的就不再是语音相异的两个德语词，而只是一个德语词。但是，一个语音在不同语境中的多样表现（例如德语 ich liebe 中的 liebe 和 die Liebe 中的 Liebe），则无需音位学家关注，而需要语言学其他方面的分析。

这是我们目前所能指出的全部事实。化学家提出他们所发现的元素，然后，根据物质原子结构的思想，为之建立一个系统化的基础。人们认识分子和原子久矣，而门捷列夫则创造性地提出自己的结构论，用简便的方法排列出全部已知元素的秩序。当时，人们顺着相同的思路，进一步提出假设，认识到最小或者最简单的成分是更小、更基本成分的产品。那么，音位的情形如何呢？我们在心理学经过了一个原子主义时期，现在应该能够通过语音分析再次合理而简单地说明，早期心理学的原子主义思维模式违背事实，而且在许多方面歪曲了马赫（Ernst Mach）和冯特同时代学者的思想纲领。但是，现在对之提出批评似有事后诸葛亮之嫌，而且我们有更为重要的工作：要认识到音位学分析所开辟道路的方法论价值，并且使之成为分析主体间性事件的示范，建立一种新的元素概念。充分体会这一新观点的意义，就会进一步认识到，所谓新认识并非完全的创新，相反，人们对"元素"问题自古以来多有论及。①

5.3.3 词形的声音形象与相貌特征

一种语言的词汇，例如德语词汇，有数千个语音形象，服务于言语交往，并且必须清楚地相互区别。心理学家从中看到一种方法，那是其他领域所十分熟悉的方法。假设，我要将与德语语音形象相同数量的人相互区别和随时辨认，而且在一定程度上无需特别的设备和精心准备的辅助手段。从脸面或者体格、从特有的动作或者声音，我可以辨认数以百计的熟人，这一点用概念话语表达就是：我所根据的是对象的整体特征。我无需为这种特征付出特别的努力，因为它们在我们的交往中会自然形成，并且得以保持。它们的成因是多重的，但无法证明都有哪些特殊因素。

只有超出了易于辨认的熟人小圈子才需要引入特别的标记，并将之总结为一个"相貌特征"，以解决辨认困难，就像俄底修斯的女仆20年后给主人洗脚的时候凭借一个疤痕认出了

---

① 关于古代元素概念参看赫尔曼·迪尔斯（Hermann Diels）《元素论——希腊语和拉丁语词汇研究》（1899）。

276 主人。① 现在假设，我要区别的不是人，而是数千枚鸡蛋。我的做法可能是，人工给鸡蛋做出标记。出于简约和便于后文比较的目的，我选择涂颜色做标记，而且是每一枚鸡蛋上涂三道色。每一次涂在鸡蛋上的颜色都有一定的顺序，而且顺序（比如从顶部开始）也被视为特征标记的指标，那么，我可以计算出来一共需要涂至少多少道颜色作为标记。这里需要16种涂法，而16种元素可以完成4096种3的组合。诸如德语之类语言的语音特征（即音位）的数量满打满算大概是16的三倍。

一种语言的词汇形象有两面，一方面是一种（声学）面貌，类似于人的（视觉）容貌、体格或者走路的姿势，另一方面是一种相貌特征，类似于我上面给鸡蛋涂色。只不过，对于人而言，相貌特征并非后补的、外来的，而是自始就在人的说话系统中给定的。这类似于专门标记某物或某事产生的徽记。它们没有任何其他用途，没有任何其他存在的理由，只为符号之用。同样，人类说话系统的产品也只为了发挥符号功能。具体的言语产品表现为"声息"（flatus vocis），是最小的能量元素，只为引发和调节适当的接收系统的共鸣，除此之外，别无它用。人们用它们甚至连烛光都不能吹动或者吹灭。它们符号性的另一种表现是可被转换为电子波。

"面貌"和"相貌特征"是两个形象的称谓，所指称的是两种方法，不是一种方法，唯此才能确保区别性功能的发挥，因为，我们所理解的"面貌"属于外形，而"相貌特征"则本质上完全或者基本上属于"和"组合。那么，两种区别的意义

---

① 警察使用指纹起码说明一点，凭借足够的耐心和细心就能够从适当的皮肤表面发现现实而充分的个体特征，不过，我们对此不感兴趣。

何在？我们所描写的就好比多重保险装置，在有机产品中随处可见，并且广为模仿，即使在受损或者会出错的技术装置中亦然。这是我们的初步印象。至于该印象能否经受得住考验，将来是否需要修正，目前还是一个不定的问题，我们无法回答。但是无论如何，人类发音系统作为发射器可以生成数以万计各具特色的简短语音形象，同时，面对数以千计的语音形象，人类听觉系统作为接收器能够毫不费力地理解其中的每一个，并且将所有形象相互区别开来。

　　语音形象被视觉形象化，形成我们印刷文字形式的词汇形象。这时，我们所言之"面貌"基本消失，只有线索尚存，相反，相貌特征则在不同程度上得以很好保留。40年前，心理学家第一次对印刷文字的阅读过程进行现代化分析，对一个问题一时无法达成一致：人们对书面词汇形象的认识究竟是根据其"面貌"还是根据其"相貌特征"？当时，B.埃德曼和道奇（Raymond Dodge）是格式塔理论的代表，认为关键的因素是视角的"整体形式"。而冯特支持相反的观点，认为词汇形象是根据"决定性字母"的相貌特征而被理解的。当时这场争论不了了之，但今天看来，不无重温的价值。回头来看，冯特的敏锐观察得到了充分的认可。

　　因为，每一种拼音文字的基本原则实际上就是要忽略"面貌"，用视觉形式再现声学词汇形象"相貌特征"方面的特点。我们要在文字书写中象征性地再现视觉音位。一个书面单词（紧排在一起成为一组，并且用间隙与相邻组隔开）的视觉音位符号数量有限，整体体现出一种特殊的形式，这不言而喻，也在所难免，但却并非书写的主要目的。训练有素的读者的阅读一定是非常总体性的，利用常见的整体形式，并且是整体把握，对此，从来没有行家提出疑义。关键的问题是，字母文字化是否名正言顺？其目标主要在于系统性再现声学词汇形象的相貌特征或者另有他图？在这个问题上，冯特站在胜利的一方，而助他一臂之力的，正是音位学。

在"字母文字和音位学"这个问题上，我们经常看到视觉象征表达与发音相互矛盾，例如在现代英语中，经常是牛津书写，剑桥发音（例如 lawyer 或者 laugh 等词）。回应这个问题需要指出两点，首先，这一矛盾经常被严重高估，第二，这一矛盾并不至于推翻音位学观察方式的基础。因为，我们的主要思想是（而且正确无疑），离开听觉词汇形象的自然基础，相貌特征的象征化就无法实现。至于相貌特征象征性需要达到怎样的充分性和适当性，才不至于使得阅读和书写太过困难，则完全是一个次要问题。另外，相比较音位学的现实成果，上述指责缺乏缜密性，不攻自破。

5.3.4 语音特征和物性特征：特鲁别茨柯依与门捷列夫

从区别性视角研究语言产品，在当时是一个非常好的思想。这一思想经过了词汇语音形象的检验，因此也可以用来研究区分句子的标准。这里，初看之下可以发现句子语调和句子重音等形态变化具有区别性功能，可以将一个陈述变化为问题或者命令。因此，我们要反向思考词的声音形象所体现的相同形态因素。如果面对词汇形象只见树木不见森林，那是非常片面的。就区别性而言，音位是树木，词的声音形态是森林。在元素理论中，我们首先关注树木，将音位的符号功能归入一个已知的符号大类。音位属于某种特征、标记、标准和 notae，是词的声音形象所体现的语音特征，与事物特征相对应。在逻辑学中，"事物特征"早已为人所知，被称为"特征"，拉丁语为 notae。下面，我们借用称谓词，即（语言）概念符号的示意图，可以再次凸显其中的对应关系。

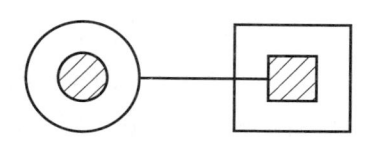

加阴影的小圆圈整体象征词汇形象的相关区别性因素，同样，加阴影的小方块整体象征称谓词所指称对象的概念因素。词汇形象的相关因素包括基本的语音符号，即音位，这是音位学提出的基本论点。根据音位学的思想，我们对之前整体性的阴影小圆圈做象征性分解，并将视图

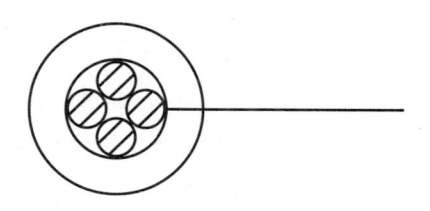

翻译为句子：每一个词的声音形象都包含有限数量的相关区别性语音特征，这些特征虽然与字母文字的视觉象征符号不完全吻合，但大致接近。

这是对词汇形象结构的一种理解，有必要展开讨论。在

《语音学与音位学》一文中,我已经就此进行过论述,这里要对其中的思想重新阐述,将论文中最后所表达的观点提前摆出。作为前奏,先提醒大家注意我们之前提出批评的假设:词原本都是语音模仿型声音形象。不管此论是否具有普遍性,无论如何现在还存在拟声词,人们从中可以看出音位的情形。威廉·厄尔的分析符合实际,触及到"语音特征"这一事实,例如,他发现颚音、齿音或者咝擦音单独或者组合出现于某些特定的所谓拟声词中。这里,声音形象的一个或者多个特征(标记)模仿性再现了所指对象的一个或者多个特定特征。假如由此而提出的关于起源问题的假设是正确的,则词的语音特征原本就是事物特征的再现。对于我们而言,重要的不是此论正确与否以及正确程度如何,而是它给我们的阐述提供了一个恰当的假设。据此,事实呈现出一幅清晰而显见的画面。

今天,人们认识到没有哪种已知人类语言词的声音形象的语音特征的数量是不确定的,相反,每一种语言都有一个语音特征系统,不仅数量有限、可数,而且在不同程度上组织有序。教科书通常给语音特征列表的标题是"语音"。没有谁能给予超出自己所有的东西,这不证自明。但是,语言实际利用的却比它拥有的少,这又是为什么呢?特鲁别茨柯依是高加索语言最优秀的专家之一。根据他的研究,在语音方面,高加索语言元音的差异度与德语基本相同,但是词汇所体现的元音音位的数量却与德语不同。在元音差异度方面,高加索语言的语音学特征不比德语贫乏,但音位却比德语少,也就是说,其元音差异性较少具备区别意义。高加索语言对辅音的区别极其细致,而使用元音特征区别词汇形象却极其简约。诸如 Felge –

Folge、Vater – Väter、Hummel – Himmel 等德语词对在那种语言系统里就会没有区别。综上所述，我们将特鲁别茨柯依革命性的系统思想概述如下：

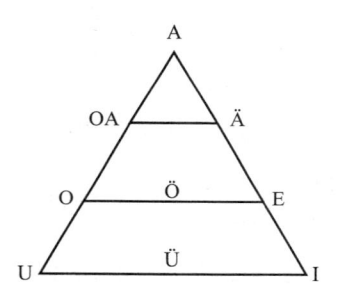

```
            A
           / \
          /   \
        OA─────Ä
        /       \
       /         \
      O────Ö─────E
     /           \
    U─────Ü──────I
```

我们将元音放置在一个三角形中，"如同年轻的医学工作者黑尔瓦格（Hellwag）早在1781年所为"（施通普夫）。施通普夫运用现象学方法仔细分析，再次证明了此安排的恰当性。如图，从左到右这一维度（例如 u-ü-i、o-ö-e）表示亮度，从下到上这一维度表示饱和度。图中没有体现元音的"长－短"或者"强－弱"，还有最后一个属性也未体现，即"音调"，元音音高在过程中或高或低的变化。根据特鲁别茨柯依的研究，有的语言只有饱和度具备区别功能。这种语言的元音音位系统最为简单，是一维系统。如果除了饱和度之外还只有亮度具备区别性意义，就是一种二维系统。我们德语和其他许多印度日耳曼语言是一种三维系统，因为我们还使用第三种维度，即"长－短"（与"闭－开"相互关联）。还有的三维系统存在"强－弱"之别。根据雅各布森（Jacobson）所发现的规律，大多数语言在音位学方面只使用二者之一。这一规律只有少数例外，这时，

281　（例如德语和英语）两种因素（长度和强度）互不相关，都很重要。① 最后，还有些语言更为复杂，除了之前所述之外还存在语调的变化，形成元音音位非常丰富的四维系统。以上是特鲁别茨柯依理论的概要。②

　　特鲁别茨柯依的系统思想简单明了，具有极其重要的语言理论意义。辅音具有相似的组织性，但问题更为复杂。简单起见，我们将之搁置，继续集中关注元音。这里，我们再次与门捷列夫的思想相比较。门捷列夫排列出化学元素的原子质量，发现它们之间隐藏着一种序列关系，并且体现出一种非常独特的数列规律。这是理论化学思想的开始，催生出关于化学元素结构关系的著名成就，最终揭示的是物质的结构关系。在人类语言的词形上，人们注意到元音组织的特殊性，从区别性的视角看，而且只有在此方面，也体现出一种清晰的秩序。在元音王国，上述四个维度逐级递增，体现区别性。因此，我们应该以此为出发点展开理论思考。道理都很简单（Omne verum simplex），我们需要以此为基础行动起来。

　　在诸如 surren、knarren、klirren 等德语拟声词中，字母 u、a、i 在再现所指对象方面发挥着功能。在起源问题上，模仿论者一厢情愿提出自己的假设，且固执己见，认为普遍如此。这里，我们不妨暂时承认他们理论的合理性。在原始时期可能曾

---

　　① 参看比勒《语音学与音位学》(1931) 对特鲁别茨柯依元音理论的论述。现在对此三维系统的论述应该更为细致，因为有报告称，特鲁别茨柯依自己区分了至少 3 种重音方式，据此，德语和英语因为重音较为自由而最难概述。

　　② 详见比勒《语音学与音位学》。参看特鲁别茨柯依那篇纲领性论文《音位学元音系统概论》(1929)。

经发生过自由或者比较自由的模仿，但现在元音在语言中的情形已经普遍不然，如同徽章中的颜色。规范的徽章只使用特定的颜色，规范的语言只使用特定的元音音位。人们在高加索语言中只需要三个等级的饱和度维度，而我们在德语中则有8个亮度（u-ü-i，o-ö-e），再加上"短－长"，则有大概16个元音音位（不包括双元音）。

我们对徽章的旁顾并非无心而为，因为，那里的情况同样也是有的系统简单，有的系统复杂，但还有不同于语言的地方。用颜色在一块平面上所描绘的不是别的，正是相关事物所组成的多彩的世界，凡如此，所有对差异性的限制就无异于刁难和自残。同样，无论过去还是现在，凡是要通过元音来再现事物的特点，则任何限制也完全如此。那么，为什么每一种情况下都存在一个由散布的、数量有限的、特选的单位所组成的小型系统？对此，坚持"非模仿莫属"的理论学家无人能解。相反，中世纪的象征论者却清楚地认识到徽章师限定徽章用色，并追求用色的系统性的根源所在。因为，颜色（及其他象征元素的）组合的目的是制造一定数量的独特而又清晰可辨的徽章。同样，元音（与辅音协同）的功能也是以一定的组合而赋予词汇形象某种整体"相貌"特征。为此目的，词必须如同一切符号体一样，每一个都以独一无二的身份而清晰可辨，也就是说，清楚地与其他词相区别。这正是系统的功能所在，也是系统单位数量有限的根源所在。

运用相貌特征的方法可以大大提高轻松辨认对象的水平，将可辨认单位增加到数千之多。为此，还需要满足第二个条件。这个条件非常重要，尤其是现在音位学正处于发展的时期，关注音位学的心理学家必须时刻牢记。面对数千个诸如我们所例举鸡蛋那样的产品，它们的特征只体现为标记的组合，这时，没有人能够轻而易举、迅速而准确地将它们相互区分，但是，在一个语言社团中，每一个经过正常练习的交往伙伴却完全可以根据声音形象将该语言的词相互区分开来。这是一个不争的事实。我虽然没有实验证明这个断言，但通过阅读和对其他数据的分析可以推知。如同其他事实一样，这个事实也应该得到承认和尊重。它告诉人们，声音形象的听觉表现也具备区别功能。当今，音位学才完成了系统性区别理论这个任务的第一步，第二步需要向格式塔心理学学习。这就是下一节要讨论的问题。

5.3.5　德语意义音节的数量

对于现代语言而言，非拟声词的语音特征并不是直接指称对象的符号，而只是语音特征，只以诸多词汇形象之间的相互区别为目的。如果肢解一个词汇形象的语音，则其中的"具体成员"（Disjecta membra）根本不能告诉我们关于所指对象的任何特征信息。只有一个词的语音整体清晰、特征明确，其意义才能得以"突现"。所谓"突现"乃印度语言理论学家所提，并很有诗意地将之比喻为一朵花儿的开放，称之为 Sphota，意为"绽开"。① 实际上，这经常是一种突显的、令人眼睛一亮的体验，例如，在学习一门外语的过程中，还有心理学家对自身以及语言中枢障碍症患者的语言过程的观察中，突然觉得有许多

---

① 对此，贡珀兹《语义学》(1908：81) 有史料考证。弗林斯（G. Frings）(1914) 举证说明复合可以超越元素而自具结合能力。

故事可讲。其实，对话语的理解并不需要什么显著的事件，一般情况下也觉察不到内心的系列性"绽开"，在开展快速语流时内心有点像机关枪射击。对于事实而言，这可能是个非常糟糕的比喻。那么，情形究竟怎样呢？

根据我的经验，在解决复杂的心理生理问题时，首先仔细侦察整个村子，然后才敢于以周全的方法发起进攻。一个正常人在日常言语交往中能够轻松而迅速区分多少个词汇形象？如果是双音节词、三音节词等，则需要借助于我们前文所讨论过的音节划分的因素。还有单音节词的情形又是怎样呢？包括独立出现以及嵌在较大词的语音结构之中的单音节？它们都是具有意义的音节，也需要正确掌握。

首先一个问题是，德语到底有多少个音位不同、具有独立语义或者附属语义的意义音节？答案是：一个作家所使用的标准德语中，或歌德的《亲和力》中，至少有两千个以上，也许3千—4千个。① 第二个问题是，在言语交往中，这些单音节语音产品的环境条件发生变化的程度有多大？这在许多情况下涉及语用环境，在其他情况下涉及语义环境或者语用和语义环境。一个词汇的语音是孤立出现或有其上下文，这对理解不无影响，对此，无需仔细的研究即可从日常经验得知。我们从较远的距离或者从电话里听到话语，这时，孤立出现的语音产品会给准确理解造成很大困难，相反，系统性出现的语音产品则可轻易而准确理解。因此，上下文辅助因素限制了可能性的范

---

① 这些数据以公布的相关音节统计为依据。实际上，《亲和力》前20页有多达千个不同的意义音节。从曲线看不出30页之后新增的准确数字，但能看出大概。

围,(因为弱化或者变形所剩余的)少量特征就足以满足区别性的要求。

　　这一事实颇具理论意义,因为,我们能够在某种程度上准确说明,语音特征的哪些因素和成分在给定条件下首先和经常受到弱化、褪色和扭曲。首先被改变的,借用声学术语叫杂音,用语音学术语叫爆破音。随着距离拉大,这些音的有效传播距离超过极限。在电话里被弱化和扭曲也是这些音。相比之下,在上述两种情况下抗力较强的是元音,以及与元音相关、紧邻的某些特征鲜明的复合特征(格式塔品质),例如音调,亦即语音流的音高曲线,还有节奏特点(强—弱,短—长),最后还有元音的亮度波和饱和度波。实际上,这些复合特征本身经常就已经能够满足低水平区别性要求,这样,人们对词汇形象的辨认主要通过其听觉表现,绝不单纯通过其相貌特征。①

　　在其他类似情况下区别性要求也会降低,例如一个词的声音形象处于语用环境之中。我们两个人见面问候或打招呼时常用的套语(德语 guten Morgen 早上好),还有被统称为"省略"的那些不受人待见的表达。在语用环境中,这些词和句子碎料的发音严重变形,实际上只剩下一种模糊不清的声响或者喃喃之声,但却不影响理解。同样,人们在日常生活环境中对自己所熟悉的人、动物和物件的辨认也如此,只需任意一个复合特征或者简单特征即可确认。我们切不要低估这种事实的理论意

---

　　① 关于以往相关研究请参看卡尔·比勒《论普通心理学视角下的语言理解》(1908)。较新的研究如吕德勒尔《词的语音感知》(1916)。现在声学仪器的先进技术使得实验更为简单,人们应该积极行动,在系统观察的基础上研究语音产品实际被辨认和重新辨认的情况。

义！有人对儿童和动物做过一些观察，证明对人类声音信号的理解原本关键只在于某个复杂特征。对于被招呼的狗而言，主人发音规范的指令是一串声音，它对不同指令的区别基本上是根据我们通常称之为"句子重音"和"句子语调"的东西。这时，也可能是某个简单的音发挥了关键作用，如同人们经常提到的普赖尔（Preyer）和林德纳（Lindner）对儿童的观察所得。① 由此来看，语用环境中变得模糊不清的声音形象似乎就是人们得以辨认对象的关键现象。熟悉经济性原则的人大概都知道，语音特征的明显度只需达到保障正常言语交往的必要程度。语用环境中表意清楚的表达再次说明，区别性的最低要求通过语音产品的声音表现最容易得到满足。

5.3.6 音位学思想精髓

虽然如此，对语言分析具有"解放性"意义的仍然是音位学分析。词的听觉现象是一种连续体，其连续变化的维度之多难以估量。我们先看最明显的现象，例如人类声音的性别差异，有男声、女声和童声之别，每一个词在男人和儿童的口中

---

① 参看卡尔·比勒《儿童心理发展概论》（1930：226）。普赖尔的实验说明，德语 wie groß ist das Kind?（这孩子多高？）这个短句子可以缩减至一个词 groß（高），甚至只剩一个元音，即拉长的 oo，这时，儿童仍然做出那种已经习得的反应；林德纳用 hol die Butter!（去把黄油拿来！）测试自己孩子的反应，有一天对孩子说 Das ist eine Napoleonsbutterbirne（这是拿破仑牌黄油），孩子（16 个月）马上跑向黄油盒；塔博莱特的孩子（6—8 个月）听到 wo ist das Fenster?（窗户在哪里？）时就转头寻找，听到相同语调的 où est la fenêtre?（窗户在哪里？）也做出同样的反应。我们正在对狗做研究，从目前的结果看，某些单个音相比较其他音（如亮元音相比较暗元音）更以复杂特征整体发挥作用。

声音不同，甚至，我可以从说话的声音对身边几十个人一一辨认，所以，我们在言语交往中关注和利用的是一个词的声音形象的面相学特征。另外，我们经常注意到说话声音和单个词的声音形象有震动感。用测振仪可测出说话的声音包含着非常细腻的震动。因此，声音形象具有病征学意义。①

然而，一种语言的言语伙伴（最终）仍然需要根据对恒定因素的整体把握来辨认和理解该语言的语言学单位（诸如词典所列）。恒定因素不可扭曲变形，起码不至于失去区别功能。声音形象具有社会功能，在主体间性交流中一定要清楚地体现出某种程度的制式。那么，德语具有高超技巧，使得自身词汇中充当独立或附属语义单位的数千个单音节词拥有同等数量、各不相同的语音制式，而且，每一个制式又有无限的自由空间，这是为什么？这些制式虽然不具备语言学重要性，但却在具体言语交际中发挥某些非常重要的功能，并且实际上也被当作面相学和病征学单位，大加利用。按照音位学的解释，此乃一项非常简单的任务，需要借助语言的简单符号系统，即语音标记系统或者音位系统。

在这个问题上，音位学是正确的。不久前，我研究了一些人工语言和动物语言，以及通常被称之为哑剧艺术和表情的现象。我们先不说聋哑人、熙笃会僧侣和善于使用肢体语言的那不勒斯人的人工象征系统，只说那些广为使用的面部表情。我通过它们想要说明的是，过去和现今的研究（例如皮德里特、莱尔施［Philipp Lersch］和维也纳学者们的研究成果）证明，

---

① 关于"面相学"和"病征学"概念请参看拙著《表达理论——从历史揭示系统性》15—35页。

在人们的表情交流中，连续的面部和身体动作包含着特殊而富有交际意义的因素。对此，雕刻家和画家非常熟悉，他们借此将人的表达固化于石头和颜色。交往伙伴对日常表情交流也很熟悉，对此，我在关于表达的专著①中有充分论证。从心理学的视角看，词的声音形象的情形完全相同。听者从接收到的语音连续体中获取特定而有意义的因素以完成必要的区别，所获得的就是人们所说的音位，不可能是别的任何东西。无论是语言还是其他情况，获取有意义的因素还需要一个通行的参照系统，而一种语言的辅音系统就是这种参照系统的一部分。例如，在德语的辅音系统中，我们根据一定的位置，分别将要素 b 与 p、将 g 与 k、将 f 与 ch 相对应。这种心理学现象也是特鲁别茨柯依及其同事们的研究成果。由此，在音位王国中产生了非常重要的对立。在理解困难的条件下，例如我关于语言理解的论文②以及吕德勒尔（Hans Ruederer）的研究中所述的情形，上述现象突出体现于典型的混淆性现象中。有时，例如在打电话的时候，在理想条件下，听者会给所听到的语音流补充一定的有意义的因素。

必须承认，这涉及到人类感知的另一种特殊类型的问题，而且是一个古老的问题，对此，柏拉图和亚里士多德以降人们争论不休，并且在经院哲学家关于普遍性的争论中被上升至哲学抽象性的高度。此一高度空前绝后，难有企及。至于该问题对于实证科学是祸是福，不是三言两语就能够说得清的。今天，语言学家和语言理论学家有充分的理由重新鼓起勇气，从

---

① 卡尔·比勒，《表达理论——从历史揭示系统性》，1933。——译者
② 卡尔·比勒，《论普通心理学视角下的语言理解》，1908。——译者

自身视角投身于伟大思想家们关于抽象性问题的世纪之争。因为，懂得转换视角，将抽象性理论家自古以来的兴趣点和目光从被称谓的事物移开，转向称谓词的能指，转向词的声音形象本身，才会有新的机会。原因非常简单：这些产品并非只是已经存在，同时也正为作为认识主体的人所创造。而且，一种语言的每一个说者所创造的每一个产品都能够被其交际伙伴准确无误地辨认为特定的语音产品，并与其他产品相区别。所以，对于语言学家而言，从词汇的声音，从音位学的对象，重新审视抽象性问题，蕴含着巨大的机会。

根据迈农和胡塞尔的批评，从洛克到贝克莱（George Berkeley）、休谟直至密尔的感觉主义似乎已经过时。音位肯定不是"普遍认识"，因为（认识即是感知），心理系统不可能像画家那样创造"普遍性"形象。重新讨论这样的论点似乎也是过时之举，甚至更为严重。我们不应该将重点片面地聚焦于新的推测，而应该充分利用现代研究方法。现在，心理学已经充分认识到人类和动物感知领域的恒定因素的重要性，可以给语言学家和语言理论学家（以及所有哲学家）提供新的现实基础。在许多问题上，康德的思想非常缜密，黑尔姆霍尔茨关于感知分析的一系列最卓越的成就都受益于斯。即便如此，康德的观点也仅仅得到部分验证，而且部分已经过时。

5.3.7 一种新的恒等定理

假设，一个正常人在各种情绪激动的情况下话音加重，这时词的声音形象就会走样，但区别性特征却保持不变。因此，在言语交际中，词的声音形象会发生改变，但区别性"相貌"特征恒定不变。这个原则对于现代感知理论的任何一位专家都不陌生,因为,类似的恒定规律随处可见,例如,距离变化时,视觉对象的大小恒定不变,亮度变化时,视觉对象的颜色恒定不变,还有我们自己在言语交际中发现并实验证实的现象,即距离变化时,听觉对象的响度恒等不变(参看上文3.2.7)。我们的问题是,上述新的恒等定理是否穷尽了我们区别词形的相貌特征与声音表现时所面对的一切问题?相貌特征的恒定性是否可以在所有方面都与不同亮度条件下的视角对象颜色的恒定性等同视之?

上述两个问题的回答都是"否"。原因之一是,当词形的区别性在正常言语交际中未严重受损时,(至少在德语中)还有其他的格式塔因素保持恒定,例如日耳曼语言重音规则指导下词形的重音形态。我们再比较一下词的辨认与人的辨认,可以发现,德语多音节词的重音规则基本恒定,人面部的面相学特点也基本恒定,并非每一次恼怒或者恐惧时都发生变化,即使发生变化,也不至于面貌难辨。人们如果将德语文本中的词重音从词干音节移至词末音节,语音流的听觉效果会发生变异,甚至对于训练有素的听者也无从分析。那么,与德语的词重音相比较,其他语言词的声音形象的格式塔因素在多大程度上以类似的方式保持恒定?这是一个重要的问题,而且是一个未解的问题。

原因之二是,声音形象变化时词的区别性相貌特征保持恒定的根源在于音位,似乎不能与亮度变化时颜色的恒定相提并论,二者不在同一个心理学层面。因为,仔细进行心理学分析可以发现,在我们的感知中,音位的概念因素就多于感性因素。但我暂时只去间接推断这一观点，不做进一步的论证。我们将会在动物心理学和儿童心理学实验研究中对相关问题展开更深入的研究。学舌的鹦鹉应该发不出、也听不到词汇形象中的相貌特征。①

5.4 简单词和复杂词，词的概念特征

5.4.1 纯粹词典学

一种语言的词汇是一个开放的系统，会不断有新的成员出现并被接受。克卢格词典关于德语词 Gas 写道："布鲁塞尔的炼金术士范·赫尔蒙特（van Helmont，1644年去世）随意创造的一个词，并进入所有欧洲现代语言。"了解范·赫尔蒙特创造这个词的历史也许具有心理学意义，但是，对于语言理论而言却意义不大。常见的新词或者是词根派生，或者是其他方式的构词，例如，根据现实生活的需要而涌现出大量新词，有的被用作商标，Mem 或者 Erdal 等词就是商标名称。我们会对之另做专门的符号学观察。(die) Hapag② 之类的词是一种简化组合，可以正常读出，代替较长的复杂结构，但尚未被我手头的杜登

---

① 文献提示：特鲁别茨柯依正在写一本音位学教材，应该会谈到许多现有的内容，也会带来许多新的见解。我们前文提到《布拉格语言学学刊》和阿姆斯特丹音位学大会报道（1933），可供查阅。另外还有：萨丕尔《音位心理学》（1933），德·格罗特（De Groot）《荷兰语音位学规律和语义学》（1932）。葛麦里和帕斯托里的研究（1933）也非常富有启发性。

② Hapag 全称为 Hamburg-Amerikanische Paketfahrt-Aktien-Gesellschaft，汉堡-美国邮轮股份公司。——译者

词典收录。杜登词典一般收录各种形式的简单词和复杂词，基本词和派生词。

可以将一种语言的简单词汇编成为一本词典，但那没有多大实际意义，因此很不现实。从理论上讲，可能的意义组合都不需要收入词典，至于少数可派生出来的词在多大程度上需要收录，则需要进一步具体商议。面对大量规则的派生现象，例如德语 singe – Sang、klinge – Klang 等，人们也可能倾向于不视其为新词，但是，如何面对（对于语感而言）在不同程度上独立于构词规则的个例？人们会迟疑不决，例如德语 erteilen – Urteil。德语的情形表明，绝大部分变格和变位派生词不属于意义复合，但是，"简单"并非意味着"独立"这个附加条件，所以，除了称谓词和指示词的词干之外，还应该在适当位置、以适当方式考虑将相关音节及其音位变体纳入视野，亦即那些简单词演变为真正的复合词的情况。马蒂虽然区分具有独立语义和附属语义的语言符号，但却将它们统归于一个类型概念之下，因此，实际上也持同样的态度。

在纯粹的词典中，每一个单位所附加的功能注解都包含着丰富的语法因素，这至少对于印度日耳曼语言的情形似乎不可避免，对于汉语而言可能存在量的差异，但不会存在原则差异。语言分析必然要求抽象，无有例外，所以，词典不大可能是外形完全孤立单位的总汇。成功解决外形孤立的现象，意味着人们注意到了区别性的本质。这不仅无损于词典的纯粹性，反而使得纯粹性思想更具现实性，除非像印度日耳曼语言常见的那样，人们只想汇编词根词典，别无他求。

纯粹的词典收录所有的简单词，而且只收录简单词。我们要讨论"简单词"和"复杂词"这样的概念，同时，补充几条关于句子的平常而又具有普遍性的原则，因为那是一些于严谨的复合词理论必不可少的原则。另外，"词"这个概念本身也需要分析和定义，然后才能对词类现象展开系统性论述。

5.4.2 胡塞尔论简单意义，布鲁格曼论可分复合词

"简单"和"复合"是相对性限定，因此，只能相互衬托才能在概念上得以解释。简便起见，我从布鲁格曼和胡塞尔的两种用法展开论述。布鲁格曼以有力的证据对"复合词"这个通行概念提出批评，重点论述可分词（分离）这一常见现象，引起人们对其中关键因素的注意。在德语中，可分词是一种常见的分离现象，仅举一例可涵盖其所有变体：复合词 antreten（动身启程，及物）出现于 er tritt eine Reise an（他启程去旅行）这个句子中。布鲁格曼建议使用他提出的"间离复合词"这个称谓，来指称相关类似的现象。在他的例子中也有 ne – pas（不，没有）这个法语例子。这个例子恰当吗？

胡塞尔在其《逻辑研究》（1901）中对"简单意义"问题给予了敏锐的分析，下面的概述涉及我们感兴趣的问题："etwas（不定代词，某事，某物）这个例子毫无疑义地说明的确存在简单意义。对这个词的理解包含着认识体验，而且无疑是复合性的，其中相关的意义明显也是复合性的。"（胡塞尔，1901：288）我们可以明确如下："在此意义上（在此言语方式中），复合性由部分组合而成，而部分又具备意义的特点。不争的事实恰恰是，大多数意义可以联结成为一个意义。"（胡塞尔，1901：292）在胡塞尔看来，对"简单"这样的观察和概念定义所涉及

的就是"简单"的"正常意义",凸显出与意义复合性的不同,例如,我看到"苏格拉底"这个专名,细数那些将个体"苏格拉底"与个体"柏拉图"区别开来的限定因素。胡塞尔认为,专名蕴含着诸多限定因素,因此,其意义体现出另一种方式的复合,"每一种蕴含都意味着另一种蕴含,即对蕴含性的分解或者解释"。实际上,人们必须给"苏格拉底"附加许多解释性限定,才能将所指个体与其他个体完全清楚地区分开来。胡塞尔说,这对于etwas这个词的意义没有必要,也根本不可能,因为它"根本没有被蕴含的内容","我们将继续以正常意义为基础,据此,被复合的意义就是由诸多意义复合起来的。"(胡塞尔,1901:293)

这是一个皆大欢喜的结局,我们毫无保留地赞同。但是,关于被排除掉的内容,在冠词语言中,定冠词的用法会给我们与胡塞尔不一样的、更为清晰的启发。在简单意义的问题上,胡塞尔(1901:292)不经意道出了一种非常形象的描述:所指对象是"瞬间"一下子被说出的,无论其中是否包含蕴含之意。如此看来,真正的复合词具有多个"意义瞬间"(Bedeutungspuls)。这给人一种体验心理学的印象。我们也赞同这一形象描述,但不想将其中的思维模式从体验心理学翻译为语言理论,因为后者需要的是适合于主体间性交往符号的思维模式。

现在,经过上述充分铺垫,可以将胡塞尔所提之问题应用于布鲁格曼所谓"间离复合词"ne–pas,看看它究竟包含两个还是说到底只包含一个"瞬间"。包含一个瞬间的表达不是复合词。从语言历史看,ne–pas的两个部分可能曾经都是有独立意义的词，但这一事实不足以回答它们的组合今天具备怎样的复合特点这一问题。这一点非常重要，必须明确。因为，德语 nichts（没有什么，否定代词）及其他许多词也曾经是复合而成，而现在已经失去了复合的特点。对此，问问当今法国人的语感如何作答应该非常重要，也许是最终的关键性裁决。其实，布鲁格曼获得认识的途径应该更为简捷：他是研究印度日耳曼语言的专家，深谙其构词的一般规律。至少在这一语系中不可能存在只有一个"瞬间"的可分词。诗人莫根施特恩（Christian Morgenstern）[①]追求荒诞滑稽的效果，喜欢幽默的文字游戏，时常写出违背规律的诗句，例如

der Architekt jedoch entfloh（建筑师却可逃走）

Nach Afri- od- Ameriko（至非洲或美洲）

同样，现代商业活动催生了许多缩略词，引人关注，例如德语 Hapag，也应该属于违背规律的情况。但法语 ne-pas 不属此列，而明显体现出现行的规律，对此，布鲁格曼虽然没有展开论述，但观点非常中肯。

假如我们现在支持布鲁格曼的态度，那最好是以事实为基础，因为除了 ne-pas 还有 ne-point、ne-guère 和 ne-que 等构词并行存在。从中得出的结论是，出现于 ne 和第二部分之间的话语可能需要一个补充成分，这与间离复合词的情形类似。果真如此，则该补充成分一定意味着 ne 自成一个瞬间，而且需要通过后续的第二部分给予某一方面的补充。严格而论，没有意义的词汇成分不可能以复合方式予以补充。即使（ne 之后）第

---

① 莫根施特恩（1871—1914），奥地利诗人，以滑稽诗著称。——译者

二部分缺位，情形仍然如此。

这是印度日耳曼语言的规律，其他情况属于声音复合，不是意义复合。简单的意义瞬间（印度人所谓的 Sphota，"绽开"）应该一直延续，直至形成一个简单词完整的声音形象。

以上是从简单词出发所做的概念性解释，下面应该从另一方面进行阐述，即复杂词。

5.4.3 形式化的词与复合词

针对德语词 Haus（房子），我可以构成 Hauses（房子，属格），也可以构成 Haustor（房门）。习惯上，第一个被称为带有形态标记的词，第二个被称为复合词。朴素地看，二者都是组合起来的结构，都是诸多语言学家著作分别讨论的对象。至于分别对待是否合理，则要求语言理论给予澄清。我们在本书第三章专门讨论场域概念的理念。领会该理念，就不会因 Hauses 这个例子而陷入尴尬，因为带有形态的词附带有一种场域因素。由于历史的偶然性，Haus 这个德语词缺少说明格的音位，而拉丁语 domus（房子）就有。在现代语言语境中，无音位标记的"格"以其他方式得以体现，相互区别，例如通过在句子中的语序或者通过自身的形式。这些听起来稀松平常，往往为人所忽视。人们忘记了对句子和词、句子复合和词复合的区分，造成了巨大而难以弥合的混乱。

其实，造成这种混乱的原因一部分在于已知语言的现状本身，也在于人们对这些语言历史的认识。人们只需要注意形式化的动词，将 amabat（他爱，过去时）和 amabit（他要爱）与 amat（他爱，现在时）相比较，就会对起初关于形式化的词和复合词之间的差异性的自信认识提出疑义。语言的历史毫无疑问地证明了词组、复合词和形式化的词之间纵横交错的叠加关系。现有的历史研究说明了语言在历史进程中的演变，但也使得19世纪那些最优秀的学者模糊了对句子复合和词汇复合之间的概念区分。然而问题是，他们是否也忽视了二者的内在矛盾。

那么，胡塞尔所谓意义瞬间的标准还能对我们有所帮助吗？非常值得注意的是，研究音节的学者和伟大的意义分析学家胡塞尔都将语言比喻为脉冲。难道人类话语内在和外在都具有某种类似脉冲的结构吗？从说话系统的肺泡发出音节，这与意义瞬间有什么关系吗？无论人们怎样认识人类语言已知的发声源，认为语音流的音节结构和意义瞬间的单位划分二者之间存在某种程度的相互关系的观点无论如何在今天都是不可接受的，因为，一个单音节的语音形象可以包含多个意义瞬间，而一个多音节的语音形象可能只包含一个意义瞬间，例如胡塞尔所讨论的德语词etwas。对法语ne–pas的解释表明，胡塞尔所谓etwas意义的简单性十分可疑，因为，德语除了etwas（某种，什么），还有irgendwas（任意什么）、sonstwas（其他什么）和etliche（某些）等现象，另外还有其他例子可举，例如德语的gibt和Wolle。① 因此，音节脉冲与意义瞬间不完全（或者不再完全）同步。

---

① 对于我们而言，关键不在于这里所述之语言学发现是否推翻了胡塞尔的例证，因为稍作思考即可看出胡塞尔的行为分析与语言学产品观（参看上文2.4和4.6）之间的区别。不过，在要求对"意义瞬间"进行定义之前，不应该纠结于该区别。

我们开始所讨论的两个例子 Haustor 和 Hauses 表明了叠加的存在，虽然如此，它们在符号学上还是分属于不同的问题，因为，第一个词包含两个象征值，而第二个词则包含一个象征值和一个场域符号。那么，在这方面，amabat 的情形怎样呢？仅仅关注 amabat 的所指（概念上确定的内容）就可以清楚地说明，时态因素或者行为方式，或者两种因素，都具有象征值，但不具备场域值，因为，在 Caius amabat patrem 这个句子中，支配场域的不是时态因素或者行为方式因素，只有动词 amare（爱），主格和宾格（在逻辑上）占据了动词 amare 的两个空位，而与时态和行为方式没有任何关系。虽然如此，Haustor 和 amabat 仍然不同。这一区别在于，Haustor 中的两个元素都是词汇单位，都是材料词（都处于最低形式化水平），相反，amabat 中的第二个元素，即时态元素或者行为方式元素，在逻辑上是形式元素（处于较为高级的形式化水平）。

在拉丁语中，行为方式和时态非常规则地贯穿始终，形成了一种系统，我们例举的词中的 ba 则明确了该词在此系统中的位置，也就是说，是此系统的一个黏着语素。语言分析不能操之过急，既然已经在区分象征值和场域值的时候认为有必要区分材料和形式，就不能忽视这对概念的实质差异。其实，场值是句子功能意义上的，也就是在句子象征场中的场值，所以，这样的构词语素不具备场值，因为它们是黏着语素，是被形式化的象征值，永远都是。我们要将"被形式化的象征值"这一表述纳入我们的术语体系，并在（词汇）复合理论中予以阐述，为之辩护。19 世纪的中央集权主义以重要的、无可辩驳的历史发现为基础，但忽视了词和句子的区别，或者未能正确坚持该区别。我们的辩护主要因此而来。

值得注意的是，上例中的黏着语素（拉丁语未完成过去时的 ba 和将来时的 bi）的根源并非指示小品词，而是系词（希腊语 φυ-，德语 bin），并且遵循印度日耳曼语言普遍流行的一种规律。因为，可想而知，以"现在"为坐标，可以使用时态符号指示性地标记过去和将来，同理，以"这里"为坐标，运用 da 和 dort 体现空间方位。我听到一位专家说过，人们把印度日耳曼语言中的过去时词缀视为原始的指示符号。另外，复合词这个概念被极度扩展，将诸如德语格符号之类纯粹的句法标记也涵盖其中，这样，指示称谓组合也被视为词，相应地，形式化的德语词 Hauses 也被视为复合词。

但是，这与"语言乃是一种两级系统"的认识相违背。我们不妨再做一种类比：没有哪个数学家会认为 +、-、×、÷ 等运算符号与数字完全一样。必须承认，这又一次触及到语言象征场中运用分析方法未得解释的现象。

5.4.4 词的概念特征

那么，什么是一个词？梅耶关于词的定义比较中肯，他写道："一个词包含一个特定意义和特定语音整体的结合，以及一种特定的语法使用。"（梅耶，1921：30）我认为，准确地理解"结合"和"语音整体"的含义，会发现梅耶的两个标准非常贴切。至于是否要将结合的两端（语音整体和意义）分别计数，将之扩展成为一个三项结合，相对而言无关紧要，重要的是要将词与句子截然分开。

无论如何，必须旗帜鲜明地指出，并非所有的"语音整体"都属于词，只有那些具有音位学特征的才属于词，因此，高声喊叫和拟声模仿现实的语音产品超出了一种语言音位有限性的要求，应该被排除在词的范畴之外。另一方面，记忆心理学家设计的"没有意义的音节"和音节包虽然具备音位特点，但却缺乏梅耶意义上的结合因素。为了我们的目标，必须摒弃定义不明的"结合"概念，使用我们在语言工具模式中阐明的某种"符号功能"取而代之。我指的是广义的词汇概念，为诸种符号功能之一。因为，某些语音形象类似于某种单级系统的成分，例如在一般言语交际中具备"市值"的感叹词，也是一种语言的词汇成分。问题只有一个：它们是否满足梅耶所言之第二个标准？

我建议对梅耶的第二个标准作更加宽泛的理解。如果语言除了象征场之外还有第二种秩序，从而使得有意义的符号获得各自的场值，那么，我认为合乎逻辑的做法是，在词的概念定义中将该第二种场域考虑在内。因为，不仅仅是感叹词，原则上所有"不变格"指示符号的场值并非在于语言的象征场，而在于语言的指示场。人们肯定不能将这样的产品排斥在词汇之外。这样，梅耶的第二个标准说明了另一问题：每一个词都具备场域能力。

也许，把音位特征和场域能力相结合，就可以使之共同成为词汇概念的区别性因素，因为，"位于两种场域之一"意味着存在相应的上位概念，亦即满足一种要求，使得语音形象成为一个语音符号,进而必然"具有意义"。① 结论是,词是一种语言中具有音位学特征和场域能力的语音符号。"语音符号"这个上位概念根源于语言符号性原理,据此,一切非符号性的都不属于语言(la langue)。

人们不要过高估计模式化定义的价值。但无论如何,模式化定义有时非常符合具体研究的需要,而对于一个知识领域已经成形的理论而言更是不可或缺。我建议使用这样的定义,但需要重新构建,以突出其优点。上述词定义将词与音位、词与场域相结合,也就是说将语言结构的三种因素包含于词汇概念之中,同时,强调 la langue 这个上位概念所蕴含的一个事实:一个真正的词必须可用于主体间性交往。至于一个特定的语音产品是否是一个词,当然只能针对一种特定的语言而言,并且针对特定语言才能回答,例如针对拉丁语,这样,相关语音产品的语音特征必须属于拉丁语的音位。例如,对于拉丁语语言社团的交际伙伴而言,语音产品中的倒吸气音或者真实模仿狮子吼叫的音,在语言符号交际中的使用方式应该不同于其他拉丁语词。古罗马军团士兵可能有时在放哨时发出狮子吼叫声或者鸟叫声,但那是按照约定向战友发出的敌情信号。这种信号的声音形象非常特别,但却不是音位学意义上的相貌特征。因此,无论被使用的频率如何,无论与语言符号多么相似,即使曾经为整个罗马军队所普遍使用,它们都不是拉丁语的组成部

---

① 这里"意味着"的前提是,无论缺乏"所指"(pro aliquo)的"能指"(aliquid)(借用经院派模式)还是缺乏"能指"的"所指"都不是严格意义上的符号。如果反对认为符号只是复杂结构的第一个显性成分,就必须将梅耶的两个标准变为三个。对此,我们还需论及。

分。因为，拉丁语的组成部分都是拉丁语的语音产品，都是具有音位学相貌特征的语音符号，无一例外。

按照原理 B 的要求，在语音特征之后，我们需要从另一个视角对词汇概念展开讨论，即从"内部"视角进行定义，涉及词的功能或者意义层面。在联想理论的指导下，埃宾豪斯整理了一本音节汇编。但之前早就有许多符合音位规则、但却毫无意义的语音形象，例如历代巫师广泛使用的 Abrakatabra（咒语）。

当然，信徒过去和现在都会反对我们的观点，不认为那些是没有意义的音节。为了不伤和气，我们建议以一个共识为基础：超自然的、神秘的语言有其独特的词汇，而我们无意探究其中的规律。我们感兴趣的仅仅是世俗语言，以及神秘语言中相同于世俗语言的那部分。对于语言理论学家而言，那些既用于世俗语言也用于神秘语言的语言符号所蕴含的超自然魔力不会造成什么困难，因为对于正常言语交际中的伙伴，即接收者（和发送者）而言，这种符号与其他语言符号完全一样，例如，儿童生活虚拟游戏中某些表达，以及日常严肃情境中说给盲人或者聋哑人的某些偶发性言语表达，即是如此。面对魔力，人们也可以在心中自言自语，或者相反，神秘对象用"自然符号"无声地对我们"言说"。这些对语言理论都不成问题，因为语言即是有声语言。

将 Abrakatabra 之类排除在词汇之外并非大事，更为重要的是将词与句子区分开来。我提出"场域能力"这个指标，并赋予它特定的含义，就满足了对词汇概念进行定义的要求，因为，所谓场域能力意味着相对于场域而言的含义和独立性。句子场和词是两个完全不同的范畴。词位于象征场之中，在其中占据位置，本身也包含场域符号。对此，我们还将在复合词理论中详细论述。另外，词本身还包含着其他内容，即词汇因素，形象地说，那是词随身携带的内容。如此，以词汇因素为出发点来定义词汇概念，不仅完全可能，甚至是最好的路径。这就会遇到称谓词的问题，就需要我们在4.6中所进行的称谓词分析。但是，针对指示词又需要另辟蹊径，需要运用类似于布鲁格曼所进行的分析。这一切都交汇于"场域能力"这一概括性特征之中，因为，语音产品必须具备象征值（或者信号值，如同指示词具备信号值一样）才具有场域能力。这样，就只剩余一个问题有待回答：是否能够正面说明场域能力赋予一个词的是什么？有可能是该词归属于某一特定词类的资格吗？

5.4.5 词类问题

应该怎样在纯粹词典中体现词类现象？词类现象如何实现其描述功能？借此机会，我要再一次强调本书关于语言理论所提出的关键性论点。具有符号学意义的第一步就是区分指示词和称谓词，而且本质上与西方语言科学诞生之初那些伟大的古希腊语法学家所为相同。我们的创新在于，证明了指示词功能的实现依赖于语言的指示场，而称谓词功能的实现依赖于语言的象征场。另外，这里涉及两种情况，也必须予以重视。一是称谓词在语用环境和物理环境中的使用情况，二是指示词被用于回指模式的特殊性。从符号学视角看，后一点应该体现了两种词类相互影响或者功能交织最为独特的方式。代词现象非常重要，我们还从理论上论述了指示代词的对应物（并且举例日语给予证明）。指示词体现出一种功能混合。同一个符号既能指示又能称谓，对此，对符号学稍有研究的学者都不会感到惊讶，相反，如果认为并非所有语言符号既有此功能又有彼功能，这样的观点反倒令人惊讶。

在区别了指示词和称谓词之后，应该把目光转向词典中的某些特殊产品。它们由于某种原因而处于上述两种类型之外，地位特殊。我们讨论过感叹词和某些音位特殊的感召性语词，如 he! 和 halloh! 等。它们既不像称谓词那样在语言的象征场具备场域能力，更不能归为指示词。它们自然生长并获得独立意义的场所本来就只有一个，那就是语言符号的语用环境。其实，可以认为它们类似于动物和人类的叫声，属于单级系统，这样，与真正词的区别就十分清楚。

另外，即使是规范的单级系统也都有表示"赞同"和"不赞同"或者"反对"的符号，类似于诸如"是"ja 和"否"nein 等经常代替句子的语音产品。对于德语儿童而言，nein 和 ja 以及后期才在句子中正确使用的 nicht 明显已经出现在他们语言发展的单级系统阶段。之后，儿童在较长时间里还会使用这样的词语，或者在结构中，或者孤立前置或后置，用法非常特别。现代逻辑学家会将它们与其他明显具备逻辑意义上的"句子功能"的象征符号相提并论，例如 gewiß（肯定）、vielleicht（可能）等。语言历史学家倾向于将这类词归为副词或者另一种称谓词，而且就其词源而言也可以那样归类。对于我们的目标而言，彻底解决词类划分属于边缘问题，没有太大的意义。

关于印度日耳曼语言的指示词，布鲁格曼遵循一种指导性思想，认为存在一种容易为人忽视的指示系统。我们接受了这一思想，并且做了一定的调整，认为方位指示词和角色指示词需要予以特别清楚的区分。我们所做的另外一点也很重要，就是证明了同时存在三种形式的指示。在有的语系中，动词和动词性世界观不像印度日耳曼语系那样重要，可能还存在其他形式的指示。对于语言理论而言，应该不难想象出其他形式的几种可能，但没有足够的事实根据，故此只能做无聊的幻想游戏。人们不能将这样的可能性想象为上述指示形式的某种替代，它们只能是上述指示形式的补充，因为，空间和行为场中的指示乃是主体间性交往行为最常用和最重要的指示。

规范而纯粹的词典应该不仅仅是语音形象的汇编，更应该说明其中每一个单位的功能，并且在功能说明中必须充分体现上述理念，使之成为功能说明的灵魂。同样，称谓词的各种类型也必须清楚地体现于纯粹的词典之中，使人能够清楚地看出一个词的名词、动词、介词或者其他词类的属性。

印度日耳曼语言的词根根源于内容相近的词，经常在语音上也相近，同时，词类归属根据一定的构词规则而相互区别。同一个词根经常涉及到多个不同类型的词，这种现象易于理解，但对于符号学而言绝非理所当然，因为众所周知，在印度日耳曼语言中，并非每一个词根都同时出现于名词和动词，而介词和数词的情形更是如此，遑论指示小品词。可以想象有些语言的词根现象比较规则化，根本没有同一个词根出现于许多词类的问题。现已证明，在有的语言中，词根问题起码没有印度日耳曼语言那么复杂。

我们在论述语言描述场的第三章讨论了称谓词的类型，亦即它们的句法特点,现在,应该在符号学视角下再行观察。布鲁格曼对指示形式有独特的理解,问题是,有没有类似意义的称谓形式?对于符号学家而言,称谓词的组织性是语言研究花园中最为棘手的玫瑰。我认为,瓦克纳格尔对词汇类型理论早期发展的梳理最具启发性。现在,语言理论学家可以从他的句法理论中获得借鉴。耶利内克(Jellinek)的《德语语法史》补充了瓦克纳格尔的论述。V.布龙达尔虽然比瓦克纳格尔更熟悉哲学家们的思想,并且将亚里士多德的范畴列表置于重要地位,但是在我看来,他其实并未像瓦克纳格尔那样,能够深刻体现古希腊罗马时代哲学家们的意图[①]。

布龙达尔指出司各脱(John Duns Scotus)语法推理的重要性,也许有其道理,但我不能验证。应该承认,保罗-罗瓦雅尔学派(Port Royal)逻辑学家们最早对介词的类型进行了具有实际意义的定义:"它是表达关系的指数,具有抽象、普遍和独立的属性,与任何先行项和后续项无关"(C'est l'exposant d'un rapport considéré d'une manière abstraite et générale, et indépendamment de tout terme antécédent et conséquent)。(布龙达尔,1928:8)这可能真的适合于介词,可以将介词与其他词类相区别。根据布龙达尔的观点,人们迟至18世纪才对数词进行了概念上的区分,这出人意料。据说阿德隆将数词界定为"缺乏具体性"。他可能说过,数词似乎只是真实对象的躯壳,不像名词那样对真实或者具体的东西进行称谓。这一认识不过是对阿德隆语言理论的一种解读,而根据耶利内克的说法,阿

[①] 参看布龙达尔《话语的构成》(1928)。

德隆的语言理论晦涩难解。人们大概可以从中推断出，数词的形式化达到了某种较为高级的状态（相对于实词而言）。

这里顺便提及布龙达尔对词汇概念的定义。他对梅耶提出批评，断言词的第二个特征是"相对于某个词类特定的归属性"（1928：17）。此论的预设是，所有人类语言都必然有几种不同的词类。他也给出了此预设的几个理由。但是，这一观点与波尔齐格关于汉语的观点相违背，因为汉语的词类无疑没有音位学特征标记。我认为，"场域能力"这个特征应该比布龙达尔提出的特征更具概括性和合理性。在特定条件下，我们提出的特征涵盖了布龙达尔提出的特征。不过，我们还是回到对词类的讨论。

布龙达尔认为，每一种特定语言的词类都必须被视为一个系统，他说："整体中每个成员的存在和价值源自于与其他成员的关系"（une totalité dont chaque membre prend son existence et sa valeur du fait de ses rapports avec les autres membres）。布龙达尔的这一思想应该具有实用价值，而且蕴含着一种在整体性观察的时代背景下难能可贵的思想。在我看来，其意义超出了布龙达尔本人所言，因为，他自己的研究并没有脱离哲学的范畴研究的轨道。而像他那样的人物，如果用开放的视野纵观逻辑学和认识论两千年的历史，就一定能够认识到，哲学式范畴研究是无法给出问题的答案的。亚里士多德的范畴论最贴近语言，但同样也不能给出答案。

有些异国语言具有奇异的象征场。我认为，词类问题实际上在那里才会真正尖锐起来，才会给我们新的启示。我们要以词在句子中所获得的场值为基础，无论词的场值是自始给定的还是临时附加。诸如 amare（爱）之类的动词伴随 wer（谁，主格）和 wen（谁，宾格）等必要的补充疑问，按照经院派的分析，amare 包含两个内涵，用逻辑的说法就是，在象征场中需要两个空位来满足该词的功能，而且，占据这两个空位的不能是任意词类的成分，只能是特定的不同词类的成分。拉丁语 albus（白色的）这个词只有一个空位，而且必须由某个特定词类的象征符号来填充。这一切对于我们十分熟悉，因为我们熟悉我们语言的句子结构和词组结构。要普遍性地回答词类问题，只能通过对象征场的认识，没有其他途径。如果我理解正确的话，这也是赫尔曼（Eduard Hermann）对词类问题的观点。[①] 同样，在波尔齐格所阐述的纲领中[②]，"意义范畴"问题也必须通过对"句子结构"的分析才能获得解决。

5.5　冠词的功能

5.5.1　格标记与性标记：词的象征值与场域值

在有冠词语言中，冠词的功能非常多样，具有很高的语言理论意义。德语"冠词"叫做"性别标记"[③]，显示指称事物的词的词性。但这远不是问题的全部。冠词还标记数和格（在希腊语和德语比在罗曼语更清楚），甚至深入到其所伴随词的核

[①]　参看赫尔曼《论词类》(1928)。
[②]　波尔齐格《论印度日耳曼语言句法的任务》(1924)。
[③]　西语 Artikel（冠词）源自拉丁语 articulus，德语为 Geschlechtswort，意为"标记性别的词"。——译者

心功能之中，限定被伴随词的象征值和场值。从符号学的视角看，后一种功能非常值得注意，是冠词最为重要的功能，曾经有观点认为冠词具有"名词化力量"（瓦克纳格尔），足见冠词对场值的影响。我们暂且不论"力量"这个概念，集中注意一下波尔齐格的朴素论述：

> 冠词"已经成为构成名词真正的黏着语素，通过其前缀黏着（在斯堪的纳维亚语言中为后缀黏着）使得一个形容词直接变成为名词。人们几乎可以说，照此规则，没有冠词的名词就不是真正的名词。我们不妨比较德语 er war König（他俨然是国王）和 er war der König（他是国王）这两个句子，能够清楚地感受到第一个句子中名词 König 的形容词特点，但是，Eisen ist ein Metall（铁是一种金属）与 das Eisen ist ein Metall（这块铁是一种金属）相比较又是怎样的情形呢？描写性句法也许会从中得出一个新的范畴，既不是名词，也不是形容词"。（波尔齐格，1924：148）

波尔齐格用了"也许"，实际上提出了一项研究任务。如果他的推测正确的话，就应该存在一种迄今未受注意的冠词搭配现象。如此，无冠词伴随的名词就是去名词化。而专名肯定是个例外，因为，无冠词的城市名，以及德语书面语中同样没有冠词的人名，不大可能变成为真正的形容词或者准形容词，原因可能是多方面的，但主要是因为这样的词缺乏密尔意义上的内涵。因此，我们对波尔齐格的讨论集中于通名，证明

"水""香烟"等物质词和商品词的确具备特殊性,足以引起逻辑学特别的注意。相反,另一种现象也古已有之,即所谓反面的事实:伴随形容词和其他词的冠词具备名词化的功能。试比较德语 das Gut des Bauern ist ein Ding(农民的财富是一件东西),而 der Böse ist eine Person(恶人是一个人)。相比之下,由动词派生的名词结构稍有不同,但效果相似,例如 die Habe(所有物)和 die Gabe(礼物)都是东西。我曾经在巴伐利亚一个火车站的木棚上看到 Holzlege 这个词,die Lege 是"放置"="房间"的意思。① 语言历史事实证明,有冠词伴随的词在语境中获得名词的场值。

我们承认其间的区别,但仍然要指出冠词对相关词的象征值的影响。我研究了瓦克纳格尔、德尔布吕克和奥托·贝哈格尔(Otto Behagel)关于印度日耳曼语言冠词的综述。在我的印象中,三人中哲学色彩最淡薄的要数贝哈格尔,但其实他一眼看清了德语定冠词时而使用、时而缺位的本质,在混沌之中紧盯问题的关键,观点不仅明确表述,而且也贯彻于字里行间。他指出的规律是:"针对不确定的对象一般不用冠词。"(贝哈格尔,1923:39)从中可以得出结论,贝哈格尔认为,冠词伴随的都是"个体对象",毫无例外。该标记也可以缺位,这与贝哈格尔规律并不矛盾,"定冠词……的功能是将一个对象与其他同类型对象相区别,不定冠词的功能是将一个对象从众多同类型对象中提取出来。"(贝哈格尔,1923:38)

哲学家乍读到此,可能会对贝哈格尔的描写感到不满,会

---

① 参看克雷奇默《印度日耳曼语言的抽象词》(1924)。

觉得"个体对象"明显有违事实。在德语中，das Pferd（马）既可以指涉说者眼前正在吃草的那匹有其专名的马，也可以指涉动物学家眼里的物种。既然如此，人们怎么能够将定冠词视为一个只用于"个体对象"的特殊符号呢？答案非常清楚：贝哈格尔的思维与语言本身一样很朴素，少有哲学意味，所做分析自然坦率，用同一个名称（不幸的名称）既指称具体坐标系中，即指示场中的特定而无法混淆之物，也指称概念中明确无误的特定对象（对象＝某物）。

对此，作为语言理论学家，我们感兴趣的首先是被"定"冠词忽视了的两种不同方式的"确定性"。其一是通过空间时间秩序而获得的确定性，其次是存在于事物概念结构之中的确定性。我眼前这匹（用手指所指的）马的确定性来源于指示词，而动物学物种"马"的确定性则是概念性的，亦即最终通过定义而清楚地区别于其他物种。这是贝哈格尔理论的哲学精髓。在我看来，它一语中的，也就是说，它证明了贝哈格尔从精心准备的大量语言历史材料所发现的使用规律，并且不会被"例外"所推翻。对此，哲学家不应该喋喋不休，而需要简单地接受一个事实：诸如希腊语和德语等语言的思维都具有经院派意义上的实在性。拉丁语当然亦属此列，只不过拉丁语没有相应的冠词而已。这里也许应该指出，希腊语单词 deixis 和拉丁语单词 demonstratio 本身所指涉的，都相当于感知场中用手指指示的对象和概念上对事物进行的逻辑证明。逻辑证明就是 deixis 和 demonstratio。这样的词汇运用必须在实在性思维的框架下才可理解。

其实，贝哈格尔所区分的情况十分丰富，其中不乏惊人的现象。但是，惊人之处并非在于冠词的各种功能，而在于说者通过视觉指示、概念抑或某种混合方式等手段使用定冠词、满足确定性条件的各种语境，另一方面也在于说者放弃使用定冠词指涉确定对象的条件。在任何一种冠词语言中，冠词的使用都不能一以贯之，都存在上述问题。我们不想错过任何具有启示性的东西，因此，需要首先请教于语言历史学家，以便于在更广泛的语境下重新展开关于冠词的句法和语义功能的语言理论讨论。

5.5.2 冠词的历史和构词研究

不仅仅人和书有其命运，科学概念也有其奇特的"命运"。瓦克纳格尔对冠词的总结颇具启发性，我借用他所指出的历史事实："看来，我们使用'冠词'这个术语有点偶然，不能告诉我们任何关于所指话语成分的功能。但是，这总比诸如'性别词'之类的表达要好。后者虽然含义清晰，但却很不合理，根本不能说明冠词的真正任务，人们只是可以用来很方便地说明某个名词的词性。"① 从历史的角度看，拉丁语 articulus（希腊语 ἄρθρον）这个词应该是一个"关节词"（Gelenkwort），因为根据提奥夫拉斯图斯和斯多葛派的理解，它被用做各种回指性指示词。

要想说明回指词的功能，没有什么能比"关节"更为形象贴切。试想印度日耳曼语言在一个话语的词汇序列中使用关系词的方式和目的，这时，话语整体由"句子"组成，关系词

---

① 瓦克纳格尔《句法讲座，以希腊语、拉丁语和德语为例》第二卷（1924：126）。

在其中的功能类似于一个结构中的榫头,在句子复合结构中位于活动关节的位置。我们后文会看到,这样一幅技术描图一方面需要详细解释,另一方面也需要更为贴切的描述。但是目前我们必须承认,古希腊先哲的做法不无道理,他们形象地将话语的结构描述为"构架",将回指性指示词描述为"关节"。

通过历史观察,人们认识到冠词普遍都是在指示词的基础上形成的。这一认识获得了广泛的认可,并且得以深化。这也是古希腊哲人从自己的语言获得的认识。瓦克纳格尔指出,闪米特语言也应该如此,例如,al 是阿拉伯语的一个词,也表示"这里"和"现在"的意思。拉丁语作家也遇到类似的情况。他们自己的语言没有冠词,因而在翻译古希腊语文本时颇感为难,于是便使用了 hic(此)、ille(他)或者 ipse(该)。这无疑向语言历史学家提供了材料,说明了罗曼语言冠词的来历。

古希腊语法学家发现了指示词和人称代词的其他句法功能,从此"代词"毫无例外地成为语法分析的首要对象。代替称谓词毋庸置疑成为代词的句法功能。但是,我们所理解的冠词无论实施怎样的功能,肯定不充当替代词,而是具备完全不同的功能,即充当特定称谓词的附庸。这样,它在新的术语体系中必然无家可归,而现代语言学家则需要对它的单一或者多重功能给予重新界定。依我之见,他们运用历史和描写的方法已经出色地完成了这一任务。人们知道,冠词是一种相对年轻的现象,其发展过程在古希腊语始于荷马,在日耳曼语言则始于哥特语圣经翻译,逐步发展而来。罗曼语学者充分挖掘《罗兰之歌》，盎格鲁学者则深入研究《贝奥武夫》，①从中发现冠词形成的早期阶段，并予以语文学精确分析。② 与此相对，拉丁语没有冠词。此情景似乎同样也存在于其他语系，例如闪米特语系。"其中，北方的亚述语和南方的埃塞俄比亚语没有冠词，其他语言虽然有冠词，但却体现出完全不同的类型。"（瓦克纳格尔，1924：127）这是一种非常奇特的现象。拉丁语虽然没有冠词却成为了一种世界语言，斯拉夫语不缺冠词，希腊人、日耳曼人和罗曼人需要一个"确定的"和一个或者多个"不确定的"冠词，为什么？

温克勒和其他罗曼语学者的文体学分析非常细致，将冠词视为表现手段，研究其萌芽时期及以后的情形。为了补充他们的结论，同时考虑冠词逐步进入日常语言的情形，使用频率的简单统计应该很有意义，例如，我自己过去曾经想知道路德比乌尔菲拉③使用冠词的频率高多少倍，设想过应该将荷马与希罗多德④和色诺芬（Xenophon），或者将希腊语《伊利亚特》与福斯（Voss）的德语译本进行统计学对比，以对冠词形成的历

---

① 《贝奥武夫》（Beowulf），是迄今为止发现的英国盎格鲁－撒克逊时期最古老、最长的一部较完整的文学作品，也是欧洲最早的方言史诗，完成于公元八世纪左右，与法国的《罗兰之歌》、德国的《尼伯龙根之歌》并称为欧洲文学的三大英雄史诗。——译者

② 参看温克勒《文体学概论》(1929)，雷谷拉（Moritz Regula）《论法语冠词》(1931)，E. 格莱索（E. Glässer）《罗曼语民族名和人名中冠词的文体意义》(1933)。

③ 乌尔菲拉（Ulfilas 或 Wulfila，约311—383），哥特主教，发明了哥特文字，并将《圣经》翻译为哥特文。——译者

④ 希罗多德（Herodot，约前480—425），古希腊作家、历史学家，著有《历史》一书，成为西方文学史上第一部完整流传下来的散文作品，也因此被尊称为"历史之父"。——译者

史过程进行量化追踪。德语冠词的使用频率是否仍然保持较高水平，或者在某些方面已经如英语那样呈现出倒退的趋势？

瓦克纳格尔对希腊语、德语（也附带论及罗曼语言）冠词的三种用法进行了系统的论述。其中头两种毫无疑问是指示性的，二者相互之间的区别仅在于，第一种指涉刚才在话语中被称谓的对象（所谓"弱"指涉），相反，第二种指涉的对象虽然未被称谓，但"相对于说者和听者而言是确定的对象"。人们应该在荷马时期或者其他冠词形成萌芽期的历史文献中挖掘适当的例子，来充分说明冠词使用非此即彼的分野。在德语中，冠词的回指性和既往性指示虽然未完全消失，但只具有次要功能，而且几乎不能脱离第三种用法而独立存在。

如果我对我的大学生们说 die Universität ist morgen am Feiertag geschlossen（大学明天节假日关闭），那么，所指一定是我们大家都熟知的那座建筑，即"我们的大学"，其中，称谓词前面的定冠词（die Universität）就同时也发挥瓦克纳格尔所谓的"弱"指示功能。实际上，诸如"父亲""城市""国家""国王""教堂"等类名在语言社团或大或小的范围内都被临时性地用作专名，这时，通常给人的印象是，确定性似乎还是取决于冠词所蕴含的某种指示因素。对于德语 ich geh in die Stadt（我去城里），听者明白要去哪个城里，并且指明其所处的方向。der Himmel ist strahlend blau（天空湛蓝），这里的所指只能是特定的那一片天空，也就是此时此刻在我们头顶可见的那片天空。要用德语指称一家之主的时候，人们会因地区不同而说 der Vater 或者 Vater（父亲），但是，要表达"去城里"，在德语区都说 in die Stadt。

为了在这一细致分析中避免过多的主观性，将来必须提出一个标准体系。首先要尽可能将真正的、确定无误的回指与虚拟指示相区分。二者都是既往性指示，但这并不能说明多少问题。为了清楚地体现回指因素，人们可以例举同一对象被两次以不同方式指称的情形（如同位语）。当我说 Elisabeth, die Richterin Maria Sturts（伊丽莎白，玛莉亚·斯图亚特法官），这时，定冠词也许呈现出回指功能。人们或者视其为实体指示或者句法占位指示，抑或二者兼有。换句话说，指示（如果存在的话）属于布鲁格曼例子所体现的那些具有歧义的附带现象。对此，我们后文再议（5.11）。我只需要将上例词序调换为 die Richterin Maria Stuarts, Elisabeth，这时，回指（有相应的音调标记）就可以无需冠词（标准德语避免在专名前使用冠词）而得以实现。我无法说明人们怎么能够从现代德语找到与瓦克纳格尔所举之荷马例子完全对应的例子。但是，关于指示最为原始的方式，即视觉指示，问题就会简单得多，不难从日常语言找到许多例子，来说明指示词 der 重读（dèr）和轻读（der）无缝过渡的各种情形。

贝哈格尔反对认为，"定冠词在早期具有比今强大得多的指示性，因此，非常接近指示性代词"。"定冠词源自于回指性代词，并非如许多人所认为的那样源自于指示性代词"（贝哈格尔，1923：33）。那么，回指性代词又源自于何方呢？也许，贝哈格尔有其充分理由，认为德语冠词在其萌芽时期与关系词的关系更为紧密，甚于与实施视觉指示的指示词的关系。但是，贝哈格尔也不会反对说，二者都源自于同一个词根，并且在今天的日常语言中不断相互渗透。德语只有少数土生土长的回指性代词。同时，在我们所区分的所有三种方式中，指示就是指示，其余历史细节问题应该留待历史学家去解决。

现在，我们全神贯注于瓦克纳格尔列表中的第三种情况。他认为那毫无疑问是指示性的。这时，冠词"伴随抽象名词"，即类名。荷马之后的希腊人和我们一样，用 die Philosophie（哲学）和 das Pferd（马）指称抽象概念和动物学的物种。在这一点，我们可以重新提出自己的语言理论思考，并且将冠词的"名词化力量"直接与瓦克纳格尔列表中的第三种情况联系起来。对该"名词化力量"，瓦克纳格尔的观察十分独到，在其著结尾附带论及，并予以历史证明。在现代冠词中，精确的、指向事物的指示，即直观的语言指示场中的指示，已经消失，那么，我们的问题是，诸种所谓新功能（实际上在历史上不可能是新的）相互之间的关系怎样？与指示又是什么关系？

5.5.3 名词黏着语素的语言理论意义

我们再次强调一个观点：每一个带有冠词的语言符号或者自己就是一个名词，或者被升格为名词。根据瓦克纳格尔的研究，荷马早就使用了 τὸ πρίν（过去），后荷马时期的古希腊人也有 τὰ του πολέμου（战争事务）和 oi νυν（今天的人）的用法。这与我们使用 das Ich（我）、das Hier（这里）、das Jetzt（现在）或者 das Einst（过去）完全相同。值得注意的问题仍然是，上述后两例希腊语中标记复数和性的冠词所指涉的是"事务"或者"人"，相应地表现为 του πολέμου 的施事 regens。正如人们所理解的那样，这些例子为省略结构。另外还有一种现象，无论拉丁语还是现代语言，无需冠词也可以实现名词化，例如德语

Neiden ist kleinlich（嫉妒很小气）。但我们不应该为这些现象所误导，要清醒地认识到，在有些情况下没有冠词是不可能的，例如在有些哲学家的论述中。柏拉图和亚里士多德离开希腊语冠词，黑格尔主义者离开德语冠词，就会经常陷入表达困境，同样，将马丁·海德格尔（Martin Heidegger）的《存在与时间》翻译为纯正的拉丁语也可能非常困难。还有，该如何将德语 das in der Welt sein、das Sein zum Tode、以及大量更为复杂的表达用西塞罗拉丁语①复述出来？用经院派时期的拉丁语就容易得多，人们或者效仿晚期拉丁语译者翻译希腊哲学家时蹩脚的做法，使用指示词，或者效仿经院派不太蹩脚的做法，创造新的名词〔试比较 essentia、quidditas、ubiquitas 和希腊语中许多固定词组，如 τό τί ἦν εἶναι＝一事物的（概念）本质〕。② 这说明了什么呢？

话从别处说起。我曾经在心理学领域发现了一个术语，来描述一种我们每一个人都十分熟悉的、特殊的经验，后来将之称为 Aha-Erlebnis（恍然大悟的体验）。该称谓现在已经被心理学所接受。对于语言理论研究而言，可能觉得这样一种表达有些粗暴，但并非不可取，人们经常遭遇令人无语的困境，并且使用冠词就意味着走出困境。在此例中，帮助人们走出困境的不是冠词，而是词汇复合。无论什么情况，无语的困境和补救措施都很相似。根据这里所给的理解，Aha 在话语流中并非

---

① 马库斯·图留斯·西塞罗（Marcus Tullius Cicero，前 106—43），古罗马著名政治家、演说家、雄辩家、法学家和哲学家。——译者

② 参看瓦克纳格尔《句法讲座，以希腊语、拉丁语和德语为例》卷二 142 页源自柏拉图的例子，如 τὴν δὲ ὀρθότητα καὶ ὠφελίαν καὶ τὸ εὖ καὶ τὸ καλῶς τὴν ἀλή θειαν εἶναι τὴν ἀποτελοῦσαν（Leg. II 667C），真正的名词和带有冠词的副词依序出现，只允许一种解读。

称谓词，而是一种表达内心的小品词，一种感叹词，只不过与称谓词 Erlebnis 相复合，从而使得自身功能获得了某种新的特点。从语法看，它占据了一个定语的位置；从心理学看，Aha-Erlebnis 这个复合词给听者提出一个要求："你应该想到那种通常使用 Aha 感叹的意识状态"。类似的情形是，句子成分之前或者整个句子之前的冠词有时（以类似的方式）要求听者："你应该注意下面语言表达的纯粹的称谓功能"（这种情形最值得注意）。对于整个表达而言，冠词似乎是一个括号，要求人们在任何情况下都给该表达增加一种"措辞"，就是经院派论述词语的各种假设时所使用的措辞。这样，我们认识到了问题的关键，说明了相关现象的类属，为整个问题的逻辑梳理找到了必要的出发点。

经院派提出了关于词语假设的理论，并且在形式逻辑中得以延续，像化石道具一样，经常被教条使用。本质上说，该理论极其浅显。试想，在一篇语言学文章中出现下面三个德语句子：Vater ist zweisilbig（"父亲"是一个双音节词）、Vater ist ein Substantivum（"父亲"是个名词）、Vater ist ein Verwandtschaftsname（"父亲"是一个亲属称谓词），这时，每一个明理的读者都会"假设""双音节"为词的发音，"名词"为话语成分之一，"亲属称谓词"为诸多语言象征词之一。一般情况下，父亲（Vater）这个词不会像在上述例子中孤立存在，而是相对于所指的对象，例如 Vater werden ist nicht schwer, Vater sein dagegen sehr（成为父亲不难，但当父亲却非常难）。人们将此情此景称为"简单假设"（suppositio simplex），其他情况亦有其名。经院派认为可以将各种假设条分缕析地收入一个列表之中，而且付诸他们的语言学论述。对于今天的语言学家而言，一个单词变得十分复杂，以至于提出一个关于可能假设的列表已经毫无意义，但是简单假设仍然值得关注，因为，那是一种常见的现象，反映了一个单词在语境中非常规性的使用方式。①

哲学家经常说出一些非常规性词语，其中，冠词将一个词或者整个句子成分名词化，并从语境中突出出来，要求读者在句法上视其为名词，在语义上根据其概念本质理解之。可以设想，这样一种特殊的要求其实蕴含于每一个冠词之中，并且在冠词形成之先就已经通过其他手段存在于拉丁语中，同时，在古典拉丁语之先也可能已经存在于每一种人类语言，只是没有引起理论界的注意。这样的思考是否合理？其实，关键不止于在语境中突出某个成分，而是赋予该成分新的场域符号价值。希腊语和德语采用了一种简单的方式，因为冠词本身就具备这种场域符号价值。

5.5.4 "如此"指示的类比性

每一个简单词和复杂词都有其象征值，而且必定具备场域能力，才能以一个完整的词发挥作用（详见上文5.4）。在所有已知的冠词语言中，冠词都源自于指示词，并且在其萌芽时期最接近指示词的回指性用法。冠词理论应该关注这一历史事实，并且考虑一个问题：冠词+称谓词这一结构在今天还包含着多少指示性？在一块实体路牌上，名词基本上通过路牌所

---

① 为了重新审视相关现象，人们现在应该以我们所区分的各种"环境"为出发点。语言符号通常出现于语义环境，这是基本情况。我们的论述说明，语言符号也出现于语用和物理环境。我们各种假设即以此为基础。

处的位置、其与指向符号的组合而成为一个地名，获得特征描写；冠词与名词或者整个话语成分充当名词。那么，此两种组合的相似性最终何在？我认为，这是一个合理而不可回避的问题。

有些语言的词类通过音位特征来标记，其中，名词都带有一种或者多种构词语素（黏着语素，如中缀、前缀、后缀等）。但如果人们仅仅将冠词语言的冠词视为名词的黏着语素，就忽视了冠词的许多内容。即使荷马时期的希腊语或者哥特圣经时期的德语也不是非冠词不可。但是，如果看到冠词的语境指示价值，那似乎是让冠词说：我是词或者话语成分的前置或后置附庸，如此这般即可理解词或话语成分及其上下文，甚至它们所主导语境中的一切话语。至少，冠词遵循某些普遍性规律，对此，我们将在复合词分析和回指理论中予以论述。

用语境指示手段可以尝试词类转换。但在许多语言中，名词化并非词类转换的唯一方式。德语有一个指示词，至少隐性具有形容词化（或者副词化）的功能，这个指示词就是 so（如此）。我们不妨再借用波尔齐格的例子，并且在 König（国王）之前插入 so：er ist so König, wie nur das Märchen den König kennt（他简直就是童话里的国王）。这里，波尔齐格所推测的形容词化显而易见。布鲁格曼没有理解回指的本质，在我看来，他也误解了德语小词 so 实施指示功能的细微差别。[①] 他相关段落的标题表明了他的观点，认为 so 在现代德语中已经"失去了"指示功能。这是不对的，除非人们将指示概念的含义无谓地局限

---

① 参看布鲁格曼《印度日耳曼语言的指示代词——意义史研究》（1904）中"已经独立和不再具备指示意义的 so"一章（134 及以下诸页）。

于方位指示词。当我在视觉场景中指示性地说 so，会以某种方式将听者的注意力引向感知中的某种回答 wie（怎样）的现象，例如，我对他做出一个手势，或者指给他看我的行为要产生怎样的结果。在这方面，希腊语经常还会在数量和质量方面做出区分。在回指方式中，这种针对"怎样"（wie）的指示因素绝不会消失。仅仅看到 so 的强调功能是远远不够的。当然，在 ich habe mich über sein Glück so gefreut 这个句子中，so 肯定具有强调的意思，而且仅仅具有强调的意思。布鲁格曼写道："在这样的句式中，so 获得了强调的意义，这样，so 与形容词和副词的搭配得以广泛使用。"（布鲁格曼，1904：135）但这其实只涉及语序的变化。

原因何在？难道是因为只有形容词和副词能够升级吗？非也，这绝不是一个合理的假设。原因应该是，形容词和副词具备称谓 so 的所指的功能。施特克莱因（Stöcklein）举了一个法兰克方言的例子，很有启发性。布鲁格曼借用过，但我认为他的分析有误。他说："使用 as（=als）wie（如同……一样）可以轻松实现比较，例如 der hat mich geschlagen as wie（他打得我很惨），er hat Sprüche gemacht als wie（他牛皮吹得太过），这里，as wie 的意义发生了变化，具有比较级的意义。"（134）事实当然如此，而且所谓"变化"可作字面理解，也就是说，布鲁格曼视为变化起因的其实是结果。在 ich ging im Walde so für mich hin（我如此/忘情漫步林中）；ich habe das so (= umsonst) bekommen（我如此/无偿地得到了它）；das ist nicht so gefährlich（这没有那么可怕）等例子中，so 具有强调意义，也可以说这是 so 的绝对用法。在最后一个例子中，so 的本质应该是"强调性的"，那是一个具有升级意义的 so。此外，人们不要忘记布鲁格曼的观点：在整个印度日耳曼语言的历史中，在由 to- 词干所构成的词的位置，经常出现 so- 词干。因为，to- 的指示元素当然也存在于实施视觉指示的 so，只是当信号接收者的目光投向相关方位时，需要给予 so 特别的注意，简单地说，就是要求听者注意目光所及之事物所蕴含的 wie（怎么样）之意。与之不同，诸如 da、dort 等 to 指示词要求人们注意更具不确定性的 was（什么）之意，而 der、das 则具备某种特殊的名词化功能。这两种指示词的词干相近或者相同，这让人想到另一个事实，即 ich 词和 hier 词的词干也经常存在亲缘关系（参看上文 3.3.5）。

如果我们所述正确的话，从 so 指示就可能衍生出类似于德语冠词的语言产品，而且，该冠词可能并非名词性黏着语素（如波尔齐格所言），而是形容词（副词）黏着语素。这一假设甚至有时可得验证。波尔齐格研究了现代德语中"新范畴"形成的问题，值得注意。我们这里所述与之不谋而合。

5.6 "和"组合

5.6.1 格式塔视角

如上所述，迈农学派在概念上将完形和非完形（Ungestalt）相互区分，并且将小词 und（连词"和"）视为构成非完形复合结构的黏合剂，这样，形成了今天人们热议的"和"字结构问题。其中的核心思想是，在语言的复合手段中，明显可以用"和"将任意两个成分相组合,而这样一个组合无异于莱布尼茨所谓之"累积"(amas ou aggregatum)。与之不同,一切完形的结构体现出一种"大于简单相加"的"超和"特点。一个语言复合体蕴含着针对 A 的 -A,也就是说,-A 不具备埃伦费尔斯提出的完形的第一个条件,不具备"超和性"(Übersummativität)特点。语言理论需要说明这个例子是否适当,是否的确是一个典型的例子。这是我们的出发点。这样,完形理论的问题表面上要退居幕后,让位于语言理论意义巨大的(真正的)复合词和隐喻问题。只有这样,我们才能最终看到,全面而深入的语言复合词研究与格式塔研究能够相互提出哪些普遍性问题、提供怎样的启发。

5.6.2 合取之"和",以数词为例

整体而言,将"和"字结构视为一种具有普遍意义的概念,其思想是不错的。作为善意的批评者,我们需要首先思考语言中将事物连接起来的 und,而复杂数词最能体现问题。Einundzwanzig(21)是一个德语复合词,体现出阿梅赛德所阐述的思维过程。在德语中,我们根据简单词规则性生成 12 (zwölf)及之前的数字,从 13(dreizehn)到 19(neuzehn)为不带 und 的复合词,然后,从 21(einundzwanzig)开始,毫无例外地由个位和十位数词 +und 构成"和"字结构。为了舒适起见,从 100 开始,不带 und 的数字复合词(与带有 und 的并存[①])重又出现(hunderteins, tausendvierzig)。可见,复合的方式交替反

---

① hunderteins 和 hundertundeins 都是"101"。——译者

复，而且在同源亲近的语言中表现各异。对于语言理论学家而言，应该从这种反复之中清楚地认识到，复合词原始而又简单的组合方式普遍存在不确定性。在德语中，dreizehn（13）和 dreihundert（300）所蕴含的是相同的理论，而诸如 vier hoch drei（4^3）等历史较短的数学运算组合也明显以自己的方式遵循古老的"方子"：只管将各部分简单地组在一起，详细说明的事情留给相关事物或者特殊规约。这恐怕是最古老的方法。因为，对于学习德语的人而言，dreizehn（13）、dreihundert（300）和 hundertdrei（103）等方法简单明了，与其他词汇规则完全相同，只需简单接受便了。

我们刚才用了"方子"（Rezept）这个词，其中蕴含着古老的思想，每每在许多令人惊讶的句法现象中凸显出来。Vier hoch drei（4^3）这种算式，就好比医生写在处方纸上的字符。医生的方子是给药剂师的指示，开首写一个 R，即 Recipe，意思是"从你的药房抓取！"然后，逐行开出药材的名称和数量，同时使用 M. f. p. Ni100（misce fiant pillulae numeri centum= 配 100 种药）等符号。句法中的一些东西让人想起处方，只是，所涉及的并非操作要求，而是发给听者进行句法组合的指示。口算时说出 vier hoch drei 是一种书写指示，而其中的 und 是句法组合的处方。儿童自 2—3 岁开始进入数数王国。对于他们而言，最简单易懂的就是用 und 将一个又一个东西累积起来，有时面对一堆东西，用手边指边说，或者动手搭建，就会说"eins und（noch）eins und（noch）eins"（一个，又一个，又一个）。

根据我自己的观察和文献的记载，德语儿童在语言习得中，诸如 noch（还）和 auch（也）等语言实践非常重要的小词有时会先行出现。我自己的孩子们开始时主要将之用于对大人的命令，出现于某些语用场景，例如孩子"还想要更多"（noch mehr）好东西，或者"还想要别的东西"或者"自己也想"（selbst auch）像别的人那样获得什么东西。后来，出现儿童玩耍时自言自语式的会话，并且使用指示性和累加性的 noch、auch、und 等。我们应该在更广的基础上进行新的观察，提出更为细致的语言理论问题。

简单地说，德语中的 auch、noch、oder、aber 等词及其在其他印度日耳曼语言中的等值形式，都属于印度日耳曼语言中的"和字词"（Undwort）。单就功能而言，这种词都可能经历过类似的演变过程。其中有的在语素形态上与介词同源，而这与上述普遍性推测并不矛盾，并且，从我们下面所言，正好可以在一点上获得支持：事物指示和句法指示普遍存在，因此，应该把上述累加性的 und 与累加性的句法结构相比较，例如 er behauptet krank zu sein und das ist wahr（他说自己病了，这是真的）。在埃德曼的判断理论中，逻辑学家可以看到最为详细的基础性阐述。在我看来，其中也对 und 的句法归属和区别提供了中肯的心理学启示。埃德曼对其第一种"复杂判断"定义精确，区分清晰，但却将相关的语言手段弃之不顾。他给出理由是，这种连接手段"在每一种发达的语言中都丰富多样"。此论无可置疑。但是，我们不妨改变问题的方式：若要通过连接词象征表达累加复合判断句（埃德曼称这样的复合为"复杂判断"），用什么词恰当？这时，进入视野的就是实施句法连接的 und 及其相似词语。

另外，埃德曼区分了并列、联言和分裂（divisiv）三种复杂判断，并对它们进行了十分深刻的逻辑分析，所以，每一种复杂判断都可以根据结论自行完成，例如 N's Vater und Mutter sind tod（N 的父亲和母亲死了）和 N's Vater ist jung ausgewandert und gestorben（N 的父亲年轻时移居国外，已经死了）这两个例子，逻辑学家可以将两个句子拆分为两个判断，前者分为"父亲死了"和"母亲死了"，后者分为"父亲移居国外"和"父亲死了"。在前者，同一个谓语对应两个不同的主语，在后者，两个不同的谓语对应同一个（重复出现的）主语。埃德曼称前者为并列复合，后者为联言复合。"德语动词 steuern（操控）可以要求一个第三格宾语和一个第四格宾语"（亦即时而第三格，时而第四格）①，为分裂判断，是复合判断的第三种形式。在这整个思想中，最具语言理论意义的是，所有例子的分析都可以和必须与埃德曼相同。这非常重要。人们不妨列举另一种功能方式的例子与之比较，以凸显其间的区别：senatus populusque romanus decrevit（罗马的元老院和人民制定法律）。这里，单数表明集合名词成为唯一的主语。因此，que 相当于一个实施累加功能的 und，亦即所连接的是事物，不是句子。如果一个说者喜欢文体华丽，选择复数形式 descreverunt，就是把"制定法律"由整体分解为诸多部分，从而体现埃德曼意义上的判断组合。当然，这样一些细节也会以某种方式出现于各种话语方式中。

卡纳普在其《关系理论和实践观照下的逻辑学概论》（1929）中（91页）列举了 und 的 5 种功能，其中前三种重复了

---

① 德语动词 steuern 有及物（要求第四格宾语）和不及物（要求第三格宾语）两种用法，例如 das Auto steuern 和 dem Hunger steuern。——译者

埃德曼所见，但缺少"分裂"功能的 und。卡纳普所列 und 的第四种功能是累加性的，而他的第五个例子说明了累加的一种值得关注的现象。我可以通过 und 来罗列某个概念所指对象的特征，这时，根据卡纳普提出的内容扩展规律，"那些丢失且再未找回的东西"的范围实际上缩小了，"丢失且找回的东西"的范畴小于"丢失了的东西"的范畴。同时，需要补充另一种情况：当我说明某个概念定义明确的对象或者某个特定个体的特点，例如 C. Julius Cäsar, der Feldherr und Staatsmann（C. 尤里乌斯·恺撒，统帅和政治家），这时，所见不是范畴范围的缩小，而是对特征的列举。单纯从语言理论的角度看，und 这个小词无所谓"小于"或"大于"，因为，二者都是累加。以句子连结的方式将事物组合起来，这种现象最终也出现于概念界定和事物界定。另外，在词组中诸多定语也通过 und 相互连接，例如 der lebhafte und aggressive Blick des Herrn N（N 先生明亮和好斗的目光）。对此，我们下文细说。

综上所述，对于语言理论而言，"和"字复合结构最为重要的是 und 具有事物性累加和句法性连接的功能，用德语表述就是，连接事物和连接句子的 und。后一种 und 在功能上属于连词。如果要将前一种 und 升格为曾经历史地位显赫的某种词类，那么，从功能上看，与之最为接近的也许就是介词，试比较德语 Madonna und Kind（圣母和圣婴）和 Madonna mit Kind（带着圣婴的圣母）这两个表达。但是，对于我们而言，比这种归类更为重要的是符号学观察：联言性 und 蕴含着回指的基础。在一个描述性符号系统中，存在前指和后指符号，指涉当前描述中已经解决的和尚待解决的部分，这是极为神奇的事情。回指使用语言指示词就具备如此功能。回指赋予语言描述无可比拟的灵活性，某种程度上也是语言经济性的根源所在。逻辑说明需要不断重复，但存在很多问题，一如埃德曼所述。与之不同，活生生的自然语篇则可大量使用und之类的小词。

明白了und这个词本身的双重功能，就很容易证明所有与und相似的词语也具有该双重功能。在现代德语中，这两种功能都仍然清楚地体现于noch（还）和oder（或者），相反，aber（但是）作为简单词的实体性用法已经少见，这需要借用一些历史事实和适量的例证来说明，因为，aber被取而代之为abermals（再次）之类的复合词，现在只在aber und aber这样老旧形式中偶有表现。相反，oder的双重功能仍然体现出逻辑学所谓"分裂"和"选言"两种复合判断，例如，将es gibt weiße und schwarze Schwäne（有白色和黑色天鹅）替换为die Schwäne sind weiß oder schwarz（那些天鹅是白色或黑色的）就是"分裂性"的oder，相反，er lügt oder sein Gegner ist ein Schuft（他骗人或他的对手是个坏蛋）则是选言复合结构。

5.6.3 对照复合词

在印度日耳曼语言中，复合词的象征方式很多，差别细微。德语数词dreizehn及其相关形式（不一定是数词）表现为朴素的累加，是und复合结构和复合词之间的过渡形式。我曾经研究过德语中的这种复合词，并且在讲座中列举过少得可怜的几个例子，例如Schwarzweißkunst（黑白艺术）、die Hamburgamerikalinie（汉堡美国航线）和der weströstliche Diwan（＝东西方诗集）等。我问听众能否帮我从德语和其他语言搜集到更多的相关例子，回答非常爽快，也令我脸红，因为我所举之例与其说是发现的不如说是推测的，而且早已为行家们所注意，在印度日耳曼语言中曾经有丰富多样的例子，还可追溯到古印度的语言学家，他们也发明了并列复合词这个十分贴切的称谓。①

举例来说，拉丁语 usus fructus 的意思是"使用和享受使用"。希腊语有诸如 ἀρτόκρεας（面包和肉）、νυχθήμερον（白天和黑夜）之类的构词现象，特别常见的是现代希腊语中的做法，例如 μαχαροπέρονα（刀和叉）、γυναικόπαιδα（妇女们和孩子们）、ἀνδρόγυνο（男人和女人，夫妻）、σαββατοκυριακό（周六和周日，周末）等。我要特别感谢洛克博士给我提供上述信息。德语中还有 bittersüß（苦甜）这样的例子，也很典型。在烹饪方面，罗曼语言中有大量对仗，烹饪和衣着方面也有诸如 Hemdhose（连衣裤）之类（事实和语言方面）"双性同体"产品，并且被我们时代的俄底修斯创造性地加以利用，"时髦"一时。

需要重申的是，这种对仗复合与阿梅赛德所谓的累加性"和"结构很接近，两个被称谓的对象在意义上相互融合。为此，我们只需要指出，"男人和女人"结合成为夫妻概念，与之结合方式不同，"刀和叉"属于餐具范畴、一种水果的味道特征为"苦甜"或者"周六和周日"形成"周末"。但是，语言表达形式并不体现这种差别，仅仅从中看不出这种差别。这里，我们又一次看到一种基本现象：关于应该做什么和怎么做，自然语言只给出一种暗示，从而留给语境标记和感性辅助手段充分的自由空间。对这一点，（真正）复合词的研究必须时刻注意。

---

① 布鲁格曼/德尔布吕克《印度日耳曼语言比较语法概论》（1906：58 及以下诸页）。

5.7 复合词的语言理论意义

5.7.1 象征值复合词，布鲁格曼与保罗之争

我用德语说 einmal（一次），就是象征性地指涉我们在关于语言符号性一节所确定的内容。问题是，当我说 zweimal（两次），则需要注意，两次称谓对象的整体及其顺序以及其他场域因素如何获取相关性，亦即，如何实施象征性。这一点就是下面要在一般意义上讨论的问题。在比较的背景下，我们提出如下问题：它们类似于构成累加或是联言判断的 und（和）吗？或者属于需要研究的第三种情况，即复合词的伴随成分吗？有人给出的答案是，它们与将多个定语连接起来的 und 最相类似，因为，对于客观语言分析而言，每一个复合词就是一个被赋予象征价值的词，并且，实际上（在某些特定条件局限下）要求多重称谓瞬间才能体现出胡塞尔行为理论所言之意义。

依我之见，如果认可此论，就意味着语言理论学家将自己立即卷入语言学家们你死我活的纷争之中。上述理论论及复合词问题，在某些新派学者眼里一文不值，他们反对在概念上对词和句子严格区分。他们在"所谓的"复合词中寻找并发现的，并非是一个复合的词，而是一个句子成分，有时甚至是真正的迷你句，被嵌于较大的句子环境中。这种新理论时而基于语言历史，时而又基于心理学分析。这样你来我往的争论扑朔

迷离。像本书作者一样的心理学家定会着迷于布鲁格曼在其短小精悍的论文中对上述新理论展开批判的方式。他写道：

"至于一种类型出现于史前或者其他某个历史时期，那无关紧要。重要的并非既有复合词的命运，而是复合的方式本身，是作为词汇创造事件的复合。"（布鲁格曼，1900：361，着重符为笔者所加）

在布鲁格曼关于"所谓"复合词的理论中，多重思想巧妙结合，像交响乐一样相互协调。人们需要将它们小心分析，然后将之作为整体与赫尔曼·保罗那基本上也是心理学视角的辩护相比较。在保罗的《语言史原理》中有一段，充分体现了这位坚定的实证主义者捍卫古老思想的意志。他从心理学和语法分析的角度进行辩护：

"因为，句子的本质在于描述多个成分组合起来的行为过程，相反，复合词的本质似乎在于说明，组合是一个已经完成的结果。虽然如此，许多语言都有句子复合词，例如印度日耳曼语言和闪米特语言的动词形式。"（保罗，1909：328，着重符为笔者所加）

我们不妨先将保罗的第一种视角，即心理学视角，置于一旁，虽然那对于辩护不无道理。相比较之下，保罗辩护的第二种视角，即语法分析视角，更具魅力和说服力，尤其在我们前期适当讨论和普遍化论述之后，这种视角的借鉴意义充分凸显。在句子环境中，印度日耳曼语言的动词形式并非就是说明最典型、最纯粹组合的不二例子，因为，在诸如 amabal、amabit 等构词中，也存在一种象征价值的组合（参看上文 5.4.3），这就是为什么一元论者提出新观点，将二者（复合词和形式化的词）相提并论。相比较之下，观察印度日耳曼语言中形式化的名词更为简单，问题是：你是否还要坚持将 Hauses 和 Haustor 这两种结构相提并论？两种结构都包含多个意义元素，但是，Hauses 中的第二个元素与 Haustor 中的第二个元素却本质不同。在我们的术语中，属格黏着语素是一个场域因素，因此，Hauses 不是一个复合词，而是一个带有场域符号的词。相反，复合词则包含多个象征值，它们共同组成一个复杂的象征值。无论过去和现在，二者所借助的句子场域元素基本相同。这是非常值得关注的事实，引发人们提出了新的观点。但是，新观点令语言理论无所适从。我认为，古老思想的辩护者，如保罗和纯粹的句法分析者维尔曼斯（Willmanns），以及其他名家（包括托布勒［Ludwig Tobler］和德尔布吕克），其实是正确的，因为不仅有"所谓的"复合词，而且还有真正的复合词。

我认为，冯特和保罗之间关于句子问题的心理学之争有些纠缠不清和陈旧过时。一种有价值的语言理论如果要在此一点证明自己的合理性，则既不能局限于心理学，也不能局限于语言历史，而应该适当接受布鲁格曼的观点：关注复合的构词过程。如果我们对词的概念定义得当，则应该也适用于复合词的问题。我们必须逐个重新审视词这个概念的每一个特征，考察词的象征性，以此检验定义的合理性。这样，古老的和新的思想的所有论据都会获得系统梳理，从而引入一种实事求是的严格的论述规则，其意义应该远大于孰是孰非的判决本身。新派学者们（托布勒、布莱尔［Bréal］、迪特里希［Dittrich］、布鲁格曼）①思想周密，他们的研究既不失当，也非无果，这几乎是不言而喻的事情。受歌德"思想建构自己的身体"（es ist der Geist, der sich den Körper baut）这句话的启发，人们注意到一种现象："我们称之为复合构词的过程始终就是对句法词组意义的改变"（布鲁格曼，1900）。对此，保罗回应道："虽然经常如此，但并非如迪特里希所认为的那样，永远如此。"（保罗，1909：330）关于复合词的形成，保罗主要强调对复合词整体意义的"离析"。复合词产生的起因是否总是内在或者有时也有外在，我们现在需要暂时搁置这个问题，不妨奉上歌德的另一句话，大致如下：何为内在？何为外在？拉瓦特尔的面相学论及"外在"，正好可以借用到我们的问题上。②

我们暂且转引至此。关于复合词起源，布鲁格曼列举并分析了一些虚构或者历史证明的现象，非常贴近生活真实，虽然如此，绝大部分情况仍然无法从历史考证中得到说明。另外，即使成因问题得以澄清，也并非问题的关键所在。更为重要的是，我们的词汇理论所提出的标准原则上可以说明，经过历史

---

① 此名单来自于布鲁格曼的论文，其中 362 页脚注里有更为详细的文献列表。我案头有一篇佩鲁茨的论文（《外向结构词的起源》 Der Ursprung der Exozentrika. Indog. Forsch. 34, 1914）详细综述了格林（Jacob Grimm）至彼得森（Petersen）时期的相关文献，还有 E. 法比安（Erich Fabian）的论文（1931）综述了 22 篇研究复合词的论文。综述说明新派学者们关于复合词的观点并非完全相同，例如，布鲁格曼转述托布勒的观点，认为要严格区分句子和复合词，与我们观点一致。至于布鲁格曼和托布勒在复合词起源问题上是否观点一致，不得而知。

② 参看卡尔·比勒《表达理论——从历史揭示系统性》23 页。

发展而形成的既有产品是否以及多大程度上已经融入词汇？是否以及多大程度上已被接受？因为，产品的形成是阶段性完成的，人们可以借助标准来确定发展阶段。这应该是最终的结论。但是现在我们不妨看一眼语言历史学家的发现，以反思我们的论述，重新认识印度日耳曼语言复合词的复杂性。

5.7.2 语言历史观

历史学家从 Akropolis（卫城）之类的构词中看到复合构词及其历史残留，而且该复合构词比印度日耳曼语言的屈折更为古老，因为，其中的限定性称谓词（Akro-）以词干形式被独立使用。在 Neapolis 之类的词中，形容词（Nea-）已经体现阴性的形式，但在 Akropolis 中却还没有体现。语言理论学家注意到这一发现，提出一个问题：在更广泛的已知人类语言中，类似的外在简单组合是否也是最为简便的复合手段？根据 W. 施密特的研究，事实确实如此。只不过，我认为不应该忽视音调变化，它也是一种复合，也明显具有原始性。因为，儿童都会音调变化，这时，其声音表达还处于一级系统的年龄，还谈不上综合。我们录制有儿童最初的词语，足以客观证明之。相比较那些简便的并列复合法，这些音调手段在描述性语言的历史不会更短，应该更为古老。对此，我们还要再议。

在印度日耳曼语言中，除了无屈折形式的复合词之外，还有含屈折形式的复合词（后者是历史上相对较晚期的形式），例如德语 Jahreszeit（季节），同样，除了名词复合词还有大量动词复合词。关于这些类型的主要历史特点，赫尔曼·保罗认为：

"动词复合词和名词复合词原本存在严格区别。动词复合词的第一个成分只能是介词，而名词复合词的第一个成分则是名词词干和副词，开始时只有那些与介词一致的副词，后来还有别的。动词复合词的重音位于第二个部分，而名词复合词的重音位于第一部分。这样，在有小品词的复合中重音即是区别性特征。（这里就体现出某种音调元素的影响，问题是：为什么重音不同？）经常出现的情况是，一个动词及其所属的动名词可与同一个小品词相复合。这种古老现象至今大量存在，虽然两种复合形式并存，但各自意义相异，例如德语 durchbréchen（折断）– Dúrchbruch（断裂）、widerspréchen（反对）– Wíderspruch（矛盾）。在其他情况下，不同重音导致小品词的语音结构（构成）不同，从而使得动词复合词和名词复合词的区别更为明显。这种古老情况在新高地德语中所存不多，而且各自意义发展也不平衡，例如 erláuben（允许）– Úrlaub（假期）、erteílen（给予）– Úrteil（判断）。"（保罗，1909：247 及下页）。

这里所阐述的，是被赋予象征性的词的语音形象。上述说明，复合词遵循特殊的重音规律，实际上，人们可以从中区分出复合词的类型，并对其语音变化的历史过程做出解释。人们在这里就已经提出诟病：可分复合词（例如插词法 Tmesis）中被连接的成分经常被插入其中的词断隔开来，其语音形象又该如何解释呢？例如德语 er brach unter diesen Umständen kurz entschlossen die Reise ab（他在此情况下果断中止旅行）。对此，布鲁格曼提出辩护，使用了间开复合这个概念，列举了证据，以"合理解释"语法学家们称之为插词（断开）的现象。他写道：

"实际上，这里所涉及的仍然是复合。为了使用一个简短的称谓，并且顾及到现有的称谓，将诸如德语 wenn er mir abkauft 之类诸成分邻接的复合词简称为'邻接复合'，相反，将诸如德语 er kauft mir ab 之类诸成分断开的复合简称为'间开复合'。"（布鲁格曼，1900：382）

"间开语序与邻接语序一样都是印度日耳曼语言的一种普遍现象"，这一规律通过5组例子得以证明。一个外国人可能会感到惊讶，会提出问题：是否应该考虑专设一节讨论间开复合，因为其成分被相互断开？此问略显幼稚，当然无人为之。但事实上人们过去曾经倾向于在复合词的概念中特别强调邻接这一特点，认为这种复合的语音形象之间没有插词（例如斯维特）。现在看来，这种做法正确且重要，也适用于不可能出现插词的一切情况，因为，邻接和单向顺序也被视为复合的手段，例如 Akropolis、Haustor、Tageszeit。对于我们的问题而言，Zeit des Tages 这样的结构不同于 Tageszeit。无论如何，我们下面对不可分邻接复合词的讨论要以常见的方式展开，而另一种复合所包含的问题非常不同，具有特殊的语言理论意义，应该特别对待。

邻接和单向适用于一切人类语言话语中的词。两种情况我们在分析中都遇到了，而且一视同仁都视为句子的构成成分。它们的结构功能也需要给予实事求是的研究。上述问题并非在句子中才有体现,而是早已存在于组合起来且具有象征性的词,即复合词。这是新派学者们最为重要的观点。他们认为句子和复合词运用了相同的组合手段。问题是,是否有更为有力的证据证明他们的立论是无可争辩的事实?人们认为印度日耳曼语言的复合词基本上包含了句子的所有句法元素,此论大致不错。赫尔曼·保罗在其印度日耳曼语言复合词汇总表中至少列举了19种,清晰地分析了相互之间的区别。他断言,前15种类型由独立的词"综合"构成,体现出一种紧密的连接,只有最后4种类型起源于句子,如下例所示:

"由从句产生复合词,如 quilibet、quamvis,由框型句产生复合词,如 weißgott、scilicet、je ne sais quoi,也可通过隐喻使句子成为复合词,如德语 Fürchtegott、Geradewohl、Vergißmeinnicht、Gottseibeiuns、拉丁语 vademecum,极少数情况下复合词就是"一个真正的句子,并且保持句子的独立性"。(保罗,1909:327)我们在5.3.5论及句子与复合词的区别,可以说明上述情况较为少见。

对这种"类型"二分法,一元论学者们一方面含糊其辞,另一方面又宣称除了句子之外再无词的起源,句子乃万物之母。但是,如果复合词和句子包含着相同的手段和相同的含义,为什么满世界到处可见分隔线呢?德语 Ein 'Schuhmacher' 'macht Schuh'(一个鞋匠做鞋),其中,第一个结构 Schuhmacher 与第二个结构 macht Schuh 一样,都含有 Schuh 这个称谓词的第四格。从保罗所列举的前15种类型中可知其余所有句子的组织应该是一件轻松的事情，而这正是新派学者们所坚持的出发点。

因何以及为何一种目的却有两种表现形式？巧妙的回答是：复合词的历史非常悠久。相比之下，我们用分析的方法研究句子的历史则较短。（人们进一步推测）复合词研究可能曾经独占语言学舞台，随着分析法的使用，复合被纳入新的研究之中，从而在新居之中获得了原有的位子。因为分析法操作简便，足以应对场景辅助手段和话语常规出现的各种情况。可想而知，复合这种简便的构词手段在新的组织中得以保留。仔细观察可见，这一古老的方法并非在所有形式和所有印度日耳曼语言中同样活跃，而是很早就在某些方面出现简化，尤其是现代语言，例如，Hausschlüssel（家门钥匙）是纯粹的名词复合，这类构词在德语中十分活跃，但在英语和罗曼语言中却非常少见。根据德尔布吕克（参看《语法》1900，W. 施密特在其比较研究中也多有引用）的总结，名词复合在"古印地语不常见，在希腊语和拉丁语以及斯拉夫语言中也不多见"，相反，与现代德语一样，哥特语和立陶宛语广泛使用名词复合。

5.7.3 前置与后置

应该将我们所描述的印度日耳曼语言比较研究与 W. 施密特在更大范围开展的普通语言比较相结合。面对显著的语言现象，那些普遍性研究目标非常明确，始终将邻接和单向以及属格的功能视为主要问题，置于比较句法学的核心。另外，施密特在大量令人难忘的材料的基础上，运用文化圈理论（Kulturkreistheorie）分析限定成分前置和后置两种现象[①]。

[①] 参看 W. 施密特《世界诸语系和语族》(1926)，尤其是第二部分。

如果我把德语词 Kuhhorn 顺序颠倒为 Hornkuh，就可以清楚地说明纯粹名词复合词中复合成分的顺序对于复合词的构成多么重要，其他许多例子，例如 Rassenpferd 和 Herzenskind 等，其顺序也可以类似颠倒，都进一步说明了一条严格的规律：德语名词复合词的第一个成分是"限定性的"，第二个成分是"被限定的"。这一条德语规律并非适用于所有语言，但可能具备普遍性的是，顺序非常重要，而且，复合成分之间的语义区别普遍存在，只是在另一组语言中与相反的复合顺序相关。

相比较之下，印度日耳曼语言动词复合词的基本规律是，可分构词允许顺序颠倒，且不会导致语义的变化，例如德语可分复合词 wahrnehmen（感知）可以顺序颠倒为 ich nehme wahr，含义不变。有时，这种顺序颠倒与其他顺序变化一起形成"倒装"，具有句法意义，但（据我所知）不会影响诸成分象征值的组合。纯粹的动词性不可分复合词根本上不允许顺序颠倒，再加上其他原因，使得动词复合词所涉及的问题完全不同。我们还是先集中讨论名词复合词。

施密特作为文化圈理论学者对相关现象进行了研究。特定复合成分的前置或者后置顺序与文化以及文化圈有什么关系呢？施密特发现，顺序与其他场域因素存在相互关系，主要包括前缀用法和后缀用法，以及前置词和后置词的使用，所以，他在整个结构比较分析中将顺序因素视为某种指南。基于这种相互关系，形成了一个枝叶繁茂、极具语言理论意义的理论大厦，并且需要体验心理学的基础支持。施密特认为，语言使用前置顺序或者后置顺序，其中必有某种或多种民族心理学的理据，引发人们广泛的思考。在我看来，该理据是施密特理论大厦拱顶的冠石，是连接语言结构与文化类型的纽带。

为了简单地还原这一切，语言理论学家最好以施密特关于上述理据的思想为出发点，也就是将最后的问题首先讨论。通过比较人们认识到，诸如 Hausvater 或者 Akropolis 等复合词中的限定性成分前置都是原始形式。施密特认同这一观点。我下面引用他的观点及其论证：

"在所有语言中，属格前置是原始的顺序，这体现出某种心理学必然性：在概念构成中，属格说明具体差异性，指涉至此未知的、新的对象，从已知旧概念，即种属，可以产生一种新的物种，需要引起注意，因此也需要先于'支配性'主格名词被说出。主格名词说明已知的种属。"（施密特，1926：488）

从这段话大概可以看出，施密特所讨论的是"属格"问题，当然只是语序意义上的属格。因为，属格一旦在一种语言中涉及音位特点，就会在不同程度上独立于语序。如同在大多数印度日耳曼语言中一样，在德语中经常有诸如 des Vaters Haus 或者 das Haus des Vaters（父亲的房子）之类的结构并行，只有罗曼语言的情况比较特殊（有一点英语也是如此），施密特就此专门提出一种假设，特殊处理。

施密特简明扼要地界定了这种语序属格的功能，认为其功能就是体现具体事物与类名概念的关系。很快，他发现了一种心理学"规律"：具体事物的差异性需要前置！因为它指涉的是新的对象。问题是，如果"魔鬼辩护人"①对远见卓识的比较语言学家施密特上述假设的每一个步骤都提出质疑，该怎样办呢？

这应该不成问题。首先，现代思维心理学知道，在人的思维过程中，整体与其每一个部分的关系与上下概念的关系一样也非常重要和常见，同时，语言学对自己所关注的"部分属格"（genitvus partitivus）理解深刻。这无异于提出一个问题：施密特的分析是否也适用于"整体—部分"结构的复合词？我们不妨分析一下 Baumstumpf（树墩子）之类的例子，先将之视为概念性的复合词，再视其为可直观切分的复合词。Stumpf（残留＝树墩）在概念上说明类型，直观地看并非整体，而是部分。是否可以简单地将概念归属和直观复合在心理学上完全等同视之？我们拭目以待。

就 Baumstumpf 而言，在一个话语场景中什么是新的、引人注意的？是 Stumpf 还是 Baum？质疑者要么耸耸肩，回答"不知道"（non liquet），要么高谈阔论，写出一篇关于"统觉"或者"注意力"的论文，高调提出一个毫无新意的结论。而我们所关注的是根据具体情况，例如陌生城市里的乡下人和熟悉村庄里的陌生人，时而聚焦已知的、熟悉的对象，时而聚焦未知的、新的对象。

最终的问题是，语言表达中以某种方式突出的成分难道真的占据首位吗？肯定不是，相反，"好戏在后头"不仅仅是生活和谚语中的一条规律，而且也适用于语序的安排。在一个词语

---

① 欧洲中古有一种"魔鬼辩护人"（advocatus diaboli），对有人在殿堂之上提出的神学观点提出反驳，以考验所提观点的合理性。——译者

序列中，突出的不仅仅可以占首位，而且也可以占末位，类似情况也可见于所有可比的领域。在格律诗中（仅举一例），扬抑格和抑扬格并存，同时，扬抑抑格和抑抑扬格并存（较为少见）。另外还有一个关键问题是，谁人不知最后那个词的分量呢？

当然，施密特理论中的理据问题肯定不会如此简单。我的建议是，先不急于从这种或那种相对"简单的"体验心理学规律去理解和解释问题，那不可行，因为言语交际情境的内部和外部环境非常复杂和多变，不可能只遵循一条规律。更为重要的是要认识到，说出一个二词结构压根就不可能是对某个事先的印象结构的直接反映，因为，表达性和描述性语言的心理生理系统与印象的关系不是简单的镜像反映或者共鸣回应。施密特通过语言比较提出"首位优先论"值得注意。对此，我无从判断。果真如此，则非常值得语言理论和语言心理学深思。但它们要敢于走弯路。假设问题至少在印度日耳曼语言已然清楚，那么，人们可将印度日耳曼语言比较研究所获得的认识运用于对Akropolis之类的古老构词的研讨，说明这种组合起初应该是句子还是别的什么。

这是一个非常重要的问题，因为在我们自己的语感中，这种德语组合规律只适用于真正的定语组合，而不适用于谓语组合。施密特强调指出，在德语母语者的语感中，名词复合词十分活跃，并且绝不能顺序颠倒，如Vaterhaus不能颠倒为Hausvater，否则意义就会变化。他是正确的。我们继续顺从我们的语感，弄明白还有什么是肯定无疑。这涉及两个问题，第一，印欧语系历来就有纯粹的名词性句子，现代德语中也经常出现，我这里比较列举两个众所周知的例子：Ehestand Wehestand（婚姻即痛苦）和 Lumpenhunde die Reiter（骑士乃无赖）。在两个例子中，都是一个成分为逻辑主语 S，另一个成分为逻辑谓语 P。问题是，这样的功能区分是否取决于顺序？回答是否定的，因为 Lumpenhunde 是 P，位于首位，Wehestand 是 P，位于第二位。我们可以将顺序颠倒为 Wehestand der Ehestand，这时，重音落于 P，同时在现代德语中需要加入一个冠词。无论如何，这里我们可以轻松完成的事情，对于 Vaterhaus 之类的复合词却是不可能的。如果要说明这样的组合中 P 经常位于何处，则第二个位置可能具有优先性。第二，根据现代语感进行观察可知，名词性复合形式历史较短，有的包含属格符号的音位形式，并且有违语序规律，因为，Vaters Haus 和 das Haus des Vaters 这两种新的组合都是可行的，而且简单地说，意义也相同。

上述两个例子说明，要认真回答施密特关于顺序的问题，针对任何语言都不能回避一个问题：除了纯粹的语序属格之外是否还有具备音位特征的属格形式？如何利用语序因素来区分 S 和 P？施密特准确而清晰地将顺序因素与音位特征相比较，同时对冯特等人提出批评，强调顺序因素历史成因的优先性。施密特注意到，无词缀标记的属格前置或者后置规则性地与语言结构的其他选择相吻合：

"看来，问题曾经有可能只针对一个对象，即无词缀属格相对于其所限定的主格的位置。之所以说'看来'，是因为实际上句子构成的一系列基本因素与该对象存在

必然的心理联系,受其影响,因其而得到基本确定。"(施密特,1926:381)

这是一种非常简单而重要的相互关系,对此,普通语言比较研究能够给予清楚的说明,施密特早在1903年就有类似如下表述:

"无词缀属格如果位于其所限定的名词之前,该语言就是一种后缀语言,可能也存在后置词;如果属格后置,则是一种前缀语言,可能也存在前置词。"(施密特,1926:382)我们从自己的视角补充如下:从记忆的角度看,这一规律非常容易实现,只要在无词尾(无属格标记)的词末附上那些补充成分即可。

至于例外现象,施密特认为那是过渡现象。他强调指出,人们虽然未像冯特那样基本承认上述相互关系,但却无视或者否认属格语序的优先性。他坚持认为属格语序应该具有"历史主导性"。这对于普通语言理论而言意味着,顺序因素是语言的原始组合手段。对此,研究儿童语言发展的专家无论从理论上还是实证分析上都无法反驳。因为,在儿童语言习得中,语序同样也是首先被接受并被用于句法目的,当然晚于(更为古老的)音调区分手段。人们会看到施密特在此一点的观点是正确的,而语言理论在这里的作为,根本算不上什么颠覆,充其量是对施密特理论的进一步发展,是沿着正确的方向所做的进一步思考。这里涉及两个问题。第一个问题非常朴素:音位特征在施密特看来出现较晚,但究竟该做何分析呢?第二个问题涉及较为广泛:外在手段更为丰富多彩,它们的功能是否因此也大为丰富?我们认为如此,坚信其功能在于谓语综合和定语综合的分野。我们此论权且是对这一古老的语法区别的辩护。

5.7.4 定语组合与谓语组合之别

语言学从复合词和词组正确地认识到谓语性句子功能与定语性结构之分,已经有大约两千年的历史。我坚决支持的观点是,实际上复合词中从来就只有定语性组合,即使在所谓的"词组"中亦然如此,否则就有违其概念定义。复合词派生于句子结构,这与我所见并不矛盾。同样,人们经常看到语言艺术实践中将复合词、形容词、副词等用于陈述对象,亦与我的观点不相矛盾。因为,人们也可以用夹钳钉钉子,用铁锤拔钉子,虽然如此,铁锤用于敲击、夹钳用于拔钉子仍然是一条正确而重要的原则。复合词和词组在语言(la langue)层面充当定语性组合,尽管在言语(la parole)层面也可以充当谓语性组合。同时,只要作为复杂词独立发挥功能,复合词的起源就在于句子。依我之见,这正是赫尔曼·保罗反对"分析论者"冯特和布鲁格曼所持的观点。他认为复合词属于词,而谓语属于句子。在这一点,托布勒与保罗所见完全相同。

施密特的分析所针对的基本是作为历史产物的复合词,这便产生了一个疑问:是否现今已知的一切人类语言都曾经有过词汇复合。如施密特所述,属格元素普遍存在,只不过(一般地说)还算不上真正的属格,而是一些用印欧语法范畴无法描写的、基本上不明确的成分。因为,这里也适用那条常见的规律:一种语言构成手段只有在与其他不同手段的对立中才能获得某种显著的特点。谓语性组合的特点存在于与定语性组合的区别。如果这种显著特点在某种具体语言中尚不存在,仍然不确定具体现象是复合词还是句子,那么,分析者就需要一个新的概念,可以是自己创造的一个新概念。但是,将一种现象界定为属格需得到证明,必须回答一个问题:相关现象是否属于施密特按照常见方式界定的属格宾语,是否类似于他所分析的现象,或者相反属于名词性属格?拉丁语某些被遗忘的结构(oblivisci alicuius)及其在希腊语、梵语等语言中大量存在的类似结构,根本不能与定语性属格相提并论,因此也不能与名词复合词等同视之。认为它们等同的观点缺乏合理性。只有名词性属格,亦即由名词支配的属格可与施密特重点研究的文明语言中的"无词缀"序列结构等同视之。在这些语言中,无词缀序列只有在定语性组合范围内几乎可以自由地相互转换和替换。

在"唯历史论"阶段,我们人文科学犯了许多众所周知的错误,其中之一就是过分标榜连续性,忽略了结构变化所带来的问题。在一种先进的语言中观察纯粹的句子序列和定语序列,会发现某种功能的变化,原本的句子因素变成了词汇因素。这一认识的意义我们在原理D(语言二级系统原理)中给予了阐述。我们前面深入探讨了施密特的思想(为他理论建设的勇气深深折服),提出了自己的理论见解。需要指出的是,他从另一个关键问题,即通过对前缀和后缀的准确定义,与我们殊途同归。他定义道:

"在真正、形式意义上,前缀和后缀只能是形式,它

们本身已经不具备任何实质含义,其功能仅仅在于表达诸词之间形式的、语法的关系。"(施密特,1926:387)

我认为,这个定义视角敏锐,表述准确。在词的研究中,我们追求概念定义同样的准确性,因此,无论问题多么复杂,都始终将形式化的词与复合词严格区分。凡是由两个象征值组合为一个复杂的象征值,就是复合词。我们的标准与施密特"实质含义"的内涵完全相同。

5.7.5　名词复合词与动词复合词之别

名词复合词中限定性成分前置为什么是规律,是所谓的自然态?对于一个心理学家而言,施密特这个看似简单的问题不作回答十分难堪。最起码,我们应该提及冯特通过聋哑人、西斯廷僧侣等对所谓肢体语言的句法所做的研究。他告诉我们后置在那里同样常见。我们对此完全理解,因为肢体语言的象征符号同样非常直观,其基本组合同样借助于直观辅助手段得以实现,例如在表达 blinder Mann(盲眼的男人)这一组合时,"男人"这个事物性象征符号也可以先行,然后辅之以定语象征符号"失明的",这非常自然。相比之下,有声语言要想遵循同样的规律,就必须具备不同于我们所认识的机制,就必须拥有一个模仿场,并且以复合的方式使用之。因此,肢体语言有时不遵循后置优先原则,如同有声语言摒弃模仿法一样。但这并非意味着前置就是自然态。我所做相关研究的结果没有直接证明前置原则,这也许要求我们更深入地研究语言复合的思维心理学过程,或者重新请教于语言历史学家。

德语的情形很突出，重音原本将动词复合词与名词复合词区分开来，"动词复合词的重音位于第二个成分，名词复合词的重音位于第一个成分"。（保罗，1909：247）果真如此，则动词性组合无论如何后来变得较为自由，而且重音体现出差异性，例如 dúrchschauen 与 durchscháuen、únterstehen 与 unterstéhen、úberlegen 与 überlégen 等，而名词复合词没有类似的现象。我们没有专门讨论动词复合词的特点，这里也想像施密特那样集中讨论名词复合词。但是，重音本身就可以体现诸如 dúrchbrechen 与 durchbréchen 之类构词之间的语义差别（经常也体现句法差别）。这个简单的事实就必然提出一个问题，德语名词复合词的重音是否与"前置"这一语序因素一样重要？

施密特对复合词的阐述基于可靠的语感，这很合理。人们不妨在心里默默调换 Vaterhaus – Hausvater 或者 Kuhhorn – Hornkuh 等名词性组合的顺序，变换它们的重音。这里忽略复合词之前的冠词。其结果起码告诉我们，上述变换触及复合词的神经，重音调换触及"语感"。的确，在特殊情况下，重音甚至比语序前置更为重要，例如，我们并行使用 das Billroth-Haus 和 das Haus Billroth，其间存在细小的含义差别，但并非 Hausvater 和 Vaterhaus 之间根本性的含义差别，因此，至少在德语中仅仅"前置"这个特征不能充分描写相关的特点，而必须以某种方式兼顾日耳曼语言的重音规律，这样，我们就会立即看到非常重要的现象。

现在，我们再比较一下形式化的词 Hauses 和复合词 Haustor 的重音。在 Hauses 中，象征性成分（词干音节）是重音所在，而场域成分则不重读；在 Haustor 中有两个象征性成分，哪个会被重读呢？在许多情况下，第二个成分就像是一个结构的重力腿，而第一个成分则是非重力腿。因为，一个 Haustor 不是 Haus，而只是一个 Tor，一只 Kuhhorn 不是 Kuh，而只是一只 Horn，一个 Tagedieb 不是 Tag，而是 Dieb。这就是这种结构的句法分析。Kuhhorn 的属格形式是 des Kuhhornes，但是，重音载体不是结构的重力腿，而是非重力腿。这样，名词复合词的情形得以充分和清楚的描写。

我们再重申一下，在语法上起支配作用的是结构中非重读的重力腿，因为，由不同词类衍生出新的构词，这时，是此成分（重力腿）赋予整个构词词类特征，决定整个复合词的语法词性，并进而决定相关场域符号的词性区别。那么，承载重音的非重力腿有何功能呢？形象地说，这根本上（程度不同）涉及象征值的细微变化。在这个问题上，逻辑学家可能需要重新定义定语关系的概念，以突显与谓语关系的区别。人们不妨再比较一下 und 的各种功能。und 是德语连词，连接句子；在复杂数词中，und 就像并列复合词一样，将两个成分连接起来，由此构成一个集合名词（各个成分的独立性不同程度得以保持）。und 还可以将多个特征汇聚起来，其所辖不超出被象征指涉的对象，而是将其定义性或者解释性特征汇聚起来，例如 die verlorenen und nicht wiedergefundenen Handschriften（那些丢失和未重新找到的手抄本），der elegante und leichtsinnige Alkibiadis（摩登和轻率的亚西比德）。同样，一个名词复合词的限定性成分的所辖也不会超出重力腿的称谓功能，不会进入句子领域，而是只涉及定义或解释性概念意义，属于概念意义的"内部事务"（家事）。Taceat mulier in ecclesia（女人在教堂没有发言权）：在句子构成上，真正的定语性语言手段都没有发言权。

以这一认识为出发点，则针对动词复合词所提出的问题有所不同，目的不是验证所获得的认识，而是说明动词性结构是否可以与名词性结构相提并论？回答是否定的，因为，无论复合动词是不可分结构还是可分结构，都不能影响句子构成。严格的不可分复合词原本典型地以动词性成分为重音（根据保罗所说），诸如überstéhen、überlégen、übersétzen、unterstéhen等德语词，经常附带有某种形象引申的意义，往往摆脱了简单词所具有的行为特性，例如我们用德语说 eine Krankheit überstehen（战胜疾病）。同样，可分复合词具有较大的自由度，因为，将构词 dúrchbrechen 与简单词 brechen 或者严格的不可分复合词 durchbréchen 相比较，结果都是一样的，即重音所在部分 durch 的意义不仅仅在于体现动词概念内容的细微差异性，以 dúrchbrechen 为核心的句子还经常带有方位成分，所 brechen（弄断）的并非 etwas（某物），而是 durch etwas（穿过某物），不过，的确也存在 er bricht eine Wand durch（他穿过一面墙）、er bricht einen Zweig ab（他弄断一条枝）、er bricht ein Hufeisen entzwei（他把马掌一折为二）等说法。有些结构与 in Scherben brechen（弄成碎片）、in die Flucht schlagen（打跑）等语法结构没有严格界线，很难被称为复合词。这样的复合有时遵循定语关系的模式。更有甚者，德语 zielfahren、wettfahren 等不定式已经在某种程度上跨入名词范畴，根本不再有可分用法，而只能以不定式或者分词形式出现，亦即在语法功能上倾向于名词。

这是对印度日耳曼语言非常复杂的动词复合词仔细观察

的结论，虽然只是初步的，十分粗糙，但却是站得住脚的，因此可以断定，相比较动词性结构，名词复合词的问题要简单得多，二者必须严格区分。动词性结构不仅仅要体现整个结构重力腿含义的细微差异，而且是句子构成的决定性因素。布鲁格曼对可分复合词这一概念提出辩护，并且感受到进行辩护的紧迫性。这绝非偶然，因为，新派学者们的理论最适用于可分复合词。他们可能也考虑到了动词性不可分复合词，但绝不会考虑到名词性不可分复合词的问题。在这方面，托布勒早在1868年（《语言民族性视域下论复合词的心理学意义》）就指明了问题的方向，提出了关键性观点，认为只有屈折型语言有（明显的）复合词，因为复合词总是在屈折的基础上才会出现。（托布勒，1868：5）这里，屈折贯穿于一切语言材料，并使之形式化。托布勒认为，人们可以用"音位变化"这一普遍性说明替代"屈折"，例如纯粹的定语性名词复合词——此论至少迄今无可辩驳。显然，这与W.施密特关于语序因素优先性的观点相契合。因为，如我们所见，施密特对历史上早于音位变化的语序因素的影响语焉不详，未说明语序与其他因素的关系。另外，托布勒的观点与"Akropolis之类的组合早于屈折"的观点并不矛盾，因为，那种较为古老的结构原本不应该是明显的复合词，亦即是纯粹定语性复合词。

　　以上论述了名词复合词与动词复合词的区别，还有待完善，还应该涵盖由指示符号和称谓符号组成的词，但那有赖于系统的复合词理论。我们在3.5.2罗列了其中的某些内容，但是，那些组合主要涉及的应该是屈折动词，其中的人称词尾属于角色指示符号。

5.7.6 音调变化和音位变化对语序的影响

针对施密特所提出的问题，我们上文提出了一个认识，不无意义，即语序因素会影响重音和音位。我们上述（4.3.3）纯粹现象学分析得出了复合手段三分的观点，对此，我们坚信不疑。施密特所提出的相互关系原则（参看上述5.7.3末尾）颇具启发性，其中无疑蕴含着语序因素与音位因素的相互影响。语序因素与音调变化的关系应该在普遍性比较研究的广泛领域予以系统检验，这很重要。关于罗曼语言著名的后置语序，施密特说明如下：

> "罗曼语言摒弃了古老的、结构复杂的属格前置，越来越倾向于'分析型'属格后置。"（施密特，1926：491）

施密特非常重视这一现象，因为，果如有人所言，罗曼语言后置的根由是语言内部的，则他针对前置和后置现象所做文化圈阐释的一个基本支柱就要受到动摇。施密特通过普遍性比较研究说明，语序变化起因于外，亦即根源于语言混合。他认为，语序的意义深深地植根于语感之中，因此，

> "从心理学看，不可能出现突如其来的变化。诸如Haus-Vater之类的组合如果顺序颠倒为Vater-Haus，其意义会立即发生根本性变化。属格与语感的关系非常紧密，所以，根本没有办法将属格拆解出来或者改变属格的位置。正如我们所见，实际上内在原因同样也从来没有导致突

变。"（施密特，1926：495）

那么，意大利语怎么会有 capo stazione（火车站站长）这样的结构呢？法语为什么有 timbre poste（邮票）？罗曼语言为什么普遍喜欢（定语）词组中形容词后置？施密特不无道理地指出语感的巨大影响，而且希望引起心理学的注意。我也想就此说上几句。只要投入音位手段，语感就会发生根本改变。西塞罗或者贺拉斯怎么会反对"属格"位置的变换？在格的问题上，拉丁语完全属于后缀语言（根据施密特所提出的普遍规律），语序因素失去了句法功能，且其程度没有任何一种语言可及，因为，后缀的一致性已经非常清楚地标明了形容词对名词的依附关系，结果就连词组中的语序也基本上是自由的。在拉丁语中，限定性成分作为定语而被前置只能出现于相对少见的名词复合词，对此，拉丁语使用者的语感与我们的语感同样肯定可靠。在历史发展中，罗曼语言的后缀区别标记趋于消失，要求重新审视词组中语序的句法功能，这可能也要求重新审视词组中定语的语序。果真如此，无论施密特还是其他任何人的语言理论都不可能提供建设性预判。针对词组中的后置语序，相关历史过程可能导致一种新的"语感"，对此，似乎可以从心理学将名词复合词一并纳入研究。它们数量上也处于次要地位。① 在我看来，以上就是心理学对后置问题的全部思考。

---

① 埃特迈尔《分析句法》详细论述了法语定语语序的历史发展，读者请特别注意 634 页所述之规律以及 642 及以下诸页对德·特鲁亚（Chrestien de Troyes）的量化说明。我们下节有关于颜色定语的例子。在法语中，颜色定语始终后置（埃特迈尔：644）。

与此相关，人们不能忘记重音的问题。它清楚地告诉我们，在诸如 timbre poste 之类的复合中，重音始终落在限定性成分之上。比较 Montblánc 和 Wéißhorn，我们发现，相对于名词复合词的德语语感与法语语感差异很小（完全符合施密特所述）。这时，问题只有一个：这与施密特关于前置语言和后置语言类型的其他问题是什么关系？是否有的语言的重音在复合结构的重力腿上？如果有，那可就是非常极端的反例；如果没有，则非重力腿重音就是名词性复合的一条普遍规律，存在于一切语言，区别只在于语序。

5.7.7 复合词的概念特征

经过专家们对人类语言的长期研究，语言理论终于可以回归自己的本分，并且能够理直气壮地对布鲁格曼等人提出批评，提出一个很平常的观点，即复合词真的就是复合词，也就是说，是一个组合而成的象征词（名词复合词最为纯粹）。布鲁格曼不满于"复合词"这一陈旧的称谓，建议用"词汇协同"或者"协同词"取而代之。

> "长期以来，我们在语法术语中使用了很多不适当和令人迷惑的东西……而且还将使用数百年之久，因此，一时半会也摆脱不掉'复合词'这个术语。"（布鲁格曼，1900：400）

我认为，如有必要，"组合象征词"非常贴切事实。其实那个旧的称谓也非常合适。无论如何，名词复合词即使作为"协同词"也是一个词,我们可以从中验证词概念的所有特征。首先,它有自己的语音形象,其重音规律至今只有部分得到科学界定。有时,组合象征词也体现出音位变化,例如保罗列表中的 erláuben – Urlaub 和 ertéilen – Urteil。第二,复合词具有场域能力,属于某一词类。在句子场域中,复合象征词与简单词基本一样。在句子中,所有句法痕迹就像被吞噬一样,但借助具体场域标记则"语法适用性"可得证明,句法标记也就清晰可辨。语言本身验证了布鲁格曼的观点,因此,复合词带有新的场域标记,而且,"无论相关复合类型曾经出现于史前或者其他历史时期",也无论曾经的场域标记现在还存留多少。无论是 Akropolis 还是 Mannsbild(小子,家伙),属格在复合词中都清晰可见,就像在简单词中一样,例如 ἀκροπόλεως 和 des Mannsbildes。这里,梅耶关于词这个概念的第二个条件得到验证。

我们讨论的是一种多单元结构,其中,不可分复合词与可分复合词的语音和音位特点稍有不同。这很正常,也容易理解。布鲁格曼坚持内因决定论,反对保罗和维尔曼斯的外在决定论。前者纠正后者道:你们指出,不可分复合词所遵循的重音规律不适用于可分复合词,这完全正确;你们从该事实得出结论:在拉丁语中,supplico vos(我请求您)表示 sub vos plico,但简单的句法结构 sub vos placo 不表示 sub vos plico。(布鲁格曼,1900:394)。另外,不可分复合词在语言历史上经常陷入孤立,而可分复合词则很少如此。比较德语 wahrnehmen 或者 durchbleuen(中古高地德语简单词 bliuwen "打击",已经消失)。这也完全正确。只不过,你们所言之特点不够全面。在实际运用中,可分复合词的成分外在可见,其根源不在于同样的构词手段,而在于其他手段,例如声调手段。

如此词汇组合也总是体现于语音,其中蕴含着符号学特征,因为,句法因素在其中未受排斥,没有消失。例如,用一个主动动词与一个名词构成一个复合词,这时,名词可能是宾格,例如在 Schuhmacher 中,或者可能是主格,例如在 Meistersinger 中。Gesundbeter 和 Hellseher 等体现出另一种动词补足语。Weihgabe 和 Leihgabe 说明,虽然第二个成分为名词形式,动词词根还是可以以不同方式保持其支配性,等等,这些都是非常重要的现象,极具启发性。对此,作为语言理论学家,我们只能一带而过,无法亲力亲为逐一深入系统研究。但是,任何系统性研究最终都需要补充一条原理:复合词的许多问题只是被简单提及,还需要从语义方面给予细化,例如我们一再论及的 Backofen、Bachstein、Backobst 等系列。过去,有人将从德语获得的语言学思想套用于英语,但经常出现尴尬,因为在德语中只需暗示的关系,在英语却需要详细说明。根据我的经验,这些在德语是常见的复合词,在英语则无异于空白支票,有待兑现,需要说明。

上述再次说明,句子组合的手段几乎都出现在德语复合词中,这是一个不争的事实。只不过,与此紧密相连的还有另一个事实:复合词的构成是词汇范畴,而句子则是复合词出现的场域,二者之间存在严格而原则性场域之别。仔细分析 Schuhmacher、Gesundbeter 或者 Tagdieb 等,就会发现 Schuh 等成分所体现的宾格与句子场域中的格毫无关系,因为,复合词也可以拥有一个属格成分。正是对场域之别的这一认识促使赫尔曼·雅各比（Hermann Jacobi）在其精心打磨的著作《复合词与从句——印度日耳曼语言发展研究》（1897）中将复合词与从句相比较。复合词与从句关系密切，但是区别明显，从句并非具备纯粹复合词那样的场域能力，例如不能像Akropolis和Mannsbild那样，整体带有标记格的语素。我不否认在复合词王国存在诸多过渡性现象。赫尔曼·保罗列表的后四组，也就是那种"句子复合词"，不具备场域能力，而永远只能像漂砾①或者呼格和感叹词一样存在于句子场域中。同样，绝大部分语言的支配性与依附性句子之间都存在奇特的场域叠加，只不过，如果因为有时会出现奇特的过渡性现象就否认二者之间的场域之别，许多语言理论方面的认识就难以获得。人类话语中存在功能非常强大的"铰链"，在场域断层时自发生成于诸从句之间。相比较之下，场域断层对于复合词和句子的意义本质不同。对此，本书最后将详细阐述。

5.8 语言隐喻

5.8.1 隐喻研究的符号学核心

在德国黑森林有一种树，被称之为Hölzlekönig（国王树），不远处还有一种树，被称为Hölzlekönigin（女王树）。"国王"和"女王"是远近闻名的最美的树种，而且是名副其实的巨

---

① 漂砾是被冰川带到各处的石块，常常用作识别冰川活动的标记。——译者

型树种。我们要研究构成这种复合词的发音，进而对语言隐喻进行一般性论述。一旦注意到被称为隐喻的语言现象，就会觉得，人类话语由隐喻构成，一如黑森林由树木构成。诸如 Fingerhut、Handschuh、Tischbein 之类的复合词都是隐喻。面对一对夫妇，我说，"他是一头大象，她是一只小鹿"，其中所呈现的是同样的隐喻概念。还有那些形象隐喻，例如"helle, scharfe Töne"（或者 dunkle, weiche Töne），Tonfarbe, Farbenton, süße Freude, bitteres Leid, kalter Mord, düstere Pläne, 等等，以及那些为雄辩家、诗人和哲学家所喜爱的大胆而精选的形象表达。古典雄辩术蕴藏着丰富的例子，被汇编应用于教学目的。依我之见，这无助于语言理论。现代学者经常陷入相关的体验心理学问题而不能自拔。[①] 于我而言，一种构思合理的隐喻理论的核心是符号学，而且必然与"和"字组合和复合词紧密相关，因为，每一种语言复合都包含着不同程度的隐喻性，而隐喻性并非特殊的语言现象。

5.8.2 隐喻心理学

诸如 der greise Wald 之类简单的语言组合被施特林（Wilhelm

---

① 亚里士多德的定义和解释（《诗学》21章）是正确的，无懈可击："用一个表示某物的词借喻它物，这个词便成了隐喻词，其应用范围包括以属喻种、以种喻属、以种喻种和彼此类推。""所谓'类推'，指的是这种情况：当b对a的关系等于d对c的关系时，诗人可用d代替b，或用b代替d。有时，诗人还在隐喻中加入和被隐喻词所替代的那个词相关的内容。"（这里借用了陈中梅译注的《诗学》译文，商务印书馆，1999——译者）。根据亚里士多德的观点，隐喻严格意义上就是类推。可见，这一客观分析缺乏检验的其他视角，而现代研究也大多忽视对语言的客观分析。

Stählin）等心理学专家视为隐喻。① 被试者称，其中的修饰词使他们想到特定的特性，例如树木的皮或者杂乱地耷拉下来的地衣，并且体现出两个意义域（例如"人"和"树"）之间某种特殊的重合和交融。ein verwitterter Greis（一位风化的老人）之类的结构体现出老年人相貌沧桑与经验丰富等方面相似的特性，只是这里是一个人的自然（应该还有内心）表现，而且似乎这些特性是从"破旧的建筑"和"岩石"等义域借取的。隐喻这个术语发端于古希腊哲人，最初用于冗长的诗歌比喻和修辞比喻。施特林的体验心理学研究表明，隐喻也适用于体验心理学分析，而且十分中肯。在人们的经验中，经常（即使我们刻意选择的简单的例子）可见一种二元义域，就像从一个义域到另一个义域的跳转。复合大量出现，几成熟语，以至于人们已经感受不到义域的跳转。

我们这里所为既不是文体学也不是体验心理学，而是语言理论学家的思考：隐喻表达和技巧在描述性语言中广泛传播具有怎样的特点？这样一种义域混合（Sphärenmischung）难道不是一种特殊的鸡尾酒调制吗？另外，这一切又是什么目的呢？语义演变的事实引发语言历史学家对隐喻现象的思考。人们发现，原本非常隐喻性的内容随着语言历史的进程而逐渐模糊不清。让·保罗（Jean Paul）是浪漫派诗人，运用了大量的模糊隐喻语言。但是，赫尔曼·保罗则是朴素的语言学家，对语言历史中的隐喻现象的论述更具启发性：

---

① 参看施特林《隐喻的心理学和统计学研究》（1914）。针对下文请参看史泰辛格（Othmar Sterzinger）《诗学形象美与丑的根源》（1913）。

"人有许多复杂的想象没有现成而适当的称谓,对此,隐喻是最为重要的创造性手段之一。但是,隐喻的使用并非局限于这种外在的必要性,也适用于已经存在称谓的情况,经常出于内在需要而优先使用隐喻性表达,因为,隐喻根源于人的天性,具有必然性,并且不仅仅适用于诗歌语言,更主要被用于大众日常语言,以满足人们形象化和直白化表达的偏好。即使在这种情况下,许多东西具有普遍性,只不过不像适当称谓缺位时那样显而易见。

隐喻具有自然而大众化的特点,一般情况下,隐喻表达的创造理所当然源自于人们最为强烈的心理想象过程。如此,远离理解和兴趣的东西通过身边的东西而变得直观和熟悉,因此,对隐喻性表达的选择体现出个体兴趣的差异性,而一种语言中普遍化隐喻整体上呈现出相关民族强烈兴趣的记忆。

要想全面论述隐喻所有可能的类型,几乎可望而不可即,我只能就一些特别常见的现象予以简单论述。"(保罗,1909:94 及下页)

综上所述,保罗认为,当词汇不能满足需要,隐喻是补救表达缺位的辅助手段,同时也是直白表达的一种手段。陌生的通过熟悉的、远离兴趣的通过接近兴趣的得以确定,此乃规律,因此,语言历史学家从隐喻获得相关的历史标记。对于这里论及的非常重要的关键词,每一位语言历史学家应该都能够从自己的研究领域举出大量适当的例子来证明。保罗自己就从德语大量举证(保罗,1909:95 及以下诸页)。但是,我认为需要补充一点，即隐喻"必然地根源于人类天性的需要"。只不过感觉还很模糊，很不确定。如果能够将这样的根源与补救表达缺位和满足直白表达之需严格而合理的相互关系起来，进而发现它们与有声语言象征性基本事实之间的背景联系，那肯定会更令人满意。接下来的问题是，相比较"和"字结构和常规的复合词，隐喻的义域混合有什么特殊功能？

除了语言之外，还有许多描写手段，与隐喻这种语言跨域方法存在不同程度的相似性。例如，弗朗西斯·高尔顿（Francis Galton）[①]给许多人在相同的位置依次拍照，以便通过不同效果的照相技术，发现某种心理物理机制和类型成像这种描述技巧的内涵。更能说明问题的还有著名的对双眼的视力实验，即同一个东西在两个视网膜成像，在正常条件下其实只被一次看到。仔细检测细小的成像差异（图像的侧面差异）发现，双眼所见与各用一只眼所见一样，为一次成像，但更为生动。[②]对于我们的比较而言，有一点更为重要，即一切真正不同的东西不适用于双目镜合成，因为它们本来无法合成。高尔顿图像实验说明模糊轮廓的存在，但双目镜图像则不然，同样，被隐喻描述的东西也不然。

我要强调上述最后一点，同时，为了增加趣味，引用两个由儿童说出的隐喻：die Suppe hat den Schnupfen（汤流鼻涕）和 der Schmetterling strickt Strümpfe（蝴蝶织袜子）。前者是餐盘里

---

① 弗朗西斯·高尔顿（1822—1911），英国科学家。——译者
② 根据阿赫（Narziß Ach），除了这一著称的分析之外，人们在心理生理系统中对这种视差现象还有其他重要的分析。参看阿赫《辨认的平衡或生成规律——基本心理规律》。

的汤的表面形成了一个气泡,后者是一只坐姿蝴蝶将长长的触须左一下、右一下交错,就像老奶奶手里舞动的织毛衣的长针。从例子我们可以看出,义域混合型组织是心理物理系统最简单的抽象技巧,但可想而知,这不是原始的心理物理过程。面对某种被感知到的、令人难忘的现象,人们或者因为词汇贫乏而出现表达词语缺位,或者产生某种生动形象描写的需要,启动心理物理活动。在这种情况下,语言创造者的所作所为,必然是发现对象的特殊之处,同时寄希望于所谓相似性联想,例如,儿童在生活中使用大量奇特的称谓,只是谁也没有将之记录在案,除非好奇的父母偶然听到什么非常特别的东西。

5.8.3 隐喻面相学

我们已经接近目标。在《表达理论》里,我对感性隐喻的问题进行了详细的论述。按照皮德里克和冯特从人类表情所获得的认识和阐释,这种隐喻不难理解。"苦的"不幸和"甜的"幸福以及"酸的"(=艰难的)舍弃,等等,并非诗人的自由发明,而是明显地显现在人脸上的表现,对此感兴趣者应该参看《表达理论》提供的资料。这里,相关的语言组织并非创造,而仅仅是对人类表达观察和理解的整体性再现。

有些现象实际上未被整体性感知或者被各自分别比较感知,例如我们所列举的儿童口中祖母织毛衣的长针和蝴蝶舞动的触须。让儿童与织毛衣的祖母和站着的蝴蝶共处一室,以刺激儿童创造相关的隐喻,这种实验大概要徒劳而返。刺激不能产生精心策划的思想,而上述儿童幼稚的隐喻是"自由产生的"思想。在儿童的脑海里,两种情境图像发生交集,这是一个记忆的过程,其中充满了游戏的因素。对感知对象观察和思考促成了上述交集互动,并且捕捉到某种有益的元素,否则,儿童会尝试对这种有益的元素进行面相学描写,从中体验构成他们小世界的各种事件:如同小孩子一样,猫也会"抓",椅子也会"站立"和"摔倒"在地上,诸如此类,无穷无尽。① 我们成年人朴素的日常语言中也充满了同样的面相学特征描写,其中也存在大量"灰色"的隐喻,即隐性隐喻。

我们不妨将毛衣织针的隐喻加以演绎:讲故事的老奶奶把某个儿童的所见应用于对蝴蝶的语言描述,然后再讲述给其他儿童。这时,老奶奶如果像平常童话故事那样仅仅用词语讲述,没有借助于手中毛衣织针加以比划,故事讲述一定不会成功。那么,荷马叙事中隐喻遍布,其情形又是怎样的呢?按照古老而又一致的观点,荷马是个盲人,那么在比划方面应该很蹩脚,而比划涉及的内容在其无数而又非常复杂的隐喻中常有出现。另外,他的听众也并非儿童,而是成年人。对于他们而言,对世界的经验认识必然伴随着一个源泉,即原始的表现冲动,要在虚拟世界通过各种异质的、复杂而又惬意描述的情境中实现隐喻的义域混合。童话故事极少使用语言比喻,而荷马则沉迷于斯。原则上,儿童不能理解荷马的语言,即使将其中比喻的视角完全转移于儿童的小室。② 我不了解荷马听众的思

---

① "面相学"观察是儿童面对世界的原始(土生土长)的活动,对此,理论学家无需任何"人格化"因素。关于儿童面相学认知的特殊性请参看拙著《表达理论——从历史揭示系统性》203 页。

② 拙著《儿童心理发展概论》在实证基础上总结并解释了此论的根据(1918:358 及以下诸页)。人们应该以充分的方法直接研究相关问题。

维方式，但我可以想象，他们通过成功的抽象来实践跨义域思维。与我们不同，他们的抽象活动应该也是一种新的冲动源。当然，荷马叙事的图景也会令我们心旷神怡。其实，如果我没有弄错的话，这里存在人为的简化，把我们的思维降低至童话故事的水平，以便进入到早期儿童神秘的幻想世界。①

5.8.4 双滤模式

这里描述的原本是根据儿童观察所提出的隐喻理论构想，要想对之进行准确的证明要求很高，超出了本书的范围。上述理论构想可以技术性描述如下：我用幻灯机放映幻灯片，在幻灯片位置放一张不透光的布满小孔的厚纸片，这时，银幕上可见这些小孔的光影，然后，再放上另一张有另样小孔的纸片，银幕上就会出现偏差现象，亦即只出现第一张纸片与第二张纸片的小孔或其部分相重合的光影。如果小孔是平行长条状，而且在两张纸片上平行方向不同，（如下图）这时，我看到偏差图的图案同样一目了然：

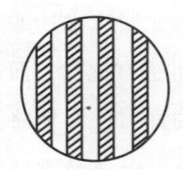

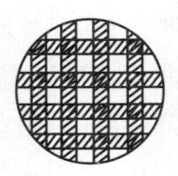

---

① 我们现代叙事者语言运用迟钝，图像观察马虎，会说"炮弹基地的顶棚被掀掉了"，并且相信听者马上就会明白具体的"被掀掉＝消失"是怎么回事。荷马讲述这件事则绘声绘色，听众不仅会耐心聆听，而且会跃跃欲试，参与跨域思维。

对于我们而言,这里用幻灯机展示技术模式并非偶然,而是要说明,意义是被建构并组合起来的,具有某种投影的特点,包含着投影的成分。这种投影(离心)出现于纯粹的接受过程,不仅仅需要其他方面的准确数据进一步验证,更需要观察和研究朴素的感性现象和特定的、心理病理紊乱现象,这样,才有望系统解释言语思维这一高阶区域的投射。隐喻的义域交叉产生非常复杂的抽象效果,问题是,技术领域的双网或者双滤是否能够产生类似的效果?当我听到黑森林居民用Hölzlekönig这个名词指称一种我没有见过的树,我立即理解了这一表达,并且感受到赫尔曼·保罗所谓的"形象生动"。这时,作为心理学家,我感受自己的职责:以简单的方式对那个词和我想象的相关图景之间的关系做出心理学(心理物理学)解释。

概念域"森林"与概念域"国王"发生交叉融合,所整合形成的客体应该同时满足两个义域,也就是说,我设想一种树具备国王属性。我为什么如此这般设想,仅仅隐喻性复合词还不能提供足够的说明,Hölzlekönig也可能是一个人,在我眼里他拥有一片森林,并且凭此森林而在其他众多占有者之中扮演国王一样的角色。这应该呈现出另一种不同的现象。但是,当我在一句话之后读到或者听到这个词,就绝不会发生不同的理解。同样,ein königlicher Baum(一棵国王般的树)之类的组合应该能发挥同样的语境功能,只是在那样的语境下"形象生动"的效果较弱,另外,也会产生歧义。假如我继续采用分析的方法,将非隐喻的形容词(例如 der größte, der schönste, überragend, beherrschend)用于名词 Baum,那么,我必须使用多个形容词，才能在某种程度上达到与义域混合相当的意义效果和想象效果。

义域混合具备选择性，这不证自明。人们不妨另选一个例子或者 Salonlöwe 这个司空见惯的隐喻：Freund N ist Salonlöwe geworden（朋友 N 变成了沙龙里的狮子＝社交名流）。对于荒漠地区的居民而言，"狮子"常见于谚语，蕴含着许多特征，其中包括"嗜杀"和"好斗"，但都为 Salon "沙龙"的义域所阻滞，如同"树木"的义域一样，阻滞了"国王"属性中一切不相适宜的属性。当我漫步于黑森林之中，我不会想象 Hölzlekönig 有"王冠"和"紫袍"，在与朋友 Salonlöwe（社交名流）约会时也不会期望"嗜血"和"雄性好斗"等特征。上述"阻滞"在心理生理系统是如何形成的，是语言心理学的一个核心问题。

因为，鲜明的隐喻虽然常见，但却是一种特殊现象，而"阻滞"原则却具有普遍性。埃伦费尔斯以降的格式塔理论突出超和性这一标准。我们根据专业知识认真体会 Backofen 和 Backstein 等复合词的内涵，可以清楚地看到定语性意义组合所呈现的"超和性"（真正埃伦费尔斯意义上）。只不过，这只说明了问题的一半，因为还需要对"欠和性"（Untersummativität）做出解释。对此，"阻滞""缺空""选择""差异"等都是同义词，可与"超和"形成对立，如此，才能全面描写语言的定语性复合词。

纯粹逻辑学对概念符号的要求是意义的恒定性，即同一个词无论何时何地都对应同一个意义。人际间运用现成语言的符号进行交往只能很不充分地满足这一要求，对此，自古希腊罗马以来关于语言的论述已经反复而详细说明。本书的作者钟情于现成语言，倾向于首先对语言现象进行认真观察和科学描写，然后再去评价对语言的各种论述。我认为，西班牙的靴子应该具备有利于骑手的优点，科学语言无异于骄傲的骑手，喜欢恒定而清晰定义的词汇含义。但是人际交往也体现出不同的优点，使我们称谓词的义域具备某种弹性。现代技术允许机器制造享有一定的自由度，也必须享有一定的自由度。对此，各种有机体早已明白。与复杂的现代机器和有机体的器官一样，我们称谓词的义域也享有一定的自由度，并且同样也通过一定的保险机制随时得以校正。定语性复合词的超和性和欠和性极大地提高了语言的创造性，称谓因此也可以简洁明了。那么，系统本身又为什么还要针对复合的不确定性和歧义性设置校正机制呢？

　　这个问题还包含别的内容，必须予以专门论述，如此，才能说明义域交叉过程中相互干扰因素如何阻滞的问题。事实是，我们原则上是怀有理解意愿的听者，以此接受同伴口中的词语。在正常的言语交往中，我们设定了一个合理的前提，即说者构造的语言复合是合理的，如遇难于界定的话语表达，态度会十分灵活，尝试各种可能，最终选择一种词语组织。这个过程有时就像是猜谜。正确的谜底要求非常的能力进行各种尝试。有的隐喻是易于理解的谜，原本也不是为能力测试而设计的。我们必须更加深刻地理解我们言语思维中义域交互的规律，才能超越格言式的观察，取得更多的认识。——不过，现在我们先尝试另一种完全不同的方式来阐释语言隐喻。

5.8.5 维尔纳的禁忌假设批判

海因茨·维尔纳1919年论述语言隐喻的著作[①]引发学界关注。这完全合乎我的意料,因为,该著从不甚知名的人类语言中收集了大量隐喻性名词和熟语,并对各种隐喻现象进行了深入的理论阐述。其中第八章题为"隐喻的发展心理学综述",其次级标题使得维尔纳的基本思想可见一斑:(1)禁忌思想是隐喻发展的主因;(2)话题迁移催生真隐喻;(3)隐喻过程逆向化生成隐喻;(4)伪隐喻所生成的真隐喻的退化。那么,什么是真隐喻?什么是伪隐喻?

一个新人手握证据,对某个传统的理论提出批评,一如针对立论的反论。这在一般意义上是一种进步,具有澄清问题的意义。根据维尔纳的观点,真隐喻曾经源自于禁忌思想,其核心不在于突显,而在于隐含。他说:

> "为了解决表达缺乏和抽象之需而产生的隐喻属于伪隐喻,例如表现拟人化思想的隐喻。我们如果从客观表象关注主观性,就会反对认为这种主观态度为比喻的根源,虽然我们承认其中包含着比喻思想的冲动和雏形。但这一比喻价值迟至禁忌时代才通过重要的话题迁移得以实现。"(维尔纳,1919:190)

因此,专家们古老的思维模式并未被完全摒弃,但却被边缘化,进行自由比喻的"冲动"使我们理解了儿童和荷马图

[①] 维尔纳《隐喻的起源》(1919)。

景,但仅此不足以说明问题。除此之外,人类在早期必须受制于禁忌,因而需要隐晦的表达,由此,真隐喻应运而生,并得以在后禁忌民族的语言中广泛传播。何以见得?前禁忌语言缺乏比喻,有人解释如下:

> "游牧民可以放任其情感冲动,冲动及其释放之间的平衡毫无障碍,因此,我们发现有些发达的游牧民族(例如大部分北美印第安民族和非洲的马萨伊部族)的禁忌性构词非常贫乏。当然,与居住民一样,游牧民也充满恐惧感,但他们的恐惧会立即得以释放,至少通过逃避释放。居住民必须无助地忍受一切压迫,而游牧民是当下的产物,客观力量和主观力量的交换在他们身上只发生于当下,相反,居住民则是未来之人和过去之人。"(维尔纳,1919:191)

居住民忧虑不安,受制于记忆,"每一棵树和每一块石头都可以成为某个幸福的历史标记,引发忧伤和痛苦"。(出处同上。为何如此悲观?)词汇禁忌的隐晦技巧就是一种回避。

人们不妨将上述所引植入到彻底神秘论世界观的情境。请注意整体而言自始就不是描述,而是表达,亦即情感冲动的自由或隐晦释放。这集中印证了维尔纳理论的基本思想。维尔纳根据自己掌握的资料描写了隐喻的表现形式,发现隐喻最初都是"现实物质隐喻"。

> "澳大利亚人纯粹的语言隐喻非常原始,替代性表达

基本上都是具有普遍性的隐喻，相反，对现实事物的象征性认识所产生的隐喻则相对比较发达。这里我们发现，不发达的认识比喻和词汇比喻中包含着发达的现实物质隐喻。现实物质隐喻的心理学基础低于诗性构词，因为前者是对现实自然世界的认识，后者是对艺术意志的适应。将某个日常的过程用于比喻，由此进入发展的第二阶段，这时，在认识的基础上对禁忌进行表达，但禁忌表达并非显见于身边，而是存在于思想世界。"（维尔纳，1919：194）

"定居文化为第三个阶段，其中涵盖上述某些过渡性现象。定居文化的载体没有能力单纯依靠离开死亡之地这种运动机能方式来消除恐惧，因此，人们创造出各种保护措施。死亡禁忌的简单形式基于对死亡的回避，演变为一种复杂的保护系统。"

"因此，我们发现，禁忌发展的结果是游牧文化发展成为定居文化，原始的、变化无常的游移冲动被用于一种较为高级的阶段，以便运用原始而纯粹的运动机能方式驱除恐惧。恐惧是迁徙的原始动因，游移冲动体现出运动机能力量的非常规发展。但是，这种表现方式不断减弱，被降至最低限度。这时，恐惧转变成为其反面，成为阻止任何重大迁徙的力量。"（维尔纳，1919：195及下页）

"原始形式的隐喻是个体自我保护的一种理性形式。起初，隐喻是两种倾向的产物：一种倾向是，某种认识或者思想属于禁忌，其表达即是罪过或者危险，因此被压制；另一种倾向则通过语言手段的运用使得思想告白成为可能。

禁忌和表白这种对立不断发展，使得禁忌原本极大的抑制力不断减弱。"（维尔纳，1919：196及下页）

"减弱"意味着，原本对于人们的生活非常重要而又力量巨大的真隐喻发生了一种逆向变化，一种颓化。隐喻被用于嘲笑、警告、威胁等目的，其中始终存在某种弱化的禁忌因素。后来，隐喻用于反讽和诙媚，这是隐喻的高级形式。至此，禁忌因素才完全消失。以上是我们的观点。

对于我们的观点需要批评审视，为此，我认为可以颠倒上述隐喻的"类型"顺序。弗洛伊德（Sigmund Freud）也比较分析过诙谐和禁忌，基本符合实际。只不过，如何在维尔纳发展曲线的衰减段体现荷马图像？毫无疑问，禁忌元素在曲线中基本为零或者接近于零。另一方面，曲线与嘲笑或者诙谐、反讽或者诙媚也没有关系。维尔纳理论的整个思维方式与荷马图像毫无关系，就像是那只立于谷仓新门之前的动物，一脸茫然[①]。另外，儿童生活和荷马史诗中的鲜活现象属于怎样的思维方式？体现于曲线衰退段的什么位置？根据有人对现有理论的分析，隐喻的原始理念可能存在缺陷。事实确是如此。维尔纳一开始就认识到做出非此即彼选择的合理性和必要性。隐喻（单数）或者是抽象的一种手段，或者是委婉表达的一种手段。维尔纳认为第二种选择是正确的隐喻（单数）观，并根据广泛的实证材料给予证明。那么，必须确保整个证明不存在半点可疑之处，才能以充分理由说明儿童和荷马的应有内涵。这何以实

[①] 系指《荷马史诗》一个故事片段。——译者

现？对于儿童、荷马以及整个印度日耳曼语言的历史而言，非禁忌隐喻就是应有之内涵，无论委婉性隐喻是否同时存在，也无论其曾经发挥过怎样的影响。

因为，在我们所知的最典型的例子中，维尔纳的委婉论并非体现为我们所理解的真隐喻，而是更为简单的方式。在人类言语交往中存在大量各式各样的隐晦表达。当 A 不知措辞，哑口无语，B 会设身处地，感同身受，洞察事理，这时，隐晦暗示在 A 和 B 之间有效完成。但是，不知措辞的表现方式多种多样，远比维尔纳的分析所示复杂得多。在德语中，当我不能使用 Teufel（魔鬼）这个词，便代之以 Gottseibeiuns（"魔鬼"的委婉表达），我不想说 Hose（裤子），而代之以 Unaussprechlichen（难言之物），这其中根本就没有什么替代，而只是某种与某些语言障碍症患者的语言错乱相类似的东西。将它们类比在技术上非常简单。言语交往因禁忌而受阻，甚至受禁忌"传染"，因此需要替代手段。纯粹而有效的替代手段应该是转喻，而非亚里士多德所做著名分类中的特殊隐喻。

在（德语）言语思维中，有各种 Para 现象，除了非常典型的词语偏误，即所谓 Paraphasie（言语错乱），还有 Paraphantasie（想象错乱）。① A. 比奈（A. Binet）② 第一个对这种现象进行了研究和描写。那是一种十分普通的日常现象。人们在完成简单的思考任务时，都会在心里想象已经熟知的感知对象的图景，例如会想到"牛奶"，并且做出一个客观正确的判断，说出一个

---

① 在德语中，para- 经常被视为前置构词成分，表示"伴随、并行、旁、侧、反、错"等意思。——译者

② 比奈为法国心理学家，以比奈 – 西蒙智力量表闻名于世。——译者

包含"牛奶"这个概念的句子。我们想在事后能够成功地说明并清楚地描述那一闪而过的思想所涉及的是怎样的想象，却经常抓不住关键所在。毫无疑问，我们所想真的就是"牛奶"，而且在言语思维中所纠结的就是那种熟悉的白色液体。但是，形象地说，人此刻所想并非那种白色的东西本身，而只是现实中的框架，例如，他在内心看到的只是那种容器，那种奶锅。比奈实验中有一个儿童，在言语思维中面对一头大象，但内心看到的并非那种厚皮动物本身，而只是动物园那种阶梯状的木质架子，儿童可以借助之爬到那种温顺的动物身上去。这些也都是众所熟知的、毫不费解的 para 现象。而所有 para 现象都与隐喻相去甚远，毫不相同。这种现象非常重要，颇具启发性，但却缺少双重义域这个隐喻性的关键特点，所以，不能仅凭区别性现象完成抽象。

关于维尔纳举证的辨考，我只能寄希望于相关的语言学专家。在我看来，其中包含着许多言语错乱或者转喻的因素。对此，维尔纳强调得也许稍嫌过分，但是无论如何，有个问题十分重要：为什么真隐喻在禁忌人群的所有言语错乱中都始终扮演着非常重要的角色？我的理念是，禁忌的浪潮并不能够淹没隐喻。诚如维尔纳所描述的那样，隐喻在所有我们已知语言的最原始状态尚非常鲜见，随着语言进一步发展则非常多见，甚至丛生繁密。面对隐喻的这种繁茂景象，禁忌不可能袖手旁观，二者应该存在内在关联。只是，这种内在关联并不像维尔纳所述，应更为复杂。在我看来，他把所谓原始族群生活中禁忌的根源想象得过于简单，因为，根据弗罗贝纽斯（L. Frobenius）的观点，有些定居的种植园主并不受禁忌性死亡恐惧的困扰，而是将死者的头盖骨像其他珍贵的记忆符一样整齐地堆放于周围。无论如何不能将语言中的 para 现象视为隐喻产生的直接土壤。

5.8.6 一般性结论

纵观语言学词汇汇编可以总结如下：按照词典编排的样子，一种语言的词汇乍看起来就像是五颜六色的砾石，或者说冰川堆石。用冰川堆石可以建起高大的石墙，同理，用语言的词汇意义单位只能构建大型语篇。而真实的语篇形态其实与之不同。另外，我们从复合词和隐喻所看到的语言材料变化的两条原则，用莱布尼茨原理可以非常简单予以说明。第一条涉及意义组织的超和性，第二条涉及意义组织的欠和性。补充和减除发生于同一个组织。Hausvater（家父，一家之主）和 Hausschlüssel（房门的钥匙）是两个德语复合词，各自所设定的关系是经过思考而补充进去的，体现出超和性。Wachszündholz（点蜡烛的火柴）也是一个德语复合词，所包含的规则，与 Salonlöwe、荷马的比喻以及 Grün ist des Lebens goldner Baum（生命之树常青）[①]这一著名断言相同，那就是，复合中所有互不相容的内容都会被减除，例如 Wachszündholz 中"用木头制作的"（aus Holz）和相对于"绿色的树木"（Grün）的"金黄的颜色"（golden）。所有例子都体现出我们关于双重过滤理论的思想。

前面，我们用人双眼的重影成像来解释上述减除现象，那是（感性）感知领域的一个例子。之所以如此并非偶然，因为感知也遵循补充-减除规律，感知也是一种意义组合，向我们

[①] 出自歌德《浮士德》，全句为"理论都是灰色的，但生命之树常青。"——译者

预示了语言这种更高级组合反复出现的情形。补充和减除两个方向似乎都有一个基值，并列复合词和"和"字组合即是证明。这里，人们不妨先试想复杂数词，然后再想想连接事物的连词。与这种基值不同，语言中真正的复合词和其他形式的复合一方面具有超和性，另一方面又体现出欠和性。这对于体验心理学而言毫不奇怪。隐喻性毫无疑问具有特殊的选择性，关键是要满足赫尔曼·保罗所中肯罗列的条件。

5.9 句子问题

5.9.1 语文学句子观和语法

纵观人们定义句子概念的所有努力，视角都十分敏锐，但难免令人悲伤。约翰·里斯对句子理论的历史进行了详细的梳理，所罗列句子定义的清单长达139条。[①]虽然经过了精心筛选，但还是明显有些是几无内容的空壳和无谓的重复。即便如此，仍然令人十分惊叹，因为那些定义需要人们不断扩大视野，去发现人类语言句子新的特点甚或全新的一面。根据经验，这需要包涵丰富、高度综合的核心概念体系。该体系存在于日常语言和诸多科学之中，有待定义。

句子概念就是该体系的典型，最值得引起人文科学逻辑学家的高度关注。其中包含了某种多重综合性，在语文学视角下不容忽视。只有关注语法形式化这一独特现象，语文学句子概

---

① 参看里斯《何为句法？》(1927)。

念不同视角下的特征才能分解出来,对每一种特征追根溯源,给予纯粹而彻底的研究。运用我们所提出的"四场理论",诸多特征的特殊关系就可以非常清晰。根据那里对语篇的分析和描写,"句子"位于四方格之中W的位置。语文学家所谓语篇中的句子是基本的语言产品。这时,每一个句子都是内涵丰富的单位,从中可以验证和运用诸多语法认识和心理学认识。

为了解释这一点,我们最好以里斯为出发点。他在其句子理论中将语文学家眼中内涵丰富的对象上升为概念。这完全正确,缜密无瑕,其中蕴含着值得重视的价值。现在,我们需要面对综合性这一语法概念,而且要纳入语法学体系,于是,里斯的做法出现了问题。在19世纪,心理学给语法学提出过类似的要求,并且引起了一定的混乱。最后,那些要求基本上被正当地拒绝了。同样,根据里斯的综合性句子概念也无法建立语法视角的句子理论。为什么不能呢?

因为语法乃是一种研究形式的科学,在句子领域所要研究的就是句子的形式,而不是具体句子的物质及心理学特点和关系。语法学家只需要具体句子当例子,而且真正当作"例子"来分析,也就是说,把它们视为句子具体的现实表现,从中抽象出形式来。在具体句子中,语法形式化剔除一切被语文学家视为重要但却有违语法的特点。有必要通过语言以外的情况来形象说明这种简单的事实吗?几何学和立体几何学都是研究形式的科学。假设,晶体学家带着自己的精密仪器和方法,来请立体几何学家鉴定一块晶体的形态。那么答案会是什么呢?答案与我们要告诉里斯的基本一样,那就是:你在你的综合性句子概念中指出了一个令语法学家欣喜若狂的特征,但你还指出了其他特征，却与语法学无涉，除非，语法学家从中看到了某些他自己迄今重视和研究不够的形式元素。我们细究如下。

5.9.2 里斯的定义

里斯句子理论的亮点是创造性地提出极具逻辑性的定义，非常巧妙地将三个特点融为一体。他写道：

"一个句子是一个具有语法形式的最小的话语单位，表达句子与现实的关系。"（里斯，1931：99）

其中，"语法形式""最小话语单位"以及关系从句所限定的内容[①]是三个不同视角下的特征。因为，显而易见，第一个特征的基础是产品理论，第三个特征的基础是行为视角。这里，无需细究便可提出一个问题：第二个特征由谁说出，又代表谁的观点？"话语"（＝有意义的话语）这个概念以及里斯所言"话语单位"的逻辑基础是一种言语行为理论，对此，我们暂不赘述，因为那与我们的目标不甚相关。第一个和第三个特征源自于不同的视角，读者稍加思考即可一目了然，里斯后补的论述（参看里斯，1931：100）也有清楚的说明。这对我们已然满足。至于这种视角差异是否会招致批判，我觉得可以直接打消顾虑。原因在于，语文学句子概念本质上必然包含源自于不同视角的诸多特征。对这样的综合观提出批评，就是要将语文学句子概念排除于可定义概念的列表之外；只有承认之，

---

① 这里，关系从句所限定的内容就是"表达句子与现实的关系"。——译者

才能有助于对语言学家敏锐获得的鲜活的句子理念做出逻辑解释。

面对现实的"句子",优秀的语文学家至少在印度日耳曼语言没有遭遇什么认识和分析方面的严重困难,当然,人们在古代有时为省略问题犯难,或者在句子类型的划分方面自相矛盾。人们对句子虽未清晰定义,但历来观察敏锐,并对某些具体问题提出了正确的观点,避免了混乱局面的出现。与此相比,省略句和句子类型问题不足挂齿。为什么某些话语成分被视为独立和意义完整的单位(亦即无需直接补充),而某些成分则不然?对此,人们实际上始终有合理的解释,并运用于语言实践之中。过去和现在,这大概是语言实践中流行最广的句子概念。我在1919年提出一个简短的定义:句子是话语(最小的独立的)意义单位。①

有人大胆提出,日常语言中的hm也应该被称为一个句子,因为它很重要,同时断言,相比较某些用词繁多的话语,这样的hm毫无疑问经常表达内涵更为丰富,意义表达更为精确,无需补充。反对者认为这样的句子概念犹如橡皮一样太过宽泛,需要提出严格的、符合逻辑要求的句子概念,认为一个真正的句子必须有两个成分,必须非常清楚地包含亚里士多德所言之一个判断的两个成分,即S和P。谁是正确的呢?也

---

① 参看卡尔·比勒《近代句子理论批判》。在此文中,我通过"语言的工具模式"解释了什么是"意义"(Sinn)和"意义单位"(Sinneinheiten)。保罗·克雷奇默早在1910年就对冯特和赫尔曼·保罗的纯粹心理学句子定义提出了与我类似的批评,而我一无所知。对此,我那些可敬的同事可以证明。克雷奇默自己的定义突出了句子的行为特点:"句子是表达情感或者意愿的一个语言形式。"(克雷奇默《论语言》1927:60)

就是说，既不宽泛也不狭隘的合理的语文学句子概念何在？约翰·里斯的分析十分敏锐。他虽然摒弃那种严格二项式的要求，但却坚持认为一个表达必须"具备语法形式"，方可被称为句子。里斯非常谨慎地描述了语言理论学家们关于句子问题的极端对立的观点及其各种折中方案，提出自己的句子理论，认为句子一方面是纯正而又高度完善的宫殿，另一方面也是一个由麦提克小屋①组成的村庄，其中生活着那些所谓半真和残缺的句子现象。下面，我们例举其中的主要形式。

例如，感叹词语和呼格是"无法归为句子的产品"；"是"和"否"（更抽象地说：肯定小品词和否定小品词）不是句子，而是句子替代品。另外，残缺的句子成分稍有欠缺，可以轻松根据语境得到补充；相反，短句则是不可补充的结构，是"完全句"的一种附带类型。关于"残缺句"和"短句"，里斯说：

"短句不是完整句，相比之下，成分句和句子成分则接近完整句——不仅仅从内容看，而且在形式构成方面，因为它们都具备一般句子结构的框架——因此，它们本质上可以被视为真正的句子，只不过在形式上不够完整或者存在缺陷。"（里斯，1931：185）

他专门针对短句描写如下：

"真正得以语言表达的，是重要的认识（单独或者由

---

① "麦提克"（Metöke）为古希腊外来移民，不享有政治权利。——译者

另一个认识伴随），表达的形式非常紧凑，经常只是一个词或者一个短语，这就是短句。"（里斯，1931：184）例如 Meine Hochachtung!（致敬！）、Mit Ihrer Erlaubnis!（承蒙恩准！）或者信封用语 Herrn N. N.（某某先生收）。

根据里斯的观点，诸如标签、邮寄地址和标题等单独出现的主格词语不是句子，而是句子词。印度日耳曼语言的名词句只是句子的一种附属类型，相反，命令式无论从哪个角度看都是完全意义的句子，因为，"命令式虽然不是两项式（庸人自扰的句子观），但完全具备句子特点，因为两项式本来就不属于句子的必要条件"。

读者从上述节录应该认识到，里斯关于麦提克村庄的比喻（经我们简化）并非空穴来风。人们列举流行和不流行的语词为例，指出它们的（言语）特点。这提出一个语言理论问题：以此方式是否可以在句子理论的基础上另有所为，亦即开展言语语言学（linguistique de la parole）的论述，或是会陷入危险。文献注释属于高雅语篇，成语属于私人性日常语言和区域方言。对此，理性之人均无疑义。这里还有一个十分重要的问题：词语在人的生活中是怎样的情形？英雄人物的话语具备句子示范意义，诗人和传记作家怎样再现才能塑造英雄？是模仿还是让英雄人物自己说话？这个问题涉及语言学的一个重要的分支，一个关于言语（la parole）的理论体系。在这方面，里斯的句子理论给予了全面详细的阐述，汇总并分析了各种类型的格言，应该为语文学家所乐见。但是，在其著的绪论并没有明确设立这一目标，那里写道：

我们的目标"特别是要防止第一节所论及的前人定义的错误和缺陷，真正追求的主要是明确的句子概念，并非针对某种特定语言产品的语法称谓，心无旁骛。许多前辈遭受挫折，我们至少不能重蹈覆辙，即使不能自己实现目标，也不会徒劳无功，而可为他人做有益的铺垫"。（里斯，1931：2）

上述后一半目标已经成为现实，因为里斯这本书最能够引发新的语言理论研究。正确做法大致是，首先找到一个恰当而准确的词来界定里斯定义中"句子"，排除其余部分的干扰。例如，为什么语用环境下的表达被界定为"残缺的句子"，而物理环境下含义明确的名词是"句子词"？在严格逻辑意义上，"句子词"这个术语很不恰当，就像"木质之铁"。其实我不想过早下结论。但是第一点的缺陷十分显见：人们虽然对里斯语法的贡献礼貌相待，因为每个人都应该向他人学习，接受他人的启发，但其实任何一种综合视角下的句子概念都像是结婚礼物一样：美丽但却无用。这个措辞太过激烈，但必须丑话先说，然后再考虑修饰和折中的问题。

5.9.3　里斯三特征的视角之差

那么，里斯句子概念里的"句子"究竟是什么呢？任何人造产品的观察都蕴含着里斯句子定义的第一和第三特征，都是一种"工具"观。人们观察产品的形式，从产品的使用认识到其创造者之所以给它此种而非彼种形式的初衷。用于打磨的石头与用于敲击或者劈砍的石头形状不同。关于史前的器具，研究成果非常丰富。史前史家宣称能够辨认石器时代人类的石磨，也基本能够将之与石斧相区别。里斯的句子定义同样也根源于工具观。因为，里斯定义的第一个特征，即"语法形式"，即是从第三个特征的视角而被赋予句子的，例如，就说者与现实的关系而言，一个命令式的命令不同于所谓陈述句的"陈述"。语文学家关于句子概念的正确定义也应该包含产品的创造者本身，且并非是偶发的，而是涉及一个语言社团中持有立场和构建句子的每一个成员。

具体出现于一篇文章中的句子是一个"现实产品"。这个概念是以夏洛特·比勒为核心的体验心理家们在其研究领域提出的，[①]非常实用。例如在诗歌领域，此瞬间进入物理世界的东西被塑造，以便使之在彼瞬间从物理世界销声匿迹。一个艺术家长时间创作一件石雕作品，同样，舞台上的演员也需要长时间排练其所扮演的角色，然后才在舞台上创造出一件"现实产品"。说出一个句子就是创造出成样的东西。人们可以运用手段和办法将既成语言产品再现于石头和纸张，并改变语言现实产品的特点，无论如何，既成产品如要再现就必须被后人仿制再造。

里斯的句子概念所针对的正是作为现实产品的句子，是语文学家眼中具体存在的句子。里斯所定义的"句子"是一种类型，可称为"基本的语言现实产品"。这一论断可予以逐步证明。我们首先审视第一和第三个关键特征。第一个特征是"语法形式化"，无视这一点意味着要失去什么呢？回答是，那就

---

① 参看夏洛特·比勒《人类生命发展的心理学问题》（1933：26）。

会像史前史家那样，将未经加工或者未经典型加工的出土物品也陈列于史前石斧馆藏之中。当然，未经加工的石头也可用作石斧，同样，未经语法形式化的词或者语音符号也经常出现于人类交往中，代替形式化的句子，只是一旦脱离环境便不再被认作句子。因此，里斯的第一个特征所描写的句子属于我们所提出的四场理论的 H，无论主体为谁都是一个句子。我们下面讨论"独立于主体"的问题。

第三个特征（里斯句子定义中的关系从句的内容，即句子与现实的关系）需要我们认真分析才能准确理解。他写道：

> "句子内容取决于句子与现实的关系，这影响着句子表达特有的结构。此结构体现了认识现实的心理活动，而心理活动乃是一切句子构成的基础。将此心理过程本身视为一个特征而纳入定义并非偶然，因为它是决定句子内容与现实关系的必要前提。"（里斯，1931：101）

> "句子内容由其中的词和词组的意义及它们之间的逻辑句法关系结合而成，因此，是由语言而体现的一切形式的内容，包含意识、个体认识及其组合、事实以及设想和希望中的事实。"（里斯，1931：100）

按照弗兰茨·布伦塔诺（Franz Brentano）的说法，这个特征也涉及复杂判断句的组织特点。里斯选择了"与现实的关系"这一更具普遍性的条件，有其充分理由。因为，根据以往的认识，还有疑问句、祈使句和其他语言情态表达（借用马蒂的概念），它们体现着说者的另一类态度。这里，我无意重复或者展开我1919年关于句法的论文中的论述。[①] 索内克先生是语言学博士,他会继续这方面的研究。作为胡塞尔的追随者,我觉得应该以此为契机,对其中所蕴含的行为问题进行更为细致而普遍的阐述。

毫无疑问,里斯的句子定义整体上体现出优秀语言学家的智慧,正所谓"未见诸文本者不存于世"(Quod non est in actis, non est in mundo)。这里,所谓"文本"是指语言学能够从独立于上下文的句子中读出的内容。这样的观察像是侦探,但不应该超出所研究的"话语单位"的范围。同时,对里斯定义的完全句的分析也不涉及现实的语境标记,但也不能离开语境标记就不知所措。原则上,这样审慎的态度至少可行且具有科学意义,是句子理论的必然条件,不仅仅适用于里斯的句子理论,而且适用于聚焦句子实际内容的一切句子理论。如此,我们重又回到了四场理论中的W。

里斯句子定义中的第二个特征最值得注意。他解释如下:

"话语是语言鲜活的表现,是语言各种方式的真实使用,是社会交往沟通手段或者我们内心活动的无声或者有声表达,或自言自语,或二人对话,或口头或书面,或表过去或表现时。"(里斯,1931:99及下页)

鲜活的东西肯定只能发生于鲜活的生命,该生命或近在眼前,或者使人们联想到反映其生活的产品,例如他发来的信

---

① 此论文的发表时间应为1918年。——译者

件。对于该生命生活的语言表达方式而言，什么是里斯句子定义中所言之"话语单位"呢？从他那本书中我不能清楚地预言他是否会认可我们对此问题的观点，但是，他的论述所得出的实实在在的结论，远比直接说出"认可"更有力，更重要。

这里对"单位"的追问也是德·索绪尔的目标，但却没有实现。德·索绪尔只是引入了"言语"（parole）这个词（有时也用 le langage），认为那里应该是"单位"得以确定的地方。我认为，里斯所谓"话语单位"只能在亚里士多德所言之实践中给予界定。承认言说是人的行为，就会发现，不仅人的每一种行为具备适当的组织性，言说同样也是由适当的单位组成的。因此，我们是否可以说：锤击的单位是一击，言说的单位是一个句子。只要"单位"的标准不片面地局限于外在现象，回答应该是肯定的。仅靠语音学家肯定无法给定这一标准。冯特有所不同，将句子描写为一种特定而特征明显的内在行为，其外部特征基本清晰可辨。如果我理解正确的话，里斯句子定义中的第二个特征与其他许多现代语言理论学家思路相同。句子的单位特点广为关注，而且也可以从其他方面得以阐释，这是正确的。对此，索内克的研究给予了系统的阐述。但我们还是继续讨论里斯。顺着他的思路，在"鲜活的话语"中认识句子的单位特点，就会接受他的句子概念定义中的一个观点：如果话语有单位，就只能从言语行为直接观察。在行家眼里，演员的一个动作是一个有意义且意义完整的表达单位，同样，里斯眼里的"话语单位"也大致如此。一般情况下，说者以不同的声调和重音赋予句子明显的音调结构，其中"额外"表达了说者的态度——如此，里斯关于句子的第二个特征与第三个特征就相互关联了起来。①

5.9.4 古老定义新议

我们分析了某位成就卓著的学者的一部著作。后人应该充分重视他的结论，下大力气挖掘其成果的价值。如果我们理解正确，则里斯是经过长期思考，重新发掘再现了语文学家古老句子观念的巨大活力，进而完成了句子概念的系统性定义。

我们应该不失时机地指出一种方法，来对上文所述进一步论证或反驳。我自己把里斯汇总的百余个句子定义一一写在卡片上进行比对，根据各自的主要特点予以分组，并分配到四场理论的四个分区。结果不出所料，只有很少数属于一个分区，绝大多数可以分配到多个分区，还有一些近似于里斯的定义，可同时分配到三个或四个分区。严格而言，没有哪个根本无法分配。

不出所料，里斯未罗列的逻辑学家（即使亚里士多德也未在其中）的相关观点绝大部分也体现了亚里士多德关于句子（判断句以及非判断句子）的思想，也基本可以分配到四场理论的"语言产品"分区之中。不过，这不是我自己测试的结论。布伦塔诺的句子理论和胡塞尔关于句子的论述都遵循行为理念。与胡塞尔不同，布伦塔诺是心理学家，而且坚持心理学家的方法。在下文，我们会以间接的方式讨论布伦塔诺关于简单判断句一元论的基本观点。不过，我们之前讨论的焦点主要不是逻辑学问题，而是语文学问题。

---

① 葛麦里和帕斯托里的论文（《语言的电子分析》1933）内容丰富，对相关问题的观察至为精准。

语言科学领域的逻辑学家不应该摒弃布伦塔诺的结论，相反，应该对之进行阐释。人文科学的发展过程及其独特的概念系统体现出适当的理性，而且，人文科学高度综合的概念十分必要。这一点无论如何适合于语文学的句子观念。在人类历史上，被用作工具的石头应该比加工特点明显的石斧古老得多，同样，有声交流应该比形式化句子交流古老得多。聚焦于言语交往中的功能，就会觉得形式上完全不同的语音产品可以是等值的。如我们实际所见，交往单位的首要任务一般只能是系统说明语音产品所处的环境。正确认识语音符号的语用和物理用法，理论学家就能够彻底遣散句子宫殿周围的"麦提克"移民。被遣散者也享有自己的生活权利，无需以"完整句"为衡量标准，亦即无需成为语义结构化和"完整"的话语，除非它们本身的环境含混不清。

语法的形式系统主要源自于语言符号的语义结构，并由此发展而来。我们也可以想象一种单级系统，其象征性无需语境和语义条件。在电报出现之前，烽火和其他视觉信号，还有那些典型的呼叫，能够迅速而远距离传递关于重大事件的讯息。它们都是一些没有句法的信号。我在《语言学原理》中阐述了已知人类语言与各种各样的单级象征符号系统的区别。语言系统无论如何是不一样的，其特殊性在于象征场系统。对此，句子理论必须予以考虑。根据里斯的定义，完整句具有"语法形式"。但这过于模糊，太多不确定性。我们要代之以准确的说明：完整句具有一个完整的、占位适当的象征场。这是纯粹语法视角下句子理论的基础。如果场域机制能够像印度日耳曼语言的格系统那样得以全面的研究，那么，语言理论学家就可以考虑提出普遍语法视角下的句子理论了。下面的讨论就围绕句子的一个特征来展开。

5.10 独立于指示场的句子

5.10.1 语言表达何以独立于语境

人类对语言符号的使用经历了一个自由化的过程,应该属于人类语言发展最为关键的一步。我们不能对之给予历史重构,因为当今语言学不掌握任何根据,但是,我们可以从其发展的程度和条件,将之系统性地界定为摆脱情境辅助手段的自由化。那是语言由依赖于实景的言说到语义独立的(自足的)语言产品的过渡。在此方面,我们现实所使用的语言能够给我们什么收获呢?

在有轨电车上,一位乘客结合实景说出"直走",邻座的乘客讲述道:"教皇死了。"这里,第二个表达自身具备所需的一切,足以保证在有轨电车之内和之外得到同样清晰和准确的理解。第一个是一个依赖于实景的表达,而第二个则是一个语义自足的话语。我们的第二个例子是特选的,是人们在有轨电车上读着报纸说出的。借此,说者告知了一个日常事件,其话语蕴含着一种无形的关联,即相关报纸的"当日",事件发生的"今天"或者"昨天"。无论如何可以说,同一天说出同一个句子,无论在全世界的哪个地方,都被同样地理解。也就是说,句子的意义摆脱了言说情境的方位条件,但没有摆脱时间条件，脱离了"此地"的束缚，但未脱离"此时"的束缚。也有的句子不仅摆脱了言说的"此地"，也摆脱了"此时"，例如"2×2等于4"，还有其他表达科学知识的句子也是如此。

我们应该专题论述一下，语言如此逐步自由化根本何在？其发展的程度如何？有专家指出，人类在其他方面也经历了类似的自由化。据此，句子摆脱言语场景的限制就会获得一个新的立足点。这个观点是正确的，新的立足点就是语言的象征场。但是，这一深刻见解太过抽象，将语言立足点的转换与非语言领域的描述进行跨界比较就会易于理解。根据一位大师的阐释，绘画作品也体现出类似程度的自由化。我们观察列奥纳多·达·芬奇的作品，从中解读出某种与语言自由化类似的过程。当然，我们的比较并非拘泥于相似的外表，而只是为了满足从语言之外获得重要认识的权宜之策，亦即凸显人们经常感到，但却从未定义的因素：句子意义独立性或者自足性的考量尺度。

我们所讨论的完整句是典型的S→P（S是P）类型的陈述句，在印度日耳曼语言中绝大多数由一个变位动词充当P，由一个名词或者等值于名词的句子成分充当S，另外也有无动词名词句。在其他语系中还可能有其他变体，其象征场不明。至少我认为不能将这种现象排除在外。S→P这一模式源自于亚里士多德逻辑学，只说明相关产品的二元结构及其某种程度的非对称特点。我们要把我们所熟悉的印度日耳曼语言的名词句也纳入分析。这虽然不是非做不可，但可以使我们适当扩大视野，以获取更多例子来说明问题。

5.10.2 关联句（名词句）

早先，印度日耳曼语言中的名词句可能比今天更多，许多专家认为现代无动词的谚语式句子大多是早先名词句的残余，诸如德语 Ehestand Wehestand（婚姻即痛苦）、die Gelehrten die Verkehrten（读书人糊涂人），另外较少使用的还有 Jung gewohnt alt getan（少年积习，成年为性＝积习成性）、neuer Arzt neuer Friedhof（新医生新坟墓）、mitgefangen mitgehangen（同犯同罪）、lange Haare kurzer Sinn（头发长见识短），等等。① 其实，它们都有赖于我们的语感。问题是，这样的句子中是否也存在 S 和 P 的区别。从外表看，除了句子成分的语序（包括整个句子典型的重音结构）之外，再没有任何特征可依，所以，我们需要根据语序来判断，两个成分中哪个前置，是否具有意义。

初看之下，这种句子在逻辑上应该是简单的关联陈述，因为它们类似于数学公式 $x=f(y)$，即 x 是 y 的函数。这里，不能再仅仅通过句子形式简单地明确关联关系，因为具体关系的特殊性没有体现在语言层面，而是必须根据事物属性才能判断。当然，我们所例举的句子每次对德国人都会产生不同的关联，而

---

① 赫尔曼·保罗收集了更多例子，认为第二种类型更为丰富："人们通常认为这种句子是缩减的表假设的长句，因此在两个句子成分之间使用逗号。虽然的确可以改写为假设句（例如 wo viel Geschrei ist, da ist wenig Wolle 说得多，做得少），但并不妨碍我们认为，它们的语法形式与 Ehestand Wehestand、die Gelehrten die Verkehrten、Bittkauf teurer Kauf（艰辛的买卖，昂贵的买卖）之类句子完全相同"（《语言史原理》125 页）。赫尔曼·阿曼（Hermann Ammann）最近又力推一种不同的观点（《论人类话语——语言哲学研究》），但那也无碍于我们的观点，因为仅仅 Ehestand Wehestand 之类毫无争议的结构就足以支持我们的推理。

具体关联并非体现于语言层面,而是存在于相关内容层面。如果需要一个称谓,我建议用"关联句"来称谓这种句子。

现在,我们不妨观察一下这些关联句语序颠倒的情形,例如 neuer Friedhof neuer Arzt(新墓地新医生)。结果不再是原来的句子,而是变成为另外一个句子,这说明语序具备某种意义。如同 S → P 形式的动词句一样,我们不能把这些句子简单地视为逻辑意义上的转换,例如不能从 die Müller sind Diebe(穆勒都是贼)认为 alle Diebe sind Müller(所有贼都叫穆勒),同理,不能从谚语 lange Haare kurzer Sinn(头发长,见识短)就断定"所有见识短的都是长头发",但大概可以得出某种规则性判断,即通常"头发长则见识短"。有时也有可以简单转换语序的句子,例如 klein Geld kleine Arbeit(钱少活少),也可以说 kleine Arbeit klein Geld(活少钱少),但这只是表象,因为,前一个句子更多是雇工说的,而后一个句子更多是雇主说的。总之,我认为句子成分之间存在差异,概无例外。

关于语序的重要性,我们从上述德语无动词句看到的,与 W. 施密特呈现给我们的情形相类似。施密特告诉我们,在所有人类语言的复杂定语结构中,成分的顺序非常重要,即使缺少某些连接符号也毫无例外。类似于德语复合词 Briefmarke(邮票)和法语复合词 timbre poste(邮票),施密特认为所有已知人类语言都存在前置和后置两种现象的对立。在 S → P 这样的句子中有一个谓语结构,遵循普遍证实的规律:同样的语言连接手段既可以用于谓语,也可以用于定语。因此可以提出一个普遍性断言:如果没有其他外在标记,就只能从顺序(相应地还有重音)来判断每一个谓语性和定语性语言结构中两个成分的区别。所有问题都在 S → P 这一象征模式中得到充分的展现和说明，因为，无论是动词句、名词句，还是任何别的句型，成分的区别各具特点。这一特殊性属于象征场的问题。

印度日耳曼人经常将所描述对象视为一种人类行为，要选择行为动词，分配角色，例如 die Sonne wärmt den Stein（太阳暖石头）、der Wind heult（风在吼）、das Wasser fließt（den Berg hinab）（水在流）、es wälzt den Stein（狂风卷石），等等，体现出特殊的世界观。我们用"杀死狮子"那个例子已经说明，其他语言遵循不同的模式。语言之类的描述系统堪称现代形式的逻辑。对其中最抽象句子类型的最一般性分析不仅涉及一切拟人化行为范式，更涉及将句子简单划分为 S 和 P 的问题，例如，逻辑式 a R b（例如 a=b，a~b）象征两个不具备 S 和 P 特点的关系因素，所以公式中还有第三个符号 R。我们无意讨论这一分析是否会导向更具普遍性和复杂性的句型，要继续聚焦自然语言中结构划分的特殊性。

5.10.3　句子意义的自足性：与绘画比较

从 S → P 这个综合式应该清楚地看到，意义的满足基本上可以独立实现，既不取决于言语的场景条件，也不受制于上下文。如同世界上的一切，句子意义的这种独立性也有其程度和界限。这一点，只需认真研究语言符号使用从实景依赖到语义自足的过渡便一目了然。但是，我们应该先分析一下语言之外可比的例子。

根据列奥纳多·达·芬奇在其绘画论著中的观点，画作自带所需的一切，具备高度的独立性（自足性）。按照列奥纳多的观点，画作的自足性在我们特别关注的方面大于造型艺术作品。我们可以拿一件雕像来比较，观察其在房间放置的样子，及其所需之展室和灯光条件。然后，再变换在展室的位置，放高或放低，从角落或者里间搬到大厅中央或者室外广场，或者，再变换展放地的灯光，将斜上方（艺术家常用）照射改为下方照射（类似于大理石地板反光），结果，眼眶、鼻孔等部位之前在暗处，现在被照亮，而之前被照亮的部位现在在暗处，这样，我们前后看到的是不同的作品。实验已经清楚地验证了列奥纳多所言：展室的空间环境和特殊的灯光也是雕像的构成部分，雕像因此而有灵性。雕像的放置必须恰到好处，或者就是为放置广场而创作。只有特殊投射的灯光才能以适当的方式凸显出雕像的线条和平面，将光、反射和阴影投向作品既定的部位。

  所有这一切都与绘画本质不同。画家手握画笔，随心所欲给自己的作品亮点、暗点和其他效果，现场光线来自右边或左边，画家全不在意。相比较雕像，画作对场地空间要求很低。究其原因只有一个，那就是画作自带了所需的一切。画家只掌握有限的物理表现手段，只有一张二维画布，而且在其上既不能布置现实的深度，也不能实现真实的色彩和亮光以及反射或者真实的暗影等亮度效果。然而，正是这些局限给了画家真正的自由，来虚构空间及其范围，虚构光亮结构和效果。实际上，画家必须谋划使用什么手段来在作品中表现空间和其中的光亮，同时又借助物理环境获得表现的自由。物理环境对雕塑家须臾不可或缺。

  上述已经足以说明我们的问题，但其实还是有必要再提那个"为什么"的问题,并且寻求一个更具普遍性、可迁移至描述理论领域的答案。为什么列奥纳多认为绘画相比较雕塑独立于物理环境的自由度要高一个甚或几个等级?为什么绘画相比较雕塑在更高程度上自带所需的一切?

如果为了应对各种绝对主义者的质疑而列出具体所蕴含的程度等级划分,那会十分困难。一幅画为了取得一定的效果,并非可以挂在任意一个角度,不仅列奥纳多深谙此道,就是当今任何一位能干的家庭主妇或者最稚嫩的博物馆助理员也深有理解。一个 S → P 形式的句子的所有意义并非都独立于语境,而即使实际上独立于语境的句子意义也并非都体现出同样的自由程度。句子 S → P 前后上下文是区别和细化的关键,不仅涉及一个句子要表达说者当前经验的什么,而且还涉及句子所描述的内容。诸如此类,道理明白无疑。其实同样明白无疑,还有我们通过"教皇之死"和"2×2=4"等句子所示。

针对所提问题,更具普遍性的答案是:光亮和暗影以及绘画的其他所有意义因素不取决于展室的光照方向,在同一程度上,这些因素依赖于某种新的秩序,并在其中具备确定的场域价值。发挥制约作用的,正是绘画的光照方向(这是专业表达)。绘画的作者选择了某种光照方向,例如对于作者和作品而言,光线从右上方投下,因此,所画对象的所有投影都向左而去,这时,在画布上符合该系统的暗影才表示投影,所有的画值因素都是系统元素。原则上,语言表达也经历相同的场域转换,因为,语言表达在描述内容方面独立于具体言语场景的因素,相应地,语言符号受制于某种新的秩序。语言符号的场值得自于象征场,同时接受语义环境的影响。

当我在话语伊始使用 zwei（2）这个词，并非意味着要说出一个算式。算式不实施指示。我可以接着说："Zwei Augen, ach zwei Augen, die kommen mir nicht aus dem Sinn."（两只眼睛，啊，两只眼睛，我无法忘怀。）这时，一旁的数学家感觉有人从数学盗用了一个句子，而且从具体情境根本无法解得句子的意义。逻辑学家一般会跳出自己的学科，顾及这种句子（正当）的"诗学"属性。但是，人们也不能彻底否认这类表达的客观描述价值，因为其中有指示符号 ich、mir（我）。这方面也存在程度的问题，因为说者在词汇序列中实际上使用了标记发送者的"我"，但所指却不仅仅是当前的"我"，而是超越当前言语情境，也可以是出现于过去和将来的某个身患相思病的角色。这是对"我"的辖域的非常实用的扩展，类似于有人在柏林说"这里"意指整个柏林。由此，一个语言表达的意义超越了视觉指示的范围，虽然其意义需要辅助性指示符号才能实现。

句子意义逐步独立于言语情境，同时，象征场逐步占据主导地位。对此进行系统研究就会发现，对于所有科学而言，S → P 之类关于现实的陈述句都具备某种程度的独立性，但就其描述内容而言永远不能完全摆脱对指示场秩序因素的依赖，否则，这种句子就只能是严格字面意义的关于现实的陈述句，即存在陈述句，扮演纯粹的概念性句子的角色。只不过，人们在其中既要想到显性关系，也要想到隐性关系。显性地看，"教皇死了"那个类型的句子中没有"现在"，但却隐性地关涉到说者（所读报纸）的"现在"。历史和物理领域所有存在陈述句原则上完全如此。这应该可以充分证明，而且具有认识论意义，通过语言证明了康德的立论：缺乏直观的概念是空洞的，只能给人"空洞的"知识。这种"空洞的"知识,这种理论知识对于经验科学的建设毫无价值或者可有可无。这不是康德的论断,也不是我们的观点。

我们权且将一切认识论思考搁置一旁,聚焦语言理论问题的解决,以植根于主观定位的"这里—现在—我"系统的语言表达为出发点,说明解决问题所使用的各种语言手段。其中最简单的手段是扩展指示的辖域。指示以该坐标系统的中点为核心。自传的主角和第一人称小说在多卷文本里使用"我",作者也可以将"我"替换为人名,用第三人称单数完成整个故事的叙述。无论怎样,我们都能准确理解。根源在于,所有被描写的事件都发生在"我"的扩大化的辖域。同样,我们也可以用专名"维也纳"和"战后"代替"这里"和"现在",以扩展其辖域。有报纸叙事的"现在"、历史的"现在"、地质学的"现在",等等,同样,"这里"的辖域也可以如此扩展。

如上所述,日常交往的叙事语言和历史学家的叙事语言都要求句子意义摆脱指示场的严格限制,而且要求可得满足。为什么可得满足呢?因为所述内容不超出相应的范围,而且,文学叙事和历史叙事都惯于使用"穿越"。童话故事的开篇都是穿越性的,形成独特的文体特点: es war einmal(从前)。历史学家的时间比较精确,并附之以地点说明。穿越是语言表达自由化的第二种手段。

可以用诸如"巴黎""革命""拿破仑一世"等专名指称一个范围,也可以当作不言而喻的前提,这时,话语实现穿越进入既定范围,并且由此范围进入其他范围,一切都可以悄然发生,犹如电影的镜头切换(详见后文)。故事情节:拿破仑将军从意大利返回巴黎。我们以他为中心，将所述内容理解为他的"这里、现在、我"。另举一个生活中的例子：一个平民妻子讲述"他"以及"他"对"她"的责备。她生动地讲述新近婚姻生活中的场面，话语中不时出现"我"，时而出自她之口，时而又出自他之口。文学叙事习惯于将之称为叙事话语和直接话语的交替，例如，ich trage das Geld aus dem Haus（"我提着钱出门"，所言为"我"），ich muß mich abrackern（"我必须努力工作"，所言为自己）。如果没有立场转换作为交往手段，这位妻子的话语对于任何听者都含混难解，但借助该手段听者就会理解，并可能感同身受。我们将会看到穿越技巧产生语言表达自由化的可能性和特殊性。

5.10.4 补充说明和主语

在我们所分析的例子中，其实有一个附加说明成分，对此我们也早有考虑。那么，将此说明成分直接纳入句子之中又会怎样？诸如"海德堡"或者"博登湖"等专名指称固定不动之物，假设穆罕默德前往那里体验，假设有个人曾经身居那里，现在听到该专名为主语的句子，这时，就会发生一种虚拟指示，句子意义的理解就会在某种程度上独立于具体言语场景中的辅助性符号。在虚拟场景中，人们会忽略自己实际从何而来。我指出这一点，一是出于对许多语言理论学家的公正评价，因为他们把 S（主语）直接界定为句子的说明成分，其中，韦格纳立场最为坚定。二是要在我们的论述中系统讨论一个非常重要的问题：人类语言表达的去主语化现象。

当我突然听到有人说"下雨"，会将之理解为具体言语场景中的天气情况分析：说者所处位置在下雨。这种情况属于指向指示，在以说者为中心的"这里"和"现在"范围内可得验证。附加上说明成分"在博登湖地区"就是"博登湖地区在下雨"，句子的意义就可以独立自足。这个附加成分可以用于任意地域，其意义基本上独立于言语场景中狭义的 to 指示的范围。

也许，这样的句子结构在方位格系统丰富和主导的语言中比印度日耳曼语言更为常见。只要句子中发生上述情形的独立于情境的穿越，就可以使用附加说明成分。但如果句子中因其他象征场的存在而出现其他方式的自由化，则附加说明成分就不够充分和恰当。印度日耳曼语言喜欢以行为为核心的思维方式，因此，自由化最主要的方式是将角色迁移至第三人称，例如恺撒的行为不仅仅体现于杀死狮子，他看和听也是行为，也就是说，广义而言，他坐着甚或活着应该也是行为。我们暂且搁置最后一种情况。也许，恺撒坐着或者活着的象征场会有不同，例如 er lebte in Rom（他生活在罗马），但当太阳照暖恺撒，当朋友爱恺撒，当敌人恨恺撒，当选民选恺撒为执政官，等等，这时，恺撒就成为行为的对象。

无论怎样，如果"恺撒"是拉丁语句子的主语 S，那么，如果我们像给关于天气的那个句子附加说明成分"在博登湖地区"一样，该句子的意义就独立于其说者的"此时此地"，只不过处理的方式不同。作为听者，我不需要像对待"海德堡"那样（我让别人给我指出哪里在下雨），不需要在其地理位置看到恺撒，因为在虚拟场景中，恺撒可以向我走来，如同山可以向穆罕默德走来，也可以停留在自己身处的位置。绝大多数情况下，那根本不是问题的关键。在我们的例子中，恺撒甚至是任意一个人，没有任何地点和时间的限制。问题的关键是，恺撒被选为某个行为的角色，该行为出自于他或者发生在他身上，这样，恺撒成为印度日耳曼语言中的第三人称。无论句子的类型属于 necat、necatur 或者 est，恺撒被选为语言中的第三人称，在德语中相应地表现为独立于具体言语情境的某个事件的角色。话语以"恺撒"开始，意味着一个特定象征场的开启，亦即我们在关于印度日耳曼语言格系统那一章所描述的那种象征场。

5.10.5 无人称句

诸如 es regnet（下雨）、es donnert（打雷）之类的语句属于语言学所谓之无人称句。形式上看，第三人称也出现于无人称句，但这与语法学家所给的称谓相矛盾。其实我觉得"无人称句"这个称谓在深层意义上是合理的，虽然它有悖于拉丁母语者的神话想象和朱庇特的形象。① 在印度日耳曼语言中，表示气象的词汇只具备动词的表象，并非完全意义上的动词。它们是表事件的词，要求一个特殊的象征场，开启一个特殊的象征场，这一点与德语动词不同。因为，在 es regnet（下雨）中，句子的补充成分针对的是"哪里"和"何时"的问题，而非针对"谁"。补充成分使得句子成为一个独立于实景的句子，在意义上自给自足。在相当于德语动词的位置上，有的语言经常出现上述那样的事件词，这时，使用附加说明成分的句子模式十分恰当。因为，这种句子的真正主语 S 所指称的实际上是相关事

---

① 朱庇特（Juppiter）是罗马神话中统领神域和凡间的众神之王，操控雷电，因此，作者认为"打雷"似乎"有悖于朱庇特的形象"。——译者

件发生的情境，而独立于情境的句子"下雨"的真正主语 S 意在补充说明"在博登湖地区"，如果缺乏这一补语，则 es regnet 就只能用于具体情境。

自赫尔巴特（Johann Friedrich Herbart）以来，印度日耳曼学领域的逻辑学家十分关注无人称句，追问其中缺乏语言表现的主语，这值得肯定，但同时又错误地将之与动词句的主语相提并论。通过事件词语 es regnet 将气象情况整体（没有结构划分）说出。这不是一个刚才组建起来的结构，附加上"在博登湖地区"说明事件的方位和 to 指示的坐标原点，使得句子的意义独立于话语场景。在德语中，任何一个动词都可以类似方式使用，例如 es spukt（在闹鬼 = 不正常）、es wird getanzt（在跳舞，此句为情境无人称句）。这里，针对句子最需要补充的也是关于话语情境的说明。我描述何处、何时"闹鬼"或者"跳舞"，就会引发一种"穿越"，就会明确虚拟场景中相关现象被指示的方位原点。①

与说明气象的句子相类似，表达主观感受的无人称句从整体上描述了一种体验，并且赋予相关人称一定的格，例如拉丁语 taedet me, pudet me, piget me（alicuius rei），德语 mich ekelt（我恶心），mir graut（我害怕）。这里，具体是 mir 或者 mich（或者 meiner）只是次要问题，首先需要思考的是，为什么拉丁语母语者使用 necor、necaris，而不是模仿无人称句使用 necatur

---

① 参看埃特迈尔《法语分析句法》（1934）806 页注："所有无主语句的共性不是施事缺位，而是缺少一个在概念上形式化的、形态化的直觉存在，一种可能的支配主体。"如果我理解正确的话，"直觉存在"相当于我们的"情境因素"。埃特迈尔指出了古法语中值得关注的变体。

mihi、necatur tibi 之类的结构。在上例中，无人称句整体性描述的"杀死"事件要求一个生命体，来指涉实施指示的"我"或者"你"。这时，上述结构不仅可能，甚至不可避免。但是，在真正动词句的象征场中情形却并非如此，相反，陈述句被切分，并且分配相应的角色。

这样，我们不自觉地重又论及不同语言象征场的差异性。这个问题在第四章末尾曾有论及，但言犹未尽，在这里也不可能轻易解决，更不可能通过演绎的方法解决。不过，我认为，如果我们能够从自己的母语初步实现二分，就是一个进步。S → P 这一模式具有普遍性，可以保留，因为它在我们的论述里只是说明综合体包含两个功能各异的成分。相比较之下，在我们最熟悉的分析性动词句和独立于言语情境的无人称句中，这种功能区分有所不同。如此看来，19 世纪印度日耳曼学领域的逻辑学家们数十年研究无人称句，但始终束手无策，绝非偶然。他们提出各种解决方案，各持己见，争论不休。对此，埃德曼的《逻辑学》总结最为全面。当时争论的焦点是，无人称句究竟是主语缺位的谓语句还是谓语缺位的主语句。两种观点针锋相对，各不相让。德语的 es 和法语的 il 在拉丁语没有相应的表现。两个阵营都正确地认识到它们的语言功能都不是第三人称，而是"无人称"的标记，在句子中占据空位。埃德曼自己赞同谓语说，同时补充了一个成分，说明"打雷"或者"下雨"现象的动因。该成分虽然无形但却存在，体现出拉丁神话中雷神朱庇特的影子。是该成分（代表朱庇特）创造了那种我们感受到并予以语言表达的现象。

从赫尔巴特到埃德曼，逻辑学家们的相关论述招致批判，集中为两点。首先，他们过分拘泥于自己所唯一熟悉的印度日耳曼语言句子模式，第二，他们所比较的因此是不同的对象。真正可比较的句子不是 es regnet（天在下雨）和 Caius schläft（盖乌斯在睡觉），而应该是 es regnet am Bodensee（博登湖地区在下雨）和 Caius schläft，因为，只有这两种表达基本上同样都独立于言语情境（独立于实景）。从独立化的视角看，从 es regnet 到 es regnet am Bodensee 使得句子的意义获得独立，因此可以说，促成独立的正是附加的补充成分。如果将 es regnet 这个独立的句子与 necat 之类人为独立出现的谓词相比较，就会清楚地显现出二者对补充成分的需求是不同的。前者首先要求回答的是"哪里"（和"何时"）的问题。如果加上这一补充说明，则关于气象事件的话语就获得了指示描述所需要的场景。相反，独立的词形 necat 所要回答的主要是主语是"谁"和宾语是"谁"的问题，也就是构成命题中的一个成分。

现在我们再回头反观一下 es regnet 这个词语。它是一个未得切分（整体性）的事实描述。用孤立词 necat 指称"杀死"行为是不完整的，与此不同，es regnet 所描述的"下雨"事件具备完整的语言形式。现在人们完全能够理解，为什么布伦塔诺的基本判断一元论要通过无人称句来阐明。只有对描述进行分析才能明白，es regnet 在任何情况下都需要补足成分，因为它必须在实景条件下或者通过附加说明成分才可理解，才能摆脱对言语场景的依赖，（在意义上）获得独立性。这说明，通过对拉丁语 pluit（下雨）和 necat（杀死）适当的补充，产生人类语言广泛出现的两种句子结构。对此，我们在 4.7.5 通过对"杀死狮子"那个例子的分析已经有所论述。其中一种句式可以扩展为所谓外在限定格或者类似于 am Bodensee（在博登湖地区）的介词结构，另一种则衍生为所谓内在限定格。

至于是否可以用 S → P 这一个象征式来描写两种表达形式，纯粹是术语适当性的问题。例如，人们完全可以名正言顺地设想一种 S 格，但其实所指为地道的补充说明格，亦即不是德语的主格。人们也可以设想一类甚或多类显性使用的谓语词，其句法本质却不同于德语的动词，反而类似于象征描述事件的动词，因而与事物称谓词相区别。

5.10.6　第三人称

但是，我们无论如何能够一般性地理解，一个描述性话语的意义有独立于具体指示场的要求，这适用于叙事性话语。人们可以想象，在人类语言发展过程中，指示性的叫喊为单级系统，属于初级阶段。然后某个时候，出现了对不在场的事物进行描述的需要，这意味着语言表达要摆脱对具体场景的依赖。在德语中，人们通过两种主要情况对相关手段进行了论述和心理学分析。德语的语言表达独立于视觉指示场可以是空间—时间的，这时，用一种称谓实现穿越，代替原本蕴含但未得形式体现的"这里—现在"指示（例如无人称句），或者也可以通过"我"指示，这时，"我"指示同样也是蕴含其中但未得形式体现（例如动词句）。因为，指路人虽然以"这里"为出发点实施指示，但不需要专门说"这里"。对于依赖于场景的人类言语表达（例如有轨电车上说"直走"）而言，不仅可以不用"这里"，同样也可以不需要"现在"和"我"，虽然它们是理解的基础。那么，在印度日耳曼语言的动词句中，经常使用表示

"我""你""他"的符号（拉丁语 amo "我爱"、amas "你爱"、amat "他爱"），有何意义吗？要达到什么目的呢？

印度日耳曼语言的 er（sie 和 es）最值得关注，但在心理学上绝不能与信号发送者 ich 和接收者 du 相提并论。其实我们从第三人称看得最为清楚，描述性动词句选择 ich 和 du 的意义何在。需要重申的是，对于 es regnet 之类的表达而言，三个词都完全多余，那么，人们为什么要在描述性动词句中使用它们呢？我这里造三个句子：amo te（我爱你）、amas me（你爱我）、amat Caius Camillam（盖乌斯爱卡米拉）。非常清楚，在第一个和第二个句子中，"爱"的行为被分解，并且以非常简单的方式对应于现实言语行为的分解式。可以说，人们将"爱"投射于具体的言语行为。"爱"有两个伙伴，具体的话语也有两个伙伴，而后者，即信息的发送者和接收者，则是通过指示而被涉及。他们被现实指示，以体现他们与"爱"的伙伴的一致性，以及一致性的方式。对此无需赘言，但如果其他语系句子类型体现出本质不同的投射，则需要进一步的解释。纯粹方位描述性语言会把事件投射到言语场景中的位置，例如，"爱"由发送者之地"这里"到达接收者之地"那里"（即"你"所在之地），用拉丁语说大概就是 amatur（被爱）hinc istuc（此处，第一种情况）或者 istinc huc（彼处，第二种情况），也可以像 Caio nex leoni（恺撒杀死狮子）那样，采用工具与格结构，例如 amatur me（我爱，工具格）tibi（你，与格）。毫无疑问，这一切都可以在命题投射中与现实的言语行为相对应。

但是，印度日耳曼语言的第三种句型 amat Caius Camillam（盖乌斯爱卡米拉）则另当别论。因为，这里除了现实言语行为的两个自然角色之外，还增加了第三个角色，涉及"去往，指向"to 指示（某处），例如 amat（他爱），为什么呢？就是要在言语行为中将新增的角色与"我"指示和"你"指示所涉及的角色等同视之，因为，"爱"这个事件不仅仅可以投射到信息的发送者和接收者，也投射于第三个角色，例如 er liebt mich（他爱我）、er liebt dich（他爱你）、ich liebe ihn（我爱他）、du liebst ihn（你爱他）。在印度日耳曼语言的句子中，这第三个角色不仅仅被提及（例如 Caius），而且还要被标记出来，例如 amat 中的 t，对其理解的背景与变位动词表示 ich（我）和 du（你）的黏着语素（或者被分解出来并独立的"我"词和"你"词）一样，都是出于同样的语言需要。如果我没有搞错的话，角色指示符号普遍使用的根源，在于语言叙事不仅着眼于此在，还要叙述非此在的东西。因为，无论通过戏剧还是写实手段呈现和接受非此在的东西，都需要予以标记，或者方位标记或者人称标记，如此才能实现语言描述。也就是说，凡是将非此在投射于言语场景的坐标就有此必要。印欧语言都是如此，人称符号体系无处不在，并且扩展使用第三人称，以便与该语系所偏好的象征场和行为模式相一致。

　　严格来说，印度日耳曼语言没有哪个变位动词在句子里完全不具指示性，相反，总是以动词的人称后缀的形式充当指示符号。其实，从 amo te 就已经非常清楚地看到，句子意义初步摆脱对视觉指示的严格依赖，因为，当人们说 amo te 或者 amas me 等句子时，施爱者和被爱者一般会连同他们的爱一起超越当前给定的言语场景，如此，"我"和"你"的辖域得以扩展，叙事现在时包含了一个不确定的"现在"域，当下的说者和当下的听者在其中保持交往。

相比较之下，第三种句子的自由化程度更高。在 amat（他爱）中，"他"是不确定的，并且只有在不属于话语双方的"我"和"你"时，才与现实的言语场景相关。"他"既不是信息的发送者，也不是接收者，而是一个第三者，为指向指示所指涉。至少一般情况下如此。盖乌斯曾经口头或者书面向卡米拉表示爱意，这意味着，他在语言上实施了客指，从而，发送者和接收者符号消融于语言结构之中，形同于那场桃色事件之外的任何人。这之所以可能，是因为在相关场域中使用了称谓词"盖乌斯"和"卡米拉"。因此，"他"（例如 amat 中的 t）不仅仅是不确定指示符号，其所指同时也被称谓。在印欧语言中，用宾格表达的对象（卡米拉）根本就不是指示性的（例如在大量使用人称的语言中），而只是称谓性的。如此，将被描述事件投射到现实言语行为的坐标系（更为原始），就只剩下第三人称指向指示符号，另外还有针对描述对象的行为这个范畴。

这样，陈述句的意义可以最大限度地摆脱对言语场景的依赖。当然，逻辑学家在此还会想到其他各不相同的情况，例如，我们例子中的专名应该替换为科学定义的类名，或者人际之爱的时态性表达应该替换为更具普遍性（超时态性）的自然现象，并且用句型 S → P 予以语言表达。对此，我们会表示赞同，不会反对。而且，我们例子中人类盖乌斯的爱受到生命的局限，相比较之下，即使表达前科学智慧的句子也更具普遍性和适用性。只不过那不是我们所关注的焦点，关键的问题是，我们的语言表达是否可以更客观，能否使所描述的现象更彻底地（更大程度）摆脱对言语场景的依赖。回答是否定的。第三人称指示符号并非有碍观瞻的小尾巴，可有可无，虽然实际上有时消失，例如在无动词关联句中。通常情况下，自然语言将指示替换为称谓实际上达到自由化的极限。除此之外，通过一定手段可以实现句子更进一步的"去主语化"，例如明确定义所使用的称谓词，消除歧义蕴含，明确自然语言的句法。[①]需要注意的是，这里涉及的只是陈述句，不涉及别的句型。

5.10.7　逻辑句的绝对自由

关于无指示场句子的问题，最后一点还涉及逻辑学。数学命题"$2×2=4$"，数学等式"$a+b=b+a$"，逻辑原理句式"A 是 A"，等等，从语言表现看，与陈述句并没有多少区别，但语言理论学家仍然应该予以专题论述。在这个问题上，我们需要谨记，每一个说者在其儿童时期对所有称谓词的理解都直接或间接来自于直接指示场中的东西和事件，然后经过训练习而得之。按照古希腊人对指示这个概念的理解，我们这个断言可以成立。严守科学信念和逻辑学，人们对新的象征符号的习得亦需要借助于指向指示："看那儿！我们把你眼前黑板上、书页上的符号当作特定对象的象征符号。"所有象征符号就是这样被赋予意义的。这时，没有辅助性指示手段实际上就不可能将象征系统用于人际主体间性交往。在习得的过程中，科学语言的象征性从自然语言获得营养，得以发展，但是，这一营养脐带似乎迟早终要被剪断。

[①]　强调语言的行为模式蕴含着拟人化思维。亚里士多德逻辑学将句子变位动词转换成系词（ist），以求消除拟人化。在这方面，现代逻辑学提出并满足更为严格的条件。但我们对此不感兴趣。

之所以说"似乎",是因为还需要实际检验,然后才能断定,是否能够在语言理论上证明 S → P 之类高度形式化的陈述句的意义建构无需指向指示习得手段的辅助。仔细观察逻辑句式会发现,亚里士多德以降逻辑学在所谓"不严格的"场合所言,以及当今逻辑学最具抽象性的表述,都表达了一个意思:语言类符号系统的描述方式也反映于逻辑学。逻辑学注意到语言类描述机制的结构,运用自己的句式,使得所有简单和复杂的系统产品的形成条件和分析方法清晰可见,例如,此 A 与彼 A 相同,并且在每一次证明中保持不变。

这是问题的全部。无论是逻辑学,还是任何一种 S → P 之类所谓绝对没有指示的句子,人们都不应该提出更多要求。因为,逻辑学的许多甚至所有句式,以及(如许多人所认为)数学句式,也可能属于此类问题,至少许多重要的逻辑学家断言如此。如此看来,习得之所以能够最大限度地独立于指向指示,根源在于对系统条件的内省,在于基本秩序的自我限定,再说一遍:在于纯粹的逻辑学。我们所讨论的句子都只出现于纯粹的逻辑学,都可以彻底分析,追根溯源,或者干脆说:是同义反复。

对此,人们数百年以来在形式逻辑中进行了基本的论述。近来,里尔(Alois Adolf Riehl)、埃德曼和克里斯同时在 1892 年重又拾起洛克、休谟和密尔早先提出的观点,区分"现实判断和唯心判断",或称"现实判断和内省判断""客观判断和概念判断",以突显逻辑句式的特殊性。[①] 据此,逻辑无非就是唯

---

① 屈尔佩(Oswald Külpe)《逻辑学讲座》(1923)论述了上述区别,并且通过"概念""判断"和"推理"三个问题进行了更为细致的阐述。书中 243 页罗列了相关文献。

心判断＝内省判断＝概念判断。我认为，要理解这一立论，最为便捷的途径是认识经院派的假设论。例如，当你在某个上下文中看到"父亲"这个词，你要记住，这个词有时候在文中并非只是像人们熟知的那样，是一个表示孩子生身父亲的象征符号，而是使你从所感知到的符号体产生一个形式化的认识，例如你将之视为语言学中的名词。同样，当你听到逻辑学家说"A 是 A"，你要记住，这不是儿童游戏，你必须对句子的意义进行最高形式化的理解，进而理解语言类描述系统（亦即恒等定理）的根本所在。

对于我们而言，只有一点十分重要，那就是要认识到，所有句子的理解都受到习得指示的影响。习得指示与客观指示不同。后者隐性地存在于所有描述现实的命题，不可或缺。没有客观指示就没有存在命题。客观指示蕴含于所有描述现实的句子之中，即使没有语言表现。相反，在纯粹的概念句中，客观指示与习得指示相重合，因为，逻辑句与概念内容相吻合，不超出概念内容。我认为，说明这一点，就是在语言理论上完全说明了逻辑句的特殊性。

5.11 回指

5.11.1 话语的关节

德语将语言的多句组合称为 Satz-Verbindung（句子连接）或者 Satzgefüge（句子组构）。这是一种转借的叫法，是一种隐喻。世界上还有其他集结在一起的东西，例如用石头和木头建造的房子，可与之相互比较，以突显其中这种或那种因素。说起"连结"（Verknüpfung），尤其是受词源价值的影响，人们会想到"缠绑"和"绑结"，这也符合事实。古希腊人早就将某一类型的词称为 σύνδεσμοι（σύνδεσμα），而古拉丁语则用连词将两个句子"套"在一个"轭"中。古希腊人对"链接"和古罗马人对"轭"的想象，与德语用于多句单位的词语相吻合。古人创造了 Text 这个词，想到的是"编织"，但我说不清楚，他们想要将"编织"的什么元素转借到语言表达上去。

我最后还要隆重推荐另一种更为生动的形象比喻，那就是将话语隐喻为"关节"，包含在希腊语 ἄρϑρα="关节词"之中。关节词原本指所有用于回指的指示符号。我们将这一比喻用于我们的阐述，纳入我们的术语，具体如下。动物和人类的身体在关节之处发生某种"中断"，与此相类似，话语的联系也在某些地方发生"中断"，这时会发生象征场的断裂，但被中断的内容会功能性地统一起来，因为，回指性指示词象征性地将被中断各部分重新整合，并且在不同程度上说明整合的方式。我认为，这一形象描述十分贴切，虽然不能说全面概括了本书关注的所有现象，但适用于其中许多现象。

关于多句单位的各种形式，是后文才要展开讨论的问题，但这里已经将之视为一个重要的话题提出。为了理解回指性指示的本质和功能，我们要再次推荐跨界比较的方法。关于回指，有著名的语言学家认识清醒，但也有人认识完全错误。这从赫尔曼·保罗和布鲁格曼看得最为清楚。这里，我引用保罗《语言史原理》中的一段话，来详细解释布鲁格曼错误观点的典型性及其根源。保罗写道：

> "指示代词原本指涉存在于眼前的对象，后来指涉刚刚被言说的对象，这一变化是句法发展最为重要的一步。这意味着，一个自主的句子同时限定着其后的句子，而这种心理关系有其语法表现。指示代词可以指涉整个句子或者一个句子成分。"（保罗，1901：148，着重符为笔者所加）

这个观点十分中肯，值得语言理论深入思考和认真研究。但人们首先要深刻分析关于回指特性激烈争论的根源。关于回指，赫尔曼·保罗代表旧的观点，还有一种比较现代的观点。为了认清回指问题，我们将两种观点相互比较。这是下面第一节要讨论的话题。我们首先指出，在回指中，上下文本身上升为指示场，然后通过几个说明，来普遍论述回指的功能。

5.11.2 回指的本质

我眼前看到一种关于回指的现代观点存在错误，在布鲁格曼最为典型。在其关于印度日耳曼语言指示代词的科学院经典论文中，有如下一段话：

> "阿波罗尼奥斯以降（参看温迪施，1869：251及下页），人们一般通过指示代词的用法来论述指示和回指的区别，认为那体现出指示代词最主要的特点，进而体现于其词类定义之中。例如冯特说过，指示词的功能是指涉东

西和人，它们或者直接在场，或者刚才在前文被提及，因此不需要像通常那样使用名词称谓。但是，这一划分不符合德语代词的词类本质。"

"指示词原本似乎只指涉直接感知中的东西，但是后来，说者将当前的直观感知类推至自己的整个认识世界。这样，关于这类代词的本质，根据其在不同历史时期的各种用法，最好界定如下：它们实施语言指示，指涉说者所注意到的对象，并要求听者也注意该对象。那么，如果要根据指示和回指而对所有相关现象进行细分，则只有一种划分符合事情的本质，那就是，所指涉的是否为不依赖当前场景而直接已知的。"（布鲁格曼，1904：13 及以下诸页）亦即：关键是已知和未知。

布鲁格曼花费一整章的篇幅论述这一问题，我把其中第一部分（反驳）和最后部分（建议）抄录了下来。中间是对两部分的心理学论证。他通过举例说明，指涉由感知现场的对象"无界地"发展为刚刚被感知、记忆犹新的对象，并且"没有固定界线"，而后者毫无疑问被划归为回指。

"例如，有一位男士从旁走过，我说 dies war Herr N（那是 N 先生），同时不做任何伴随代词的肢体动作；刚才打雷，我说 das war kräftig（真厉害！）；我在听到一支歌之后说 dieses Lied ist mir neu（这首歌我没有听过），等等。""当我在说出 dies war Herr N 时向他刚才走过的方向摆了一下头，那么，这个肢体动作就赋予代词某种感性指示的特点。"那么，回指的情形又是怎样呢？当我在听到一个断言之后说 dies ist mir neu，相比较刚才那个句子 dieses Lied ist mir neu，其中指示代词的功能完全一样。而且，无论代词的所指在别人的话语中还是在说者自己的话语中，都没有区别。

另外，在两种情况下，指示的清晰度都体现出高低不同等级，"最低趋于一般的冠词"。"在这一点，指示代词指向前面或后面的词语也没有区别，例如德语 merk dir（diese）lehre: du mußt...、merk dir díe léhre: du mußt...、ich setze den fall, daß...。"

这些乍听起来完全正确，毫无疑义。布鲁格曼所举的例子大都源自于生活，说明"摆头"与否实际上对指示没有意义，因此，我向刚才那位男士走过的方向摆头与否又有什么关系呢？或者我所言及的"这支歌"是刚才唱过的还是对于我以及我的话语伙伴而言是刚才交谈的对象，这有那么重要吗？我们赞同布鲁格曼的观点：感受到的或者想到的，没有区别。但是，这里需要补充非常重要的一个限定：只限于实景指示。在这种情况下实际上没有区分的必要，因为，无论虚拟指示还是视觉指示，其心理学前提都是一样的，并且都需要同样的感性指示手段为辅助。但是，如果将实景指示换成句法指示，情形就不同了。句法指示的心理学基础不同于实景指示，同时，二者可指（可涉及）的范围虽有交集，但绝不一样。而布鲁格曼的例子源自于实景指示。另外，在布鲁格曼看来，"这对我是新的"中的"新"与那支歌给人印象的"新"类似，都存在于他人话语在我认识中唤起的事物之中。dies 这个小词所实施的指示属于实景指示，这一点布鲁格曼是对的。

但是，如果我将话语稍作改动，说 dies ist wahr（falsch, plausibel, gelogen usw.）（这是真的、假的、可信的、骗人的，等

等），那又会怎样呢？无论地球上、天空还是地狱中，都无所谓真的或假的东西，因为真或假只能是一个判断，一个句子，或者更普遍地说是一个描述。① 我用 dies ist wahr 所指称的，不是某种东西，而是刚刚说出的一个判断，是我刚刚"开启的"话语的一部分。无论这个判断出自我、你或者（如我们补充）第三者之口，都无所谓（这也是布鲁格曼所强调的）。一个当前话语的所指一般不是自己，有时可以回指和反身。对此，理论要有所认识，并且给予哲学反思。回指是反身指示，我们对此必须认真对待，将之与常见的实景指示严格区分开来，一如对待自杀与常见之他杀的区别。布鲁格曼仅仅证明了那些可以某种方式外在分析的情况。

还有另一个例子说明各种回指的系统性差异。逻辑学三段论是一个常用而又正确、备受推崇的模式，我们不妨用来检验布鲁格曼的理论。所有人都会死的，恺撒是人，所以恺撒是会死的。其中，"因此""据此"或者"由此"等通常无疑实施回指指示。它们要求听者整体考虑前面两个句子（即亚里士多德之 συνορᾶν"总之"），然后得出结论。这时，无论如何会在前后相邻的句子之间发生反向和正向的回指。不过，这里先不要急于做更详细的分析。可以肯定，反向回指的对象是得出结论的根据，而我必须针对前面的句子，才能找到根据所在。另外，逻辑学家知道，那个逻辑学结论并不因为前提句用词的改变而受到任何影响，不一定非要"人"和"恺撒"不可，也可以替

---

① 有人指出与 echter Bart（真胡子）相对的 falscher Bart（假胡子），或者 falsches Geld（假钱）和 falscher Demetrius（假冒的迪米特里厄斯）等现象，这容易解释。

换为 X 和 Y，"死"也可以换成一个任意的谓词 α，这些毫不影响那个逻辑结论。因此，在逻辑实践中，回指性指示同时要求被描述命题的形式化。

关于回指性指示的系统论述必须注意到其他方面的差异性，至少应该指出，"这不对"和"这是欺骗"之间存在不容忽视的区别。因为，后一句可能造成一种伤害，会受到法律的惩罚，相反，前一句是逻辑裁定。不过，这里不应该对此展开深入讨论，只需要说明存在发生于结构内部的、反向和正向的指示。面对这样复杂的指示现象，"已知"和"未知"这对概念过于简单，在理论上十分贫乏。

看来，回指研究必须以一个完全不同的视角，那就是：从独立于指示场的句子我们看到，语言描述在特定限度内、逐步地摆脱了对言语场景的直观性的依赖，摆脱了对那些类似于指路牌的符号指示的依赖，这样，句子结构成为一个新的研究对象。旧的指示符号并没有消失，而是承担了指示的内在功能（摆脱了外在任务）。简而言之，它们永远都存在于上下文，但它们的手臂或者箭头不再指向肉眼可及的具体之物，而是指向上下文中的位置和成分，其所指是指示符号本身所不能指涉的对象。回指箭头所涉及的不是所言及的东西，而是相关东西的语言表现，亦即句子或句子成分，如保罗所正确指出的那样，或者说是相关东西本身，但却是被语言表现的形态，也就是说，是会话双方如此这般描绘的相关物品和事件。这一区别与我们提出的 und（和）的句子组合功能和句子连结功能相类似。对此，人们要有清醒的认识，并且需要适当的标准来相互区分，起码要对许多情况给予语法区分。无论如何，如果回指箭头会说话的话，它大概会说：顺着当前话语向前或者向后看！那里有本该在我所处位置的东西，这样才能与下面要说的内容相联系。或者以相反的视角说：我下面要说的东西本该在那里，只是方便起见位置迁移了。

人终生与语言为伴，往往会对语言的神奇功能司空见惯，失去了为之感到惊讶的能力。这时，我们应该通过与语言以外现象的比较来说明问题，关注其他描述机制更为高级的组合手段。这里只是初步的论述，只能是导向性的概览。语言之外也有一些内部指示符号，例如建筑技术方面的指示符号。人们对此也有所论述，但都只是一些初步方案而已。大多数连结组合需要其他辅助性手段才可实现。虽然如此，对各种连接技术开展研究仍然非常值得，很有教益。因为，这些技术的许多元素都可见于语言。而且，非回指性连接手段也经常完全能够满足语言的需要，因此绝不能说回指性指示对语言不可或缺，只不过那是语言非常有效的手段，从许多方面看是语言非常典型的特点。前文（4.3.3），我们在分析研究中系统论述了上下文因素，那么，这里所论之新因素在那个系统中处于什么位置？该做何分析？

5.11.3 话语的词汇序列与电影的画面序列

在赫尔曼·保罗的列表中有"相邻"型上下文因素，与回指关系最为紧密。在句子中，诸多词汇意义单位因其内容而相互统一，相互适应。对于这种联系及其方式，保罗只是略有提及，而夏洛特·比勒通过被试人群对篇章的重构所得结论则较为详细，另外，隐喻的跨义域阻滞和抽象性也是清楚的证明。

回指是语言的一种特殊手段，使得语篇连贯在一定程度上避免了偶然性，在句子象征场句法秩序的基础上，将特定的成分彼此连接。借助回指，前文出现的内容可在当前重新提及，后文将要出现的内容可在当前预先提及，其间各种形式的插入成分时大时小，距离跨度也时大时小，而且，这些都无损于人们对语篇整体的清晰理解。总体而言，按照心理生理原则，词在语流中只能一个一个接替出现，而回指的形式非常丰富，基本可以弥补心理生理原则的局限。

为了全面认识这个问题，我们首先还是从整体的角度将人类话语的词汇串与（无声）电影的画面组合相比较。莱辛比较分析了绘画与语言，提到荷马。语言理论应该在更为广阔的基础上继续他的分析，同时需要谨记动态画面的可能性。人们是否想到如何在电影中再现奥德赛的形象？果真如此，则语言理论应该明确指出再现的一系列视角，相互比较，以便更好地认识两种描述机制的结构。我认为可以先观察一下文学叙事和电影叙事的相似性，然后再分析回指手段与无声电影的矛盾。

在虚拟指示方面，电影与文学叙事的相似性大于戏剧话语。因为，若要引入并指示不在场的东西，在戏剧中是"山走向穆罕默德"，相反，文学叙事则是"穆罕默德走向山"。在这一点，电影显然体现出文学叙事性。我们先看最明显的现象：电影胶片是视觉叙事，其中有许多场景剪辑。普通观众对此技术没有觉察。影片录制充满跳跃性视觉转换，从远景跳到近景，或者摄影机（在运动中）从远处环拍一个对象。这些都是再现叙事最为简单的穿越形式，就像我们从四周观察一座雕塑、一栋房子、一座城市，一段一段地巡回，不时地间歇。

我们持续观看一幅静态的画面，或者追踪观察一幅动态的画面，目光在移动中看似不间断。严格而言，这样的观察不可避免存在间歇和跳跃。有人宣称曾经用移动的目光不间断地扫描一个环状物或者一个人的身体轮廓，类似于用手移动触摸对象。这其实是一个巨大的假象，因为这在生理学上是不可能的。同样，我们顺着视觉逐行阅读时目光是移动跳跃的，所看到的并非印刷字体的形状。总之，摄影师在充分利用这种必然的现象，只是技术十分娴熟罢了。

埃德曼和道奇对阅读深有研究，他们的《基于实验的心理学阅读研究》（1898）首次对移动的目光进行了细致观察，颇具启发性。之后，道奇继续研究目光移动的问题，并随着实验技术的进步而不断深入。今天，我们可以简单地说，目光从一个固定点向下一个固定点移动，在生理学上从来都不是被"引去的"（geführt），而是被"扔去的"（geschleudert）。目光的运动是弹道性的，因此，目光不可能连续地扫描对象的轮廓。相反，手在触摸时的运动是被"引去的"，也就是说，运动在肌肉对抗中受阻，同时能够时刻获得力量的补充。

我们统计了正在播放的几部电影中的镜头切换，结果数量惊人，平均每部电影有500个，其中80%—90%属于上述视角跳转，例如观众的目光跟随主角向前行进，阶段性经过几个地方：N女士在客厅，准备接孩子们庆祝新年。观众看到她走开了 ‖ 上楼梯 ‖ 打开孩子们房间的门 ‖ 叫醒孩子们，等等。其间每次都有一个镜头跳转。同样，荷马对裴奈罗珮的描写也基

本如此：前往储藏室，取来俄底修斯的弯弓，以便让众求婚者进行一场比赛。她在路上的情形如下（《奥德赛》XXI）：①

> 裴奈罗珮走上楼梯，通往她的套间，
> 坚实的手中握着瑰美、精工弯铸的
> 铜钥匙，带着象牙的柄把，
> 领着女仆，走向最里端的房间，
> 远处的藏室，放着主人的珍财，
> 有青铜、黄金和艰工冶铸的灰铁，
> 躺着那把回拉的弯弓，连同插箭的
> 袋壶，装着许多招伤致痛的羽箭。
> ……
> 其实，裴奈罗珮，女人中的佼杰，行至藏室，
> 橡木的门槛前，由木工
> 精心削刨，紧扣着画打的粉线，
> 按上贴吻的框柱，装上闪光的门面。
> 首先，她松开挂把上的绳条，
> 然后插入钥匙，对准孔眼，
> 拨开木闩，房门发出声声噪响，如同公牛的哞喊。
> 牧食在户外的草原——就像这样，绚美的房门
> 一阵轰响，带着钥匙的拨力，迅速敞开在她的眼前。
> 随后，她踏上隆起的楼板，临近陈放的
> 箱子，收藏着芬芳的衣衫，

---

① 这里借用了陈中梅的译文（《奥德赛》，北京燕山出版社，1999年）。——译者

> 伸手取下弯弓,从挂钉上面,连同
> 闪亮的弓袋,罩护着弓面。她
> 弯身下坐,将所拿之物放在膝盖上面,
> 取下夫婿的弓杆,出声哭泣。
> 当心酸的眼泪舒缓了心中的悲哀,
> 她起身走向厅堂,回见高贵的求婚者,
> 手握回拉的弯弓,连同插箭的
> 袋壶,装着许多招伤致痛的羽箭。
> 女仆们抬着箱子,装着许多
> 铁和青铜的铸品,主人留下的器件。
> 当她,女人中的佼杰,来到求婚者近旁,
> 站在房柱下,柱端支撑着坚实的屋顶,
> 拢着闪亮的头巾,遮掩着脸面,
> 两边各站一名忠实的仆伴。
> 她当即发话,对求婚者们说道:

394   这里我们看到,人们穿越来到房屋高高的台阶、藏室的入口等,然后随着诗人的笔端,在几个台阶上断断续续看到几个特别策划的场景,即整个过程的重要节点。这些都属于"穆罕默德走向山"的穿越,其中蕴含着一点相似之处,也就是我们之所以讨论电影的动因:电影与史诗的相似性。但是,我们必须立即补充:相比较无声电影,语言描述的优越性主要在于两个因素。一个因素是每个句子单位简短而意义丰富,另一个因素则是回指的联结功能。不过,我们还需要再观察一下移动画面的技巧,进一步比较分析其中所运用的手段。

电影运用大小画面的跳转，都是精心策划的。根据贝拉·巴拉兹（Béla Balázs）的理论，[①]人像摄影画面大小分为三级，即特写、中景和远景。特写画面经常只呈现头部，体现表情；中景即正常画面，呈现人物在行为中的全身和行为场景；远景为小画面，是一幅风景或者一组人群，主角在其中隐约可见，或者在远处做着什么。此论受到专业摄影师们广泛认可。在如此粗略描述的大小范围内，连续性过渡和跳跃性转换清晰可见，是电影喜欢使用的表现技巧。

首先呈现某个对象的大致轮廓，然后再放大局部。对此，语言描述是怎样实现的，这不好一概而论，也不能三言两语说明，原因很多。但是，为了弄明白典型的表现技巧，人们不妨再次求教于史诗和童话作家。童话叙事的技巧一目了然，经常是首先给定一个框架，这样，在接下来的具体细节描写中就无需太多语言连接手段。我看到特罗扬（F. Trojan）在一篇论文中写道，荷马喜欢以奥林匹斯山上的众神为叙事框架或者叙事引子，这样，接下来就可以非常顺利地潜心于具体细节的描述，因为人们已经知道整个故事大致会怎样展开。恺撒首先大致描写了大军陷入敌阵的困境，然后说"我来了，我看见了，我征服了"。歌德先是用四行文字描述了歌者的处境，接着写下四个互不相关的句子：Der König sprachs, der Page lief, der Knabe kam, der König rief.（国王说，侍者跑，小伙来，国王喊。）在上述所有情况下，只要依序呈现场面，无需任何其他连接手段。

---

① 贝拉·巴拉兹（Béla Balázs，原名 Herbert Bauer，1884—1949）匈牙利电影理论家、编剧。——译者

电影镜头切换的手法更为细腻，例如将主人公定格，然后直接跳转到主人公的周围环境；情人街上约会，舞池或者家中的一对，或者一位身着燕尾服的先生在波士顿跳入大海，然后，经过几个波浪之后身着泳装在索伦特上岸。对于我们的目标而言，我们只记录下行为者的表现，附带思考一下，语言描述怎样以丰富多样的形式自如地重复使用称谓词（有时也使用指示小品词）来实现实词内容连接，例如"亚伯拉罕生育以撒，以撒生育雅各布，雅各布……"。这是一个没有连接词的链式结构。生育实际所需的时间间隔（同样还有女性伴侣）不言而喻。这具有语言理论意义。关于这一点，我们前文（4.3.2）有所论述。回指可以代替重复。我们还将论及重复的方式。

5.11.4 梦幻电影与理性话语

现在再看另一种现象。影片主人公思绪万千，于是银幕上穿插出现记忆场景和虚拟场景；这时，也会出现某种特殊的场景变换。这是一种非自然的现象，但有时被运用于银屏。其实，从技术上看，也可以将不在场事物的画面插入当前情境中。我曾经观看在巴黎拍摄的《堂吉诃德》电影，其中就有将主人公用素描画虚拟表现，让其通过装满藏书的书斋，从大开本古书走开。这样，电影在一定程度上使用了戏剧手法，使得"山走向穆罕默德"。为此，电影创作出一种基本舞台场景，运用神奇手法将不在场移植于上，凸显出来。这是一些虚幻画面，就像一群野鬼和其他幽灵，经常与舞台画面形成冲突。简而言之，它们是画中画，为电影广泛运用。电影在这方面手段有限，因此我们认为，在戏剧性话语表现方面，电影缺乏某种非常重要和非常典型的东西，不能将不在场转引于当前之中。电影缺乏恩格尔所刻画的那种戏剧性表现技巧。①

另外，植入法在语言描述中（例如史诗）十分常见，因为语言具备适当的手段使之界限分明。相反，植入法对于电影而言则是一种特殊的安排。电影技巧在许多方面使人联想到梦幻中的非连续情景跳转。在沉睡者的梦中，因故出现过去记忆中或者未来愿望中的场景，出现某种恐怖的事情，完全脱离现实。这些都是地道的场景转换。一般而言，梦幻者跳出基本场景，而且大多不再重返。②这里，我们看到语言叙事与电影技巧在连接手段方面的另一个重要区别。

同样，电影所呈现的也是一种地道的穿越，并且在此一点与梦幻中的想象基本无异，相比较清醒状态的想象都是一种简化。清醒状态的思想和想象非常复杂，在主句和从句的复杂结构中以叙事性话语、直接话语和间接话语等形式交替出现，得以规则而巧妙的表现。不过，我们这里还是再看一下植入式叙事。例如在上述场景中，荷马可以在裴奈罗珮取弓的途中植入俄底修斯弓箭的故事，植入痕迹清晰可见。他可

---

① 参看卡尔·比勒《表达理论——从历史揭示系统性》44及以下诸页，以及温克勒《诗性艺术》（1924）。我认为戏剧性话语有其"表现"。我从一本由阿尔诺德（Arnold）指导的维也纳大学优秀博士论文（《戏剧的补充叙事》1934）获知，最早论述戏剧性话语的应该是莱辛，再后是歌德。恩格尔将相关认识运用于对演员身体表演技巧的研究之中。我们这里只是顺带提及戏剧表现的主要特点，据说希尔特（Ernst Hirt）的《叙事、诗歌和戏剧的形式原则》（1923）对相关历史和问题论述详实，不过我尚未读过。相关事实对于我们深入开展表达理论研究（电影研究）非常重要。

② 在梦中也会出现相反的情形，即一个场景挥之不去或者反复出现，但与我们关系不大。

397 以运用语言描述特殊的连接手段,来调动我们在清醒状态所想象的生活,效果更为生动。他只需要在插曲的开始使用"**当时**"这个小词即可实现穿越。这个小词充当植入法的基本标记,而电影技巧却无法使用,在睡梦中也无法规则呈现。荷马(或许还有裴奈罗珮)在想到弯弓的时候就已经想到了那把弓的战斗故事:

他们**当时**相遇在梅塞涅果敢的奥尔提洛科斯的家中,俄底修斯在**那里**索取债务,所有人都欠他的债。

这样,对这个"当时"故事的叙述顺理成章,并且,之前所引用的话语在结尾处又回归到基本场景之中:"女人中的佼杰,行至藏室"。

"电影和史诗"这个话题极具语言理论意义。对于我们的目标而言,需要重申指出,语言和电影都大量使用说者或者听者穿越,但是,相比较电影,语言具有极大的优越性,因为语言拥有指示符号,更因为语言可以将指示符号用于虚拟指示和回指。

5.11.5 回指指示的丰富与贫乏

为了清楚地了解一般文章中回指的连接功能、表现形式和分布等,我做了一些统计,制作了回指语汇在文章中分布的图表,并且准备在别处发表。在用德语写作的大家中,有人的文章(如歌德和尼采)极少使用回指,有的则非常多(如莱辛的诗歌和散文),但是,大量使用的情况即使在同一个作家和同一部作品中也经常波动很大。大量使用回指的经常是行政公文。从上述回指使用的情况可以看出,如果语言不实行减法原则将会怎样，更何况有画家将自己表现手法的基本原则表述为：绘画即是减法。另外，好的言说即是惜字如金，大量留白交给听者，尤其是给听者留下自由空间去进行共建性思考。严格而言，听者所作共建性思考受到回指性指示符号的引导，同时，回指性指示符号的使用遵循那句古希腊哲言：适可而止。

5.12 复杂句的形式世界（概论）

5.12.1 形式多样性起源问题

情形与复合词类似，比较语言学家从句子也发现了一个稳定的形式世界，并且对其历史多有了解。对于复合词和句子，人们一直都希望发现并把握它们形式丰富性的根源，正如布鲁格曼在论述复合词时所言："我们关注的不是现有复合词所经历的命运，而是复合过程本身，是作为创造性活动的复合。"（布鲁格曼，1900：361）从阿德隆至内林（Nehring），人们对主从复合句本质的一系列研究都遵循同样的座右铭，思考主要聚焦于主从关系的"创造性活动"。对此，克雷奇默的基本认识是："原本只有简单句，并且主从句关系源自于并列句关系。这是对主从复合句发展历史的基本认识，可追溯至阿德隆。"（克雷奇默，1927：62）这一认识的根据既是历史的，也是心理学的。对其中的心理主义，迈耶和布鲁格曼等人提出批评，而更为尖锐和深刻的批评来自于赫尔曼·保罗。我们要为之辩护。

从历史看，我们印度日耳曼语系的一个非常重要的现象是，有人证明原始印度日耳曼语言没有关系词和连词。由此，爱德华·赫尔曼（尤其是根据希腊语）得出结论，认为原始印度日耳曼语言没有主从关系。但也有学者对此提出质疑，指出，在现有语言中，当句子中表示主从关系的黏着语素缺位时，普遍存在相应的区别性韵律标记。对此，雅各比等人十分关注，从其他语系列举可比性现象，同时，根据现存复合词中的蛛丝马迹，重构印度日耳曼语言最古老的类从句结构。迈耶强调韵律手段这一现象，认为原始印度日耳曼语言应该有连词，只是很早已经消亡。可见，关于主从复合句的起源众说纷纭。

我们是现象论者，喜欢直击问题的要害。我认为，对语言理论而言，最直接的方法是将两种状态的语言比较研究，一种是主从关系为主导，另一种是并列关系高度发展。我在进行这项研究的时候，在维也纳看到一篇博士论文，实证对比分析我们所关注的现象。那就是威利·迪姆克（Willy Diemke）的论文[①]，属于切尔马克（Czermak）教授领导的一项极富语言理论意义的研究。其中将一段古埃及语文章与修昔底德文章中的主从复合句相比较，颇具启发性。对于我们的目标而言，只需要将论文作者所提供的两段文字的德语译文予以比较即可。古埃及语是一种精练的语言，古希腊语则是典型的结构复杂（多元）的语言，其情形我们从古希腊罗马古典大师的艺术创作不难想象。相比较现代文章，难免让人想起古代航海曾

---

① 迪姆克《论主从句的起源——以古埃及语关系从句的发展为例》（1934）。

经使用的高高扬起的三桅帆船①。（换一种形象说法）修昔底德（Thukydides）后来尝试使用五层甚或六层结构，而迪姆克所描述的古埃及语处于第二层，亦即，关系从句虽然不是完全没有，但却很少出现。这有助于我们研究印度日耳曼语言根本不同的情况。

对于语言理论而言，印度日耳曼学者的研究颇具启发性，其中首推克雷奇默极具特色的实证论述和赫尔曼·保罗的理论。为了展示印度日耳曼语言主从复合句起源的多样性，我将他们相比较而论。我希望，这有益于建立一个更大的系统。它需要以普遍性比较为基础，有待后人完成。

5.12.2 凝练话语和繁复话语

迪姆克所比较的古埃及语文章出自《辛奴亥的故事》（*Sinuhe* B5）：

> 我走向南方，我并不想去往府邸，我认为争斗已起，我不相信我为此而生，我在西科莫尔树附近越过水域，我来到斯内夫鲁岛，我在那里待在一块地里，我早起动身，天亮了，我碰到一个男人——站在附近，他向我问候致敬，他害怕，到了晚饭时间，我接近"公牛城"，我乘船穿过去——它没有舵——在西风中摇曳，我从旁驶过，我步行向北，……

400

---

① 三桅帆船结构较前更为合理，性能优越，在人类造船史上意义非凡，成就了哥伦布1492年发现美洲，甚至改变了西方在世界贸易中的地位，堪称"人类的一种伟大杰作"（维克多·雨果）。——译者

请看修昔底德的文章选段(《伯罗奔尼撒战争史》第七卷/69,2)中的主从复合句语法结构:

尼基阿斯
  对局势深感困惑
  深知
   危险极大且迫在眉睫
   —因为人们即将出海—
  他觉得
   —如同人们通常在生死危急关头所想—
   还有事未做
   还有话未说
他又把船长们一一叫来
  用他们父亲的名字、自己的名字和部族的名字称呼他们
  要求他们
   不能有负自己所获得的声誉
   不能给祖先的光辉形象抹黑
  他提醒大家
   祖国是最自由的国家
   人民享有充分自由选择生活的方式
  他还说了一些
   人们在此等时刻常说的老话
   哪怕老生常谈
  他也像人们通常在此等时刻那样助威鼓劲

第五章 人类话语的构成：元素与组合

为了妻子、儿女和神祇
他相信这些在此时此刻能发挥积极作用

这里，古埃及语话语体现出"古埃及文化精神"，而古希腊语话语则体现出古希腊文化多环节（多连接）、擅分段（明结构）的特质。个中原由不言而喻。迪姆克的研究成果丰硕，通过对碑文的考证证明了从属关系词（ꜥꜣ）衍生自并列指示词符号（ꜥ）。更准确地说，从属关系词其实在最古老的文献中就已经存在，不过较为少见，后来才逐渐增多，出现于原本属于并列关系词的位置。根据迪姆克的研究，每一种印度日耳曼语言都经常出现类似如下的句组："als es Tag geworden war, traf ich einen Mann, der mich achtungsvoll begrüßte, weil er sich fürchtete"（当天亮的时候，我碰到一个男人。他恭敬地问候我，因为他害怕）。但在古埃及语范文中，句子却是无关联地排列在一起。这里，并列关系为主导形态，而且在高雅文本向平俗文本过渡时期亦然如此，即使后来在古希腊罗马轻松而多连接文风的影响下也未有多少改变。人们特别喜欢将古希腊罗马时期的石刻文本称为"精炼语言"，但何为"精炼"？依我之见，古埃及人的语言高度发达，从中选取的几段文字堪称"精炼性"的典范。

迪姆克所分析的资料中包含着极具语言理论意义的现象。我们不妨借助我们提出的概念，采用重构的方式，来进行阐述。当我用德语讲述，先说 es kam ein Mann（来了一个男人），接着使用一个指向指示词，那么，这里所涉及的根本不是真正的关系代词，而可能说明古印度日耳曼语曾经有一个（无变格形式的）指示小品词。问题是，这种指示小品词的语义功能和句法功能是什么？在叙事性语篇中不可能出现视觉指示，但问题是，在回指完全形成之前，虚拟指示是否普遍存在。当我叙述说"N. N. lebte vor hundert Jahren in Rom. Dort gab es damals …"（某某数百年前生活在罗马，那里那时有……），其中就使用了虚拟指示。我们现在再看：有人说 es kam ein Mann，同时伴随一个指向指示。这时，可以想象讲述者在虚拟场景中用手指指向他眼前的东西。关于关系词的起源，语言理论关注的问题非常简单：我们所熟悉的德语关系词与虚拟指示词如何区分？

布鲁格曼认为根本没有区别。他应该注意迪姆克所详细描述的古埃及语现象。从中可见，古埃及语的指向指示原本不是反向回指（后指），而应该是正向回指（前指），反向回指的需要是后来出现的，随之也补充出现了专门的符号。这应该是迪姆克研究最具语言理论意义的发现，也是我们论述的根据。因为，虚拟指示应该不需要一个专门的符号，简单用一个 to 就足以指涉说者"我"和听者内心所见的对象，但是，当我在话语中回顾前文，再次指涉刚刚说过的一个词，并且通过该词的称谓值来实现对同一对象的指涉，则情形不同，就需要专门的符号。回顾历史是说明关系词形成的第一步。关系词衍生关系小品词。

第二步，场域符号被附着于关系小品词，从而使之成为（变格的）代词。这一进步应该可以从印度日耳曼语（推论）得以证明。准确起见，应该补充指出，所谓第一步和第二步在我们的分析中并非时间划分，而纯粹是逻辑划分。两步之间互不依赖，可以同时发生，或者各自独立发生。——迪姆克的分析实事求是，这出乎我的判断，但理所当然。我只能说，如果我对迪姆克理解正确，他果真发现了那第一步，并且比较准确地予以界定，那么，语言理论学家不应感到意外，应该想到，只要运用现象学分析就会获得他的发现。认识到这一点，就会在其他方面取得更为清楚的见解。——就古埃及语而言，其关系词后来在时态、条件等方面获得了怎样的色彩，或者出现了哪些专门的符号来表现这些方面，弄清这些问题很有意义，因为，印度日耳曼语言历史上应该存在类似的现象。

5.12.3 保罗的类型

严格而言，关系词属于回指性指示符号，无论何时何地，其形成就是对连词和从句结构形式极大的丰富。那么是否可以说，一种语言中关系词的起源就是其从句组合形式世界的根本？答案是否定的，因为形式世界还有其他的形成方式。在这个问题上，如果能够从明显的现象证明另样结构组合的存在，就可以避免操之过急和一元论的危险。单就纯粹形式和简单句而言，可以采取扩展或者组合的方法。第一种方法（简单而言）就是一个句子一分为二，第二种方法就是二句合一。有一位语言理论学家是坚定的扩展派，他就是赫尔曼·保罗；也有一位是同样坚定的组合派，即克雷奇默。

在那本著作[①]中，保罗论述了扩展的简单句，之后却出人意料地写道："我们在前文已经超出了所谓简单句的范围，跨入了复句。严格从历史和心理学看，这一区分根本不能成立。"

---

① 系指赫尔曼·保罗的《语言史原理》。——译者

（保罗，1909：144 及下页）保罗的阐述方式非常清楚地说明，上述对立绝非空穴来风。其中暗示了一种争论，可以准确地表述为一个问题：原始的情形是怎样的？根据克雷奇默的说法，"阿德隆以降"的学者们都遵循一条指导原则，而保罗不仅仅质疑这条原则，而且令人惊讶地表示坚决反对，认为从来就没有过真正的并列关系。他说："我们看到主从关系中的一个成分可以具有一定的独立性，因此，相互联系的句子根本不存在完全独立的并列关系，没有某种主从关系，就根本不可能将多个句子相互联系起来。"（保罗，1909：147—148，着重符为笔者所加）这意味着，主从关系具有原始性，而且从未过时。

保罗会对那篇古埃及语文章说什么呢？他可能会说，你们从这里比其他地方看得更为清楚：我是对的。因为，你们并非要使我相信，叙述者讲述那天早晨的相遇绝非只是偶然地将那些句子那样简单地排列出来，然后使用三个连接符号使之成为一个印度日耳曼语言的主从句组合。绝非如此！古埃及语作者对那些句子的排列与你们完全相同：其中一个句子限定着其他句子，整体组成一个符合逻辑的话语。这就是保罗所谓之从属关系。对此，人们无言以驳，只能提出一个问题：他提出的"从属"概念是否恰当，是否合乎目标？每一个被相邻句"限定"的句子是否都是从句？以保罗的学术地位，一旦提出与当时主流相左的观点，并开辟自己的道路，就自然有其"历史和心理学的"根据。

从现象学来看，保罗理论中的弱点恰恰是，将（并列关系中的每一个句子）"独立性"的论点强加于论敌，但事实上从未有人提出此论。在被驳斥方的辩护者眼里，我们这里所讨论的无指示场句子自足性的一切内容，保罗都必须给予回应。一个句子可能具有逻辑学家眼里的句子的自足性，但实际上要求在某个特定的方面得到准确的证明，或者，该句子与其他句子形成相邻关系，构成逻辑合理的上下文，在内容上受到限定和自我限定。对于主从复合句及其固化形式的问题而言，所有这些问题必须暂时搁置起来。但需要预先指出，如此搁置的问题将在以后系统论述中重被论及。那时我们会说明这一话题为什么不可回避。目前要做的是，说明保罗深思熟虑的理论的梗概。

保罗以无指示场的陈述句（S → P）为出发点，观察针对同一个 P 的第二个 S 或者针对同一个 S 的第二个 P 的情况下会出现什么样的现象。（保罗，1909：138）这对他的理论具有决定性意义。我们自己在论述埃德曼的逻辑学时也考察了这种扩展模式，以便说明 und（和）这个词的功能。（参看 5.6.2）这里只需要补充说明一点，保罗作为语法学家，也感觉到 und 连接事物和连接句子的不同功能，提出近乎惊人的观点：S → P 这一关系"是所有句法关系的根源"，"但还有一个根源，即将多个成分连接成为一个句子成分的并列关系"。（保罗，1909：138）细究之下，承认"和"字结构特殊的定语关系意味着，保罗驳斥新派学者们的（词汇）复合理论是合理的。针对句子的主语，P 时而被标记为单数，时而被标记为复数，如果能够像我们一样将这一特殊现象与上述区别相联系，则可以更清楚地理解保罗关于扩展句的理论，正所谓 senatus populusque Romanus decrevit（decreverunt）（罗马元老院和人民制定法律）。但在这一点我们的讨论已经结束，接下来只需面对 und 如何连接句子的问题。

一个句子中，同一个主语之后有两个谓语，其间用 und（和）相连接，这即是 und 的句子组合功能。这时，逻辑学家振振有辞：这是两个判断。而保罗则说那本来是一个复合句，例如 er fiel um und starb（他摔倒了和死去了）。其中涉及的两个事件之间存在事实上的关系，对此不会有人反对。这一事实上的关系有时是简单的先后序列，但有时就会十分复杂和微妙，例如 er liebte und verzieh（他爱和原谅）、er heuchelt und erreicht sein Ziel（他欺骗和达到自己的目的）。在这样的句子组合中为什么只需要一个主语，继续讨论其他可能性或者前提还有什么意义吗？关于"和"字结构，保罗的第一个关键词是"扩展"，第二个关键词的"切分"。要理解保罗理论的特点就要将二者一并讨论。我们可以把保罗的理论简单概括为：und 的原始功能是扩展句子和切分句子。

这里应该有所补充，但对于概论而言又没有必要。保罗的思想虽然片面，但却不可推翻。保罗是语言历史专家和分析大师，其理论的合理内涵告诉我们一些普遍性认识，尤其是关于"句法基本关系"一章，对主从复合句特点的凝练无人能及。und 这个词并非总是显性出现，经常未被说出，或者为某个同类连接词所替代，对此，保罗自然和我们一样了然于胸。他将诸如 er lacht, sie weint（他笑，她哭）之类的句子称为"并列句"，认为其中体现的是相对纯粹的并列关系。他指出，回指是句法发展"最为重要的一步"。在他看来，回指是一种简约手段。他说："我们可以设想一种比较复杂的表达方式，总是要求将一个句子两次说出，其中一次是独立的，另一次是从属的。这样的重复只是偶有出现。取而代之的是，语言使用代词或者指示代副词等替代法来避免这种重复。"（保罗，1909：148）

此论当然无错，不可推翻，只能深入之。为此，需要认识到反身指示是最为神奇而绝非不言而喻的一种现象，同时需要证明真正的关系词是主从复合句发展历史的一个转折点。保罗指出了这一点，但未予深入展开。他在那一章的最后一段还提到主从组合的起源，克雷奇默则把这一段安排在其著卷首。保罗只是提到，祈使和疑问（相对于一个陈述）"处于逻辑从属关系"，并且由此而演变为"对条件或者让步的说明"：quidvis opta et veniet（无论什么）。（保罗，1909：150）请注意其中的 et（和），位于敏感位置，如果不被重读（如在克雷奇默的分析中），则需要另做解释。

5.12.4 克雷奇默的类型

从阿德隆到克雷奇默，人们认为，起初是并列的句子串，后来出现了相互交错的现象。非常值得注意的是，对第二种现象的溯源重构并非像保罗那样以无指示场的句子为出发点，而是（从现象学视角看）以一种更为原始的语言状态为出发点。保罗所论及的是扩展的陈述性话语 S → P，而后者涉及的则是陈述性、表达性或者感召性相互交融的语言表达。克雷奇默对相关主要现象的归纳极具特色：

"从表面看，要区分三种情况。（1）在先后排列的两个句子中，第二个从属于第一个，例如 Timeo. Ne moriatur

（我害怕，但愿他不会死）变成为 Timeo ne moriatur（我害怕他不会死），这里，相比较德语 ich fürchte, dass er stirbt（我害怕他会死），拉丁语 ne 得以解释。(2) 第一个句子从属于第二个句子，例如希腊语 Εἴ (=εἴθε) μοί τι πίθοιο! Τό κεν πολὺ κέρδιον εἴη（哦，请跟随我！那会好得多）。如果将第一个句子理解为第二个句子的条件，则两个句子融合成为一个句子，例如德语 wenn du mir folgst, wäre das weit besser（如果你跟随我，就会好得多。《伊利亚特》H27）。试比较 Sint Maecenates, non deerunt. Flacce, Marones.（让我们有许多梅塞纳斯吧，贺拉斯，那对马罗斯没有害处。出自马尔提阿利斯《铭辞》Ⅷ 56, 5）[①] 和席勒的句子 Sei im Besitze und du wohnst im Recht = Wenn du im Besitz bist, so wohnst du im Recht（如果你占有，你就有权利）。(3) 嵌入的句子从属于包围它的另一个句子。例如 δράκων ... σμερδαλέος, τόν ῥ᾽αὐτὸς Ὀλύμπιος ἧκε φόωσδε ... ὄρουσεν（《伊利亚特》B 308 及以下诸页）。原本的意思是'一条可怕的龙——它被奥林匹斯山上的圣者亲自派遣到日光下——跳下……'被嵌入的句子从属于包围它的句子，所以，指示词 τόν 变成为我们所谓的关系词。

关于 Timeo ne moriatur 这样的句型，拉特曼（Hermann Lattmann, 1920: 100）的解释不同。他把 ne 理解为表示强化（比较希腊语 νή, ναί）和不定（拉丁语表疑问的 -ně）的小品词，同时，认为虚拟式蕴含着一种可能，也就是

[①] 马尔提阿利斯，Marcus Valerius Martialis，约 40—104，古罗马诗人，以铭辞著称。——译者

说，原本之意是'我害怕，他可能会死'。"（克雷奇默，1919：62及下页）

虽然学者们对拉丁语 ne 意见分歧，但都无损于综合论的语言理论意义，因为，即使表示可能语气的句子在主从复合句中也实施表达。我们必须开阔眼界，才能发现适当的视角，去理解克雷奇默所论关系的复杂性。我们不仅需要这里所做的对描述性语言的分析，还要系统研究"句子类型"。但是，无需牵扯太远，根据克雷奇默第一和第二种情况的内容就可以对指示场问题展开论述。关于他所言之第三种情况，我们另做论述，因为关系词的起源是一个不同的问题，而且学界已有论述。

我提出一个非常简单而又紧密相关的问题：除了 Timeo. Ne moriatur，在上述原始时期是否还存在 Times. Ne moriatur 或者 Medicus timet. Ne（pater meus）moriatur 之类的说法？也许有，也许没有，关键是需要知道，通过语言所表达的愿望（希望病人不会死）在这几种情况下是否与 Timeo. Ne moriatur 一样，同样发自于说者的内心，或者发自于听者"你"或者医生。在拉丁语的某个阶段，两个句子组成一个主从关系组合，这时，上述问题一清二楚，"害怕"之人一定是第一个句子的主语，无论该主语是"我""你"还是其他称谓所指。但是，在纯粹并列关系的话语中情形又是怎样呢？人们可以设想历史上一个过渡阶段，其时，ne 实施愿望（更应该说"防止"）的功能尚还非常活跃，第一个句子的叙事性话语变成为第二个句子的直接话语，例如 Medicus timet: ne moriatur。这种考虑对于克雷奇默的例子是多余的，但于我们仍然十分必要，因为我们从古埃及语认识到，向真正的主从复合句的过渡实际上并非自然而然。彼处和此处不同，关系词的形成需要以其他方面的发展进步为条件，但演变过渡都在所难免。依我之见，古拉丁语应该经历过一种混合状态。对此，我们从直接话语嵌入叙述这一特殊现象可知一二，但还需要进一步明确和解释。

　　克雷奇默的例子语言历史事实清楚，令人信服，包含着（原始的）命令式和祈愿式（或称禁止式 Prohibitiv）。这并非偶然，因为克雷奇默整个句子理论重点强调的是表达功能和感召功能。对于隐性未现的词汇形式，人们可以用语言的工具模式给予建构。同时一并建构的还有相关的句子，因为词形决定了相关句子的特性。同样，围绕感叹词构成类似句子的结构（较为少见）也是如此，例如拉丁语 heu me miserum（唉，可怜的我）或者 vae victis（唉，败啦）。对于我们的论述重要的是，历史后期形成的独立于指示场的句子有时只能通过语调变化来表现表达功能和感召功能，并有其音位形式（类似于命令式 Komm! Veni!，也可以没有后缀形式）。这时，克雷奇默所述之主从复合句的可能性普遍存在。

　　为什么呢？原因是心理学的：因为我们的情感冲动和意愿表达一般是指向物品和事件的，以它们为导向，因它们而起。对涉及情感和意愿的语言表达的充分理解经常要求人们不仅仅将这种针对客观事物的意图解读出来，而且还要专门说出来。因此，对于表达—感召性话语而言，相关客观对象在此后或者此前一个句子中得到语言指涉，这时，两个句子自然形成一种主从结构，因为它们得自于同一个经验。显然，说者说出 Timeo. Ne moriatur 即是两次言说同一个经验。或者另一种句型更具启发性,我们从中看到古希腊人为什么没有像我们在德语中那样,从关系词派生因果连词 wenn(如果)。克雷奇默注意到一种典型的话语现象,并且视之为主从复合句的原始发端。

如此看来,逻辑学家有义务向语言历史专家指出,不仅仅是情感强烈的经验,而且感情较弱甚至感情中性的思想,说者在表述的时候也会甚至必须两次言及。将拉丁语 timeo 替换成表情态或者表宣告的动词,每一个拉丁语学生都会想到,接下来的句子应该是一个非常特殊的宾格不定式结构,例如 ceterum censeo Carthaginem esse delendam(我认为迦太基必须灭亡)。从心理学看,宾格不定式所表达的思想内容和 censeo 这个词所表达的思想活动之间的关系,与 ne moriatur 所表达的恐惧心理和 timeo 所表达的恐惧经验之间的关系,非常相似。在这方面,我们现代语言对两者也没有根本的区别,会适当使用关系词的衍生品,例如德语的 daß,或者使用直接话语:ich fürchte, er stirbt(我害怕,他会死);ich erkläre, Carthago muß vernichtet werden(我宣告,迦太基必须灭亡)。显而易见,对于语言学而言,宾格不定式不可与(常见的)从句相提并论。至于二者不同的语言理论意义,需要专题论述。

5.12.5 保罗与克雷奇默相比较

我们要认清克雷奇默和保罗所言现象的类型,并予以严格区分。为此,有必要引入新的术语。关于两次言及一个经验的语言构成,在克雷奇默的类型中是意图单位,相反,在保罗的类型中则是事实关系。er fiel um und starb(他摔倒了和死了)讲述的是两个事件,依次涉及同一个人,听者则需要想象其中特殊的事实关系。是否应该称之为一种主从关系呢？实际上，und 并没有多少内涵，不需要人们对句子暗含关系做更为细致的理解和更为复杂的语言表述。试比较 er fiel um aber sprang wieder auf（他摔倒了但又跳起来了）和 die Tauern sind sehr schön aber schwer zu erklettern（陶尔山很美但很难爬上去）。这里，aber 要求听者思考，并且准备纠正或者反对，大致在对听者说："你也许心想，那个摔倒的人躺在那里不动，错了，事实是……；也许陶尔山的美吸引了你，但你想想会有什么后果。"本质上，保罗的分析需要这样辅助结构的支持，而且，我们也必须或者应该在我们的例子分析中加入这样的结构，否则，有些复合结构就无法理解。因为客观上，"美"和"很难爬上去"这两个特征之间并不存在矛盾、对立或者用 aber（但是）表达的其他关系。这样，我们无意之间再一次看到意义建构的辅助性因素。它们在某种程度上是保罗理论的基础。

相反，克雷奇默所论述的复合类型更为原始，从语言历史看应该更为古老，原则上用单级系统的信号即可达及。我们语言中已经固化的感叹词具备简单的称谓和描述功能，偶尔也被复合使用。我认为它们也属于此列，例如 Oweh! Der Feind!（天呐！敌人！）Pfui der Teufel!（呸，见鬼啦！）(Pfui die Schande! 呸，可耻！)；Aha, es donnert!（啊哦，打雷了！）等。从儿童语言应该可以获得更丰富的例子，尤其是那个特别值得注意的年龄段，即那个能在多词环境中说出所谓独词句的阶段。它们起初还算不上 S→P 之类的句子，而是夹杂着情感表达和对象称谓功能的混合体，或称感召和称谓的混合体，是起因于同一个由头的话语。儿童语言中如果出现表示拒绝的形式化符号，则表示意愿的 nein（否定词）在德国儿童嘴里的意思与拉丁语 ne（亦即 näh）无甚差异，也位于称谓词语之前或之后。当然，荷马文章中的复合语法形式完善，和克雷奇默的例子一样，都不属于儿童语言。但是，我想通过类似的现象来说明他所描写的复合类型应该非常古老。

相比之下，赫尔曼·保罗所讨论的形式化陈述句 S → P 则历史较短。儿童在掌握了这一句式之后，就会说出对比性的描述，例如 papa brav, olol bös（爸爸乖，奥奥坏），其实，保罗在列出 er lacht, sie weint（他笑，她哭）之类组合的同时，也应该将这种结构收入相对纯粹的并列组合之列。虽然同时或者之后形成的句子扩展形式符合保罗所言之类型，但它们是否属于典型现象，我虽然对儿童表达进行了可靠的观察，但仍然不能断定。那些儿童表达为人所熟知，我自己也记得非常清楚，因为它们非常特殊，但从未进入保罗的视野。我特别注意到它们的形式，显而易见的是，一个 P 实际上对应多个 S（也可能相反），构成一个常见的、儿童娴熟的语言模式：

"儿童说出的双词句（Zweiwortsatz）具有明显的判断性，例如 papa brav（爸爸乖）。这时，他不满足于此类单一功能，而是将同一谓语逐个用于所有在场的人，如果我们还沿用上例，他会说：妈妈乖，姑姑乖，等等。这里，很显然，第二个以及之后的判断的刺激源不在于外部，而是儿童将他的判断行为反复运用于其他主语对象。他循环使用自己的模式，将其他人逐个套入，或者换句话说，他沿用已有的方式，将之用于新的情况。我不知道，在这样早期阶段儿童是否也已经能够在同样模式中保持主语不变，只变换谓语，甚或主语和谓语同时变换，也就是说出现了一个几乎全新的判断模式，或形象地说，一张空白表格。但肯定会出现类似的现象，那就是儿童非常喜爱的对照，当然不是所有儿童都使用。有时，人们从整个语境和说话的方式（一口气说出）清楚地看出：整个话语是一个统一的复杂判断组合，换句话说，对立关系自始构成句子的思想核心。但我同时也观察到其他现象，虽然不同，却也要求我们给予同样的解释，例如，在对照判断的句子序列中，反对判断位于后部。"（卡尔·比勒，1918：402及下页）

今天，在经过充分的语言理论准备之后，我认为语言学家关于主从复合句形式的有些问题可以通过观察儿童语言得以回答，不应该坐失这一触手可及的良机。

在之后的儿童语言发展阶段会出现完整的关系词，并且伴随着大量回指手段，这对于我们语言理论认识主从复合句问题大有裨益，但是目前人们所知甚微。

5.12.6 主从关系

与句子概念一样，主从关系这个概念的定义也十分困难。什么是从句？从阿德隆到海泽（Johann Heyse）(《德语教程》1849)，老一辈学者的讨论都坚持一种思想，即主从复合句与其中句子的关系在高一级的层次上再现了句子与其中词汇的关系。海泽说："从句是主句的限定或者补充成分，它们与主句及其部分的关系,类似于简单句中扩展限定语与简单句及其部分的关系,从句与这些限定语的区别仅仅在于从句具有句子的形式。"(海泽,1849)面对这一问题,今天的语言理论学家要知道,哪些现象最符合这一观点,克雷奇默类型中的宾格不定式和拉丁语的分词结构尤为突出。因为,二者实际上处于相同的主句中,并在其中成为场域符号,例如,修昔底德范文中大量出现的分词是主格,就像是主句的主语(Nikias),同样,ceterum censeo Carthaginem esse delendem(我认为迦太基必须灭亡)中的宾格也是如此。这里,我们可以再次使用"关节"这一形象表达:既没有"关节"结构也没有场域断裂,而是主句的象征场将相关补充成分规则性地吸纳其中,其情形与复合词(和松散词组)相似,只是在内部关系上与复合词稍有差别,"空间"更大,围绕动词展开内部组合的可能性也更大。

我们不妨暂且搁置这一问题,顺便思考一下所谓绝对的分词结构,亦即非直接嵌入的分词结构,例如拉丁语中的绝对夺格。一个高性能的系统不仅具有内在限定格,还具有(冯特所言之)外在限定格,例如拉丁语的夺格。如此系统就像一个舒适的巢窝,一只坚固的盒子,这样,人们凭借句子这样的句法手段就可以随意地实现对事物的语言表达和再现,而且(在主句框架内)不依赖于主句象征场中的关系。那么,夺格是否根本就应该被视为拉丁语句子象征场的组成部分?这个问题应该交由相关学者们去回答。外行会有一种印象,"扩展"句的根本在于拉丁语格系统的混合性。"扩展句"在古典文本中大量存在,因为,当紧邻动词的空位被回答 quis(谁)、quid(什么)等问题的成分所占据,则会依序出现回答 ubi(哪里)、quibus auxiliis（用什么）、cur（为什么）、quando（何时）等问题的限定成分，并且被纳入句子结构之中。这样一个拉丁语句子就像一支军用行囊，无所不装，至少超出内在限定格的范围。

有一个观点广为流传：从句是句子的一个成分或者代替一个句子成分。关于从句的系统理论似乎应该对此观点致敬。如果象征场没有（完全）断裂，没有像关系词及其衍生的连词那样出现连接复合结构，则该观点是正确的。也就是说，它适用于相关或者不相关分词的嵌入结构或者宾格不定式之类的结构，但是，不适用于完全意义上的回指。回指不需要通过固定嵌入来连接，而完全可以重开新句，随时随地体现从属关系。这是具备回指和自足连接功能的指示符号的特殊功能。因此，我们必须纠正自己的观点，因为克雷奇默和保罗关于句子成分的理论也存在局限。每一个合取的 und 都可能导致一种场域断裂，要求新的主语，同时，直接话语、实施感召或者表达的从句总是有自己的象征场。①

赫尔曼·保罗在其德语语法著作中认为从句的最主要类型乃是"格从句"，最值得句子成分理论关注。但其后还论及两种主要类型，却采用了全新的区别标准，体现出许多分类的逻辑缺陷。为什么采用了不同的视角呢？问题也许不在分类者，而在被分类的对象。

毫无疑义，从句具备必然的从属性。新派学者中有人特

---

① 需要指出，被称之为 ἀπὸ κοινοῦ 的那种特殊组合有时也会出现（在关系从句中），对此，保罗以中古德语大量存在的扩展句为例进行了详细的论述（保罗，1909：138，140），例如 ich hab ein sünt ist wider euch（"我对你有罪。"汉斯·萨克斯［Hans Sachs］的诗句）。这种特殊现象清楚地说明诸象征场的明显界线。

别强调这一点，并且赞同马蒂的观点，将从句纳入语义范畴："不仅仅名词，整个句子也可以降级为简单意义的符号。它们变成为从句，其意义不再独立，只能是依附性的，这时，其原本的意义仍然作为内在语言形式发挥作用。"依我之见，W. 布兰登施泰因（W. Brandenstein）有一篇论文对这一观点的论述非常清楚，立场也最为坚定，颇具启发性，他说："'从句'具有双重含义，首先，它们是具有一定外部形态的句子，其次，是意义特征尚不确定的句子。此两点包含于'从句'这个术语，它们经常重合，但绝不会永远重合。"（布兰登施泰因，1927：125）最后，布兰登施泰因给出如下定义："看来，出路只有一个，我们要根据意义把从句定义为语义从属的句子，其自身不具备独立意义或者只具备非从句本身的意义。"（布兰登施泰因，1927：135）至于这是否符合马蒂对"语义从属"的定义，暂且不论，但无论如何突出了从句的附属性。

问题颇为棘手，远未明确。对此，内林[①]观察敏锐，见解透彻。我们可以将他的新意纳入我们对保罗所述类型的分析。内林的分析说明，er liebte und verzieh（他爱和宽恕）之所以复合的根本在于一种事实上的关系。他认为主从复合句的本质是对这种事实关系的表达。从句虽然体现出一种语义附属特点，亦即一种依附性，但是"除此之外还有一种逻辑因素"。略去内林独特的语言风格，可以清楚地认识到，主从复合结构的整体功能是再现某种事实关系。

这虽然不适用于克雷奇默的类型，但基本上切中问题的

[①] 内林《从句理论研究》（1930）。

要害。这里，逻辑学家有责任向我们说明，有限判断的多样性怎样以及在多大程度上再现于句子组合的形式世界。逻辑上看，在（无限的）绝对判断和各种有条件和有限判断之间存在很大差异。主从复合结构的功能之一是再现诸种有限判断，例如 wenn es blitzt, so donnert es（如果闪电，就会打雷）。这里的核心是相关事件之间的依赖关系。我认为 lange Haare kurzer Sinn（头发长，见识短）之类的德语关联句亦属此列。有人就将所谓名词句解读为条件句。认清这一点，就一定不再满足于认为从句是一种语义附属性语言产品，无论如何不会认为所有类型的从句一概如此。

从句与从句不同，因此，布兰登施泰因的普遍化公式过于简单，不能说明保罗类型所言之事实关系，同时，也由于太过简单的证明而忽视了克雷奇默的类型。布兰登施泰因虽然认识到语言工具模式的意义，但却自以为可以在其研究中弃之于不顾。我们发现，同一个起因会导出两个言语表达，二者相互补充，因为其中之一司职于行为和行为的发生，而另一个则司职于行为的意图，例如 Censeo Carthaginem esse delendam, timeo ne moriatur。这正是克雷奇默复合类型的本质。但是，布兰登施泰因无法得此认识，因为他认为"语言符号的每一种类型划分都可以仅仅通过心理学特征而充分确定，也就是说，只要说明相关类型的语言符号能够表达什么就足够了"。（布兰登施泰因，1927：119）[①] 看

[①] 论证非常简短，我们无法进一步论述。马蒂敏锐地看到，所谓一致性的观点不符合表达和感召，"因为，'反感'和'痛苦'的语言表达显然要唤醒'同情'和'意愿'"，也就是说，涉及与情态表达根本不同的心理现象。同样，也不符合情态表达和事物描述之间的矛盾。详见前文（2.2）关于语言工具模式的论述。

来，他认为所有句子毫无例外都是表达性的，而且自信证据在握。如此"毫无例外"将克雷奇默所描写的典型复合结构彻底排除在外。总而言之，无论面对保罗还是克雷奇默所言之主从复合句的类型，如此简化的语言理论都苍白乏力。

因此，主从复合句至少有三种类型。我们梳理并详细论述了学者们历经百年的讨论，现在再读一下《辛奴亥的故事》，例如将其中的句子可转写成德语 ich meinte: Kämpfe entstehen, nicht glaubte ich: ich lebe nach ihnen（我认为：战争已起，我不相信：我为此而生），会发现许多短语其实就是克雷奇默所述的类型。假如德语转写恰当的话，可见其中叙事性话语和直接话语的混合。这种混合应该非常原始，可能是克雷奇默所论复合类型的源头。在古埃及语语篇的德语转写中，没有了保罗模式的"和"连接词和由此而生的句子扩展。最后还有一点很重要，在古埃及人凝练的语言中关系词无足轻重。印度日耳曼语言发展成为句子结构复杂的语言，其关键历史转折点何在？应该就是人们开始将可能的上下文本身纳入指示场，以丰富的形式将连接成分运用于话语。关键的历史转折点就是回指指示的形成。

5.12.7 类型新论

这里，语言历史专家应该重新审视主从复合句的问题。之前，我们专门论述了纯粹定语性组合的问题，并且通过复合词给予了论证。在这方面，印度日耳曼语言有一个规律，使人想起象棋弈者的那句话：regina regit colorem（王后规定颜色）。regina 是动词，确定象征场和及其界线。另外，动词也能够以自我为中心开辟一个象征场,并支配之,这时动词体现为不定式或者分词、动名词或者复合词中的动词性成分。反向观之,在动名词和动词的所有派生形式中,动词部分功能明显,在相应的复合词中,可以明显感受到一个宾格。在我的语感中,wasserhaltig(含水的)和 wasserreich(多水的)这两个词之间的区别,与 Schuhmacher(鞋匠)和 Schuhsohle(鞋底)这两个词之间的区别相同,相反,Haarband(发带)和 Haarfarbe(发色)这两个词之间的区别是否也相同,就不很确定了。关于分词和不定式支配句子场域的问题,拉丁语操用者应该有发言权:问题并非它们是否能够支配,而是它们所开启的象征场能够在多大程度上摆脱主句的管辖。

我们最后再讨论一下话语"关节"这一形象化描述。宾格不定式中显然没有"关节",而是有一个"并生"(Verwachsung, Symphyse),因为有一个共享成分被变位动词标记为宾格,与此不同,该成分在不定式的象征场中占据主语空位。因此,此共享成分同样也经历象征场 A 到象征场 B 的过渡,例如在 ceterum censeo Carthaginem esse delendam 中,也就是说,与所谓 ἀπὸ κοινοῦ 结构的各种现象相类似,但内在性不如克雷奇默所论之主从复合句。相反,如果我借助回指符号说 ich liebe den am meisten, welcher...(我最喜欢那个……)其中就有一个明确的话语连接成分,因为除此之外再没有别的成分同时属于两个象征场,而且,两个变格的指示符号都具有完全的独立性,每一个都可以占据自己场域的任意空位,例如 ich gebe dem, dessen...(我给那个……)等等。这是任何独立性的关键,在此自由范围内,不仅仅此句子成分与彼句子成分相关联,而且整个句子内容也可以被重新提及，来充当另一个句子的成分，反之亦然，例如德语 er wehrt sich mit Händen und Füßen, was taktisch völlig verkehrt ist；die Ihr suchet, nahm den Schleier（他用手和脚反击，这在战术上是完全错误的；你们找到她，她拉下了面纱）。这个例子出自布兰登施泰因。据他自己的观察，从句的语义附属特点不适用于这个例子，或者毫无实质意义。或者说，例子虽然指涉了两个事实，但绝非两个判断，而是通过谓语说明相关事实的关系，亦即"如果判断1，则判断2"。从形式看，这种结构复杂的话语存在歧义。对于传统逻辑而言，所涉及的是主从判断，因为那绝非两个判断，而只是一个判断。

这样，我们又一次看到前文所述的各种类型。我的印象是，克雷奇默和保罗的类型应该贯穿于语言的一切变化，尤其是克雷奇默的类型，因为我们对他的例子所做分析说明，叙事性话语和直接话语的组合也属于此列。当我用德语讲述 er sagte mir, ich sei farbenblind（他给我说，我是色盲），这时，人们经常看到一种同义表述，例如 er sagte mir, du bist farbenblind（他给我说，你是色盲）甚或 er sagte mir, ich bin farbenblind（他给我说，我是色盲）。在适当的场景条件辅助下，运用正确的重音，就可以避免 du bist（你是）和 ich bin（我是）引发误解的危险。这些同义表达之所以能够并行不悖，其原因在于我们所描述的日常投射：在印度日耳曼语言中，不在场经常被投射于当前语言场景中。而在其他情况下，克雷奇默所述类型（同一事件被两次语言表达）属于一种自然的心理学现象，应该可见于所有语言的某个发展阶段（除非反例得以证实）。

同样不可避免的是，人在讲述的时候需要再现通过语言所表达的事物之间的相互关系。这种需求第一次出现于儿童的时候，在适当的情况下会出现诸如语言比较级的表达（klein"小"– kleiner"较小的"– der allerkleinste"最小的"），随之通常还会第一次出现变位和变格形式，而之前数月，儿童虽然已经开始非常复杂的叙述，所使用词汇的数量大增，但仍然不见对事物相互关系的表达。

相比较之下，在儿童的语言中，前文所述之通过语调表达事物之间的对照关系，较早出现。在人类语言发展中，表达手段出现的顺序与这一发展顺序也许相差不大。保罗关于句子组合类型的观点具有普遍性，但可以肯定的是，它不包括德语谚语中的名词句。在纯粹现象学视角下，它们属于相互关系从句。

在语言发展的某个阶段，回指成为常用的话语连接手段，这时，谚语以各种变体反映事物之间的关系，例如 wer lügt, der stiehlt（欺骗即偷盗）、wo Tauben sind, da fliegen Tauben zu（物以类聚）。但是，有人认为谚语式名词句历史非常悠久，据此，早在关系词出现之前，人们就用谚语表达关系，例如 lange Haare, kurzer Sinn（头发长，见识短）。更直接的手段是对相关关系予以专门称谓，例如通过介词（nachdem, trotzdem 等）。介词融合了回指性指示词，发挥连词的功能。但在更原始的语言阶段，也可以在简单句中通过对事实关系的称谓来实现。我记得曾经读过一句某种陌生语言格言的德语译文 der Donner sei der（jüngere?）Zwilling des Blitzes（打雷是闪电的孪生弟弟）。这可能是一种典型现象，是一种应急辅助手段，也是表达关系更为便捷的手段，因为德语通常需要使用关系词和特殊的条件句。

人名索引

（标注页码为原书页码）

阿波罗尼奥斯 Apollonios Dyskolos，113，118，226，386

阿德隆 Johann Christoph Adelung，302，398，403，405，411

阿尔诺德 Arnold，396

阿赫 Narziß Kaspar Ach，345

阿曼 Hermann Ammann，368

阿梅赛德 Rudolf Ameseder，256 及下页，316

埃宾豪斯 Hermann Ebbinghaus，82，133，298

埃德曼 Benno Erdmann，178，277，317 及以下诸页，378，384，392，404

埃伦费尔斯 Chr. v. Ehrenfels，257，315，349

埃特迈尔 Karl von Ettmayer，169，339，377

奥克汉姆 Wilhelm von Ockham，40

巴德尔 Theodor Baader，110 及下页

巴甫洛夫 Iwan Petrowitsch Pawlow，27

巴拉兹 Béla Balázs，原名 Herbert Bauer，394

白赫铁列夫 Wladimir Michailowitsch Bechterew，27

柏拉图 Plato，1，11，24 及下页，29，60，68，86，192，197，232，287，310

保罗 Hermann Paul，1 及以下诸页，10，17，22，37，56，83，167，169，173，321 及以下诸页，333，335 及下页，340，344，348，356，359，368，386，390 及下页，398 及下页，402 及以下诸页，417 及下页

葆朴 Franz Bopp，1
鲍姆加特纳 Mathias Baumgartner，40
贝尔 Charles Bell，69
贝哈格尔 Otto Behagel，305 及下页，309
贝克尔 Karl Ferdinand Becker，63，169
贝克莱 George Berkeley，288
贝歇尔 Erich Becher，17 及下页
比勒 Charlotte Bühler，53，170，220 及下页，254，362，391
比勒 Karl Bühler，28，38 及以下诸页，42 及以下诸页，46，54，56，59，82 及以下诸页，190，220，231，252 及以下诸页，279 及以下诸页，285 及下页，323，347，359，396，410
比奈 A. Binet，354
比希曼 August Methusalem Georg Büchmann，51
彼得森 Petersen，323
波尔顿 Benjamin Bourdon，127
波尔齐格 Walter Porzig，139，247，303 及下页，313，315
波克尼 Julius Pokorny，37
波墨 Jakob Böhme，197
博厄斯 Franz Boas，148
不伦瑞克 Egon Brunswik，252
布拉泽 Blasé，139
布莱尔 Bréal，322
布兰德施泰特 Renward Brandstetter，216
布兰登施泰因 W. Brandenstein，413 及下页，416 及下页
布龙达尔 Viggo Brøndal，227，302 及下页
布鲁格曼 Karl Brugmann，22，31，80 及以下诸页，97，99，101，106，108 及以下诸页，113，115 及以下诸页，119，122 及下页，129，238，141，146，161，167，·及以下诸页，301 及下页，314，319，321 及以下诸页，337，339，386 及以下诸页，398，401
布伦纳 Karl Brenner，263 及下页
布伦塔诺 Franz Clemens Brentano，363，365，379

布施 Wilhelm Busch，207
布施曼 Johann Carl Eduard Buschmann，211

道奇 Raymond Dodge，277，392
德·格罗特 De Groot，290
德·拉古娜 Grace Andrus de Laguna，27
德尔布吕克 Berthold Delbrück，86，108，113，115 及下页，119，169，178，236 及下页，305，322，327
狄奥弗拉斯图 Theophrast，307
迪茨 Diez，211
迪尔斯 Hermann Diels，275
迪姆克 Willy Diemke，399
迪特里希 Dittrich，322 及下页
笛卡尔 René Descartes，2，3，6，7，17，67
蒂林 Thirring，200

厄尔 Wilhelm Oehl，210 及以下诸页，279
恩格尔 J. J. Engel，46，69，82，396

法比安 Erich Fabian，323
范·赫尔蒙特 van Helmont，290
费斯提斯 Festus，211
芬克 Franz Finck，149，240
冯克 H. Funke，227
冯特 Wilhelm Wundt，1，10，56，74，86，150，208 及以下诸页，211，230 及以下诸页，241 及以下诸页，251，257，275，277，322，331 及以下诸页，346，359，364，387，411
弗赖尔 Hans Freyer，79
弗林斯 G. Frings，283
弗伦克尔 Else Frenkel，59
弗罗贝纽斯 L. Frobenius，355

弗洛伊德 Sigmund Freud，353
福斯 Voss，308

盖格尔 Lazarus Geiger，209
高尔顿 Francis Galton，345
格莱索 E. Glässer，308
格林 Jacob Grimm，323
葛麦里 Gemelli，365
巩达 Jan Gonda，37
贡珀兹 Heinrich Gomperz，1，40 及以下诸页，47，225，283

哈尔松 L. D. Hartson，265 及以下诸页
哈曼 Hamann，197
海德格尔 Martin Heidegger，310
海泽 Johann Christan August Heyse，411
汉卡默 Paul Hankamer，197
贺拉斯 Horaz，388
赫尔巴特 Johann Friedrich Herbart，376，378
赫尔德 Johann Gottfried Herder，86，197，208
赫尔曼 Eduard Hermann，303，398
赫尔曼 G. Herrmann，167
赫尔佐克 Herta Herzog，263 及下页
黑尔姆霍尔茨 Hermann Ludwig Ferdinand von Helmholtz，127，199，288
黑尔瓦格 Hellwag，280
黑格尔 Georg Wilhelm Friedrich Hegel，27，76，257
黑林 E. v. Hering，127，129 及下页，154，222
洪堡特 Wilhelm von Humboldt，1，7，48 及下页，108，152，197 及下页
胡金斯 C. V. Hudgins，265
胡塞尔 Edmund Husserl，1 及下页，9 及以下诸页，45，49 及以下诸

页，62 及以下诸页，169，172，185，225，227 及以下诸页，288，291 及以下诸页，320，363，365

华生 John Broadus Watson，269

惠威尔 William Whewell，20 及以下诸页

霍布斯 Thomas Hobbes，186，216，229 及以下诸页

霍夫曼 Ernst Hoffmann，197

霍夫曼 Johann Hofmann，116，148

吉斯魏因 Giesswein，211

加德纳 Alan Gardiner，22 及下页，25 及下页，84

嘉车特 Albert Samuel Gatschet，211

甲柏连孜 Georg von der Gabelentz，211，240

伽利略 Galileo Galilei，9

卡多斯 Lajos Kardos，165，252

卡莱普基 Theodor Kalepky，116

卡纳普 Rudolf Carnap，75，318

卡西雷尔 Ernst Cassirer，1，76，191，256

开普勒 Johannes Kepler，19，44

康德 Immanuel Kant，153，288，373

科尔蒂 Curti，211

科内尔留斯 Cornelius，228

克拉格斯 Ludwig Klages，79，86

克朗佛尔 Julius Klanfer，163

克劳泽 H. Krause，263

克勒 Sigismund Wilhelm Koelle，211

克雷奇默 Paul Kretschmer，211，247，304，359，398 及下页，402 及以下诸页

克里斯 Johannes von Kries，221 及下页，384

克卢格 Friedrich Kluge，37，290

克庭 Körting，211
库尔 Curr，211

拉撒路 Moritz Lazarus，3
拉瓦特尔 Johann Kaspar Lavater，323
莱布尼茨 Gottfried Wilhelm Leibniz，17，256 及以下诸页，315，355
莱尔施 Philipp Lersch，287
莱辛 Gotthold Ephraim Lessing，150，188，202，391，396
朗格 Rudolf Lange，147
雷谷拉 Moritz Regula，308
李凯尔特 Heinrich Rickert，5，16 及以下诸页
里尔 Alois Adolf Riehl，384
里斯 John Ries，169，177 及以下诸页，356 及以下诸页
列维–布留尔 Lévy-Bruhl，219
林德纳 Lindner，285
卢伯克 Lubbock，211
吕德勒尔 Hans Ruederer，285，287
鲁斯洛 Rousselot，265
罗素 Bertrand Russell，22，104
洛克 John Locke，228，288，384
洛克尔 E. Locker，147，320
洛策 Hermann Lotze，17

马蒂 Anton Marty，1，291，363，413，415
马丁 L. Martin，134
马赫 Ernst Mach，275
马利 Mally，257
迈农 Alexius Meinong，1，228，256 及下页，288，315
迈耶尔–吕布克 Wilhelm Meyer-Lübke，211
曼斯费尔德 Friedrich Mansfeld，98
毛伦布雷歇尔 Berthold Maurenbrecher，167

梅杰 Major, 73

梅耶 Paul Meillet, 108, 149, 296 及下页, 302, 340, 398

门捷列夫 Mendelejeff, 273 及下页

米尔斯 Walter Richard Miles, 130

米克罗希奇 Franz von Miklosich, 168 及以下诸页, 177

米勒 Georg Elias Müller, 131, 228

密尔 John Stuart Mill, 15, 20 及下页, 45, 49, 59, 186, 216, 225 及以下诸页, 228 及以下诸页, 257, 288, 304, 384

莫尔曼 K. Mohrmann, 99

莫根施特恩 Christian Morgenstern, 293

姆利 Walter Müri, 185

穆勒 Max Müller, 246 及以下诸页

内林 Alfons Nehring, 398, 413 及下页

牛顿 Isaac Newton, 20

帕斯托里 Pastori, 365

佩鲁茨 L. Perutz, 323

皮德里特 Th. Piderit, 82, 287, 346

皮克 Arnold Pick, 254

皮亚杰 Jean Piaget, 219

切尔马克 Czermak, 399

屈尔佩 Oswald Külpe, 384

萨丕尔 Edward Sapir, 148 及下页, 290

桑代克 Edward Lee Thorndike, 27

色诺芬 Xenophon, 308

舍雷尔 Wilhelm Scherer, 178

施拉德尔 – 内林 Schrader-Nehring, 211

施莱歇尔 August Schleicher, 76

施密特 J. Schmidt，109
施密特 Wilhelm Schmidt，149，324，327 及以下诸页，369
施坦塔尔 Heymann Steinthal，2，10，63，66，118 及下页，213 及以下诸页，240
施特赖特贝格 Wilhelm August Streitberg，139，247
施特林 Wilhelm Stählin，343
施通普夫 Carl Stumpf，17 及下页，199，272 及下页，280 及下页
施托尔茨 Stolz-Schmalz，116
史泰辛格 Othmar Sterzinger，343
舒尔策 Wilhelm Schulze，211
斯宾塞 Herbert Spencer，225
斯克里普丘 Scripture，199
斯泰森 R. A. Stetson，265 及以下诸页
斯维特 Sweet，261，263，325
索内克 Bruno Sonneck，36 及下页，147，363 及下页
索绪尔 Ferdinand de Saussure，1，4，6 及以下诸页，15，18，26，48 及下页，56 及以下诸页，67，74，164，364

塔博莱特 Ernst Tappolet，211，285
塔多斯基 Kazimierz Twardowski，247
特鲁别茨柯伊 Nikolay Trubetzkoy，44，78，238，248，273，280 及下页，287，290
特罗贝蒂 Alfredo Trombetti，211
特罗扬 F. Trojan，394
图洛特 Charles Thurot，40
托布勒 Ludwig Tobler 322 及下页，333，337
托尔曼 Edward Tolman，27，38

瓦尔策尔 Oskar Walzel，55
瓦尔德 Alois Walde，37
瓦尔德－波科尔尼 Walde-Pokorny，37，211

瓦克纳格尔 Jacob Wackernagel, 83, 88 及以下诸页, 169, 178, 211, 302, 304 及以下诸页
瓦罗 Varro, 211
威尔沃尔 Alexander Willwoll, 178
韦格纳 Philipp Wegener, 22, 31, 80 及以下诸页, 84, 111, 119, 141, 167, 172, 232, 375
韦特海默 Max Wertheimer, 257
维尔曼斯 Willmanns, 322, 340
维尔纳 Heinz Werner, 37, 196 及以下诸页, 205 及以下诸页, 351 及以下诸页
维拉莫维茨 U. von Wilamowitz, 55
维塔塞克 Stephan Witasek, 127
文德尔班 Wilhelm Windelband, 5, 17 及以下诸页
温迪施 Ernst von Windisch, 109, 386
温克尔 M. Winkel, 396
温克勒 Emil Winkler, 131, 144, 217, 308, 396
沃尔夫 Käthe Wolf, 78
乌泽纳 Hermann Usener, 247, 304

西弗斯 Eduard Sievers, 200 及下页, 261 及以下诸页, 271
希尔伯特 David Hilbert, 20, 22
希尔特 Ernst Hirt, 396
希克曼 Anton Hickmann, 217
希勒布兰德 Franz Hillebrand, 127
希罗多德 Herodot, 308
席勒 Johann Christoph Friedrich von Schiller, 397
休谟 David Hume, 228, 288, 384

雅各比 Hermann Jacobi, 341, 398
亚里士多德 Aristoteles, 2 及以下诸页, 5, 52, 56, 151, 168, 185 及下页, 196, 227, 287, 302 及下页, 310, 342 及下页, 354, 365,

383，389
耶利内克 Jellinek，302
叶斯柏森 Jens Otto Harry Jespersen，211，227，262 及以下诸页
伊贺朗斯基 Ichlonski，27
于贝韦格 Friedrich Überweg，40
于克斯屈尔 Jakob von Uexküll，27

泽尔茨 Otto Selz，254
泽加尔 J. Segal，135 及下页
詹宁斯 Jennings，27

主题索引

阿迪格语 Adygisch 85，318
埃及学 Ägyptologie 59
埃及语 Ägyptische Sprache 399 及以下诸页
爱斯基摩语言 Eskimosprache 152

巴布亚方言 Papuadialekt 214
班图语言 Bantusprachen 152
表达 Ausdruck 13，28 及下页，31 及下页，46，60，99，115，150，201，286，288，311，352，365
表达符号 Ausdruckszeichen 35 及下页，196 及下页
表达理论 Ausdruckstheorie 46，56，69，82，100，120，150，287，323，346，365
表征符号 Anzeichen，Symptom 28，185，252
宾格，第四格 Accusativus 179，237 及以下诸页，241 及以下诸页，250 及下页
宾格不定式 accusativus cum infinitive 50，408，411 及以下诸页，415 及下页
宾语 Objekt 179，243，246 及下页，249，295，382，385
并列复合 Dvandva-Kompositum 319，336，356
并列句 Parallelsatz 405，410
病象学 Pathognomik 109，113，224，286
补充说明 Exposition 374 及以下诸页
不定式 Infinitiv 336，415 及下页

不及物动词 Intransitives Verbum 246 及下页，250
不可分复合词 Kontaktkompositum 325，328，336 及下页，340

插词法，可分词 Tmesis 291，293，325，336
产品论 Gebildelehre 17，23，30，57，59，62，169，357 及下页，362
场域符号 Feldzeichen 35，177
场域概念 Feldbegriff 168–179，294
场域系统 Feldsystem 77 及下页，152，236 及以下诸页，366
场值 Feldwert 33，74，84，88，168–179，182 及以下诸页，190 及以下诸页，295 及以下诸页，299，302，304 及下页，313，320，322，328，340 及下页，372
超和性 Übersummativität 257 及下页，315，349 及以下诸页，355 及下页
称谓词 Nennwort 45，99，103，104 及下页，110，111，144，150，149–256，288，291，299 及下页，313 及下页，382
称谓功能 Nennfunktion 87，114
抽象 Abstraktion 45，353 及下页，395 及以下诸页
抽象理论 Abstraktionstheorie 11，228 及下页，231，288
抽象相关性原理 Prinzip der abstraktiven Relevanz 28，40，42 及以下诸页，44，45 及下页，206，224 及下页，273，286
穿越 Versetzung 133 及下页，374 及下页，392
纯粹理性批判 Kritik der reinen Vernunft 14，19 及下页，22，251 及下页
纯诗 Poesie pure 217
词典 Lexikon 30，74 及下页，77，151，180 及以下诸页，184，187，290 及下页，355
词法 Wortlehre 35 及下页，45，50，62，113，218 及下页，289，296 及以下诸页，323
词概念 Wortbegriff 296 及以下诸页，299 及以下诸页，313，320 及下页，339
词和句子 Wort und Satz 69–78，258，296，320 及下页

词汇 Wortschatz 34，62，73 及下页，154，283，290，355
词汇创造 Wortschöpfung 209 及以下诸页，218
词类 Wortklasse 250 及下页，295，299 及以下诸页，332，336，340
词源学 Etymologie 214，216 及以下诸页，232 及以下诸页
词重音 Wortakzent 289
词缀 Affix 332 及下页
词组 Wortgruppe 333，338
存在句，陈述句 Existenzsatz, Wirklichkeitsaussage 373，383

代词 Pronomen 18，33，97，100，108 及下页，111，116 及以下诸页，144，247，300，307 及以下诸页
代指示词 Prodemonstrativa 146 及以下诸页，147，300
单级系统 Einklassensystem 70 及以下诸页，74 及以下诸页，300，324，366，379，409
单子 Monade 3，11，67 及以下诸页，232，256
弹道运动 Ballistische Bewegung 265 及以下诸页，392
德语 Deutsche Sprache 143，280，304，306，313，330，340，378
地名 Ortsname 159
第三人称 Dritte Person 108 及下页，115，375 及以下诸页
电影 Film 391 及以下诸页
雕塑艺术 Plastik 189 及下页，370 及下页
定位 Orientierung 93，102 及下页，131 及下页，196
定语结构 Attributive Fügungen 246，249，330，332 及以下诸页，338，369 及下页
动词 Verbum 18，171，173，179，241 及以下诸页，250 及下页，295，301，336，368，375 及以下诸页，415 及下页
动词的行为方式（体）Aktionsart des Verbums 101，295
动物发音 Tierlaute 207，259 及下页，300
动物名称 Tiername 207
动物心理学 Tierpsychologie 13，31，38 及下页，232，289
独词句 Einwortsatz 72

对象的质的规定性 Wasbestimmtheit des Gegenstandes 103，119，139，
　159，220，226
对象象征 Gegenstandssymbol 150
夺格 Ablativus 237，411 及下页

儿童心理学 Kinderpsychologie 13 及下页，53，140，168，210 及以下
　诸页，219，285，289，299 及下页，346 及下页，353 及下页
儿童语言 Kindersprache 14，54，72，110，158，210 及以下诸页，219，
　285，289，332，409 及下页，417
二级系统 Zweiklassensystem 30，73 及以下诸页，247，254，271，
　296，334

发送者 Sender 25，30，38，79，91，96，98 及下页，109，113，121，
　124，143，163 及下页，250，259，277，286，299，380，382
法语 Französische Sprache 241，333，338，378 及下页
梵语 Sanskrit 237 及下页，240，241，333
方位格 Lokativ 237
方位指示 Positionshinweis 95，109，296
方位指示词 Positionszeigwort 99，103，108，111，115，138，144，301，
　314，377，380
方位指示方式 Positionszeigart 82–102
方言 Dialekt 12，215
非人称指示词 Unpersönliches Zeigwort 115
分词 Partizipium 336，411 及以下诸页，415
分节发音 Artikulation 199 及下页，259 及下页，269，285，294
分析判断 Analytische Urteile 245，247，250，384
讽刺 Ironie 353
符号 Zeichen 35，39 及以下诸页，43 及下页，48，284，286
符号交往 Zeichenverkehr 27 及下页
符号学 Sematologie 3，27，34 及下页，38，45，61，63 及下页，68，
　143，182，185，224 及下页，295，299 及以下诸页

辅音 Konsonanten 200，212，270，272，280，287
复合词 Komposita 65，75，107，177，243 及以下诸页，271，294，296，313，315 及下页，320–342，339 及下页，355，369
复数 Plural 240
副词 Adverb 304，313，332

概念词 Begriffswort 172
概念符号 Begriffszeichen 11，36，103 及以下诸页，107，118，143，151，216–236，278，350
概念组合 Begriffskomplexionen 243 及以下诸页
感叹（词）Interjektion 211，297，300，311，342，359，407
感召 Appell 28，31，32，35，46，60，99，115，407，409
感知空间 Wahrnehmungsraum 87，93，101，124，125，126，133 及以下诸页
感知理论 Wahrnehmungstheorie 98，134 及下页，252，258 及下页，288 及下页
高加索语言 Kaukasische Sprachen 238，240，248，280 及下页
格 Kasus 236，242 及以下诸页，379，375
格理论 Kasustheorie 171，177，179，236–255，294
工具格 Instrumentalis 237，380
工具模式 Organonmodell 1 及下页，11，22，28，24–33，45，68 及下页，149，232，251，297，359，361，414
古印地语 Altindisch 214
关系 Relation 116 及以下诸页，121，307，310，401 及下页，408
冠词 Artikel 292，303–315
归纳法 Induktion 14 及下页，19

哈米特语言 Hamitisch 241
汉语 Chinesische Sprache 152，173，240，261，302
合成概念 Synchytische Begriffe 221 及以下诸页，356 及下页，361，365

和 Und 256 及下页, 276, 315–320, 318, 320, 343 及下页, 356, 404

后置词 Postposition 328, 332

后缀 Suffix 328, 332, 334, 338

呼格 Vokativ 342, 359

化学 Chemie 273, 281

画值 Bildwert 165, 182, 372

话语单位 Redeeinheit 358

环境 Umfeld 52, 87 及以下诸页, 154 及下页, 284, 360, 371

恍然大悟的体验 Aha-Erlebnis 311

徽章 Wappen 162

徽章学 Heraldik 162 及下页, 207, 281 及下页

回指 Anaphora 82, 101, 108, 115, 116, 120, 121 及下页, 167, 258, 300, 307, 309, 311, 313 及下页, 317 及以下诸页, 342, 385 及以下诸页

绘画 Malerei 150 及下页, 181, 188, 367, 370 及下页

记忆 Erinnerung 126, 133, 253, 346

记忆力 Gedächtnis 77, 297, 332

假定 Supposition 312, 384

简单意义和复合意义 Einfache und zusammengesetzte Bedeutungen 291 及下页

交通信号 Verkehrssignal 88, 109

接收者 Empfänger 25, 30, 38, 68, 79 及下页, 94, 98, 99, 109, 113, 121, 124, 142, 149, 163, 164, 172, 250, 259, 268 及以下诸页, 374, 380, 382

禁忌 Tabu 351 及以下诸页

禁止式 Prohibitiv 406

经院派 Scholastik 40, 45, 50 及下页, 233 及以下诸页, 226, 231, 246, 287, 311 及下页, 384

精神病理学 Psychopathologie 254, 348

句法 Satzlehre 169, 356–366

句法门槛 Syntaxriegel 203, 209 及下页

句法（学）Syntax 30, 50, 73, 75, 120, 165 及下页, 177 及以下诸页, 184, 302, 316 及下页, 366, 383

句法指示 Syntaktisches Zeigen 388

句子 Satz 23, 57, 120, 256, 258, 297, 321 及下页, 325 及下页, 333, 336, 342, 366, 356–384

句子词 Satzwort 361

句子类型 Satzart 406

科学学 Wissenschaftslehre 11 及下页, 16 及以下诸页

可分复合词 Distanzkompositum 292 及下页, 325, 327, 337, 340

客观语言观察 Objektive Sprachbetrachtung 1, 66 及下页, 186, 230 及以下诸页, 254, 320, 343

客体指称符号 Gegenstandszeichen 33 及以下诸页

空间定位 Raumorientierung 113

空位 Leerstelle 173, 246, 251, 295, 303, 378

拉丁语 Lateinische Sprache 50, 59, 90 及下页, 97, 144, 159, 237 及下页, 241, 295, 298, 306, 307, 310 及以下诸页, 320, 327, 338, 378

类名 Artnamen, Gemeinname 67, 89, 114, 225 及以下诸页, 304, 309

连词 Konjunktion 116, 120 及下页, 385

联觉 Synästhesie 208

联想 Assoziation 236, 346

联想理论 Assoziationstheorie 57, 58 及下页, 298

逻辑（学）Logik 32, 35 及下页, 50, 60, 62 及以下诸页, 75, 77, 103 及下页, 143, 218, 221, 225, 236, 243 及下页, 303, 312, 317 及下页, 331, 336, 356, 365, 370, 372, 378, 383 及下页, 404, 414, 417

马来语 Malaische Sprachen 248
梦幻 Traum 133, 396
面相术 Physiognomik 93, 109, 113, 224, 286, 323, 346
描述 Darstellung 46, 66, 73, 123, 124, 150, 179 及以下诸页, 188 及以下诸页, 203, 208, 250, 255, 297 及下页, 367
描述功能 Darstellungsfunktion 28, 29 及下页, 31 及下页
民族心理学 Völkerpsychologie 3, 318
名词 Nomen, Substantiva 62, 65, 305 及以下诸页, 310, 312, 333, 368
名词化 Substantivierung 304 及下页, 312 及下页
名词句 Nominalsatz 251, 330, 360, 369 及下页, 418
命令式 Imperativ 107, 237, 360, 362, 405 及以下诸页

南洋语言 Südseesprachen 110 及下页
喃喃词 Lallwort 210 及以下诸页
内场 Infeld 154
内涵 Konnotation 114, 173, 226 及以下诸页, 233, 243, 246, 252, 303 及下页
内在语言形式 Innere Sprachform 47, 152
拟人化 Anthropomorphismus 346, 351, 370
拟声 Onomatopoesie 30, 153, 187, 191 及下页, 195–216, 196, 255, 279, 283, 297
拟声词 Schallwort 210 及下页, 212 及以下诸页, 281

判断理论 Urteilstheorie 256 及下页, 317, 319, 373, 414, 417
拼音文字 Buchstabenschrift 14, 262, 272 及下页, 278 及下页

祈愿式 Optativ 406
旗语信号 Flaggensignal 42 及下页
前指 Kataphora 122, 401
前置词 Präposition 107, 144, 240, 242, 255, 301 及下页, 319 及

下页，328，332，379
前缀 Präfix 328，332，334，336
欠和性 Untersummativität 349 及以下诸页，355 及下页
强调 Emphase 39，52，155 及以下诸页，285 及下页，314，317，361，367，370，376，379 及下页
情感 Affekte 352 及下页，408
区别性特征 Diakritika 33 及以下诸页，43 及下页，143，205 及下页，218，225 及下页，276，278 及以下诸页
屈折词尾 Flexionsendung 171，324

人称 Personalia 79 及以下诸页，85，108 及以下诸页，111，113 及以下诸页，117，147，301，307，337，376 及以下诸页，381 及以下诸页
人称后缀 Personalsuffix 107
人文科学概念构成 Geisteswissenschaftliche Begriffsbildung 365 及下页
人种学 Ethnologie 142
日常语言 Alltagssprache, Umgangssprache 104 及以下诸页，125，169，192，218，222，308，310，344，356，359
日耳曼语言 Germanische Sprachen 308，337
日语 Japanische Sprache 147 及下页，300

三段论 Syllogismus 389
闪米特语言 Semitische Sprachen 214，221，240 及下页，307 及下页，321
商标 Warenmarke 60，160
上下文 Kontext 66，75，149，151，155，161，168–179，284，311，320，370，403
社会学 Soziologie 3 及下页
身体触觉图像 Körpertastbild 129 及以下诸页，136 及下页
声调 Ton 46，115
声息唯名论 Flatus vocis-Nominalismus 12，27 及下页，36，224 及下

页,227,276

声响特点,语音表现 Klanggesicht 34 及下页,91 及下页,177,259,271 及以下诸页,275 及以下诸页,285,325,339

声音的空间来源质量 Herkunftsqualität des Klanges 91 及下页,93 及下页

省略 Ellipsen 88,155 及以下诸页,166 及下页,285,310,358

失语症 Aphasie 138,158,254,270,283,354

诗歌 Lyrik 32,55,217,372

世界观 Weltanschauung 133,370

视角概念 Aspektbegriff 356,358,361

视觉指示 Demonstratio ad oculos 80,105,108,125,149,161,164,309,314 及下页,317,373,379,381,388,401

手势,肢体动作 Geste 84,86,89,97 及以下诸页,100,142,157 及下页,166

属格,第二格 Genitiv 179,237,241 及以下诸页,245,327 及以下诸页,337,

数词 Zahlwort 302,316,319,356

双滤模式 Doppelfiltermodell 355

双数 Dual 240

双音节 Diphtonge 265

顺序 Reihenfolge 325,327,368 及下页

说者的行为范围 Aktionsbereich des Sprechers 101

思维心理学 Denkpsychologie 56,220 及下页,234,253 及下页,329,335,343,354

斯多葛派 Stoiker 118 及下页,125,226

斯拉夫语言 Slavische Sprachen 97,308,327

死语言 Tote Sprachen 168

四场理论 Vierfelderschema 48 及以下诸页,67,357,362,364

塔科马语言 Takelma-Sprache 148

体验心理学 Erlebnispsychologie 132 及以下诸页,250,292,328,

330，342
听觉系统 Gehörapparat 261 及以下诸页，277
同位语 Apposition 309
童话 Märchen 135 及下页，138，247，374
统觉 Apperzeption 329

唯名论 Nominalismus 228
谓语，述谓 Prädikation 246，249，330，333，369 及下页
文体学 Stilistik 55，308，343
文字 Schrift 14，278
我 Ich 94，102 及以下诸页，109，113 及下页，133，315，372
乌拉尔阿尔泰语言 Uralaltaische Sprachen 212，240
无人称句 Impersonalia 250 及下页，375，376 及以下诸页
物理 Physik 20，50，152，270
物理环境 Symphysisches Umfeld der Sprache 31，154–168，159，284，300，312，366
物理主义 Physikalismus 14，36

西高加索语言 Westkaukasische Sprachen 43
希腊语 Griechische Sprache 59，97，159，237，245，304，306 及以下诸页，310，313 及下页，320，327，333，343，399 及以下诸页
习语 Idiom 51，141，167，360
戏剧语言 Dramatische Sprache 55，85，164，381，392
现实陈述 Wirklichkeitsaussage 373，383
现在 Jetzt 102，132，138，296，367，373 及以下诸页
想象理论 Vorstellungslehre 82，133 及以下诸页，210，288
象征场 Symbolfeld 23，30，66，68–80，123 及下页，133，140 及下页，144，150 及下页，152，163，179 及以下诸页，249–256，295 及下页，300，325，341，366，367 及下页，370 及以下诸页，411 及以下诸页，415 及下页
象征符号 Symbol 13，28，35，66，70，74，81，104 及下页，107，

171，184 及以下诸页，252

象征值 Symbolwert 60 及以下诸页，74，295 及下页，299，304 及下页，313，320 及下页

小说语言 Epische Sprache 32，55，85，140，164，373 及下页，381

心理物理系统 Psychophysisches System 47 及下页，164，261，267 及下页，273，283，288，330，345，349

心理物理学 Psychophysik 2 及下页

心理学概念构成 Psychologische Begriffsbildung 130 及以下诸页，192，211，330，357

心理主义 Psychologismus 9 及下页

信号 Signal 13，27，28，31，35 及下页，38 及下页，76，107，224，252，285，298，366

行为 Handlung 52 及下页，56，66 及以下诸页，169，186，227，229，364

行为场 Aktionsfeld 56

行为历史 Aktgeschichte 56 及下页

行为特点 Aktcharakter 67 及下页，363，365

行为主义 Behaviorismus 13，26，37 及下页，232，249，250，269 及以下诸页

形而上学 Metaphysik 223

形容词 Adjektiv 304，313，332，338

形式和材料 Form und Stoff 96，102，113，151，172，256 及以下诸页，295 及下页

形式化 Formung 49，60，62，67，295，357

形式理论 Formenlehre 10 及下页，63 及下页，357

形态，格式塔 Gestalt 56，151，154 及下页，256 及以下诸页，289，303，315，329

形象词 Bildwort，Hieroglyphen 13，210 及下页，215

虚拟指示 Deixis am Phantasma 55，80，121 及以下诸页，123，132 及以下诸页，149，309，375 及以下诸页，388，392，397，401

亚美尼亚语 Armenische Sprache 97, 110

言语 Parole 7, 51, 142, 205, 333, 360, 364

言语错乱 Paraphasie 354

言语行为 Sprechhandlung 26, 31, 48–69, 53, 113, 358, 364, 377 及以下诸页

颜色学 Farbenlehre 154 及下页, 190, 222

演员 Schauspieler 41, 97, 126, 139 及下页, 182 及下页, 189, 362, 365

谚语 Sprichwort 51, 330, 368, 418

遗觉 Eiditik 134

疑问句 Fragesatz 363

义域混合 Sphärenmischung 344 及以下诸页, 354 及以下诸页

意大利语 Italienische Sprache 90, 338

意图 Intention 67, 109, 164, 220, 250

意义变化 Bedeutungsmodifikationen 65, 323

意义单位 Bedeutungseinheiten 74, 350

意义范畴 Bedeutungskategorien 63

意义赋能 Bedeutungsverleihung 69, 218, 350

意义瞬间 Bedeutungspuls 34 及下页, 292 及下页, 298, 320

意义体验 Bedeutungserlebnis 58, 298

意义演变 Bedeutungswandel 343

意义载体 Sinnending 161

音节 Silbe 8, 33, 200 及下页, 259, 261 及以下诸页, 267 及以下诸页, 259, 365 及以下诸页, 294 及下页

音节结构 Silbengliederung 200 及下页, 212, 259–272, 294 及下页

音强 Lautstärke 264

音位 Phonem 29, 33, 35, 44 及下页, 71 及下页, 76, 153, 204, 258, 273 及以下诸页

音位变化 Phonematische Modulation 142 及以下诸页, 291, 328, 331, 337, 340

音位门槛 Phonemriegel 204 及以下诸页, 205, 207, 209 及以下诸页

音位特点 Phonematische Prägung 14, 33, 35, 46, 61 及下页, 102, 113, 166, 205, 241, 250, 284, 294, 297 及下页, 302

音位学 Phonologie 3, 14, 17, 29, 40, 42 及以下诸页, 58, 225, 273, 279 及以下诸页, 27, 42 及以下诸页, 45, 50, 58, 74, 204, 224 及下页, 265, 272 及以下诸页, 278 及以下诸页, 290

音位学相貌特征 Phonematisches Signalment 250, 274 及以下诸页, 284 及下页, 298

隐喻 Metapher 45, 65, 133, 179, 315, 326, 342–356, 355

印第安语言 Indianersprachen 130, 148, 216

印度日耳曼语言 Indogermanische Sprachen 36, 97, 107, 110, 115, 132, 138 及下页, 140 及下页, 143, 153, 209, 214, 216, 234, 236 及以下诸页, 241, 291, 293, 296, 301, 305, 307, 314, 317, 319, 321 及以下诸页, 329, 353, 358, 360, 366, 368, 370, 375 及以下诸页, 381, 399 及以下诸页

印刷文字 Druckschrift 277

英语 Englische Sprache 173, 240 及以下诸页, 267, 327

有声电影 Tonfilm 101, 282

与格, 第三格 Dativ 237 及下页, 243, 250 及下页, 380

语境标记 Situationsindizien 112, 363, 367

语境和上下文 Situation und Kontext 149

语调 Intonation 280

语文学 Philologie 15, 101, 154, 356 及下页, 365

语系 Sprachfamilie 308, 327, 380

语序 Wortstellung 46, 240, 242 及下页, 294

语言 Langue 7, 58, 62, 142, 144, 154, 205, 298, 333

语言比较 Sprachvergleich 1, 82, 109, 327, 330

语言表达的直观性（形象性）Anschauliches Moment der Sprache 81, 130, 153, 191, 220, 237 及以下诸页, 305, 310, 329

语言产品的独立性 Ablösbarkeit der Sprachgebilde 57, 59

语言的符号性 Zeichennatur der Sprache 5, 29, 33–48, 50, 57, 225, 271 及以下诸页, 276

语言的结构原理 Strukturgesetz der Sprache 10 及下页，32，75，141，196，199 及以下诸页，209，216
语言的起源 Ursprung der Sprache 209 及以下诸页，218，279，281，321 及以下诸页
语言符号 Sprachzeichen 158
语言历史 Sprachgeschichte 1，2 及以下诸页，208，215，223，227，241，294，321 及下页，340，344
语言面相术 Sprachphysiognomik 196，204 及下页
语言心理学 Sprachpsychologie 138，259，283，285，321 及下页，338，349
语言行为 Sprechakt 48–69，142，358
语言学概念构成 Sprachtheoretische Begriffsbildung 16 及以下诸页
语义环境 Synsemantisches Umfeld 33，81，154–168，165，284，312，367，370 及以下诸页
语音流 Lautstrom 8，181，260，279，284
语音学 Phonetik 59，259 及以下诸页，273，364
语用话语 Empraktische Rede 39，52，155 及以下诸页，285 及下页，317，361，367，370，376，379 及下页
域 Sphäre 220 及下页，234，244 及以下诸页，373
元音理论 Vokaltheorie 199 及下页，270，272，280 及下页，284
元音三角形 Vokaldreieck 269，270，280 及下页
原理 Axiomatik 3，12–27
原理性思考 Axiomatisches Denken 20 及以下诸页
原始印度日耳曼语言 Urindogermanische Sprachen 82，92，110，146，398
原始语言 Primitive Sprachen 142，144，197，210，219 及下页，355
原子论 Atommodell 152
原子主义 Atomismus 205，256，275
远古逻辑 Archaische Logik 50
愿望句 Wunschsatz 406 及下页

这个指示 Der-Deixis 87，92，97 及以下诸页，99 及以下诸页，115，161，219

这里 Hier 93，95，102 及以下诸页，109，125 及以下诸页，136，296，315，367，373 及以下诸页

这里–现在–我–坐标系统 Hier-Jetzt-Ich-System 127，149，373 及以下诸页，107，136

整体象征 Globale Symbolisierung 71 及下页，76 及以下诸页，277，379

肢体语言 Gebärdensprache 69 及下页，139，158，287，334 及下页

指路牌 Wegweiser 39，79，86，93，137，144，159，161，313，380

指示 Zeigen 81，86 及以下诸页，107，118 及以下诸页，120 及以下诸页，140，143，148，389

指示场 Zeigfeld 79–148，149，153，167 及下页，183，196，235，255，297，300 及下页，305，309 及下页，315 及下页，366 及以下诸页

指示场理论 Zweifelderlehre 81，119 及下页，124，299

指示词 Deixis，Demonstrativa，Zeigwort 31，37，39，55，79 及以下诸页，89 及下页，105 及下页，107 及下页，111，115，117，119 及下页，121 及以下诸页，132 及以下诸页，147，149，163，167，172，211，248，291，299 及以下诸页，307，309，311，375 及以下诸页，386 及以下诸页，392，397，401，405 及下页

指示方式 Zeigart 83 及以下诸页，87，101，142，234，301

指示符号 Zeigzeichen 31，36，219，232，297，306，309 及下页，315 及下页，372 及以下诸页

指示客体 Zeigobjekt 125

指示手势（体姿）Zeiggesten 39

指示小品词 Deiktische Partikeln，Zeigpartikel 80，115，116，119 及下页，146

指向指示 to-Deixis 105，144，315，377，381 及下页，401

中国戏剧 Chinesisches Theater 139 及下页

中性 Neutrum 239 及下页

重音 Akzent 177，324，330 及下页，337 及以下诸页，365

重音结构 Betonungsgestalt 368
主从复合句 Satzgefüge, Hypotaxe 140, 167, 253, 258 及下页, 385 及以下诸页, 398 及以下诸页
主格, 第一格 Nominativus 237, 239, 241 及以下诸页, 250 及下页
主体间性 Intersubjektiv 58, 231 及下页, 284, 286, 293, 298, 301
专名 Eigenname 67, 94, 114 及下页, 146, 225 及以下诸页, 235 及下页, 292, 304 及下页, 309, 374 及下页, 382
转喻 Metonymie 354
自然科学概念构成 Naturwissenschaftliche Begriffsbildung 16 及下页
综合 Synthema, Synthesis 272 及以下诸页, 324, 332, 369
综合判断 Synthetische Urteile 245

参考文献[①]

Abel, Othenio (阿贝尔). Die Stellung der Menschen im Rahmen der Wirbeltiere (《人类在脊椎动物中的地位》). Jena: Gustav Fischer, 1931.

Ach, Narziß Kaspar (阿赫): Das Kompensations- oder Produktionsgesetz der Identifikation. Ein psychologisches Grundgesetz (《辨认的平衡或生成规律——基本心理规律》). In: Bericht über den XII. Kongreß der Deutschen Gesellschaft für Psychologie in Hamburg vom 12–16. April 1931, ed. by Gustav Kafka. Jena: Gustav Fischer, 1932, 280–288.

Ameseder, Rudolf (阿梅赛德). Beiträge zur Grundlegung der Gegenstandstheorie (《对象理论研究》). In: Meinong, Alexius (ed.): Untersuchungen zur Gegenstandstheorie und Psychologie. Leipzig: Johann Ambrosius Barth, 1904.

Ammann, Hermann (阿曼). Die menschliche Rede. Sprachphilosophisches Untersuchungen (《论人类话语——语言哲学研究》). Teil I. Lahr: Moritz Schauenburg, 1925.

Baader, Theodor (巴德尔). Die identifizierende Funktion der Ich-Deixis im Indogermanischen. Eine ethnologisch-sprachwissenschaftliche Untersuchung (《印欧语言中ich-指示词的认同功能——人种学–语言学研究》). Heidelberg, Carl Winter (Indogermanische Bibliothek, 3.

[①] 比勒《语言理论》没有汇总参考文献，而是以脚注或文内括号的方式标出参考文献信息，而且基本上都是简短提示。这也是当时的学术惯例。汉译增补"参考文献"附录于此，主要工作体现为：（1）保留原文脚注和文内括号的参考文献说明。（2）大量查阅资料，补充原书提示参考文献的完整信息。——译者

Abteilung, Bd. 10), 1929.

Becher, Erich (贝歇尔). Geisteswissenschaften und Naturwissenschaften (《人文科学和自然科学》). München, Leipzig: Duncker & Humblot, 1921.

Behagel, Otto (贝哈格尔). Deutsche Syntax. Eine geschichtliche Darstellung (《德语语法——历史梳理》). Bd. I: Die Wortklassen und Wortformen. A: Nomen, Pronomen. Heidelberg: Carl Winter, 1923.

Blasé (布拉泽): Geschichte des Plusquamperfekts im Deutschen (《拉丁语过去完成时的历史》). Gießen: J. Rickersche Buchhandlung, 1894.

Brandenstein, W. (布兰登施泰因). Kritische Musterung der neueren Theorien des Nebensatzes (《近代从句理论批判》). In: Indogermanische Forschungen 44, 117–136, 1927.

Brandstetter, Renward (布兰德施泰特). Die Reduplikation in den indianischen, indonesischen und indogermanischen Sprachen (《印第安语言、印度尼西亚语言和印度日耳曼语言中的叠音》). Luzern: E. Haag, 1917.

Brøndal, Rasmus Viggo (布龙达尔): Les parties du discours (《话语的构成》). Partes orationis. Copenhagen: G. E. C. Gad, 1928.

Brugmann, Karl /Delbrück, Berthold (布鲁格曼 / 德尔布吕克). Grundriß der vgl. Gram. der indogerm. Sprachen (《印度日耳曼语言比较语法概论》). Straßburg: Karl J. Trübner, 1906 (Band I), 1911 (Band II).

Brugmann, Karl (布鲁格曼). Über das Wesen der sogenannten Wortzusammensetzung. Eine sprachpsychologische Studie (《论所谓词汇复合的本质——语言心理学研究》). In: Berichte über die Verhandlungen der königlich sächsischen Gesellschaft der Wissenschaften, Leipzig. Philosophisch-historische Klasse, Bd. 52, 359–401, 1900.

Brugmann, Karl (布鲁格曼). Die Demonstrativpronomen der indogermanischen Sprachen. Eine bedeutungsgeschichtliche Untersuchung (《印度日耳曼语言的指示代词——意义史研究》). In: Abhandlungen der königlich sächsischen Gesellschaft der Wissenschaften. Philosophisch-historische Klasse, Bd. 22, 1904.

Brunswik, Egon（不伦瑞克）: Wahrnehmung und Gegenstandswelt. Grundlegung einer Psychologie vom Gegenstand her（《感知与客观世界——对象心理学研究》）. Leipzig: Deuticke, 1934.

Bühler, Charlotte（夏洛特·比勒）. Der menschliche Lebenslauf als psychologisches Problem（《人类生命发展的心理学问题》）. Leipiz: S. Hirzel, 1933.

Bühler, Charlotte（夏洛特·比勒）. Über die Prozesse der Satzbildung（《论构句的过程》）. In: Zeitschrift für Psychologie 81, 181–206, 1919.

Bühler, Charlotte（夏洛特·比勒）. Über Gedankenentstehung（《论思想的起源》）. In: Zeitschrift für Psychologie 80, 129–200, 1918.

Bühler, Karl（卡尔·比勒）. Axiomatik der Sprachwissenschaften（《语言学原理》）. Frankfurt: Klostermann, 1933.

Bühler, Karl（卡尔·比勒）. Ausdruckstheorie. Das System an der Geschichte aufgezeigt（《表达理论——从历史揭示系统性》）. Jena: Gustav Fischer, 1933.

Bühler, Karl（卡尔·比勒）. Die Erscheinungsweisen der Farben（《论颜色的表现形式》）. Handbuch der Psychologie Teil 1, Heft 1. Jena: G. Fischer, 1922.

Bühler, Karl（卡尔·比勒）. Die geistige Entwicklung des Kindes（《儿童心理发展概论》）. Jena: Gustav Fischer, 1918.

Bühler, Karl（卡尔·比勒）. Die Krise der Psychologie（《心理学的危机》）. Jena: Gustav Fischer, 1927.

Bühler, Karl（卡尔·比勒）. Kritische Musterung der neueren Theorien des Satzes（《近代句子理论批判》）. In: Indogermanisches Jahrbuch, Ⅵ. Jahrgang 1918, 1–20, 1918.

Bühler, Karl（卡尔·比勒）. Phonetik und Phonologie（《语音学与音位学》）. Travaux du Cercle Linguistique de Prague 4, 22–53, 1931.

Bühler, Karl（卡尔·比勒）. Tatsachen und Probleme zu einer Psychologie der Denkvorgänge（《思维过程心理学的现状和问题》）. 1. Über Gedanken. 2. Über Gedankenzusammenhänge. 3. Über Gedankenerinnerungen. Archiv für die gesamte Psychologie, 1907–1908.

Bühler, Karl（卡尔·比勒）. Über das Sprachverständnis vom Standpunkt der Normalpsychologie（《论普通心理学视角下的语言理解》）. In: Bericht über den 3. Kongreß für experimentelle Psychologie. Frankfurt am Main. 1908.

Bühler, Karl（卡尔·比勒）. Über den Begriff der sprachlichen Darstellung（《论语言描述的概念》）. In: Festschrift für Johannes von Kries. Psychologische Forschung 3, 282–294, 1923.

Bühler, Karl（卡尔·比勒）. Vom Wesen der Syntax（《论句法的本质》）. In: Idealistische Neophilologie, Festschrift für Karl Vossler, S. 54–84. Heidelberg: C. Winter, 1922.

Carnap, Rudolf（卡纳普）. Abriß der Logistik mit besonderer Berücksichtigung der Relationstheorie und ihrer Anwendungen（《关系理论和实践观照下的逻辑学概论》）. Wien: J. Springer, 1929.

Cassirer, Ernst（卡西雷尔）. Philosophie der symbolischen Formen. Bd. 1: Die Sprache（《象征形式哲学》第一卷《语言论》）. Berlin: Bruno Cassirer, 1953.

de Groot（德·格罗特）. De wetten der Phonologie en lum betekenis voor de studie van hot Nederlands（《荷兰语音位学规律和语义学》）. De Nieuwe Taalgids 25, 1932.

de Laguna, Grace Andrus（德·拉古娜）. Speech, its Function and Development（《言语的功能和发展》）. New York: Zale Uni. Press, 1927.

Delbrück, Berthold（德尔布吕克）. Vergleichende Syntax der indogermanischen Sprachen（《印度日耳曼语言比较句法》）. Teil I. Strassburg: Trübner, 1900.

Dempe, Hellmuth（登佩）. über die sogenannten Funktionen der Sprache. Ein Beitrag zur Sprachphilosophie im anschluß an die Sprachtheorie Karl Bühlers（《论语言的所谓功能——一项针对卡尔·比勒语言理论的语言哲学研究》）. Diss. Jena. Weimar: Hermann Böhlaus Nachfolger, 1929.

Dempe, Hellmuth（登佩）. Was ist Sprache. Eine sprachphilosophische Untersuchung an der Sprachtheorie Karl Bühlers（《什么是语言？——一项针对卡尔·比勒语言理论的语言哲学研究》）. Weimar: H. Böhlaus,

1930.

Diels, Hermann(迪尔斯). Elementum. Eine Vorarbeit zum griechischen und lateinischen Thesaurus(《元素论——希腊语和拉丁语词汇研究》). Leipzig: Teubner, 1899.

Diemke, Willy(迪姆克). Die Entstehung hypotaktischer Sätze. Dargestellt an der Entwicklung des Relativsatzes in der Sprache der alten Ägypter(《论主从句的起源——以古埃及语关系从句的发展为例》). Wien. Diss., 1934.

Ebbinghaus, Hermann(埃宾豪斯). Grundzüge der Psychologie(《心理学概论》). Leipzig: von Veit, 1919.

Erdmann, Benno/Dodge, Raymond(埃德曼/道奇). Psychologische Untersuchungen über das Lesen auf experimenteller Grundlage(《基于实验的心理学阅读研究》). Halle (Saale):Max Niemeyer, 1898.

Ettmayer, Karl von(埃特迈尔). Analytische Syntax der französischen Sprache(《法语分析句法》). Bd. II. Halle (Saale): Niemeyer, 1934.

Fabian, Erich(法比安). Das exozentrische Kompositum im Deutschen(《德语外向复合词》). Leipzig: Hermann Eichblatt, 1931.

Finck, Franz(芬克). Die Haupttypen des Sprachbaues(《语言结构的基本类型》). Leipzig: Teubner, 1910.

Frenkel, Else(弗伦克尔). Atomismus und Mechanismus in der Assoziationspsychologie(《联想心理学中的原子论和机械论》). Zeitschr. f. Psych. 123, 1931.

Frings, G.(弗林斯). Über den Einfluß der Komplexbildung auf die effektuelle und generative Hemmung(《论复杂结构对心理障碍的影响》), Arch. Psych. 30, 1914.

Frisch, Karl von(弗里施). Über die „Sprache" der Bienen; eine tierpsychologische Untersuchung(《蜜蜂的语言——动物心理学研究》). Jena: Gustav Fischer, 1923.

Gardiner, Alan(加德纳). The theory of speech and language(《言语理论和语言理论》). Oxford: Oxford Uni. Press, 1932.

Geiger, Lazarus(盖格尔). Ursprung und Entwicklung der menschlichen Sprache und Vernunft (《论人类语言和理性的起源及发展》). Stuttgart, 1868.

Gemelli/Pastori (葛麦里 / 帕斯托里). Elektrische Analyse der Sprache (《语言的电子分析》). II. Untersuchung über die Gestaltung der Wörter und Phrasen. In: Psychologische Forschung 18, 191–217, 1933.

Glässer, E. (格莱索). Über den Stilwert des Artikels im Romanischen bei Völker- und Personennamen (《罗曼语民族名和人名中冠词的文体意义》). In: Zeitschrift für französische Sprache und Literatur 57, 31–66, 1933.

Gomperz, Heinrich (贡珀兹). Über einige philosophische Voraussetzungen der naturalistischen Kunst (《论自然主义艺术的若干哲学前提》). Allgemeine Zeitung 160 und 161, 1905

Gomperz, Heinrich (贡珀兹). Weltanschauungslehre. Ein Versuch die Hauptprobleme der allgemeinen theoretischen Philosophie geschichtlich zu entwickeln und sachlich zu bearbeiten (《论世界观——普遍性理论哲学主要问题的历史研究和实证研究》). Bd. 2. Jena: Eugen Diedrichs, 1908。

Gonda, Jan (巩达). ΔEIKNYMI. Semantische Studie over den indogermaanschen wortel deik- (《印度日耳曼语指示词汇的语义研究》). Amsterdam: Paris, 1929.

Hankamer, Paul (汉卡默). Die Sprache, ihr Begriff und ihre Deutung im 16. und 17. Jahrhundert. Ein Beitrag zur literarhistorischen Gliederung des Zeitraums (《16、17 世纪的语言概念及其阐释》). Bonn: Friedrich Cohen, 1927.

Hartson, L. D. (哈尔松). Analysis of skilled movements (《熟练运动分析》). Personal Journal II. 1932

Hermann, Eduard (赫尔曼). Die Wortarten (《论词类》). Nachrichten v, d. Ges. d. Wiss. Göttingen. Phil.-hist. Kl., 1928.

Herzog, Herta (赫尔佐克). Stimme und Persönlichkeit (《声音与人格》). Zeitschrift für Psychologie 130, 300–369, 1933.

Heyse, Johann (海泽). Deutsche Schulgrammatik; oder, Kurzgefaßtes Lehrbuch der deutschen Sprache (《德语教程》). Hannover: Hahn, 1849.

Hickmann, Anton (希克曼). Professor Hickmanns geographisch-statistischer

Universalatlas（《希克曼地理统计学图册》）. Wien: G. Freytag & Berndt, 1899.

Hilbert, David（希尔伯特）. Axiomatisches Denken（《原理性思考》）. Mathematische Annalen 78, 405–415, 1918.

Hirt, Ernst（希尔特）. Das Formgesetz der epischen, lyrischen und dramatischen Dichtung（《叙事、诗歌和戏剧的形式原则》）. Berlin: Teubner, 1923.

Hoffmann, Ernst（霍夫曼）. Die Sprache der archaischen Logik（《论远古逻辑语言》）. Heidelberg, Abh. z. Philos. und ihrer Geschichte, 3, 1925.

Hofmann, Johann（霍夫曼）. Stolz-Schmalz Lateinische Grammatik（《施托尔茨 – 施马尔茨拉丁语法》）. München: C. H. Beck, 1928.

Hudgins, C. V./Hartson, L. D.（胡金斯/哈尔松）. Functions of the breathing movements in the mechanism of speech（《说话机制呼吸运动的功能》）. Ibid. 5, 1930.

Husserl, Edmund（胡塞尔）. Formale und transzendentale Logik. Versuch einer Kritik der logischen Vernunft（《形式逻辑和先验逻辑——逻辑理性批判》）. Halle: Hahn, 1929.

Husserl, Edmund（胡塞尔）. Logische Untersuchungen（《逻辑研究》）. Tübingen: Niemeyer, 1901, 1913.

Husserl, Edmund（胡塞尔）. Méditations Cartésiennes（《笛卡尔沉思》）. In: Husserliana. Edmund Husserl: Gesammelte Werke. Den Haag: Martinus Nijhoff, 1931.

Jacobi, Hermann（雅克比）. Compositum und Nebensatz. Studien über die indogermanische Sprachentwicklung（《复合词与从句——印度日耳曼语言发展研究》）. Bonn: Friedrich Cohen, 1897.

Jones, Daniel（琼斯）. Outline of English Phonetics（《英语语音学概论》）. Cambridge: W. Heffer, 1932.

Kalepky, Theodor（卡莱普基）. Neuaufbau der Grammatik als Grundlegung zu einem wissenschaftlichen System der Sprachbeschreibung（《作为语言描写科学系统基础的语法新架构》）. Leipzig: Teubner, 1928.

Kardos, Lajos（卡多斯）. Ding und Schatten（《物体与阴影》）. Leipzig/J.

A. Barth, 1934.

Klanfer, Julius（克朗佛尔）. Sematologie der Wappenzeichen（《徽章符号学》）. Wiener Diss., 1934.

Krause, H.（克劳泽）. Der Stand der Silbenfrage（《音节研究动态》）.（原书中标 1930 年出版，但实际未出版）.

Kretschmer, Paul（克雷奇默）. Die Sprache（《论语言》）. In: Einleitung in die Altertumswissenschaft. Teubner, 1927.

Kretschmer, Paul（克雷奇默）. Dyaus, Zε ύς, Diespiter und die Abstrakta im Indogermanischen（《印度日耳曼语言的抽象词》）. In. Glotta 13, 101–114, 1924.

Kries, Johannes von（克里斯）. Logik. Grundzüge einer kritischen und formalen Urteilslehre（《逻辑学——批评判断和形式判断概论》）. Tübingen: Mohr, 1916.

Külpe, Oswald（屈尔佩）. Vorlesungen über Logik（《逻辑学讲座》）. Leipzig: S. Hirzel, 1923.

Landgrebe, Ludwig（兰格雷博）. Nennfunktion und Wortbedeutung. Eine Studie über Martys Sprachphilosophie（《称谓功能和词汇意义——马蒂语言哲学研究》）. Halle: Akademischer Verlag, 1934.

Lange, Rudolf（朗格）. Lehrbuch der japanischen Umgangssprache. Formenlehre und die wichtigsten Regeln der Syntax（《日语教程》）. Berlin: G. Reimer, 1906.

Lattmann, Hermann（拉特曼）. Negation, Indefinitum, Intensivum und gr. μ'η（《否定式、不定式、加强式和希腊语 μ'η》）. In: Zeitschrift für vergleichende Sprachforschung auf dem Gebiete der indogermanischen Sprache 49, 92–111, 1920.

Marty, Anton（马蒂）. Untersuchungen zur Grundlegung der allgemeinen Grammatik und Sprachtheorie（《论普通语法和语言理论的基础》）. Halle: Max Niemeyer, 1908.

Maurenbrecher, Berthold（毛伦布雷歇尔）. Die lateinische Ellipse, Satzbegriff und Satzformen（《拉丁语的省略、句子概念和句子形式》）. In: Streitberg-Festschrift, 1924.

Meillet, Paul/Cohen, Marcel (梅耶 / 科恩). Les langues du monde (《世界诸语言》). Paris: E. Champion, 1924.

Meillet, Paul (梅耶). Linguistique historique et linguistique générale (《历史语言学与普通语言学》). Paris: Honoré Champion, 1921.

Meinong, Alexius (迈农). Hume-Studien (《休谟研究》). In: Kaiserliche Akademie der Wissenschaften Wien. Philosophisch-historische Classe. Sitzungsberichte Bd. 87, 185–260; Bd. 101, 573–752. 1877, 1882.

Menzerath, Paul/de Lacerda, A. (门策拉特 / 德·拉赛达). Koartikulation, Steuerung und Lauterzeugung (《发音、控制和语音生成》). Berlin, Bonn: Ferd. Dümmlers, 1933.

Miklosich, Franz von (米克罗希奇). Vergleichende Grammatik der slawischen Sprachen (《斯拉夫语言比较语法》). Wien: Wilhelm Braumüller, 1868–1879.

Miles, Walter Richard (米尔斯). Ocular Dominance in Human Adults (《成年人用眼习惯》). The Journal of General Psych. 3, 1930.

Mill, John Stuart (密尔). System der deduktiven und induktiven Logik. Eine Darlegung der Prinzipien wissenschaftlicher Forschung, insbesondere der Naturforschung (《演绎逻辑和推理逻辑的系统》). Braunschweig: Friedrich Vieweg, 1877.

Müller, Max (穆勒). Vorlesungen über die Wissenschaft der Sprache. I (《语言科学讲座》I). Leipzig: Gustav Mayer, 1863.

Müller, Max (穆勒). Vorlesungen über die Wissenschaft der Sprache. II (《语言科学讲座》II). Leipzig: Gustav Mayer, 1866.

Müri, Walter (姆利). Symbolon. Wort-und sachgeschichtliche Studie (《论象征性。词汇历史和客观历史研究》). Beilage zum Jahresbericht über das Städtische Gymnasium in Bern, 1931.

Nehring, Alfons (内林). Studien zur Theorie des Nebensatzes (《从句理论研究》). I . Zeitschr. f. vergl. Sprachforschung 58, 1930.

Oehl, Wilhelm (厄尔). Das Lallwort in der Sprachschöpfung (《论喃喃词的语言创造性》). Rektoratsrede Freiburg/Schweiz, 1932.

Oehl, Wilhelm (厄尔). Elementare Wortschöpfung: papilio - fifaltra - farfalla

(《词汇创造的基本形式——papilio - fifaltra - farfalla》). Bibl. dell'Roman. 3, 75–115, 1922.

Oehl, Wilhelm（厄尔）. Elementare Wortschöpfung (《词汇创造的基本形式》). In: Anthropos. 1917–1924.

Paul, Hermann（保罗）. Prinzipien der Sprachgeschichte (《语言史原理》). Halle: Niemeyer, 1880/1909.

Pick, Arnold（皮克）. Die grammatischen Sprachstörungen. Studien zur psychologischen Grundlegung der Aphasielehre (《语法性语言障碍症》). Berlin: Julius Springer, 1913.

Porzig, Walter（波尔齐格）. Aufgaben der indogermanischen Syntax. (《论印度日耳曼语言句法的任务》). Festschrift f. Streitberg, 1924.

Porzig, Walter（波尔齐格）. Die Leistung der Abstrakta in der Sprache (《语言抽象词的功能》). Blätter f. deutsche Philos. 4, 1939.

Regula, Moritz（雷谷拉）. Zur Artikellehre im Französischen (《论法语冠词》). In: Die neueren Sprachen 2, 283–287, 1931.

Rickert, Heinrich（李凯尔特）. Grenzen der naturwissenschaftlichen Begriffsbildung. Eine logische Einleitung in die historischen Wissenschaften (《自然科学概念构成的界限》). Leipzig: Mohr, 1896.

Ries, John（里斯）. Was ist Syntax? Ein kritischer Versuch (《何为句法？》). Prag: Taussig & Taussig, 1927.

Ruederer, Hans（吕德勒尔）. Die Wahrnehmung des gesprochenen Wortes (《词的语音感知》). Münch. Diss., 1916.

Sapir, Edward（萨丕尔）. La réalité psychologique des phonèmes (《音位心理学》). In: Journal de Psychologie Normale et Pathologique 30, 247–265, 1933.

Sapir, Edward（萨丕尔）. Language (《语言论》). New York: Harcourt, Brace & Wirld, 1921.

Sapir, Edward（萨丕尔）. The Takelma language of southwestern Oregon (《塔科马语言》). 博厄斯《美洲印第安语言手册》, 1911.

Saussure, Ferdinand de（索绪尔）. Grundfragen der Allgemeinen Sprachwissenschaft (《普通语言学教程》). Berlin: Walter de Gruyter, 1931.

Schmidt, Wilhelm（施密特）. Die Sprachfamilien und Sprachkreise der Erde（《世界诸语系和语族》）. Heidelberg: Carl Winter, 1926.

Selz, Otto（泽尔茨）. Zur Psychologie des produktiven Denkens und des Irrtums. Eine experimentelle Untersuchung（《能产思维心理学和错误心理学——一项实验研究》）. Bonn: Friedrich Cohen, 1922.

Sievers, Eduard（西弗斯）. Grundzüge der Phonetik. Zur Einführung in das Studium der Lautlehre der indogermanischen Sprachen（《语音学概论》）. Leipzig: Breitkopf & Härtel, 1893.

Sonneck, Bruno（索内克）. Sprachliche Untersuchungen zur Zeichentheorie（《符号理论的语言研究》）.（未发表）

Stählin, Wilhelm（施特林）. Zur Psychologie und Statistik der Methaphern（《隐喻的心理学和统计学研究》）. Arch. Psychol. 31, 1914.

Steinthal, Heymann（施坦塔尔）. Der Ursprung der Sprache im Zusammenhang mit den letzten Fragen alles Wissens（《论语言的起源》）. Berlin: Dümmler, 1888.

Steinthal, Heymann（施坦塔尔）. Geschichte der Sprachwissenschaft bei den Griechen und Römern mit besonderer Rücksicht auf die Logik（《逻辑学观照下的古希腊罗马语言学史》）. Berlin: Ferd. Dümmler, 1891.

Steinthal, Heymann（施坦塔尔）. Grammatik, Logik und Psychologie. Ihre Prinzipien und ihr Verhältnis zueinander（《语法、逻辑和心理学——原理及相互关系》）. Berlin: Dümmler, 1855.

Stenzel, Julius（施滕策尔）. Philosophie der Sprache（《语言哲学》）. München: Oldenburg, 1934.

Sterzinger, Othmar（史泰辛格）. Die Gründe des Gefallens und Mißfallens am poetischen Bilde（《诗学形象美与丑的根源》）. In: Archiv für gesamte Psychologie 29, 16–91, 1913.

Stetson, R. H.（斯泰森）. Motor Phonetics（《运动机能语音学》）. Archives de Phontique Exp. 3, 1928.

Stumpf, Carl（施通普夫）. Die Sprachlaute（《论语音》）. Berlin: Springer, 1926.

Stumpf, Carl（施通普夫）. Zur Einteilung der Wissenschaften（《论科学的

分类》). In: Akademie der Wissenschaften, Abhandlungen. Berlin: Verlag der Königlichen Akademie der Wissenschaften, 1907.

Tobler, Ludwig (托布勒). Über die psychologische Bedeutung der Wortzusammensetzung, mit Bezug auf nationale Charakteristik der Sprachen (《语言民族性视域下论复合词的心理学意义》). In: Zeitschrift für Völkerpsyologie und Sprachwissenschaft. Berlin: J. Springer, 1868.

Tolman, Edward (托尔曼). Purposive behavior in animals and men (《动物和人类的目的性行为》). New York, London: Century, 1932.

Trubetzkoy, Nikolay (特鲁别茨柯依). Langues caucasiques septentrionales (《北高加索语言》). Les langues du monde, 336ff., 1924.

Trubetzkoy, Nikolay (特鲁别茨柯依). Zur allgemeinen Theorie der phonologischen Vokalsystem (《音位学元音系统概论》). Travaux du Cercle Linguistique de Prague 1, 39–67, 1929.

Überweg, Friedrich (于贝韦格). Grundriß der Geschichte der Philosophie. II (《哲学史概论》卷 2). Berlin: Ernst Siegfried Mittler, 1915.

Wackernagel, Jacob (瓦克纳格尔). Vorlesungen über Syntax mit besonderer Berücksichtigung von Griechisch, Lateinisch und Deutsch (《句法讲座，以希腊语、拉丁语和德语为例》). 2 Bd., Basel, 1920, 1924.

Walzel, Oskar (瓦尔策尔). Gehalt und Gestalt im Kunstwerk des Dichters (《诗歌的内容与结构》). Athenaion, 1923.

Wegener, Philipp (韦格纳). Untersuchungen über die Grundfragen des Sprachlebens (《论语言生活的基本问题》). Halle: Max Niemeyer, 1885.

Weisgerber, Ludwig (魏斯格贝尔). Die Stellung der Sprache im Aufbau der Gesamtkultur. Teil 2 (《语言在文化建构中的地位》). In: Wörter und Sachen 16, 97–236, 1934.

Werner, Heinz (维尔纳). Ursprünge der Metapher (《隐喻的起源》). Leipzig: Wilhelm Engelmann. Arbeiten zur Entwicklungspsychologie. Hsg. von F. Krueger, 3. Heft, 1919.

Werner, Heinz (维尔纳). Grundfragen der Sprachphysiognomik (《语言相面术的基本问题》). Leipzig: Johann Ambrosius Barth, 1932.

Wheeler, William (惠勒). Social life among the insects (《昆虫的社会

生活》). New York: Harcourt, Brace, 1923.

Whewell, William（惠威尔）. On the Philosophy of Discovery (《发现的哲学》). London: Parker and Son, 1860.

Willwoll, Alexander（威尔沃尔）. Begriffsbildung. Psychol. Monographien. Eine psychologische Untersuchung (《论概念的构成——一项心理学研究》). Leipzig: S. Hirzel, 1926.

Windisch, Ernst von（温迪施）. Untersuchungen über den Ursprung des Relativpronomens in den indogermanischen Sprachen (《印度日耳曼语言关系代词的起源》). In: Georg Curtius (hrg.): Studien zur griechischen und lateinischen Grammatik. Leipzig: Hirzel, 204–419, 1869.

Winkel, M.（温克尔）. Die Exposition des Dramas (《戏剧的补充叙事》). Diss. Wien, 1934.

Winkler, Emil（温克勒）. Das dichterische Kunstwerk (《诗性艺术》). Heidelberg: Carl Winter, 1924.

Winkler, Emil（温克勒）. Grundlegung der Stilistik (《文体学概论》). Bielefeld: Velhagen & Klasing, 1929.

Winkler, Emil（温克勒）. Sprachtheoretische Studien (《语言理论研究》). Jena und Leipzig: W. Gronau, 1933.

Winkler, Emil（温克勒）. Sprachtheorie und Valéry-Dichtung (《语言理论与瓦莱里诗歌》). Z. f. franz. Sprache und Lit. 56, 129–160, 1932.

Wolf, Käthe（沃尔夫）. Darstellungsfelder in der Sprache (《语言的描述场》). Jena: gustav Fischer, 449–453, 1932.

Wundt, Wilhelm（冯特）. Völkerpsychologie. Eine Untersuchung der Entwicklungsgesetze von Sprache, Mythus und Sitte. Bd. 1: Die Sprache (《民族心理学——一项关于语言、神话和习俗发展规律的研究》卷一《论语言》). Leipzig: Wilhelm Engelmann, 1904.

Wundt, Wilhelm（冯特）. Völkerpsychologie. Eine Untersuchung der Entwicklungsgesetze von Sprache, Mythus und Sitte. Bd. 2: Die Sprache (《民族心理学——一项关于语言、神话和习俗发展规律的研究》卷二《论语言》). Leipzig: Alfred Kröner, 1922.

图书在版编目（CIP）数据

语言理论：语言的描述功能 /（德）卡尔·比勒著；温仁百译.—北京：商务印书馆，2022
ISBN 978-7-100-20548-1

Ⅰ.①语… Ⅱ.①卡…②温… Ⅲ.①语言学 Ⅳ.①H0

中国版本图书馆CIP数据核字（2021）第254888号

权利保留，侵权必究。

语言理论——语言的描述功能

〔德〕卡尔·比勒 著
温仁百 译

商 务 印 书 馆 出 版
（北京王府井大街36号 邮政编码100710）
商 务 印 书 馆 发 行
北 京 冠 中 印 刷 厂 印 刷
ISBN 978-7-100-20548-1

2022年11月第1版　　开本 880×1230　1/32
2022年11月北京第1次印刷　印张 17⅞
定价：138.00元